V&R

Peter Zimmerling

Evangelische Spiritualität

Wurzeln und Zugänge

Vandenhoeck & Ruprecht

Mit 10 Abbildungen

Bibliografische Information Der Deutschen Bibliothek

Die Deutsche Bibliothek verzeichnet diese Publikation in der Deutschen Nationalbibliografie; detaillierte bibliografische Daten sind im Internet über <http://dnb.ddb.de> abrufbar.

ISBN 3–525–56700–6

© 2003, Vandenhoeck & Ruprecht in Göttingen.
www.vandenhoeck-ruprecht.de
Alle Rechte vorbehalten. Das Werk einschließlich seiner Teile ist urheberrechtlich geschützt. Jede Verwertung außerhalb der engen Grenzen des Urheberrechtsgesetzes ist ohne Zustimmung des Verlages unzulässig und strafbar. Das gilt insbesondere für Vervielfältigungen, Übersetzungen, Mikroverfilmungen und die Einspeisung und Verarbeitung in elektronischen Systemen. Printed in Germany.
Satz: OLD-Satz digital, Neckarsteinach.
Druck: Hubert & Co., Göttingen.

Gedruckt auf alterungsbeständigem Papier.

Vorwort

Seit einigen Jahren lässt sich ein regelrechter Spiritualitäts-Boom auf dem Büchermarkt beobachten. Kein noch so ausgefallenes Angebot, das nicht seine Käufer fände. Dabei scheint sich die neue Suche nach Spiritualität an den traditionellen Groß- und Freikirchen vorbei, bestenfalls jedoch an ihren Rändern zu ereignen. Entsprechend stellt sie darum auch immer noch die Angelegenheit einer Minderheit dar. Das spirituelle Interesse richtet sich primär auf esoterische, fundamentalistische, charismatische und fernöstliche Erscheinungsformen des Religiösen.

Aber auch in den Großkirchen wächst die Sehnsucht nach spirituellen Erfahrungen. Pfarrerinnen und Pfarrer, Religionslehrerinnen und Religionslehrer sollen verstärkt von ihren Glaubenserfahrungen sprechen. Die Quellen der christlichen Spiritualität sind jedoch weithin verschüttet oder in Vergessenheit geraten. Das gilt besonders für den Bereich der evangelischen Kirche. Angesichts dieser Situation möchte das vorliegende Buch einen Beitrag zur Erneuerung der evangelischen Spiritualität leisten. In Aufnahme und Weiterentwicklung von Erkenntnissen der Reformation werden in einem ersten Kapitel Kriterien für eine zukunftsfähige evangelische Spiritualität entwickelt. Das zweite Kapitel bietet eine Umschau der vielfältigen Erscheinungsbilder evangelischer Spiritualität in der Gegenwart: des Kirchentags, der christlichen Meditationsbewegung, der evangelischen Kommunitäten, der charismatischen und fundamentalistischen Bewegungen. Exemplarisch für die reiche Tradition christlicher Spiritualität seit der Reformation gebe ich im dritten Kapitel Einblicke in die Spiritualität Martin Luthers, Teresa von Avilas, Nikolaus Ludwig von Zinzendorfs und Dietrich Bonhoeffers. Das vierte Kapitel bietet Impulse für die Praxis, und zwar für die persönliche wie für die gemeinschaftliche Gestaltung der Spiritualität. Es schließt eine kritische Sichtung spiritueller Formen aus den vorreformatorischen Konfessionen ein, z.B. Pilgerreisen, Fasten und Exerzitien. Zentral ist dabei die Fragestellung, ob und in welcher Form sie in die evangelische Spiritualität integriert werden können, um diese zu bereichern.

Hinter meinen Überlegungen steht die Leitfrage, worin der spezifische Beitrag der evangelischen Christenheit zur christlichen Spiritualität besteht. Die dabei gewonnenen Erkenntnisse führen automatisch zu einer Selbstvergewisserung und Profilierung evangelischen Christseins – eine Aufgabe, die angesichts mancher krisenhafter Erscheinungen des landeskirchlichen Protestantismus gegenwärtig besonders dringend ist.

Das vorliegende Buch ist in einem Zeitraum von eineinhalb Jahrzehnten entstanden. Ich verdanke viele Anregungen meiner Tätigkeit als Pfarrer in einer evangelischen Kommunität und einer Vielzahl von ökumenischen Begegnungen mit orthodoxen und katholischen Christen: Für viele andere mögen hier der inzwischen leider verstorbene Mönch Mitrophan vom Berg Athos und Altabt Emmanuel Jungclaussen von der Benediktinerabtei Niederaltaich stehen. Es war bemerkenswerterweise vor allem dieser Austausch, der mich zusammen mit der bewussten Bejahung des landeskirchlich verfassten evangelischen Christseins zu einer Neuentdeckung des lutherischen Profils evangelischer Spiritualität führte.

In Vorträgen vor Pfarrkonventen, Kirchenvorständen, Gemeindemitarbeitern und -mitarbeiterinnen, vor Studierendengruppen und in Akademien habe ich eine Reihe der im Buch behandelten Themen zur Diskussion gestellt. Außerdem wurden Vorformen einzelner Abschnitte als Artikel veröffentlicht (Nachweise s. im Literaturverzeichnis). Vor allem aber trugen Vorlesungen, Seminare und Exkursionen mit Theologiestudierenden der Universitäten Heidelberg und Mannheim zur Gestaltwerdung des Buches bei. Deren z. T. kritische Rückfragen erwiesen sich durchweg als konstruktiv. Sie nötigten mich, meine Überlegungen voranzutreiben und zu präzisieren. Die am weitesten ausgearbeitete Fassung des vorliegenden Buches habe ich als Vorlesung im Sommersemester 2002 in Heidelberg vorgetragen. Einen beträchtlichen Teil der Hörerinnen und Hörer stellten Pfarrerinnen und Pfarrer aus unterschiedlichen Landeskirchen dar, die am hiesigen Kontaktstudium teilnahmen. Unsere Begegnungen – auch außerhalb des Hörsaals – waren immer anregend. Ihnen möchte ich darum das vorliegende Buch widmen.

Manche Leserinnen und Leser werden bestimmte Themenbereiche wie z. B. die feministische Spiritualität vermissen. Der Grund dafür ist ein doppelter: Zum einen konnte ich angesichts des weiten Feldes der Spiritualität und der damit verbundenen Literaturfülle nur exemplarisch arbeiten. Zum anderen habe ich nur solche Themenbereiche aufgegriffen, in denen ich auch selbst Praxiserfahrungen besaß.

Last not least möchte ich mich bei denjenigen bedanken, die mir bei der Fertigstellung des Manuskripts geholfen haben: Frau Dr. Rosmarie Berna, Thalwil, Frau Ilse Gerlach, Waldwimmersbach, und Frau Irmgard Schlink, Heidelberg, für das Korrekturlesen, Herrn Daniel Münch, Mannheim, für die Erstellung des Personenregisters. Frau Reinhilde Ruprecht und Herrn Thomas Burg vom Verlag Vandenhoeck & Ruprecht danke ich für die vorzügliche Betreuung.

In der Invokavitwoche 2003   Peter Zimmerling

Inhalt

1. Unterwegs zu einer erneuerten evangelischen Spiritualität

1.1. Spiritualität – eine vergessene Dimension evangelischer Theologie   15

1.1.1. Spiritualität – Versuch einer Begriffsbestimmung 15
1.1.2. Theologie und Spiritualität. Anmerkungen zu einer spannungsreichen Beziehung 16
    a) Das Zerbrechen der Einheit von Theologie und Spiritualität   16
    b) Die Notwendigkeit der Wiedergewinnung der Einheit von
       Theologie und Spiritualität 18
    c) Auf dem Weg zur Reintegration der Spiritualität in die
       Theologie. Impulse aus Kirchengeschichte und Ökumene . . . 19
1.1.3. Mystik und Protestantismus. Hintergründe eines Problems . . . 22
Lesehinweise 26

1.2. Herausforderungen evangelischer Spiritualität heute 27

1.2.1. Konzentration auf Jesus Christus. Herausforderung:
       Wiedergewinnung des Glaubens an den dreieinigen Gott 27
1.2.2. Konzentration auf die Bibel. Herausforderung:
       Überwindung der Traditionsvergessenheit 31
1.2.3. Konzentration auf Gottes Handeln. Herausforderung:
       Überwindung der billigen Gnade 34
1.2.4. Konzentration auf den individuellen Glauben.
       Herausforderung: Reintegration von Sozialität und Erfahrung   36
1.2.5. Konzentration auf das Handeln in Familie, Beruf und Gesellschaft.
       Herausforderung: Eigenrecht der kontemplativen Dimension . . 40
1.2.6. Weltbejahung. Herausforderung: Wiederentdeckung von
       Askese, Verzicht und Übung 44
    a) Der Aspekt des Verzichts 44
    b) Der Aspekt der Übung 46
Lesehinweise 47

2. Einblicke in die Geschichte der christlichen Spiritualität seit der Reformation

2.1. Reformatorische Spiritualität: Martin Luther (1483–1546) 49

2.1.1. Die Buße: ein ungelöstes Problem als Initialzündung der
       Reformation 49

8 Inhalt

2.1.2. Wesentliche Inhalte von Luthers Spiritualität 52
     a) Zentralstellung von Rechtfertigungslehre und Christologie 52
     b) Der Königsweg des Glaubens 55
     c) Kreuzestheologie praktisch: Integration der Heiligung
         in den Glauben 56
2.1.3. Herausragende Formen von Luthers Spiritualität 58
     a) Bibel und Kirchenlied 58
     b) Taufe und Abendmahl 62
     c) Seelsorge und Beichte 64
     d) Familie und Beruf 68
2.1.4. Luthers Spiritualität als Anfrage an uns heute 68
Lesehinweise 73

2.2. Mystische Spiritualität: Teresa von Avila (1515–1582) 74

2.2.1. Leben und Werk 74
     a) Religiöse Situation in Spanien zur Zeit Teresas 74
     b) Biografische Stationen 76
     c) Ordensstifterin 80
     d) Schriftstellerin 82
2.2.2. Mystische Spiritualität 84
     a) Praxis des kontemplativen Gebets: Das große Gespräch 84
     b) Der Stellenwert mystischer Erfahrungen 86
     c) Freundschaft mit „Ihrer Majestät" 88
     d) Ewigkeitsbezug: Leben unter dem geöffneten Himmel Gottes 89
2.2.3. Impulse aus Teresas Mystik für evangelische Spiritualität 90
Lesehinweise 92

2.3. Spiritualität zwischen Orthodoxie, Pietismus und Aufklärung: Nikolaus Ludwig Graf von Zinzendorf (1700–1760) 93

2.3.1. Die Quelle der Spiritualität Zinzendorfs: die Liebe zu Gott ... 94
     a) Glutvolle Jesusliebe 94
     b) Liturgisch geprägte Frömmigkeit 94
     c) Zinzendorfs Streiteridee 98
2.3.2. Konsequenzen der Spiritualität Zinzendorfs 100
     a) Die unzerstörbare Würde des Individuums 100
     b) Der „nahe Nächste": Diakonie als unverzichtbarer Bestandteil 103
     c) Der „ferne Nächste": Missionarisches Engagement 105
2.3.3. Impulse Zinzendorfs für heute 108
Lesehinweise 109

2.4. Spiritualität der Bekennenden Kirche: Dietrich Bonhoeffer (1906–1945) 109

2.4.1. Die Grundlage: Vertrauen in Gottes Führung 111
2.4.2. Der Weg: Einübung in die Dankbarkeit 114

Inhalt 9

2.4.3. Das Ziel: Verantwortliches Handeln als konsequentes Ja zum
weltlichen Leben 115
2.4.4. Der Modellfall: Zuordnung von Religiosität und Erotik im Bild
von cantus firmus und Kontrapunkt 118
   a) „Lasst in eurem Zusammensein den cantus firmus recht
      deutlich erklingen" 119
   b) „Volle Selbstständigkeit" des Kontrapunkts 120
2.4.5. Impulse Bonhoeffers für evangelische Spiritualität heute 122
Lesehinweise 125

3. Zur Situation heute

3.1. *Die Wiederkehr der Religion* 126

3.1.1. Die Entstehung einer religiösen Alternativkultur neben den
Kirchen 126
3.1.2. Ursachen und Hintergründe 129
   a) Die Krise der Moderne 129
   b) Die „neue Religiosität" als Produkt der Postmoderne 131
   c) Die „neue Religiosität" als Teil der Erlebnisgesellschaft 133
3.1.3. Chancen und Anfragen 136
Lesehinweise 138

3.2. *Der Kirchentag* 138

3.2.1. Begriff und Geschichte 139
3.2.2. Charakteristika der Spiritualität des Kirchentags 141
3.2.3. Theologische Beurteilung 144
Lesehinweise 146

3.3. *Die christliche Meditationsbewegung* 146

3.3.1. Begriffsdefinition 146
3.3.2. Ursachen und Ursprünge 147
3.3.3. Meditation im Verlauf der Kirchengeschichte 149
3.3.4. Charakteristika christlicher Meditationspraxis heute 152
3.3.5. Christliche Meditation im Spannungsfeld von westlicher
Mediengesellschaft und östlicher Religiosität: Thesen 153
Lesehinweise 155

3.4. *Die Spiritualität evangelischer Kommunitäten* 155

3.4.1. Zum Begriff „Kommunität" 156
3.4.2. Grundzüge kommunitärer Spiritualität 157
   a) Die liturgisch geprägte Spiritualität der „Communität
      Casteller Ring" 157

b) Die gesellschaftsbezogene Spiritualität der „Offensive
    Junger Christen" 160
c) Charakteristika kommunitärer Spiritualität 162
3.4.3. Die Bedeutung kommunitärer Spiritualität für die Gesamtkirche.
Chancen und Gefahren 165
Lesehinweise 169

3.5. *Die Spiritualität charismatischer Bewegungen der Gegenwart.*
Chancen und Grenzen 169
3.5.1. Eine Vielzahl von Kirchen, Gruppen und Bewegungen 169
3.5.2. Geistestaufe als Ursprungserfahrung 171
3.5.3. Wiederentdeckung der Charismen 173
3.5.4. Orientierung am Geist 175
3.5.5. Betonung von Lobpreis und Anbetung 177
Lesehinweise 182

3.6. *Fundamentalistisch geprägte Spiritualität* 182
3.6.1. Begriffsklärung und Definitionsprobleme 183
3.6.2. Verlockung der Postmoderne 184
3.6.3. Wiederkehr der Religion 185
3.6.4. Einblicke in protestantischen Fundamentalismus 186
    a) Gottesvorstellung 186
    b) Infragestellung des modernen Toleranzgedankens 188
    c) Skepsis gegenüber der akademischen Theologie 188
3.6.5. Herausforderung an Kirche und Gesellschaft 190
Lesehinweise 191

4. Praxisversuche: Ausgewählte Gestaltungsformen einer erneuerten evangelischen Spiritualität

4.1. *Unterwegs zu alten und neuen Gestaltungsformen* 192

4.2. *Das persönliche Gebet* 193

4.2.1. Ausgewählte biblische Texte 194
    a) 2. Mose 32, 7–14 194
    b) 1. Sam 1, 9–18 196
    c) Mt 6, 5–15 196
    d) Mt 26, 36–46 198
    e) Joh 14, 13f.; 16, 23–28 198
4.2.2. Kleine Theologie des Gebets 198
4.2.3. Zur praktischen Gestaltung 206
Lesehinweise 207

Inhalt

4.3.	*Die persönliche Bibellese*	208
4.3.1.	Motivation und Intention	209
4.3.2.	Widerstände	210
4.3.3.	Lectio continua, Herrnhuter Losungen, Meditationstexte	211
4.3.4.	Gestaltungsvorschlag	214
Lesehinweise		216

4.4.	*Die sakramentale Dimension evangelischer Spiritualität: Taufe, Abendmahl, Beichte*	216
4.4.1.	Auf dem Weg zu einer Erneuerung der Taufspiritualität	217
	a) Zur spirituellen Bedeutung der Taufe nach den Lima-Dokumenten	217
	b) Praktische Vorschläge zur Erneuerung der Tauffrömmigkeit	219
4.4.2.	Die Bedeutung des Abendmahls für die evangelische Spiritualität	219
	a) Die spirituelle Kraft des Abendmahls	219
	b) Hindernisse	220
	c) Zur Feier des Abendmahls	221
4.4.3.	Zur Praxis der Beichte	222
	a) Wann beichten?	222
	b) Wem beichten?	223
	c) Wo beichten?	223
	d) Wie beichten?	224
	e) Gefährdungen	225
Lesehinweise		227

4.5.	*Die Gemeinschaftsdimension evangelischer Spiritualität*	228
4.5.1.	Gemeinschaft als unverzichtbarer Bestandteil evangelischer Spiritualität	228
	a) Sichtbares Zeichen des Reiches Gottes	228
	b) Selbsterkenntnis als Voraussetzung	229
	c) Lernfeld für die Würde des anderen	230
	d) Motor der Persönlichkeitsentwicklung	231
	e) Schule der Nächstenliebe	232
	f) Raum der Seelsorge	233
	g) Alltag und Fest	234
	h) Gefährdungen	235
4.5.2.	Zwei in Vergessenheit geratene Gemeinschaftsformen	236
	a) Geöffnete Familie und geöffnetes Haus	237
	b) Geistliche Vater- und Mutterschaft	240
Lesehinweise		242

4.6. Johann Sebastian Bach: Kirchenmusik als Mittel evangelischer Spiritualität 242

4.6.1. Die Vorgeschichte 244
    a) Die spirituelle Bedeutung der Musik für Martin Luther 244
    b) Der evangelische Choral und seine Bedeutung für die evangelische Frömmigkeit: Martin Luther und Paul Gerhardt 245
4.6.2. Biografisches 246
    a) Zum Selbstverständnis Bachs als Musiker 246
    b) Bach zwischen lutherischer Orthodoxie, Pietismus, Mystik und Aufklärung 248
4.6.3. Zum Werk Bachs 252
    a) Bach als Bibelausleger 252
    b) Der Verkündigungscharakter von Bachs Kompositionskunst 254
4.6.4. Die ungebrochene Aktualität von Bachs Werk 256
Lesehinweise 256

4.7. Evangelisches Heiligengedächtnis, Pilgern, Fasten 257

4.7.1. Unterwegs zu einem evangelischen Heiligengedächtnis. Ein Versuch 257
    a) Zur Aktualität der Fragestellung 257
    b) Das Wesen der Heiligen. Eine Definition aus evangelischer Sicht 259
    c) Ein Beispiel: Auf den Spuren Dietrich Bonhoeffers 262
4.7.2. Pilgern als Form evangelischer Spiritualität? 263
    a) Verwandte Erscheinungen in der Geschichte der evangelischen Kirche 264
    b) Unterschiedliche Formen des Pilgerns im gegenwärtigen Protestantismus 265
    c) Gründe für die Wiederentdeckung. Eine kritische Würdigung 267
4.7.3. Fasten 269
    a) Ursachen für die Aktualität des Fastens 269
    b) Zur Bedeutung des Fastens für die evangelische Spiritualität 270
    c) Formen des Fastens 272
    d) Gefahren des Fastens 272
Lesehinweise 273

4.8. Freizeiten, Exerzitien, Glaubenskurse 273

4.8.1. Pro und Kontra 273
4.8.2. Freizeiten 275
4.8.3. Exerzitien 277
    a) Was versteht man unter „Einzelexerzitien"? 277

      b) Zur Geschichte der Exerzitien in der evangelischen Kirche .. 278
      c) Warum es sich lohnt, Exerzitien in die evangelische
         Spiritualität zu integrieren 279
4.8.4. Glaubenskurse................................... 280
Lesehinweise.. 283

Anstelle eines Resümees:
Gibt es eine spezifisch evangelische Spiritualität? 283

Literaturverzeichnis..................................... 287

Personenregister.. 309

1. Unterwegs zu einer erneuerten evangelischen Spiritualität

1.1. Spiritualität – eine vergessene Dimension evangelischer Theologie

1.1.1. Spiritualität – Versuch einer Begriffsbestimmung[1]

Da der Begriff „Spiritualität" an inhaltlicher Präzisionsschwäche leidet, ist eine Begriffsdefinition unerlässlich.[2] Der Begriff stammt ursprünglich aus der katholischen Ordenstheologie Frankreichs.[3] Er unterscheidet sich vom protestantischen Begriff „Frömmigkeit" dadurch, dass er im Gegensatz zu diesem nicht bloß die Frömmigkeitsübung und Lebensgestaltung meint, sondern beides mit dem Glauben zusammenschließt. Von evangelischen Theologen wird deshalb immer wieder auf seine theologische Problematik aufmerksam gemacht: Dem Begriff wohne eine Tendenz zur Abschwächung der Botschaft von der Rechtfertigung allein aus Gnaden inne, weil durch ihn die Praxis des Glaubens und damit das menschliche Handeln leicht in den Vordergrund gerückt werde.[4] Trotz dieser z.T. berechtigten Bedenken bietet der Begriff „Spiritualiät" gegenüber „Frömmigkeit", „Religiosität" und „Glaube" verschiedene Vorteile: Er ist im Bereich der gesamten Ökumene verständlich;[5] er verweist auf eine Vielzahl und Vielfalt von Spiritualitäten;[6] er bringt das in der abendländischen Theologie lange ungenügend berücksichtigte Wirken des Geistes neu zu Bewusstsein;[7] der Aspekt der Gestaltwerdung macht deutlich, dass die kirchliche Dimension zum Glauben untrennbar dazugehört.

Spätestens seit der 5. Vollversammlung des Ökumenischen Rates in Nairobi 1975 begann der Siegeszug des Begriffs auch im Raum der evangelischen Kirchen. In der Botschaft der Vollversammlung an die Welt hieß es:

---

[1] Die folgende Begriffsbestimmung habe ich in den Grundzügen erstmals vorgetragen in: Zimmerling, Die Spiritualität evangelischer Kommunitäten, 441 ff.

[2] Hans-Martin Barth z.B. stellt im Hinblick auf den Begriff „Spiritualität" fest: „In der einschlägigen Literatur wird allenthalben beklagt, der Begriff ... habe etwas Schillerndes" (ders., Spiritualität, 11).

[3] Vgl. hier und im Folgenden: Evangelische Spiritualität, 10 ff.; Barth, Spiritualität, 10 ff.; vgl. auch ders., Gemeinsam im Glauben und in der Liebe wachsen, 5–24.

[4] Vgl. dazu: Evangelische Spiritualität, 11; Barth, Spiritualität, 14.

[5] So auch a.a.O., 14 f.

[6] Fahlbusch u.a., Art. Spiritualität; Wiggermann, Art. Spiritualität.

[7] Vgl. dazu im Einzelnen Zimmerling, Die charismatischen Bewegungen, 55 ff.

„Wir sehnen uns nach einer neuen Spiritualität, die unser Planen, Denken und Handeln durchdringt."[8] Angesichts der gesellschaftlichen und geistigen Erschütterungen durch Studentenunruhen und Erdölkrise hatte seit Anfang der 70er-Jahre die Frage nach Religion und Spiritualität neu öffentliches Interesse erlangt.[9] Damit war der Boden bereitet für die Verknüpfung des bis dahin in der ökumenischen Bewegung vorherrschenden politischen Engagements mit dem Streben nach einer Erneuerung der Spiritualität. Sie wurde in Nairobi Wirklichkeit.

In Deutschland wurde der Begriff durch die Ende der 70er-Jahre erschienene EKD-Studie „Evangelische Spiritualität" kirchlich anerkannt.[10] Mit ihr vollzog die evangelische Kirche einen Paradigmenwechsel: Sie nahm das Problem der Spiritualität als eine für das Christsein in der modernen Welt wesentliche Fragestellung auf. Die einseitige Betonung der sozialethischen Seite der christlichen Botschaft war zumindest von der Theorie her zu Ende. Ich verstehe im Folgenden unter Spiritualität in Aufnahme von Überlegungen der EKD-Studie den äußere Gestalt gewinnenden gelebten Glauben, der in der paulinischen Forderung des „vernünftigen Gottesdienstes" von Röm 12, 1f. seine biblische Begründung besitzt. Evangelische Spiritualität wird dabei durch den Rechtfertigungsglauben sowohl motiviert als auch begrenzt: Einerseits befreit die Erfahrung der Rechtfertigung sola gratia dazu, den Glauben in der konkreten Lebensgestaltung zu bewähren, andererseits bewahrt sie davor, das eigene spirituelle Streben zu überschätzen.

1.1.2. Theologie und Spiritualität.
Anmerkungen zu einer spannungsreichen Beziehung

a) Das Zerbrechen der Einheit von Theologie und Spiritualität

Das Zerbrechen der Einheit von Theologie und Spiritualität ist eine im Blick auf die Geschichte der christlichen Kirche insgesamt neue und relativ kurze Erscheinung. Erst mit dem 17. Jahrhundert beginnt sich diese Einheit im Protestantismus aufzulösen. Ich möchte nur einige kurze Schlaglichter aufzeigen. Die Trennung von Theologie und Spiritualität muss von der geistigen Grundlagenkrise her verstanden werden, die Europa nach den Schrecken des Dreißigjährigen Krieges erfasst hatte. Allein Deutschland verlor in diesem Krieg zwischen 30 und 40% seiner Bevölkerung.[11] Die führenden Geister Europas suchten nach einem neuen Lebensfundament

---
[8] Krüger, Bericht aus Nairobi 1975, vgl. 1, hier wird „spirituality" noch mit „Frömmigkeit" übersetzt; anders bereits 321ff., dem Bericht über den Workshop „Spiritualität".
[9] Zur Frage nach der „neuen Religiosität" vgl. Sudbrack, Neue Religiosität; Küenzlen, Das Unbehagen an der Moderne, 187–222; Thiede, Esoterik; Burkhardt, Wiederkehr der Religiosität?.
[10] Vgl. dazu Evangelische Spiritualität, 54.
[11] Hubatsch, Das Zeitalter des Absolutismus, 47f.

jenseits des Konfessionalismus, der zur Katastrophe des Krieges geführt hatte. Sie glaubten, es in der allen Menschen gemeinsamen Vernunft und einem damit verbundenen Sprengen der kirchlichen Fesseln gefunden zu haben. Der Vernunft wurden geradezu göttliche Attribute beigelegt. Der Naturrechtler Hugo Grotius erhob die Forderung, dass die Naturrechte „etsi deus non daretur" – „auch wenn es Gott nicht gäbe" – gelten sollten.[12] Seine Forderung wurde im Verlauf des 18. und 19. Jahrhunderts von allen Wissenschaften einschließlich der Theologie übernommen und zur Grundlage ihrer Methoden gemacht. Entgegen der eigenen Intention von Grotius wurde seine Forderung schon von der Aufklärung so interpretiert, dass auch Gott selbst die Naturgesetze nicht zu durchbrechen vermag.

In klassischer Weise trat Ernst Troeltsch in seinem Artikel „Über historische und dogmatische Methode in der Theologie" (1898) entschieden für die Anwendung eines atheistischen Grundaxioms auch in der Theologie ein. Diese hat, wie die anderen historischen Wissenschaften auch, von einem einheitlichen – atheistischen – Geschichts- und Wirklichkeitsverständnis auszugehen. Kritik, Analogie, Korrelation und das Wirken bedeutender Persönlichkeiten bilden das Raster, nach dem die biblischen Überlieferungen auf ihre Glaubwürdigkeit hin zu befragen sind.[13] Ein die kausale Struktur des Geschichtsverlaufs durchbrechendes Eingreifen Gottes kann es eo ipso nicht geben: Der theologische Liberalismus des 19. Jahrhunderts identifizierte die moderne Kulturentwicklung mit dem Kommen des Reiches Gottes. Nur wenige wissenschaftliche Theologen haben wie Adolf Schlatter in seinem Aufsatz „Atheistische Methoden in der Theologie" (1905) das Grunddogma der modernen wissenschaftlichen Theologie – ihre atheistische Methodik – vor dem Ersten Weltkrieg hinterfragt und für eine Überwindung der Trennung zwischen wissenschaftlicher Theologie und Spiritualität plädiert.

Mit dem Scheitern Deutschlands im Ersten Weltkrieg und aufgrund der Tatsache, dass sich die – nach ihrem Selbstverständnis – führenden Kulturnationen Europas einen derart mörderischen Krieg liefern konnten, geriet das kulturoptimistische Denken des Liberalismus in eine Krise. Aber auch der theologische Neuansatz der dialektischen Theologie führte zu keiner Reintegration der Spiritualität in die wissenschaftliche Theologie. Karl Barth vermochte keine befriedigende Antwort auf die Frage nach dem Ort der Offenbarung Gottes in der Welt zu geben. Sie berührt nach Barth die Welt immer nur tangential, d.h. sie gewinnt nirgends eine räumliche Ausdehnung. Gott ist „der ganz andere", wodurch Gott und Welt getrennt

---

[12] Die Formel stammt aus seinem 1625 erschienenen Werk „De iure belli ac pacis libri tres". Ursprünglich war diese Formel durchaus nicht deistisch oder gar atheistisch gemeint, wie sich aus dem Zusammenhang bei Grotius ergibt: „Diese hier dargestellten Bestimmungen würden auch Platz greifen, selbst wenn man annähme, was freilich ohne die größte Sünde nicht geschehen könnte, dass es keinen Gott gebe, oder dass er sich um die menschlichen Angelegenheiten nicht bekümmere."
[13] Vgl. dazu Stuhlmacher, Vom Verstehen des Neuen Testamentes, 153.

bleiben. Der inkarnatorische Charakter des christlichen Glaubens fand keine angemessene Berücksichtigung.[14]

b) Die Notwendigkeit der Wiedergewinnung der Einheit von Theologie und Spiritualität

Es ist heute dringender denn je notwendig, die Einheit von Theologie und Spiritualität wiederzugewinnen. Und zwar aus mehreren Gründen. In diesem Anliegen fühle ich mich mit so unterschiedlichen Theologen und Theologinnen wie Manfred Josuttis, Christian Möller, Fulbert Steffensky und Dorothee Sölle verbunden. Die Gegenwart ist geprägt von einer *„Wiederkehr der Religiosität"*.[15] Die Wiederkehr zeigt sich vor allem im Bereich der Esoterik, des Fundamentalismus und der Charismatik. Dazu kommt ein zunehmendes Interesse an fernöstlichen Religionen und die immer deutlichere Präsenz des Islam in unserer Gesellschaft. Außerdem ereignet sich seit einigen Jahren eine „Dispersion des Religiösen" vor allem im Bereich des Konsums und der Freizeitkultur.[16] Nicht zuletzt aufgrund der gestörten Beziehung zwischen Theologie und Spiritualität hat sich die Wiederkehr der Religion jedoch bisher meist an der evangelischen Kirche vorbei ereignet. Die Quellen der christlichen Spiritualität sind in ihr weithin verschüttet bzw. in Vergessenheit geraten. Es wird darum höchste Zeit, die reiche Tradition christlicher Spiritualität wieder zu entdecken und in das öffentliche Gespräch einzubringen. Die akademische Theologie verfügt in besonderem Maße über Zeit und Mittel, um diese Aufgabe zu erfüllen.

Ein *zweiter* Grund für die Reintegration der Spiritualität in die Theologie: Angesichts eines spirituell ausgedörrten Normalprotestantismus wenden sich heute gerade solche Menschen von der Amtskirche ab, die sich auf die Suche nach spirituellen Erfahrungen begeben haben. Sie erwarten von der Großkirche keine Antworten mehr auf ihre Fragen. Angesichts dieser Situation gilt es, das reformatorische Glaubensverständnis wiederzugewinnen, das im Kern nicht intellektualistisch, sondern existenziell-erfahrungsbezogen war. Die in der Vergangenheit immer wieder beklagte Intellektualisierung des Glaubens im Protestantismus stellt eine Verengung dar. Es geht um die Wiedergewinnung weiterer Dimensionen – wie Emotionalität und Körperlichkeit – für den evangelischen Glauben.

Eine *andere* fatale Konsequenz der Trennung zwischen wissenschaftlicher Theologie und Spiritualität besteht darin, dass Studierende der evangelischen Theologie seit dem 19. Jahrhundert nicht mehr in die Spiritualität, d.h. die Vollzugsseite des christlichen Glaubens, eingeführt werden. Das mag ohne größeren Schaden angehen, solange die Studierenden noch kirchlich

---

[14] Zur veränderten Position des späten Barth vgl. dessen Nachwort in: Schleiermacher-Auswahl, 311f.; s. auch Kap. 1.1.3.
[15] Vgl. den gleichnamigen Titel eines Buches von Burkhardt: Wiederkehr der Religiosität?; zum Folgenden ausführlich Kap. 3.1.
[16] Ebertz, Erosion der Gnadenanstalt?, 155ff.

sozialisiert sind. In unserer Zeit, wo viele keinerlei religiöse Sozialisation mitbringen, ist eine Einführung wenigstens in elementare spirituelle Vollzüge unerlässlich. Wie sollen Pfarrerinnen und Pfarrer Gemeindegliedern Wege zur Spiritualität eröffnen, wenn sie selbst keine lebendige Spiritualität kennen? Sicherlich erfordert das Pfarramt neben der gelebten Spiritualität noch andere Fähigkeiten. Die Pflege der eigenen Spiritualität erscheint mir jedoch grundlegend zu sein für alles andere. Auf entsprechende Defizite in der akademischen Lehre haben früher schon Manfred Seitz und Gerhard Ruhbach aufmerksam gemacht. In den letzten Jahren aber hat vor allem Manfred Josuttis dieses Thema unter dem Stichwort der „Mystagogik" immer wieder aufgegriffen. Erfreulich ist auch, dass seit ungefähr 20 Jahren in zunehmendem Maße an den Fakultäten Lehrveranstaltungen im Bereich der Aszetik – der Lehre vom geistlichen Leben – angeboten werden.

Eine *letzte* Konsequenz der Trennung von Theologie und Spiritualität: Es geht mir in keiner Weise darum, den *gedachten* Glauben zu diskreditieren. Vielleicht muss auch diese Seite des Glaubens angesichts einer gewissen Denkmüdigkeit in der Erlebnisgesellschaft wieder gestärkt werden. Worum es mir geht, ist die Wiedergewinnung der *Verbindung* zwischen gedachtem und gelebtem Glauben. Theologie ist nachvollziehende Wissenschaft. Wenn sie nicht auf die Spiritualität bezogen ist, schneidet sie sich selbst von ihrem Wurzelboden ab. Ohne Wurzelboden aber wird sie nicht nur merkwürdig ortlos, sondern ist auf Dauer auch nicht überlebensfähig.[17]

c) Auf dem Weg zur Reintegration der Spiritualität in die Theologie.
   Impulse aus Kirchengeschichte und Ökumene

Auf dem Weg zu einer Reintegration der Spiritualität in die Theologie dürfte folgende Beobachtung hilfreich sein: Die Trennung zwischen beiden ist mehr oder weniger eine protestantische Eigenart. Und selbst im Raum der evangelischen Kirchen ist sie relativ jung und nicht unumstritten gewesen. Der Blick in die Ökumene, auf die Kirche aller Weltzeiten und Weltgegenden, hilft, die eigene protestantische Sicht als relativ zu erkennen und Impulse für eine neue Zuordnung von wissenschaftlich-theologischer Erkenntnisbemühung und Spiritualität zu gewinnen.

Die Einheit von beiden war bei den Kirchenvätern z.B. selbstverständlich gegeben. Man denke etwa an Augustins „Bekenntnisse", die erste geistliche Autobiografie. Das ganze Buch ist in Form eines Gebetes abgefasst, das viele Seiten umfasst. Gleichzeitig enthält die Autobiografie Augustins spekulativ-philosophische Gedanken zum Zeitbegriff, wie sie aus der Zeit vor ihm nicht bekannt sind. Auch für die mittelalterlichen Theologen ist die Einheit von scholastischer, d.h. denkerisch-systematischer, und monastischer, d.h. der praxis pietatis verpflichteter Theologie unbestritten.[18] Ge-

---

[17] So auch Reich, Evangelium: klingendes Wort, 105.
[18] Vgl. dazu Bayer, Theologie, 27ff.

nauso sind bei den Reformatoren wissenschaftlich-theologische Denkbemühung und praxis pietatis untrennbar verknüpft. Luther ist nicht nur Kirchenvater der evangelischen Kirchen in dem Sinne, dass er ihre grundlegenden Lehraussagen maßgeblich mitbestimmte. Durch seine Frömmigkeitspraxis – wie sie etwa in seinen Gebeten, Liedern und Katechismen zum Ausdruck kommt – prägt er genauso die Spiritualität der lutherischen Kirchen für Jahrhunderte maßgeblich mit. Auch wenn sich in der altprotestantischen Orthodoxie wissenschaftliche Theologie und Spiritualität zu trennen begannen, vereinigte doch z.B. der orthodoxe Theologe Johann Gerhard (1582–1637) das Bemühen um Beides noch in seiner Person. Bekannt durch seine intellektuell anspruchsvollen systematisch-theologischen Abhandlungen, veröffentlichte er gleichzeitig erbauliche geistliche Betrachtungen.[19] Der ältere Pietismus – vor allem der Hallenser August Hermann Francke (1663–1727) – versuchte dann noch einmal Theologie und Spiritualität zu verbinden, angesichts der Bedrohung durch die Aufklärung allerdings auf Kosten der theologischen Denkarbeit.

Erst im 20. Jahrhundert erfolgte in der Bekennenden Kirche wieder ein Versuch im Horizont der Gesamtkirche, Theologie und Spiritualität zu verbinden. Er ging im Wesentlichen von den neu gegründeten Predigerseminaren aus. Dietrich Bonhoeffers entsprechende Bemühungen stehen nicht allein da, sind jedoch am bekanntesten geworden. Ein Großteil seines Wirkens war davon geprägt, Theologiestudierenden und Vikaren Zugänge zur Erfahrungsdimension des evangelischen Glaubens, zur Spiritualität, zu vermitteln. Ausgangspunkt und erster Schritt ist seine Wiederentdeckung der Nachfolge als konstitutiven Bestandteil des Christseins. Bonhoeffer versucht, durch eine neue Interpretation der Bergpredigt – über die reformatorische Theologie hinaus – den Anschluss an das Urchristentum zu gewinnen. Dadurch will er das vielbeklagte Erfahrungsdefizit des Protestantismus, seinen Mangel an Konkretion des Glaubens, überwinden. Tatsächlich sind im Neuen Testament den Paulusbriefen ja nicht ohne Grund die Evangelien einschließlich der Apostelgeschichte vorgeschaltet: Rechtfertigungsbotschaft und Bergpredigt sind wechselseitig aufeinander zu beziehen. In seinem Buch „Nachfolge" von 1937 findet Bonhoeffer dafür die klassische Formulierung: „Nur der Glaubende ist gehorsam, und nur der Gehorsame glaubt."[20]

Bonhoeffers Buch „Gemeinsames Leben" stellt dann den zweiten Schritt auf dem Weg zu einer neuen Einheit von Theologie und Spiritualität dar. Er reflektiert darin die Gestaltung des persönlichen geistlichen Lebens im Horizont der christlichen Gemeinschaft. Bis dahin war dieses Thema eine Domäne des Katholizismus – im evangelischen Raum höchstens des Pietismus. Schon im Vorwort weist Bonhoeffer ausdrücklich darauf hin, dass er der Gesamtkirche mit seinen Überlegungen dienen will. „Da es sich nicht um

---

[19] Gerhard, Vom Kampf und Trost der gläubigen Christenheit.
[20] Dietrich Bonhoeffer Werke (DBW), Bd. 4, 52.

eine Angelegenheit privater Zirkel, sondern um eine der Kirche gestellte Aufgabe handelt, geht es auch nicht um mehr oder weniger zufällige Einzellösungen, sondern um eine gemeinsame kirchliche Verantwortung."[21] Immer wieder ist Bonhoeffer wegen des Versuchs, mit den Finkenwalder Vikaren eine gemeinsame spirituelle Praxis einzuüben, angegriffen worden – auch von Freunden in der Bekennenden Kirche. Sehr schnell verbreiteten sich Gerüchte von katholischen Praktiken in Finkenwalde. Karl Barth etwa missfiel einerseits die Unterscheidung zwischen wissenschaftlich-theologischer Exegese und erbaulicher Schriftbetrachtung. Andererseits störte ihn an der „Anleitung zur Meditation" „ein schwer zu definierender Geruch eines klösterlichen Eros und Pathos".[22] Am ausführlichsten hat Bonhoeffer sich zu den Vorwürfen in einem Brief an Karl Barth vom 19. September 1936 geäußert. „Man macht sich ja gar kein Bild davon, wie leer, wie völlig ausgebrannt die meisten der Brüder ins Seminar kommen. Leer sowohl in Bezug auf theologische Erkenntnisse und erst recht biblisches Wissen, wie auch in Bezug auf ihr persönliches Leben … Dass aber sowohl theologische Arbeit wie auch wirkliche seelsorgerliche Gemeinschaft nur erwachsen kann in einem Leben, das durch morgendliche und abendliche Sammlung um das Wort, durch feste Gebetszeit bestimmt ist, ist gewiss … Der Vorwurf, das sei gesetzlich, trifft mich wirklich gar nicht. Was soll daran wirklich gesetzlich sein, dass ein Christ sich anschickt zu lernen, was beten ist und an dieses Lernen einen guten Teil seiner Zeit setzt?"[23] Darum also geht es Bonhoeffer im „Gemeinsamen Leben": dass Theologen beten, Bibel lesen und beichten lernen, um auf diese Weise die spirituellen Grundlagen für die wissenschaftlich-theologische und die praktische Arbeit in der Gemeinde zu bekommen.

Weit über 60 % der Weltchristenheit gehört zur katholischen bzw. orthodoxen Konfession. Es lohnt sich, bei ihnen nach Impulsen für eine neue Zuordnung von Theologie und Spiritualität im Protestantismus zu forschen. Der Blick auf die katholische Kirche zeigt, dass die Trennung von Theologie und Spiritualität dort so nicht besteht und auch früher nicht bestanden hat. Die bedeutendsten deutschsprachigen katholischen Theologen des vergangenen Jahrhunderts – Karl Rahner und Hans Urs von Balthasar – verbanden in ihrem Lebenswerk selbstverständlich Wissenschaftlichkeit und Frömmigkeit miteinander. Als Ordensleute waren sie verpflichtet, ein geregeltes geistliches Leben zu führen. Die Zusammengehörigkeit von Theologie und Spiritualität ist ebenso – wenn auch in modifizierter Weise – für die andere vorreformatorische Konfession, die orthodoxe Kirche, charakteristisch. Sie kennt keine wissenschaftlich-akademische Theologie im protestantischen Sinne. Die theologische Erkenntnis erwächst im Raum der Orthodoxie vielmehr aus der Anbetung des Geheimnisses des dreieinigen

---

[21] DBW, Bd. 5, 14.
[22] DBW, Bd. 14, 253.
[23] A.a.O., 236f.

Gottes, wie es in der Liturgie gefeiert wird. Damit steht sie in einer ungebrochenen Traditionslinie mit der Alten Kirche. Auch die altkirchlichen ökumenischen Bekenntnisse hatten ihren ursprünglichen Sitz im Leben ja im gottesdienstlichen Lobpreis, in der Doxologie, wie Edmund Schlink in seinen Studien nachwies.[24]

1.1.3. Mystik und Protestantismus. Hintergründe eines Problems

Die Mystik stellt eine Intensivform von Spiritualität dar. Daher lässt sich anhand der Stellung des Protestantismus zur Mystik die Nagelprobe des Verhältnisses zwischen Theologie und Spiritualität durchführen. Wie der Begriff „Spiritualität" stellt auch derjenige der „Mystik" einen „Containerbegriff mit unklaren Konturen und vielen möglichen Inhalten" dar.[25] Im Folgenden verstehe ich darunter spirituelle Erfahrungen, die Menschen über Wort und Sakrament hinaus zuteil werden, wobei Wort und Sakrament gleichermaßen als deren Inspirationsquelle und Korrekturinstanz fungieren. Die Skepsis gegenüber solchen Erfahrungen reicht weit in die Geschichte des Protestantismus zurück. Nicht zuletzt waren es Aussagen Martin Luthers, die ihre positive Rezeption in der evangelischen Tradition behinderten. Die noch relativ junge reformatorische Bewegung hatte sich mit den von Luther so bezeichneten „Schwärmern" auseinander zu setzen. Diese beriefen sich in ihrem politischen Kampf für die Ausrottung des Bösen in der Welt auf Offenbarungen außerhalb von Wort und Sakrament. Dadurch wurde das Evangelium von der freien Gnade Gottes bedroht. Durch die Auseinandersetzungen mit Müntzer, Karlstadt und anderen gewann Luther die Überzeugung, dass jede Berufung auf ein Geisteswirken neben Wort und Sakrament über kurz oder lang zu einem falschen Vertrauen auf eigene Werke führte.[26] Außerdem meinte Luther, dass man Gott durch die Erwartung besonderer Offenbarungen vorschreiben würde, wie er an den Menschen zu handeln hätte, anstatt zu erkennen, dass er in Jesus Christus schon längst gehandelt hat und es nun nur noch darum gehen kann, sich die von Christus erworbenen Heilsgüter im Glauben anzueignen. Luthers ablehnende Haltung gegenüber mystischen Erfahrungen lag schließlich im Gesamtgefälle seiner Theologie begründet. Zwar schloss er die Möglichkeit besonderer Offenbarungen nicht grundsätzlich aus. Doch lägen solche Kundgebungen Gottes nicht mehr in dessen Willen und Ordnung. Die zum Heil nötige Wahrheit sei in Christus und in dem Wort der Schrift, das ihn bezeugt, bereits vollgültig vorhanden.[27] Sie würde allein durch Predigt und Sakrament weitergegeben.

---

[24] Schlink, Wandlungen, 3f.
[25] Ruhbach, Mysterium und Mysticum, 17.
[26] Ein Brief an die Fürsten zu Sachsen von dem aufrührischen Geist, WA 15 (199) 210–220, das Zit. 216f.; zit. nach: Luther, Ausgewählte Werke, Bd. 4, 66.
[27] Nachweise bei Köstlin, Luthers Theologie, Bd. 2, 250.

Positiv war für die weitere Geschichte der protestantischen Theologie, dass Luthers Auffassung eine theologische Konzentration auf den Glauben als Zentrum der neutestamentlichen Botschaft ermöglichte. Negativ war, dass im Gefolge der Auseinandersetzung mit der Gegenreformation im main-stream der lutherischen Orthodoxie der Intellekt im Rahmen des Glaubensaktes mehr und mehr in den Vordergrund rückte: Glaube wurde primär mit dem Fürwahrhalten von Glaubenswahrheiten identifiziert.[28] Spirituelle Erfahrungen wurden als nicht unmittelbar mit dem Glaubensakt verbunden betrachtet. Von der Aufklärung geprägte protestantische Theologie hat die ausschließliche Bindung des Glaubensverständnisses an die menschliche Ratio noch verstärkt.

In weiten Teilen der liberalen Theologie des 19. Jahrhunderts erfolgte dann – trotz Schleiermachers Verankerung des Glaubens im „Gefühl der schlechthinnigen Abhängigkeit" – eine Ethisierung des Glaubens. Entsprechend entschieden verfochten bedeutende Vertreter der liberalen Theologie wie Albrecht Ritschl und Adolf von Harnack in der zweiten Hälfte des 19. Jahrhunderts die Unvereinbarkeit von mystischen Gedanken und Erfahrungen mit dem evangelischen Glauben. Harnack behauptete: „Die Mystik ist die katholische Frömmigkeit überhaupt, soweit diese nicht bloß kirchlicher Gehorsam, das heißt fides implicita ist."[29] Für ihn bestand im Gegensatz zur katholischen Mystik mit ihrer Konzentration auf das unerklärbare Erleben Gottes das Zentrum des protestantischen Glaubens im Ethos.

Die Ablehnung der Mystik vonseiten weiter Teile des Protestantismus wurde durch die dialektische Theologie nach dem Ersten Weltkrieg auf die Spitze getrieben. Sie warf den Mystikern und Mystikerinnen vor, die Grenze zwischen Gott und Mensch zu verwischen. Vor allem kritisierte sie die mystische Lehre vom göttlichen Funken in der Seele des Menschen, durch die eine Gemeinschaft zwischen Gott und Mensch an der Rechtfertigung, und damit letztlich an Jesus Christus vorbei ermöglicht würde. Am radikalsten hat Emil Brunner die Mystik verworfen. Sie ist für ihn „ein schlechthin antichristliches Phänomen urmenschlicher Selbstvergötzung, demgegenüber es nur *eine* Alternative gibt: die Mystik *oder* das Wort".[30] Brunner ist überzeugt, dass der Mystiker unter Absehung der Offenbarung Gottes im biblischen Wort Zugang zu Gott finden will.

Erst der späte Karl Barth hat einerseits die Frage nach der Erfahrbarkeit Gottes in der Welt als theologisch legitim anerkannt und andererseits die Ablehnung jeder Form von Pietismus und Mystik durch die dialektische Theologie modifiziert und damit indirekt ein Defizit seiner früheren Ar-

---

[28] Schmidt, Grundriss der Kirchengeschichte, 352 ff.; Kantzenbach, Orthodoxie und Pietismus, 1 ff.

[29] Harnack, Lehrbuch der Dogmengeschichte, Bd. 3, 392.

[30] Beyschlag, Was heißt mystische Erfahrung?, 174; vgl. dazu: Brunner, Die Mystik und das Wort.

beit zugegeben.³¹ 1968, in seinem letzten Lebensjahr, fragte er, ob nicht in der katholischen und orthodoxen Mystik der im Geist „sich selbst vergegenwärtigende und applizierende Gott" am Werk gewesen sein könnte.³² Der main-stream protestantischer Theologie und Kirche nahm diese Gedanken Barths allerdings zunächst kaum zur Kenntnis. Bemerkenswert ist, dass 1966, also ungefähr zeitgleich mit Karl Barth, Karl Rahner die inzwischen vielfach zitierte These aufstellte: „… der Fromme von morgen wird ein ‚Mystiker' sein, einer, der etwas ‚erfahren' hat, oder er wird nicht mehr sein …"³³.

Die gerade skizzierte Entwicklung im Main-stream-Protestantismus hätte von Luther her auch anders verlaufen können. Es gibt bei ihm durchaus auch Aussagen, die eine Offenheit gegenüber mystisch geprägten Glaubenserfahrungen erkennen lassen.³⁴ Zwar interpretierte eine lange theologische Tradition – einschließlich der dialektischen Theologie – Luthers Rechtfertigungslehre so, dass sie keinen Raum für die Erfahrung des Glaubens ließ. Aus lauter Angst, das „sola gratia", das allein aus Gnaden, zu beeinträchtigen, verblieb die neue Existenz des Glaubenden nach dieser Interpretation im Unanschaulichen. Man musste auch den Glauben glauben. Dies entsprach jedoch keineswegs den Intentionen von Luthers Theologie. Richtig ist, dass Luther davon ausgeht, dass der Mensch durch den Glauben keine neue sittliche Qualität verliehen bekommt. Das Gute, das im Leben eines Christen wirklich wird, entspringt nicht aus einer Qualität des Menschen.³⁵ Trotzdem hält Luther fest, dass der Rechtfertigungsglaube dem Menschen zur gelebten Erfahrung werden muss. Für eine solche Interpretation Luthers existieren eine Reihe von Belegen: „Da muss nun angehen die Erfahrung, dass ein Christ könne sagen: bisher hab ich gehöret und gläubet, dass Christus mein Heiland sei, so meine Sünd und Tod überwunden habe. Nun erfahre ichs auch, dass es also sei. Denn ich bin jetzt und oft in Todes Angst und des Teufels Stricken gewesen, aber er hat mir herausgeholfen und offenbaret sich mir also, dass ich nun sehe und weiß, dass er mich lieb habe, und dass es wahr sei, wie ich gläube"³⁶ (WA

---

³¹ Eine Veränderung von Barths Position gegenüber dem Pietismus bahnt sich bereits Ende der 20er Jahre an. Auf einer Synode 1934 stellt er fest: „Die Front gegen den Pietismus gehört nun zu den veralteten Fronten" (Freie Reformierte Synode am 3./4.1.1934 in Barmen, zit. nach Busch, Karl Barth und die Pietisten, 302; vgl. auch ders., Karl Barths Lebenslauf, 355f.).
³² Schleiermacher-Auswahl, 311f.
³³ Rahner, Schriften zur Theologie, Bd. 7, 22.
³⁴ Darauf haben Winfried Zeller und Gerhard Wehr in ihren Arbeiten immer wieder hingewiesen (s.u.).
³⁵ Joest, Martin Luther, 140. Der Christ wird „gerade aus seinem eigenen Sein- und Könnenwollen … wieder und wieder herausgerufen in das Zusammensein mit Christus, in das, was Christus kraft dessen, dass er mit ihm ist, in ihm, seinem Tun und Leben ‚kann'. Das geschieht in dem Maß, als der Mensch glaubt, d.h. sich an Christus hält … was in seinem Leben und Tun geschieht, geschieht nicht aus ihm selbst, sondern aus der Gegenwart und Kraft des Gottes, der in Christus mit ihm ist" (a.a.O., 140f.).
³⁶ WA 45, 599, 9, zit. nach Althaus, Die Theologie Martin Luthers, 63, Anm. 58.

45,599,9). Genau an dieser Stelle befindet Luthers Theologie sich in unmittelbarer Nähe zur Mystik. Mit Paul Althaus gesprochen: „Der Glaube ist nicht nur in sich selber Erfahrung, sondern ihm wird auch Erfahrung im Leben zuteil. Der Christ erfährt, dass er im Glauben an das Wort Gottes wirklich Christus bei sich hat mit seiner Macht, die Sünde, den Teufel, die Todesangst zu überwinden ... Die Gnade selber ist verborgen und daher zu glauben, aber ihre Wirkungen bleiben nicht verborgen, sondern sind offenkundig und als solche ein Erweis für die Gegenwart der Gnade."[37]

Auch die Ausblendung von Emotionalität und Sinnlichkeit aus dem Glaubensverständnis, eine weitere Brücke zu mystisch geprägtem Glauben, entspricht nicht Luthers eigener Erfahrung. Sein reformatorisches Grunderlebnis schloss nach dem eigenen Bericht durchaus den *emotionalen* Bereich mit ein: Nachdem ihm anhand von Röm 1, 17 die Rechtfertigung allein durch den Glauben deutlich geworden war, fühlte er sich wie neu geboren und als wenn er die Pforten des Paradieses durchschritten hätte.[38] Theologiegeschichtlich wirksam ist jedoch die emotionale Dimension des Glaubensaktes im Protestantismus nicht geworden. Das Gleiche gilt für Luthers Ausführungen zum „fröhlichen Wechsel" in der reformatorischen Hauptschrift „Von der Freiheit eines Christenmenschen" (1520). Der Reformator formuliert darin offensichtlich in der Sprache der mittelalterlichen Brautmystik. Ja, Luther hat anscheinend sogar eine literarische Renaissance der Mystik als reformatorisches Anliegen betrachtet, wenn er die „Theologia Deutsch", einen Traktat der mittelalterlichen Deutschen Mystik, 1516 und noch einmal 1518 herausgab.[39] All diese Beobachtungen zeigen, dass Luthers Verhältnis zur Mystik viel differenzierter gesehen werden muss, als das in der Vergangenheit weithin geschah.[40] Im Streit mit den Spiritualisten ging es im Grunde um die richtige reformatorische Verhältnisbestimmung zu mystisch geprägten Glaubenserfahrungen. Dies darf nicht mit einer pauschalen Ablehnung der Mystik verwechselt werden.[41]

Angesichts der immer noch bestehenden Schwierigkeiten des mainstreams protestantischer Theologie und Kirche, Zugang zu mystischen Traditionen des Christentums zu finden, ist es vielleicht abschließend hilfreich, sich klarzumachen, dass es im Protestantismus seit Entstehung des *älteren Pietismus* an der Wende vom 17. zum 18. Jahrhundert immer wieder bedeutende innerkirchliche Gruppen und Bewegungen gegeben hat, die die *Erfahrung* des Glaubens einschließlich ihrer mystischen Dimension

---

[37] A.a.O., 63.
[38] Vorrede zu Bd. 1 der Gesamtausgabe von Luthers lateinischen Schriften von 1545, WA 54, 185, 12–187, 7.
[39] Vgl. dazu im einzelnen Zeller, Luthertum und Mystik, 101f.
[40] So auch Winfried Zeller, a.a.O., 104; vgl. auch Maurer, Martin Luther und die Mystik, 251–285.
[41] So übereinstimmend neben Winfried Zeller auch Schwarz, Martin Luther, in: Ruhbach/Sudbrack, Große Mystiker, 185–202; Dienst, „So lass mich doch dein Kripplein sein", 211–227; Wehr, Martin Luther.

in Frömmigkeit und Theologie betonten. Die hohe Bewertung der Glaubenserfahrung bei den Vätern des Barockpietismus[42] ist durch romanische *mystische Traditionen* beeinflusst worden.[43] Die pietistische Frömmigkeit hat zu einer starken Intensivierung des Glaubens durch Subjektivierung geführt. Sie setzte den einzelnen Christen – nicht ohne die Gemeinschaft mit Gleichgesinnten – instand, im Blick auf die Bewusstseinskrise Europas am Beginn der Moderne bewusst als Christ zu leben. Angesichts der drohenden deistischen Verflachung des Glaubens vertrat der Pietismus einen biblisch geprägten Glauben, der die *Erfahrbarkeit* Gottes im Alltag – auch durch mystische Erfahrungen – einschloss.[44] Im innerkirchlichen Pietismus war neben Gerhard Tersteegen Friedrich Christoph Oetinger der bedeutendste mystische Theologe. Aber auch August Hermann Francke und Nikolaus Ludwig von Zinzendorf machten mystische Erfahrungen, ohne die ihr jeweiliges Lebenswerk nicht zu verstehen ist.[45]

Auch der Protestantismus ist im Verlauf seiner Geschichte nicht ohne die Dimension der Glaubenserfahrung ausgekommen, wozu wesentlich mystische Aspekte gehört haben. Die Frage ist deshalb nicht: Mystik ja oder nein, sondern herauszufinden, welche Aspekte mystischer Erfahrung in das reformatorische Glaubensverständnis integriert werden können und in der heutigen Situation hilfreich sind. Wenn Wort und Sakrament Inspirationsquelle und Korrekturinstanz mystisch geprägter Glaubenserfahrungen bilden, ist gegen solche Erfahrungen nichts einzuwenden.

Lesehinweise

Hans-Martin Barth, Spiritualität (Bensheimer Hefte 74; Ökumenische Studienhefte 2), Göttingen 1993.
Evangelische Spiritualität. Überlegungen und Anstöße zur Neuorientierung, vorgelegt von einer Arbeitsgruppe der EKD, hg. von der Kirchenkanzlei im Auftrag des Rates der EKD, 2. Auflage, Gütersloh 1980.
Herausforderung: Religiöse Erfahrung. Vom Verhältnis evangelischer Frömmigkeit zu Meditation und Mystik, hg. von Horst Reller/Manfred Seitz, Göttingen 1980.
Gerhard Ruhbach, Theologie und Spiritualität, Beiträge zur Gestaltwerdung des christlichen Glaubens, Göttingen 1987.

---

[42] Zum Phänomen vgl. Beyreuther, Geschichte des Pietismus; Wallmann, Der Pietismus; Der Pietismus vom 17. bis zum frühen 18. Jahrhundert, hg. von Brecht, bes. 281 ff.
[43] Schmidt, Pietismus, 26 f. Vgl. dazu kritisch Hans Leube: „Es gab für die Wesensgestaltung der ‚Praxis pietatis' im deutschen Pietismus den Ausschlag, dass Spener, wie die Pia Desideria zeigen, stark unter dem Einfluss Labadies gestanden, Francke während seines Leipzigers (sic!) Aufenthalts Molinos übersetzt und Arnold die Hauptschriften der Frau v. Guyon herausgegeben hat" (Pietismus, in: ders., Orthodoxie und Pietismus, 121).
[44] Vgl. etwa Francke, Segensvolle Fußstapfen; im Hinblick auf den Methodismus: Beyreuther, Kirche in Bewegung, 68 ff.
[45] Vgl. dazu z. B. die theosophisch geprägte „Lehrtafel der Prinzessin Antonia" von 1763 mit Oetingers Auslegung aller „Stellen des Neuen Testamentes vom Geist" (Oetinger, Die Lehrtafel der Prinzessin Antonia).

Ders., Geistlich leben. Wege zu einer Spiritualität im Alltag (Geistlich leben 1), Gießen 1996.
Manfred Seitz, Praxis des Glaubens. Gottesdienst, Seelsorge und Spiritualität, 2., durchgesehene Auflage, Göttingen 1979.
Ders., Erneuerung der Gemeinde. Gemeindeaufbau und Spiritualität, 2., durchgesehene Auflage, Göttingen 1991.
Dorothee Sölle, Mystik und Widerstand: „Du stilles Geschrei", 3. Auflage, Hamburg 1997.
Fulbert Steffensky, Feier des Lebens. Spiritualität im Alltag, 5. Auflage, Stuttgart 1991.
Ders., Wo der Glaube wohnen kann, Stuttgart 1989.
Ders., Das Haus, das die Träume verwaltet, 3., unveränderte Auflage, Würzburg 1999.
Wehr, Gerhard, Mystik im Protestantismus. Von Luther bis zur Gegenwart, München 2000.
Jörg Zink, Dornen können Rosen tragen. Mystik – die Zukunft des Christentums, 3. Auflage, Stuttgart 1997.
Zu dir hin. Über mystische Lebenserfahrung von Meister Eckhart bis Paul Celan (suhrkamp taschenbuch 1765), hg. von Wolfgang Böhme, Frankfurt a.M. 1990.

1.2. Herausforderungen evangelischer Spiritualität heute

1.2.1. Konzentration auf Jesus Christus. Herausforderung: Wiedergewinnung des Glaubens an den dreieinigen Gott

Im Streit mit der mittelalterlichen Kirche waren für die Reformatoren nicht die trinitätstheologischen und christologischen Aussagen der Alten Kirche strittig, wie sie auf den ersten ökumenischen Konzilien festgehalten worden waren, sondern die Lehre von Amt und Werk Jesu Christi. In den Schmalkaldischen Artikeln schreibt Martin Luther in Artikel 1: „Diese Artikel [gemeint sind die Artikel, die göttliche Majestät betreffen, d.h. die Gotteslehre und die Christologie im eigentlichen Sinn] sind in keinem Zank und Streit, weil wir zu beiden Teilen dieselbigen bekennen. Darum nicht vonnöten, jetzt davon weiter zu handeln." Das solus Christus der Reformation richtet sich also nicht etwa gegen den trinitarischen Gottesbegriff oder gegen die Bedeutung des Vaters und des Geistes für die christliche Spiritualität. Es richtet sich vielmehr gegen die Fülle von Mittlergestalten, die sich in der mittelalterlichen Frömmigkeit zwischen Gott und Mensch geschoben hatten. Für die reformatorische Theologie und Spiritualität ist Jesus Christus der einzige Mittler zwischen Gott und Mensch. Sie knüpft damit an die Auffassung des Neuen Testaments an (vgl. z.B. 1. Tim 2, 5).

Im Verlauf der weiteren Geschichte des Protestantismus trat allerdings – nicht zuletzt aufgrund der alles überragenden Zentralstellung der Rechtfertigungslehre – der Glaube an den dreieinigen Gott im Bewusstsein der Gläubigen mehr und mehr zurück. Die Trinitätslehre kam im gelebten Glauben kaum noch vor. Jesus Christus wurde zum alleinigen Inhalt evangelischer Spiritualität. Angesichts dieser Situation geht es darum, der Lehre von der Dreieinigkeit die ihr *angemessene Stellung* in der reformatorischen Spiritualität zurückzugeben. Wir dürfen uns nicht damit zufrieden geben, dass die Trinitätslehre in den kirchlichen Liturgien zwar weithin ein *respektables Eigenleben* führt, das christliche Selbstverständnis aber *kaum oder gar nicht* bestimmt.[46] Die Dreieinigkeit muss wieder zur *praktischen Erfahrung* im Glaubensalltag werden.[47]

Die Wiedergewinnung einer trinitarisch geprägten Spiritualität erscheint mir gerade in der Gegenwart unerlässlich. Und zwar aus mehreren Gründen.[48]

Eine trinitarische Spiritualität bietet den Vorteil, die gesamte Wirklichkeit auf ein und denselben Gott beziehen zu können. Die Alte Kirche hat in diesem Zusammenhang die sog. Appropriationslehre entwickelt. Sie appropriiert den einzelnen Personen der Trinität verschiedene Dimensionen der Wirklichkeit: Dem Vater die Schöpfung, dem Sohn die Erlösung und dem Heiligen Geist die Heiligung. Wegen des altkirchlichen Grundsatzes opera ad extra sunt indivisa hat der Mensch es trotzdem überall – in Natur, Geschichte und eigener Existenz – mit ein und demselben trinitarischen Gott zu tun.[49] Die Appropriationslehre beinhaltet nämlich, dass es keine Schöpfung durch den Vater gibt, an der der Sohn und der Heilige Geist nicht mitbeteiligt wären. Genauso gibt es keine Versöhnung durch den Sohn, die nicht gleichzeitig das Werk des Vaters und des Heiligen Geistes wäre. Schließlich ist auch die Heiligung nicht allein Tat des Heiligen Geistes, sondern gleichermaßen des Vaters und Jesu Christi. Eine trinitarisch geprägte Spiritualität zeigt nicht zuletzt: Der Glaube umfasst die Bejahung der Welt als Gottes Schöpfung. Die Kultur muss nicht länger an den Säkularismus preisgegeben werden.[50] Zusammen mit der übrigen geschaffenen Welt ist auch sie Herrschaftsbereich des dreieinigen Gottes, ist weder bloß Domäne des Bösen, noch ein dem Menschen zur willkürlichen Beherrschung übertragener Raum. Einerseits befreit das den Menschen dazu, in der Welt zu wirken, andererseits bleibt der Mensch auch für sein Handeln in der Welt Gott verantwortlich.

Ein *einsamer Gott* im Himmel ist nur schwer als liebender Gott verständlich zu machen. Nur wenn Gott *ewige Gemeinschaft* ist, lässt sich begründen, warum Gott auch in seiner Offenbarung in Jesus Christus ganz

---

[46] So Eberhard Jüngel in Anlehnung an Karl Rahner, in: Jüngel, Gott als Geheimnis der Welt, 508.

[47] In ähnliche Richtung weisen neuerdings Überlegungen von Gisbert Greshake: „Wenn Gott, Grund, Mitte und Ziel allen Seins, nicht einsame göttliche Person, sondern Communio (inter-)personaler Liebe ist, dann ist dieses letzte, tiefste und höchste ‚Prinzip' auch allem geschaffenen Sein und Werden zuinnerst eingeschrieben, so dass dieses nur verstehbar sowie lebbar ist im Licht und in der Kraft trinitarischer Wahrheit und Dynamik" (ders., Der dreieine Gott, 42, vgl. bes. auch 28ff.).

[48] Vgl. zum Folgenden Zimmerling, Die göttliche Dreieinigkeit als Erfahrung des Herzens, 75–91.

[49] Seeberg, Lehrbuch der Dogmengeschichte, Bd. 2, 145.

[50] Beyschlag, Grundriss der Dogmengeschichte, Bd. 1, 274ff.

und gar *Liebe und Anteilnahme* ist. Die Voraussetzung des Verständnisses von Gott als liebender Gemeinschaft ist ein *radikal trinitarischer Ansatz* der Gotteslehre. Die christliche Gotteslehre muss bei der *Offenbarungs-Dreiheit* der göttlichen Personen, nicht bei ihrer Einheit einsetzen. Entsprechend sollte christliche Spiritualität nicht von einem abstrakt-monotheistischen Gottesverständnis ausgehen, sondern von einem dezidiert gemeinschaftlichen Gottesbegriff. Ein solcher Ansatz ist unverzichtbar für den Dialog mit dem Judentum und dem Islam, wenn das Christentum sein eigenes Profil festhalten und in den Dialog einbringen will.[51]

Mit einem abstrakt verstandenen metaphysischen Gott ist überdies *keine Glaubensgemeinschaft* möglich. Die *Konkretheit und Anschaulichkeit*, die die Offenbarung der göttlichen Personen in den biblischen Texten auszeichnet, ist die Bedingung dafür, dass Menschen mit dem dreieinigen Gott in *Beziehung* treten können.

Eine trinitarische Spiritualität ist angesichts fortschreitender Pluralisierungsprozesse in unserer Gesellschaft besonders geeignet, den christlichen Gottesgedanken denkerisch in der Postmoderne zu verantworten.[52] Sie erlaubt, größte Verschiedenheit mit höchster Einheit zu verbinden. Gerade die bleibende Unterschiedenheit der göttlichen Personen ist im Rahmen der Trinitätslehre als Voraussetzung für ihre Einheit zu verstehen.

Die Erkenntnis des *dreieinigen Gottes* stellt schließlich eine wichtige Begründung für die sozialethische Dimension christlicher Spiritualität dar. Die Trinität als Gemeinschaft sich liebender, gleichwertiger Personen ist der *Zielhorizont*, auf den hin gesellschaftliche Veränderungsprozesse Gestalt gewinnen sollten. Eine trinitarisch geprägte Spiritualität kann so zur Inspirationsquelle und Verpflichtung für die Umgestaltung der kirchlichen und gesellschaftlichen Verhältnisse in Richtung auf *Gleichheit und Anteilhabe* aller Menschen bei gleichzeitiger *Pflege ihrer Unterschiede* werden.

Soweit die Gründe, die für die Wiedergewinnung der trinitarischen Dimension evangelischer Spiritualität sprechen.

Als Nächstes möchte ich zeigen, auf welche Weise evangelische Spiritualität durch die Berücksichtigung der trinitarischen Dimension des Glaubens konkret bereichert werden würde. Die Wiederentdeckung des 1. Artikels hat folgende Konsequenzen für die evangelische Spiritualität: Betrachte ich meine Geschöpflichkeit coram deo, befreit mich das zu einem Ja zu meinen geschöpflichen Möglichkeiten und Begabungen, aber auch zu meinen Grenzen. Das kann u.U. bedeuten, auch Behinderungen bejahen zu lernen. Coram deo betrachtet, besteht die Chance, sie sogar als Charisma wahrzunehmen.[53] Gleichzeitig eröffnet der Blickwinkel coram

---

[51] So auch Moltmann, Kein Monotheismus gleicht dem anderen. Destruktion eines untauglichen Begriffs.
[52] Vgl. dazu Grözinger, Erzählen und Handeln.
[53] Moltmann, Der Geist des Lebens, 205ff; ders., Diakonie im Horizont des Reiches Gottes, 52ff.

deo die Möglichkeit, meine *Gottesebenbildlichkeit* zu entdecken, d.h. die Ausrichtung des geschöpflichen Lebens auf die Ewigkeit zu realisieren. Dabei bedeutet Ewigkeit Partizipation an der Fülle des göttlichen Lebens. Ewiges Leben schließt deshalb auch die Aussicht auf Verwirklichung aller nicht realisierten Möglichkeiten des Lebens ein. Konsequenz dieser Erkenntnisse ist eine große Entlastung. Ich brauche nicht länger alle sich bietenden Lebensmöglichkeiten auszukosten und muss nicht länger besinnungslos gegen alle Lebensbeschränkungen Sturm laufen.

Überdies kann die Betrachtung meiner Geschöpflichkeit sub specie aeternitatis zu einer Umwertung gesellschaftlich anerkannter Ziele und Werte führen. Besonders drastisch mutet in diesem Zusammenhang die Aussage Jesu in der Bergpredigt an, dass es besser sei, als Krüppel in den Himmel denn als Gesunder in die Hölle zu kommen (Mt 5, 29ff.). Das höchste Ziel christlicher Spiritualität ist nach den Worten Jesu also keineswegs eine möglichst umfassende Erlebnis- und Genussfähigkeit des Menschen – so das Credo des Jugendkults der Postmoderne. Das eigene Leben sub specie aeternitatis zu sehen, eröffnet neue Perspektiven. Z.B. muss ich eine schwere Krankheit nicht länger bloß als Lebensbeschränkung ansehen, sondern kann sie auch als Chance zur Wahrnehmung der eigenen Begrenztheit und im Gefolge davon zur Veränderung bisheriger Wertvorstellungen begreifen.

Ähnliches gilt für die Bewertung von Reichtum. Wohlstand wird von Jesus mehr als Gefahr denn als Segen betrachtet (Mt 6, 19ff.; „Der reiche Jüngling": 19, 16ff.; vgl. auch die Gleichnisse vom reichen Kornbauern Lk 12 und vom armen Lazarus Lk 16). Davon ausgehend werden berufliche Beförderungsmöglichkeiten sub specie aeternitatis betrachtet, eine andere Bewertung erfahren als coram mundo. Ich denke hier z.B. an die Ablehnung einer beruflichen Beförderung zugunsten der Familie und des Engagements in der Gemeinde.

Die trinitarisch geprägte Spiritualität bringt neben das Schöpfersein Gottes auch den Geist in das Blickfeld. Dadurch hilft sie, eine in der Vergangenheit nur wenig beachtete Dimension reformatorischer Frömmigkeit wieder zu entdecken: ihre Funktion als Aufbauhilfe für den neuen Menschen. Spiritualität hat es nämlich nicht nur mit der Erfahrung von Vergebung zu tun, sondern auch mit der Gestaltung des neuen Lebens in der Kraft des Geistes. In diesen Zusammenhang gehört auch die Erkenntnis der vom Geist begabten Gemeinde. Sie zeichnet sich dadurch aus, dass sich jeder als zwar unterschiedlich, aber gerade darin als zum Nutzen aller begabt erfährt. Beides, der persönliche wie auch der soziale Aspekt des Geistes, führt zur Reintegration der Dimension des Charismatischen in die Spiritualität. Ohne Planung, ohne ein Interesse am Charisma bleiben Begabungen allerdings unentdeckt, unentwickelt und ungenutzt. Darum ist zu überlegen: Wo bilden herkömmliche Kirchengemeinden einen Erfahrungsraum für die Charismen? Wo wird im Leben der Gemeinde das Zusammenspiel der unterschiedlichen Begabungen sichtbar? Wo werden Gemeindeglieder gelehrt, dass der Geist durch Charismen wirksam ist und in ihnen erfahren werden kann?

Die vom Geist begabte Gemeinde könnte zur Vorbildgemeinschaft für die übrige Gesellschaft werden. Gerade die Unterschiedlichkeit der Begabungen stellt paradoxerweise ein gemeinschaftsstiftendes Potenzial dar. Weil kein Christ alle Gaben besitzt, ist er auf die Gemeinschaft mit den anderen Gemeindegliedern angewiesen. Die Angst vieler Zeitgenossen vor dem Anderen und Fremden ist in einer immer mehr pluralistisch und unüberschaubar werdenden Gesellschaft verständlich. Die charismatische Dimension der Spiritualität hat angesichts dieser Situation die Chance, deutlich zu machen, dass enorme Verschiedenartigkeit und liebevolle Einheit sich nicht ausschließen müssen, sondern sich gegenseitig bedingen können. Die christliche Gemeinde ist dabei der Raum, in dem die Andersartigkeit des anderen nicht als Bedrohung, sondern als Ergänzung und Bereicherung erfahren werden kann. Mehr noch: sie macht sichtbar, dass die bleibende Andersheit der anderen sogar die Voraussetzung dafür ist, dass mein eigenes Leben gelingt und dass umgekehrt meine besondere Eigenheit dazu hilft, dass das Leben der anderen bereichert wird. Die charismatische Dimension der Spiritualität kann zeigen, „dass das Geisteswirken weder pluralistisch im Sinne eines dissoziierenden Pluralismus noch individualistisch im Sinne eines abstrakt unifizierenden Individualismus zu verstehen ist."[54] Gleichzeitig bietet sie angesichts einer Massengesellschaft mit ihren Uniformierungstendenzen die Chance, zum Raum einer kreativen Freiheit zu werden, in dem sich die unterschiedlichsten Begabungen entfalten können.

Vom 3. Artikel her bekomme ich aber nicht nur eine Perspektive für meine persönliche Zukunft. Darüber hinaus öffnet der Heilige Geist den Blick für die Zukunft der Welt und des Kosmos. Angesichts der von den meisten modernen Naturwissenschaftlern angenommenen Endlichkeit der Welt dürfte gerade die eschatologische Dimension der Spiritualität auch für das Gespräch zwischen Theologen und Naturwissenschaftlern in Zukunft verstärkt an Bedeutung gewinnen.[55]

All diese Überlegungen zeigen: Eine trinitarisch geprägte Spiritualität ist unverzichtbar, wenn die ganze Breite des menschlichen Lebens und der Schöpfung und neben der Vergangenheit auch die Zukunft zu Gott in Beziehung gesetzt werden sollen.

1.2.2. Konzentration auf die Bibel. Herausforderung: Überwindung der Traditionsvergessenheit

„Evangelische Frömmigkeit ist Bibelfrömmigkeit."[56] Der Ausgangspunkt der Reformation bestand in einem neuen Verständnis und Umgang mit der Bibel. Luther verstand sie als „viva vox evangelii", als lebendige Stimme des Evangeliums, durch die Gott unmittelbar zum Menschen redet. Von

---

[54] Welker, Gottes Geist, 230.
[55] Polkinghorne, Theologie und Naturwissenschaften, 154 ff.
[56] Ruhbach, Theologie und Spiritualität, 126.

daher wird verständlich, dass reformatorische Theologie nicht primär wissenschaftlich-dogmatische oder wissenschaftlich-exegetische Theologie, sondern im Kern existenzielle und erfahrungsbezogene Theologie ist. Sie will den Menschen in seiner Personmitte, wie wir heute sagen, ganzheitlich ansprechen.

Allerdings kam es sehr bald nach dem Tod der Reformatoren durch die altprotestantische Verbalinspirationslehre und später in der Aufklärung durch die historisch-kritische Methode zu einer Neuinterpretation des bibelorientierten Ansatzes der Reformation. Beide Male handelte es sich de facto um seine Infragestellung. Die altprotestantische Orthodoxie missverstand die Bibel als Steinbruch für dogmatische Sätze. Aus dem lebendigen Wort, durch das Gott den Menschen anredet, wurde das für wahr zu haltende System theologischer Wahrheiten, abgesichert durch die Lehre von der Verbalinspiration. Die spätere historisch-kritische Methode untergrub ihrerseits – z.T. ungewollt – das Vertrauen in die Bibel als Anrede Gottes an den Menschen, indem sie ausschließlich ihren Charakter als literarisches Produkt der Spätantike betonte und meinte, aus wissenschaftlichen Gründen von ihrem Anspruch als Offenbarungsurkunde absehen zu müssen. Für die evangelische Spiritualität hatte das auf Dauer fatale Konsequenzen: Entweder die Gemeindeglieder zogen sich auf einen Fundamentalismus zurück, der die Irrtumslosigkeit der Schrift rational zu beweisen suchte bzw. die Schrift zum Gesetzbuch für alle Lebenslagen machte.[57] Oder andere hörten auf, die Bibel zu lesen, weil sie die wissenschaftlichen Methoden der Bibelexegese nicht ausreichend kannten und Angst hatten, bei der persönlichen Lektüre die biblischen Texte misszuverstehen. Eine dritte, derzeit sicher größte Gruppe gab die Bibel als ernst zu nehmendes Gegenüber überhaupt auf.[58]

Inzwischen gibt es im Raum der Universitätstheologie eine Reihe von Theologen, die sich um einen biblisch-theologischen Neuansatz bemühen. Ebenso lassen sich auf dem Feld der Gemeindefrömmigkeit Ansätze zur Wiedergewinnung der Bibel als Quelle evangelischer Spiritualität erkennen. Ich denke hier z.B. an den nach dem Zweiten Weltkrieg einsetzenden Siegeszug der Herrnhuter „Losungen" als am weitesten verbreitetes evangelisches Andachtsbuch. Dazu kommen neuere Ansätze der Meditation von Bibeltexten.[59] Auch die feministische Bibelauslegung hat eine Reihe von vergessenen Bibeltexten neu sehen gelehrt.[60]

Neben dieser Neuentdeckung der Bibel für die Spiritualität ist jedoch auch eine Reintegration der Tradition in die evangelische Spiritualität nötig. Die Bibel darf nicht als traditionsloses Erneuerungsprinzip missverstanden werden. Auch die evangelische Spiritualität wird gespeist von einem breiten Traditionsstrom – und muss sich nicht immer neu erfinden. Sie

---

[57] S. Kap. 3.6.4.c)
[58] Ähnlich auch Ruhbach, Theologie und Spiritualität, 126f.
[59] S. Kap. 3.3; 4.3.3.
[60] Belege bei Berg, Ein Wort wie Feuer, 250ff., bes. 257f.

darf von der Spiritualität derer lernen, die vor ihr gelebt haben. Überdies bedarf auch sie der Veranschaulichungsinstanzen. Dazu gehören nicht zuletzt spirituelle Vorbilder. An ihnen wird sichtbar, wie die Bibel das Leben von Menschen verändern und prägen kann. In diesem Zusammenhang stellen die Heiligen ein für die evangelische Spiritualität weithin unausgeschöpftes Potenzial dar. Die Heiligen zeigen, dass Christsein in sehr unterschiedlichen gesellschaftlichen Situationen lebbar ist. Sie halten das Bewusstsein der Universalität der Spiritualität wach. Dadurch, dass sie den unterschiedlichsten Epochen und Ländern zugehören, wird an ihnen anschaulich, dass das Leben der Kirche alle Zeiten und Weltgegenden umfasst:[61] Die christliche Kirche existierte schon lange vor mir und wird auch nach meinem Tod noch Bestand haben; ebenso reicht ihr Leben über die eigene Konfession, erst recht aber über das Gebiet der eigenen Landeskirche hinaus. Die Heiligen machen mir bewusst, dass ich eingebettet bin in eine lange Generationenfolge von Menschen, die vor mir im Glauben gelebt haben und auch nach mir im Glauben leben werden.

Gerade Krisenzeiten der Kirche offenbaren, dass das mangelhafte Traditionsbewusstsein vieler protestantischer Christen leicht zu panischen oder resignativen Überreaktionen führt. Man wird der Spiritualität jedoch nicht gerecht, wenn man sie nur innerhalb der Grenzen der jeweiligen Gegenwart beurteilt.[62] Die Kirche des dritten Glaubensartikels, die una sancta, ist mehr als die aktuelle soziologische Größe. Sie ist nur aus ihrem Weg heraus, aus Gottes Heilsplan mit der Welt, zu begreifen. Dies wieder zu entdecken, kann eine Spiritualität helfen, die die Heiligen mitumfasst. Sie erlaubt eine nüchterne und dadurch angemessenere Deutung der Situation, wodurch es zu der notwendigen „Relativierung" der gegenwärtigen theologischen Probleme kommt.

Die lutherische Reformation hat die Heiligenverehrung nicht abschaffen wollen. Vielmehr kam es in CA 21 und Apol. 21 zu einer Reinterpretation des Heiligengedächtnisses. Das führte zu einer neuen Rolle der Heiligen im Rahmen der reformatorischen Spiritualität. Nach CA 21 ist derjenige Christ ein besonders zu ehrender Heiliger, dessen Vorbild hilft, das eigene Vertrauen auf die Rechtfertigung allein aus Gnaden zu stärken und zur Nachfolge Jesu Christi im Beruf zu ermuntern.[63] Indem die Heiligen nicht länger moralisch interpretiert werden, können sie zu Kristallisationspunk-

---

[61] Karl Christian Felmy hat gezeigt, dass die Konkordienformel sich in ihrer theologischen Beweisführung immer wieder auf altkirchliche Theologen bezieht (Ders., Die Heiligen, 26). Die französische Historikerin Régine Pernoud hat in ihren Arbeiten darauf hingewiesen, dass die Heiligen schon im Mittelalter internationale Bedeutung besaßen (vgl. z.B. dies., Die Heiligen im Mittelalter, 9ff.).

[62] Barth, Der Heilige Gott und seine Heiligen, 71.

[63] „Vom Heiligendienst wird von den Unseren also gelehrt, dass man der Heiligen gedenken soll, auf dass wir unsern Glauben stärken, so wir sehen, wie ihnen Gnad widerfahren, auch wie ihnen durch Glauben geholfen ist; darzu, dass man Exempel nehme von ihren guten Werken, ein jeder nach seinem Beruf ..." (Die Bekenntnisschriften der lutherischen Kirche (BSLK), 83b).

ten eigener spiritueller Erfahrungen werden. Sie eröffnen Erfahrungsbereiche, die den eigenen Horizont übersteigen.[64] Die Beschäftigung mit ihnen vermittelt das gedankliche Raster, um entsprechende Erfahrungen wahrnehmen und einordnen zu können. Letztlich geht es darum, durch das Vorbild der Heiligen in der eigenen Spiritualität entzündet zu werden. Rudolf Bohren weist darauf hin, dass der Geistempfang nicht anders als durch geistliche Vater- bzw. Mutterschaft erfolgt:[65] „In dürftiger Zeit, in der Zeit nach Pfingsten, empfangen wir den Geist nicht als Sturm und als Feuer, nicht direkt und elementar, sondern vermischt durch die Anregung, die von Personen ausgeht. Er springt in der Weise auf uns über, dass wir mit den Vätern zusammensitzen und sie fragen, was sie uns von Gott zu sagen haben. Inspiration gibt es nicht ohne Gespräch. Im Gespräch steigen die Zwerge den Riesen auf die Schulter."[66] Gerade weil wir inzwischen weithin in einer „vaterlosen Gesellschaft"[67] leben, scheint mir das Vorbild der Heiligen unverzichtbar zu sein.

Auch wenn hier für eine Wiederentdeckung der Heiligen und damit der Tradition im Rahmen der evangelischen Spiritualität plädiert wird, dürfen allerdings die damit verbundenen Gefahren nicht übersehen werden. Die Identifikation mit einem Heiligen bzw. der spirituellen Tradition ist nur dann fruchtbar, wenn das Bewusstsein für die Differenz, das Fremde, das Unüberbrückbare bestehen bleibt.[68] Wird die Differenz verdrängt, so kann die Beschäftigung mit den Heiligen zur Überidentifikation und zur Neurose führen. Ziel biografischen Lernens an Heiligen ist nicht die *unkritische Imitation*, sondern die *konstruktiv-kritische Identifikation*. Das Moment der Differenz wird theologisch durch die Kategorie des Charismatischen gesichert, auf die schon CA 21 hinweist, wenn Melanchthon im Hinblick auf die Heiligen dazu auffordert, „dass man Exempel nehme von ihren guten Werken, *ein jeder nach seinem Beruf.*"

1.2.3. Konzentration auf Gottes Handeln. Herausforderung: Überwindung der billigen Gnade

Zentrum evangelischer Spiritualität ist die Erkenntnis von der *voraussetzungslosen* Annahme des Menschen durch Gott. CA 4 spricht von der „Rechtfertigung allein aus Gnade um Christi willen durch den Glauben". Es handelt sich dabei um den „Articulus stantis et cadentis Ecclesiae" (so erstmals bei Valentin Ernst Löscher 1673–1749. In der Sache geht die For-

---

[64] „Ich muss nicht eingeengt auf den Bannkreis meines eigenen kleinen Erfahrungsbereichs einfach meinen Lebens- und Glaubensstil entwickeln oder setzen" (Barth, Der Heilige Gott und seine Heiligen, 73).
[65] S. Kap. 4.5.2.b).
[66] Bohren, Mit dem Geist bekommen wir Väter und mit den Vätern einen Geist, 65.
[67] Vgl. den Titel des bekannten Buches von Alexander Mitscherlich, das 1963 erstmals erschienen ist.
[68] Vgl. hier und im Folgenden Barth, Der Heilige Gott und seine Heiligen, 73f.

mulierung auf Martin Luther selbst zurück). Protestantische Spiritualität, die mit Recht diesen Namen verdient, muss an diesem Zentralpunkt der Reformation ansetzen und immer wieder zu ihm hinführen. Dass das reformatorische Rechtfertigungsverständnis sich auch ökumenisch durchgesetzt hat, ist spätestens seit der Unterzeichnung der „Gemeinsamen Erklärung" in Augsburg am 31.10.1999 nicht mehr zu leugnen.[69]

Nun bestand aber von Anfang an – bereits zu Luthers Zeit – die Gefahr, die Rechtfertigungslehre im Sinne der „billigen Gnade" misszuverstehen, so Dietrich Bonhoeffers klassisch gewordene Formulierung in seinem Buch „Nachfolge" von 1937. Das Buch setzt mit den berühmten Sätzen ein: „Billige Gnade ist der Todfeind unserer Kirche. Unser Kampf heute geht um die teure Gnade. Billige Gnade heißt Gnade als Lehre, als Prinzip, als System; heißt Sündenvergebung als allgemeine Wahrheit, heißt Liebe Gottes als christliche Gottesidee. Wer sie bejaht, der hat schon Vergebung seiner Sünden … Billige Gnade heißt Rechtfertigung der Sünde und nicht des Sünders …" Im Gegensatz zu dieser Fehlinterpretation zeigt die Bergpredigt für Bonhoeffer beispielhaft, wie die teure Gnade verkündigt werden muss: „Teure Gnade ist das Evangelium, das immer wieder gesucht, die Gabe, um die gebeten, die Tür, an die angeklopft werden muss. Teuer ist sie, weil sie in die Nachfolge ruft. Gnade ist sie, weil sie in die Nachfolge Jesu Christi ruft; teuer ist sie, weil sie dem Menschen das Leben kostet. Gnade ist sie, weil sie ihm so das Leben erst schenkt …" Die „billige Gnade" übersieht nach Bonhoeffer, dass Rechtfertigung und Nachfolge, dass Glaube und Gehorsam untrennbar zusammengehören.[70]

Ein Glaubensverständnis, das die Dimension des Gehorsams, d.h. der gelebten Nachfolge nicht mit umfasst, karrikiert Bonhoeffer in der „Nachfolge" wie folgt: „Wie ist solche Verkehrung möglich? Was ist geschehen, dass das Wort Jesu sich dieses Spiel gefallen lassen muss? dass es so dem Spott der Welt ausgeliefert wird? Wo immer sonst in der Welt Befehle ausgegeben werden, sind die Verhältnisse klar. Ein Vater sagt zu seinem Kind: Geh ins Bett!, so weiß das Kind wohl, woran es ist. Ein pseudotheologisch dressiertes Kind aber müsste nun folgendermaßen argumentieren: Der Vater sagt: Geh ins Bett. Er meint, du bist müde; er will nicht, dass ich müde bin. Ich kann über meine Müdigkeit auch hinwegkommen, indem ich spielen gehe. Also, der Vater sagt zwar: Geh ins Bett!, er meint aber eigentlich: Geh spielen. Mit einer solchen Argumentation würde das Kind beim Vater, würde der Bürger bei der Obrigkeit auf eine sehr unmissverständliche Sprache stoßen, nämlich auf Strafe. Nur dem Befehl Jesu gegenüber soll das anders sein. Hier soll einfältiges Gehorchen verkehrt, ja Ungehorsam sein. Wie ist das möglich?"[71] Indem Bonhoeffer auf der konkreten Nachfolge

---

[69] Damit soll nicht bestritten werden, dass es eine Reihe berechtigter Einwände gegen Entstehungsvorgang und Inhalt der „Gemeinsamen Erklärung" gibt.
[70] DBW, Bd. 4, 52.
[71] A.a.O., 71f.

insistiert, überwindet er eine *Schwachstelle* evangelischer Spiritualität. Ein einseitiger reformatorischer Paulinismus stand von Anfang an in Gefahr, über der Botschaft von der Rechtfertigung des Sünders allein aus Glauben, die Konsequenz dieser Botschaft in der gelebten Nachfolge zu vergessen. Die gnädige Annahme durch Gott ist aber nicht ohne die Nachfolge des auferstandenen Gekreuzigten zu haben. Das belegen auch die Paulusbriefe, in denen durchgängig der Zweischritt von Indikativ und Imperativ, von Zuspruch und Anspruch auffällt.

Um zusammenzufassen: Die Verkündigung der „teuren Gnade" will evangelische Spiritualität vor dem Abgleiten in Gesetzlichkeit bzw. Libertinismus schützen. Beide, Gesetzlichkeit und Libertinismus, führen nämlich zu Verstrickungen, die die Früchte des Glaubens bedrohen, wenn nicht unmöglich machen. Ganz praktisch: Das Gebundensein an bestimmte äußerliche, gesetzliche Vorschriften verhindert, dass ich tun kann, was aus Liebe zum Nächsten für diesen nötig wäre. Umgekehrt führt z.B. übermäßige Sorge um Geld und Besitz, die Bibel nennt das Habsucht, unweigerlich zur Konzentration der Gedanken auf dieses Thema. Die Folge ist auch hier, dass Zeit und Kraft von meinem Engagement für Gott und den Nächsten abgezogen werden. Ein einfacherer Lebensstil würde mich demgegenüber vor der Verstrickung in das Streben nach Geld und Besitz bewahren.

1.2.4. Konzentration auf den individuellen Glauben.
Herausforderung: Reintegration von Sozialität und Erfahrung

Der evangelischen Spiritualität ging im Lauf der Geschichte – gegen Luthers Intention – immer mehr sowohl die Dimension der *Sozialität* als auch die der Erfahrung verloren. So sehr Luther den Glauben des einzelnen von klerikaler Bevormundung befreien wollte, intendierte er doch nie eine Spiritualität unabhängig von der christlichen Gemeinde. Das zeigt besonders schön seine Auslegung des 3. Glaubensartikels im Kleinen Katechismus. Die Stelle ist ein klassischer Beleg dafür, dass sich in Luthers Spiritualität der Einzelne und die Gemeinde komplementär zueinander verhalten:[72] „*Ich* glaube, dass *ich* nicht aus eigener Vernunft noch Kraft an Jesus Christus, *meinen* Herrn, glauben oder zu ihm kommen kann; sondern der Heilige Geist hat *mich* durch das Evangelium berufen, mit seinen Gaben erleuchtet, im rechten Glauben geheiligt und erhalten; GLEICHWIE er die GANZE CHRISTENHEIT auf Erden beruft, sammelt, erleuchtet, heiligt und bei Jesus Christus erhält im rechten einigen Glauben; IN WELCHER CHRISTENHEIT er *mir* und ALLEN GLÄUBIGEN täglich alle Sünden reichlich vergibt und am Jüngsten Tage *mich* und ALLE TOTEN auferwecken wird und *mir* samt ALLEN GLÄUBIGEN in Christus ein ewiges Leben geben wird." Im landeskirchlichen Protestantismus herrscht dagegen bis zum heutigen Tag ein

---

[72] Gegen Schütz, Zur Kritik der reformatorischen Grundlagen, 17 ff.

Frömmigkeitstypus vor, der weitgehend von Individualismus, Subjektivismus und Innerlichkeit geprägt ist. Die Konsequenz der Ausblendung der christlichen Gemeinde aus dem Frömmigkeitsvollzug ist eine entscheidungs- und profillose protestantische Spiritualität. Die neuzeitliche Denkfigur von Gott und der Einzelseele stellt eine Abstraktion dar. Dringend nötig ist ein neues Bewusstsein, dass es evangelische Spiritualität nicht unabhängig von der Kirche gibt, sondern nur eingebunden in die „Gemeinschaft der Heiligen", wie es im Apostolischen Glaubensbekenntnis heißt. Aus Hebr 12, 1 stammt die Formulierung, dass jeder Christ umgeben ist von einer „Wolke von Zeugen". Auf dem Weg, den Horizont der Gemeinde für die evangelische Spiritualität wiederzugewinnen, sind folgende konkrete Schritte nötig:

Nötig ist vor allem die Förderung des gemeinsamen Lebens unter den Gemeindegliedern. Ganz überwiegend sind die traditionellen Gemeinden – wenn überhaupt – lediglich Gottesdienstgemeinschaften. Das reichte gerade zur kirchlichen Bestandssicherung aus, solange Gottesdienstgemeinde und bürgerliche Gemeinde identisch waren und in der bürgerlichen Dorf- oder Kleinstadtgemeinschaft das alltägliche Leben geteilt wurde. In dem Moment, wo das nicht mehr der Fall ist, bedarf es zur Förderung der christlichen Gemeinschaft zusätzlicher Impulse. Eine Entlastung des Glaubens und Handelns des einzelnen Christen in einem zunehmend säkularen bzw. multireligiösen Milieu erscheint mir nur möglich auf dem Weg einer Stärkung der christlichen Gemeinschaft. In der Kirche der Zukunft werden die Gemeindeglieder nicht nur gemeinsam den Gottesdienst besuchen, sondern wieder mehr das Leben teilen und in Notsituationen füreinander einstehen lernen. Schon in der Alten Kirche fielen den Heiden nicht nur die schönen Gottesdienste der Christen auf; sie stellten auch fest: „Seht, wie lieb sie sich haben!" Der sonntägliche Gottesdienst sollte durch weitere Formen gottesdienstlicher Gemeinschaft, aber auch durch Ansätze einer Alltagsgemeinschaft der Gemeindeglieder untereinander unterstützt werden. Bonhoeffers Buch „Gemeinsames Leben" bietet hierfür viele unausgeschöpfte Anregungen. In unserer Zeit ist z.B. das Angebot von Hauskreisen und gemeindlichen Selbsthilfegruppen hinzugekommen.

Um die ekklesiologische Dimension der Spiritualität wiederzugewinnen, ist die Ergänzung der Ortsgemeinde durch andere Sozialgestalten von Kirche nötig. Die parochiale Struktur der Großkirchen reicht offenbar nicht mehr aus, um den überwiegenden Teil der Menschen einer mobilen, pluralistischen Gesellschaft mit der christlichen Spiritualität in Berührung zu bringen. Z.B. sind Angebote für diejenigen nötig, die nach spirituellen Erfahrungen suchen, aber keinen Kontakt zur Ortsgemeinde haben. Auch das zunehmende Auseinanderdriften in unterschiedliche gesellschaftliche Gruppen, die kaum eine gemeinsame Kommunikationsebene haben, lässt es notwendig erscheinen, das herkömmliche parochiale System durch *zusätzliche wechselnde* Sozialgestalten von Gemeinde zu erweitern. Unmittelbar nach dem Zweiten Weltkrieg sind eine Reihe von Para- und Sondergemeinden entstanden: Akademien, Studentengemeinden, Sonderpfarrämter (z.B. Sozialpfarrämter), Kirchentage. Dazu kamen die evangelischen Kommunitäten und verstärkt seit den Studentenunruhen von 1968 evangelikal geprägte freie Werke. Sie alle haben den Prozess der gesellschaftlichen Säkularisierung und Entkirchlichung insgesamt nicht aufhalten können, aber jeweils über einen gewissen Zeitraum hinweg große Ausstrahlungskraft besessen. Das deutet darauf hin, dass sie nur auf spezielle, zeitlich begrenzte kirchliche und gesellschaftliche Herausforderungen einleuchtende Antworten zu geben vermochten. Daher sollten diese besonderen Sozialgestalten von Kirche nicht auf Dauer hin angelegt werden. Sie sollten so flexibel sein, neuen Gestalten Platz zu machen, wenn ihre Zeit abgelaufen ist.

Auch der Besuch von Kristallisationspunkten spiritueller Übung wie Kommunitäten und Kirchentagen kann eine Hilfe sein, den Gemeinschaftsaspekt evangelischer Spiritualität wieder zu entdecken.[73] Kommunitäten z.B. wollen Christsein im Alltag *gemeinsam* und *verbindlich* mit *deutlichen Konturen* leben. Die Betonung des Gemeinschaftsaspekts im Rahmen der kommunitären Spiritualität zeigt die Richtung, in die sich die kirchliche Frömmigkeit in Zukunft entwickeln müsste.

Schließlich scheinen neue Entscheidungsriten nötig zu sein, um die häufig zu beobachtende Profillosigkeit evangelischer Spiritualität zu überwinden. Der postmoderne religiöse Pluralismus fordert die traditionellen landeskirchlichen Gemeinden heraus, die eigene Spiritualität in selbstgewisser Weise in das gesellschaftliche Gespräch einzubringen. Dazu ist naturgemäß nur jemand in der Lage, der zu einer *bewussten* Spiritualität gefunden hat. Die „*Entscheidungs-Riten*" der großen Kirchen wie Konfirmation und Firmung – übrigens auch die Erwachsenentaufe in einer traditionellen Freikirche wie dem Baptismus – haben jedoch weithin ihren Entscheidungscharakter eingebüßt. Riten, die diesen noch haben, fehlen weithin. In der Bekennenden Kirche gab es die Mitgliedskarte. In Zukunft könnten Einstiegsangebote in die christliche Spiritualität wie die Aktion „Neu Anfangen", Grundkurse des Glaubens oder auch der Religionsunterricht für Erwachsene im Hinblick auf die Wiedergewinnung von Entscheidungsriten eine wichtige Funktion erfüllen.

Neben der Dimension der Sozialität ist es höchste Zeit, auch das Moment der *Erfahrung* in den Glauben zu reintegrieren. Evangelische Spiritualität ist von ihrem Ursprung her erfahrungsbezogene Frömmigkeit. Darauf hat gerade Martin Luther immer wieder hingewiesen.[74] Am deutlichsten wird das vielleicht an seinem Hinweis auf die Trias „oratio, meditatio, tentatio" – „Gebet, Schriftbetrachtung, Anfechtung" – als „eine rechte Weise in der Theologie zu studieren" erkennbar.[75] Im Hinblick auf die

---

[73] Evangelische Spiritualität, 53f.
[74] S. Kap. 2.1.
[75] Vgl. dazu Martin Luther, Vorrede zu Bd. 1 der Wittenberger Ausgabe von 1539, WA 50, 658, 13–660, 16.

tentatio hält Luther fest: „Zum dritten ist da tentatio, Anfechtung, die ist der Prüfstein, die lehrt dich nicht allein wissen und verstehen, sondern auch erfahren, wie recht, wie wahrhaftig, wie süße, wie lieblich, wie mächtig Gottes Wort sei, Weisheit über alle Weisheit."[76] Schon in der dritten nachreformatorischen Generation kam es jedoch zu einer Krise der Spiritualität, die ihre Ursache in zunehmenden Erfahrungsdefiziten des religiösen Lebens hatte.[77] Um dieses Spiritualitätsdefizit auszugleichen, mussten in der Folgezeit Anleihen vor allem bei der mittelalterlichen Mystik gemacht werden.

Zur spirituellen Auszehrung des kirchlichen Normalprotestantismus hat nicht zuletzt das von Sören Kierkegaard inspirierte Glaubensverständnis der Dialektischen Theologie beigetragen. Kierkegaard definierte den Glauben als 1000 Klafter „über dem Abgrunde erbaut".[78] Von dieser Definition her wird deutlich, wieso der Glaube beim frühen Barth nirgends Bodenhaftung bekommen, d.h. zur Erfahrung werden konnte.

Eine Reintegration von Erfahrungsebenen in die reformatorische Spiritualität ist heute aus mehreren Gründen geboten.

Die Gegenwart ist geprägt von einer Wiederkehr der Religion.[79] Diese hat sich jedoch bisher meist an der evangelischen Kirche vorbei ereignet, nicht zuletzt da ihre eigenen spirituellen Quellen weithin verschüttet bzw. in Vergessenheit geraten sind.

Menschen, die sich auf die Suche nach spirituellen Erfahrungen begeben haben, erwarten von der Großkirche keine Antworten mehr auf ihre Fragen. Angesichts dieser Situation gilt es, eine nicht primär intellektualistische, sondern eine erfahrungsbezogene Spiritualität zu entwickeln.

In Zukunft sollte es verstärkt zur Einbindung von Erfahrungsebenen in den Gottesdienst kommen. Der Gottesdienst sollte nicht länger primär Verstand und Willen ansprechen, sondern genauso die emotionalen und körperlichen Dimensionen des Menschseins einbeziehen. „Gerade die geistig beanspruchten Menschen suchen vielfach mehr als eine weitere intellektuelle Anstrengung in der Religion. Immer mehr Menschen wollen den Glauben nicht nur denken, sondern auch spüren."[80] Dazu ist zum einen eine Wiederentdeckung des Festcharakters des Gottesdienstes notwendig. Eine Möglichkeit zur Integration der emotionalen und körperlichen Dimensionen in den Gottesdienst stellt zum anderen das Angebot von Segnung und Krankensalbung dar. Darin wird sowohl die ganzheitliche Zuwendung Gottes zum Menschen als auch die therapeutische Ausrichtung des Glaubens sinnenfällig sichtbar.[81]

---

[76] A.a.O.
[77] Vgl. hier und im Folgenden Wallmann, Der Pietismus, O 12f.
[78] Kierkegaard, Philosophische Brocken, 95.
[79] S. Kap. 3.1.
[80] Meyer-Blanck, Inszenierung des Evangeliums, 133.
[81] Zur therapeutischen Dimension des Glaubens vgl. Biser, „Das Christentum ist eine therapeutische Religion", 452–458; vgl. auch Zimmerling, Gebet und Salbung für Kranke, 218–228.

1.2.5. Konzentration auf das Handeln in Familie, Beruf und Gesellschaft. Herausforderung: Eigenrecht der kontemplativen Dimension

Die Reformation hat neu ans Licht gebracht, dass sich der Glaube im Alltag, d.h. in Familie und Beruf zu bewähren hat und damit gegenüber der mittelalterlichen Spiritualität eine notwendige Korrektur vorgenommen. Dabei hat sie jedoch über der Nächstenliebe, dem Alltagsgottesdienst, nicht die Stille vor Gott, die Kontemplation, vergessen. Ausdrücklich empfahl Luther den Weg der Stille als einen Weg zu Gott: „Gleichwie die Sonne in einem stillen Wasser gut zu sehen ist und es kräftig erwärmt, kann sie in einem bewegten, rauschenden Wasser nicht deutlich gesehen werden. Darum, willst du auch erleuchtet und warm werden durch das Evangelium, so gehe hin, wo du still sein und das Bild dir tief ins Herz fassen kannst, da wirst du finden Wunder über Wunder."[82] Das Leben aus der Stille bewahrt vor Kurzatmigkeit und verhindert, dass christliches Handeln zum Aktionismus verkommt.[83] Damit befindet sich reformatorische Spiritualität im Einklang mit der Spiritualität Jesu. In deren Zentrum steht das sog. Doppelgebot der Liebe: „Jesus aber antwortete ihm: ‚Du sollst den Herrn, deinen Gott, lieben von ganzem Herzen, von ganzer Seele und von ganzem Gemüt.' Dies ist das höchste und größte Gebot. Das andere aber ist dem gleich: ‚Du sollst deinen Nächsten lieben wie dich selbst'" (Mt 22, 37–39). D.h. die Liebe zu Gott verliert ihre Bodenhaftung, wenn sie nicht mit der Liebe zum Mitmenschen verknüpft wird (vgl. dazu auch Jesu Aussagen in der Bergpredigt: Mt 5, 21–26). Umgekehrt kühlt die Liebe zum Nächsten schnell ab, wenn sie nicht immer wieder aus der Quelle der Gottesliebe, d.h. der Liebe Gottes zu mir und meiner Liebe zu Gott, erneuert wird.[84]

Es sollte festgehalten werden, dass in der evangelischen Spiritualität zwei Pole: Kontemplation und Aktion, Gottesliebe und Nächstenliebe, Ewigkeitshorizont und Hinwendung zur Welt unauflöslich zusammengehören.[85] Die gegenwärtige Situation der evangelischen Kirche verlangt allerdings eine verstärkte Akzentuierung des kontemplativen Aspekts. In einer bis zu den aktiven Gemeindegliedern weithin säkularisierten Kirche (Wolfgang Huber spricht von ihrer Selbstsäkularisierung)[86], die das Engagement für den Nächsten und die Gesellschaft in das Zentrum ihres Lebens gestellt hat, ist die Stärkung des kontemplativen Moments der Spiritualität dringend geboten.

---

[82] Zit. nach Huber, Im Geist wandeln, 20.
[83] Wir werden am Beispiel Teresa von Avilas sehen, dass auch mystische Frömmigkeit die Bedeutung der Kontemplation für das christliche Leben hervorhebt. Kontemplation ist für die Mystiker dabei nicht nur Voraussetzung, sondern tragender Grund und beständige Kraftquelle ihres Handelns. Es gibt keine Emanzipation des menschlichen Tun von Gott (s. im Einzelnen Kap. 2.2.).
[84] Vgl. hierzu im einzelnen Bockmühl, Das größte Gebot, 25ff.
[85] Das wird sich neben Luthers auch an Zinzendorfs und Bonhoeffers Spiritualität zeigen (s. Kap. 2).
[86] Huber, Kirche in der Zeitenwende, 10.

Einer der ersten evangelischen Theologen, der im vergangenen Jahrhundert die unaufgebbare Aufeinanderbezogenheit von Kontemplation und Aktion im Rahmen der reformatorischen Spiritualität für den Gesamtraum der evangelischen Kirche wieder entdeckte, war Dietrich Bonhoeffer. Besonders eindrucksvoll wirkt Bonhoeffers Neuansatz dadurch, dass er ihn nicht nur in der *Theorie* darzustellen vermochte, sondern auch in der *Praxis* erprobte. Ich denke hier zum einen an das geistliche Leben der Vikarsgemeinschaft und des Bruderhauses im illegalen Predigerseminar der Bekennenden Kirche in Finkenwalde bei Stettin von 1935–1937 und zum anderen an Bonhoeffers bereits erwähnten Rechenschaftsbericht über dieses Experiment „Gemeinsames Leben", sein Buch mit den weitaus meisten Auflagen. Auch sonst betonte er immer wieder die Notwendigkeit der Stille und Sammlung, aus der heraus alle geistliche Arbeit erst ihre Kraft empfängt. Bereits zu Beginn seiner Christologievorlesung sagte er: „Lehre von Christus beginnt im Schweigen ... Rechtes Reden der Kirche aus rechtem Schweigen ist Verkündigung des Christus."[87] Und in seiner „Anleitung zur täglichen Meditation" schrieb er: „Gott hat Zeit gebraucht, ehe er in Christus zum Heil zu uns kam. Er braucht Zeit, ehe er mir zum Heil in mein Herz kommt. Weil ich Hilfe brauche gegen die unfromme Hast und Unruhe, die auch gerade meine Arbeit als Pfarrer gefährdet. Nur aus der Ruhe des Wortes Gottes kommt der rechte hingebende Dienst des Tages."[88] An diesen Äußerungen wird sichtbar, dass Bonhoeffer Kontemplation als sine qua non reformatorischer Spiritualität versteht. Jede kirchliche Aktion, insbesondere jede Verkündigung des Evangeliums, muss aus der Stille vor Gott geboren werden. Erst von dort her empfängt sie ihre Vollmacht. Die Kontemplation soll das Bewusstsein dafür wach halten, dass alle kirchliche Arbeit letztlich nur Platzhalterschaft ist. Sie hat die Aufgabe, den Raum für Gottes eigenes Wirken offen zu halten.

Mit diesen Überlegungen stand Bonhoeffer quer zum Mainstream der damaligen Theologie – und zwar quer zu ihren beiden Hauptrichtungen: sowohl zu der auf Friedrich Schleiermacher fußenden liberalen Theologie, die unangefochten bis zum Ende des Ersten Weltkriegs geherrscht hatte, als auch zu der von Karl Barth begründeten dialektischen Theologie, der Bonhoeffer sonst grundsätzlich nahe stand. Karl Barth gibt Schleiermachers Gedanken zur Kontemplation – in seltener Übereinstimmung mit diesem – wie folgt wieder: „Er [der von Schleiermacher intendierte christliche Mensch] muss durch das mystische Sanktuarium hindurch –, aber auch wirklich nur und zwar eilig und ohne Aufenthalt hindurchgehen. Gerade dort, wo der echte Mystiker Halt und zwar am liebsten endgültig Halt machen möchte, in dem reinen Gegenüber und Einssein von Gott und der Seele, gerade dort wird man bei Schleiermacher unmissverständlich schleunig weitergetrieben, von der Verinnerlichung zur Gestaltung, von der Be-

---
[87] Bonhoeffer, Christologie, 7.
[88] DBW, Bd. 14, 946.

sinnung zum Aufbau."[89] Es ist deutlich, dass von diesen Gedanken aus jede Betonung von Stille und Sammlung im Glaubensvollzug unter Verdacht geraten musste. Ein führender Mann der Bekennenden Kirche warf Bonhoeffer vor: „Für Meditation haben wir jetzt keine Zeit ..."[90] Demgegenüber stellte Bonhoeffer im Antrag auf Errichtung des Bruderhauses während des ersten Vikarskurses fest: „Nicht klösterliche Abgeschiedenheit, sondern innerste Konzentration für den Dienst nach außen ist das Ziel."[91]

Die gemeinsame Skepsis von liberaler und dialektischer Theologie gegenüber jeder Form von Kontemplation bedroht die reformatorische Spiritualität bis heute in zweifacher Hinsicht.

1. Dem protestantischen Gottesdienst droht die Ethisierung.[92] Dadurch wird er zur bloßen Vorbereitung auf den Einsatz in der Welt entwürdigt. Anders ausgedrückt: Es kommt zu einer „Herabsetzung des liturgischen Gottesdienstes zu einem bloßen Mittel zur Verwirklichung des vernünftigen Gottesdienstes" (nach Röm 12).[93] Demgegenüber muss unbedingt am „eschatologischen Mehrwert der Gnade"[94] festgehalten werden. Die Botschaft von Gottes gnädiger Zuwendung zum Menschen darf nicht im christlichen Handeln aufgehen, sondern muss als dessen Voraussetzung und bleibende Quelle erkennbar bleiben. Christian Möller schreibt: „Es mag zutreffen, dass es für den christlichen Glauben keine Trennung der Wirklichkeit in sakrale und profane Sphären mehr geben kann. Nur darf nicht geschehen, dass über diesem Verständnis von Röm 12 der eschatologische Mehrwert der Gnade verloren geht und die Wirklichkeit nicht mehr eschatologisch unterschieden wird in den ‚Sonntag der Ewigkeit' und den ‚Alltag der Welt'."[95]

2. Eine zweite Konsequenz der fehlenden Betonung des Eigenrechts von Stille und Sammlung vor Gott ist die in der evangelischen Kirche immer noch weithin vorherrschende Ansicht, dass diakonische und sozialethische Aufgaben im Zentrum ihrer Aktivitäten stehen müssten, demgegenüber die Pflege des geistlichen Lebens, d.h. ihre „Selbstzwecklichkeit" (Dietrich Bonhoeffer) zurückzutreten hätte. Sichtbar wird diese Akzentverschiebung daran, dass die evangelische Kirche einen wesentlichen Teil ihrer Legitimation nach innen und außen aus ihrer diakonischen und sozialethischen Arbeit bezieht. Über der Ausrichtung auf die Früchte des Glaubens ist vielerorts deren spiritueller Wurzelboden verkümmert.

---

[89] Barth, Die protestantische Theologie im 19. Jahrhundert, 390.
[90] DBW, Bd. 14, 237.
[91] A.a.O., 77.
[92] Die Ethisierung des evangelischen Gottesdienstes wird z.B. in den Ansätzen von Ernst Käsemann (Gottesdienst im Alltag der Welt, 198–204) und Ernst Lange (Chancen des Alltags) sichtbar.
[93] Zur Frage nach dem Verhältnis von liturgischem und vernünftigem Gottesdienst vgl. Jüngel, Der evangelisch verstandene Gottesdienst, 305. Auch Christian Möller tritt für ein Eigenrecht des „liturgischen Gottesdienstes" ein (ders., Gottesdienst als Gemeindeaufbau, 55f.).
[94] Vgl. a.a.O.
[95] A.a.O.

Es ist ein Glücksfall für die evangelische Kirche, dass die meisten der seit dem Zweiten Weltkrieg im Raum des Protestantismus entstandenen Bruder- und Schwesternschaften, Kommunitäten und anderen verbindlichen geistlichen Lebensgemeinschaften einen stark kontemplativen Zug haben. Hier wurden bereits wesentliche Schritte auf dem Weg zur Wiedergewinnung der kontemplativen Dimension der Frömmigkeit im Protestantismus gegangen und eingeübt. Dabei ist kommunitäre Spiritualität meist durch eine Verknüpfung von Aktion und Kontemplation geprägt. So heißt es z.B. in der Regel von Taizé: „Viel zu beten, in der Freude des Gottesdienstes zu leben und brüderlich offen zu sein für die Menschen, die uns umgeben: da liegt der wahre Grund unseres Daseins, alles andere muss sich daraus ergeben." Viele der Kommunitäten haben neben den gemeinsamen Stundengebeten den Raum der persönlichen Stille zur Ruhe und inneren Sammlung entdeckt, um sich darin immer wieder neu Gott und seiner Führung anzuvertrauen.

Die folgenden vier Elemente sollten die Kontemplation im Rahmen evangelischer Spiritualität prägen:

1. Voraussetzung ist die Offenheit für Gott. Indem ein Mensch seine Existenz als Existenz vor Gott erkennt, beginnt sich seine Selbstverkrümmung (Luther) zu lösen. Dadurch erhält er Anteil am göttlichen Leben. Die Wiederentdeckung der kontemplativen Dimension des Glaubens führt dazu, das christliche Leben in Beziehung zur unsichtbaren Welt Gottes zu setzen.[96]

2. Kontemplation meint ein schweigendes Wahrnehmen der Wirklichkeit. Dieser Wahrnehmungsprozess geschieht im Schauen (Josef Pieper): Anstelle des denkenden Erkennens von Abwesendem tritt das schauende Erkennen von Anwesendem. Letztlich geht es um ein von Staunen begleitetes schauendes Erkennen. Kontemplative Erfahrungen stellen Vorwegerfahrungen der Herrlichkeit des göttlichen Lebens dar. Indem spirituelle Lehrer und Lehrerinnen der Christenheit aller Zeiten ein gesteigerter Bewusstsein der Gegenwart Gottes besessen haben, verheißen sie eine Antwort auf die Sehnsucht vieler Zeitgenossen nach religiösen Erfahrungen.

3. Es lässt sich allerdings beobachten, dass in der Kirchengeschichte kontemplative Erfahrungen bisweilen zur Flucht aus der Wirklichkeit verführten. Demgegenüber ist die soziale Ausrichtung der Kontemplation zu betonen. Ihr Ziel muss die Bereitschaft zum Dienst in Kirche und Welt sein. Ein Leben vor Gott impliziert nämlich keine Ortsangabe im Sinne von: „heraus aus der Welt".[97] Nach dem Johannesevangelium sendet Jesus

---

[96] Es ist höchste Zeit, biblische Aussagen, dass Nachfolge Jesu Christi nur im Horizont der Ewigkeit möglich ist (vgl. Mt 5, 27ff.; Mk 8, 34ff.; 2. Kor 4, 17f.; Kol 3, 1f.; 1. Joh 2, 15ff. u. ö.), neu in den Blick zu bekommen und ernstzunehmen.

[97] Zum Problem der Transzendenz vgl. Bonhoeffers instruktive Ausführungen in: DBW, Bd. 8 (Widerstand und Ergebung (WE)), 558f.; außerdem: „Gott ist mitten in unserm Leben jenseitig" (WE 408). Eine Wiedergewinnung der unsichtbaren Welt Gottes muss sich von traditionellen metaphysischen Konzepten unterscheiden.

seine Jünger stattdessen in die Welt hinein (Joh 17, 18). Es meint eine Lebensweise, die sich ihre Ordnungen von der Ethik Jesu vorgeben lässt. Evangelischer Spiritualität muss es um eine nächstenorientierte Lebensweise gehen, die vom „Mehrwert der Gnade"[98] inspiriert ist und so die falsche Alternative von Diesseits- oder Jenseitsorientierung überwindet.

4. Schließlich erfolgt die christliche Kontemplation nicht am Leiden und Sterben Jesu Christi vorbei. Das, was ich an Schwierigkeiten und Problemen im Alltag erfahre, wird vielmehr auf Jesus Christus hin transparent. Menschliches Leiden wird erkennbar als eingeborgen in Christi Leiden und somit tragbar. Die dunkle Nacht gehört unlösbar zur vita contemplativa dazu. Gerade in Entbehrungen und im Leiden ist Gott nahe. Mit ihrer Trockenheit und Leere kann die dunkle Nacht zum Mittel werden, um Gott und sich selbst kennen zu lernen (Johannes vom Kreuz).[99]

1.2.6. Weltbejahung. Herausforderung: Wiederentdeckung von Askese, Verzicht und Übung

Im Folgenden möchte ich zeigen, dass evangelische Spiritualität heute vor der Herausforderung steht, die urchristliche Askese, d.h. den Aspekt des Verzichts und der Übung und damit die pädagogische Dimension der Spiritualität wiederzugewinnen.[100] Seit der Aufklärung und noch einmal verstärkt nach dem Zweiten Weltkrieg bahnte sich folgende Entwicklung an: Einerseits wurden zunehmend die lebensbejahenden Seiten des Neuen Testaments auf Kosten seiner Forderung nach Distanz von der Welt (1. Joh 2, 15) und nach Verzicht betont. Andererseits meinte man je länger je mehr, ohne Anleitung und Hilfen im Hinblick auf die konkrete Gestaltung der Spiritualität auskommen zu können. Friedrich Schleiermacher hatte die Religion im Bereich des Gefühls verankert und Glauben als „Gefühl der schlechthinnigen Abhängigkeit" definiert. Der Glaubensvollzug blieb der Intuition des Einzelnen überlassen. Der Aspekt der Einübung trat – zunächst im Hinblick auf Erwachsene – mehr und mehr in den Hintergrund.

a) Der Aspekt des Verzichts

Der Gedanke des Verzichts wird von Jesus, Paulus und auch von Petrus im Neuen Testament als selbstverständlich vorausgesetzt und auf die Nachfolge angewandt. Mt 16, 24: „Will mir jemand nachfolgen, der verleugne sich selbst und nehme sein Kreuz auf sich und folge mir"; 1. Kor 9, 25: „Ein jeg-

---

[98] Möller, Gottesdienst als Gemeindeaufbau, 56f.
[99] Vgl. dazu Böhme, Begegnung mit Gott; Heiler, Art. Kontemplation, 1792f.; Jäger, Kontemplatives Beten; Johannes vom Kreuz, Die dunkle Nacht; Heinz-Mohr, Christsein in Kommunitäten; Pieper, Glück und Kontemplation; Reimer, Verbindliches Leben in Bruderschaften, Kommunitäten, Lebensgemeinschaften.
[100] Vgl. hier und im Folgenden Seitz, Evangelische Askese, 7ff.

licher, der da kämpft, enthält sich alles Dinges"; 1. Petr 5, 8: „Seid nüchtern und wachet!". Neben diesen mehr allgemeinen Aufforderungen zur Disziplin des Leibes und des Lebens, werden auch ganz konkrete Einzelanweisungen gegeben: „So jemand zu mir kommt und hasst nicht seinen Vater, Mutter, Weib, Kinder, Brüder, Schwestern, auch dazu sein eigen Leben, der kann nicht mein Jünger sein" (Lk 14, 26). Dabei geht es dem Neuen Testament nirgends um Askese als Selbstzweck. Immer hat der Verzicht zum Ziel, Menschen zur Nachfolge zu befähigen. Urchristliche Askese geschieht im Horizont der Liebe zu Gott und den Menschen. Dies kommt klassisch in folgenden Versen bei Paulus zum Ausdruck: „Denn die Liebe Christi drängt uns, zumal wir überzeugt sind, dass, wenn einer für alle gestorben ist, so sind sie alle gestorben. Und er ist darum für alle gestorben, damit, die da leben, hinfort nicht sich selbst leben, sondern dem, der für sie gestorben und auferstanden ist" (2. Kor 5, 14f.).

Die asketischen Forderungen im Neuen Testament haben einen anderen Klang als im hellenistischen Umfeld. Sie erwachsen auf dem Boden einer grundsätzlichen *Bejahung* des Lebens und des Leibes. Ein Satz wie der folgende wäre in der gesamten griechischen Philosophie undenkbar: „Oder wisst ihr nicht, dass euer Leib ein Tempel des heiligen Geistes ist?" (1. Kor 6, 19). Gerade Paulus betont überdies den *Freiwilligkeitscharakter* des Verzichts: „Alles ist mir erlaubt, aber nicht alles dient zum Guten. Alles ist mir erlaubt, aber es soll mich nichts gefangen nehmen" (1. Kor 6, 12). Verzicht in der Nachfolge ist Verzicht um der Möglichkeit des effektiveren Dienstes für Gott und den Nächsten willen.

Die Reformation blendete die asketischen Züge der neutestamentlichen Botschaft nicht aus. Sie betonte jedoch gegenüber Verzerrungen der mittelalterlichen Frömmigkeit, dass man sich nicht selbst Kasteiungen und Geißelungen auferlegen muss. Gott schickt sie jedem Menschen zu seiner Zeit. Die Aufgabe besteht dann darin, sie als Schickung Gottes zu bejahen und schöpferisch mit ihnen umzugehen. Besondere asketische Übungen haben daneben allein den Sinn, den Leib für die göttlichen und geistlichen Dinge geschickter zu machen (CA, Art. XXVI). Sie müssen völlig freiwillig bleiben.

Wiederum war es Dietrich Bonhoeffer, der als einer der ersten Universitätstheologen im 20. Jahrhundert auf das Moment des Verzichts im Rahmen der Spiritualität hinwies. Wir sahen schon, wie er in der „Nachfolge" für eine wörtliche Befolgung der Anweisungen der Bergpredigt gegenüber ihrer vorschnellen Spiritualisierung eintrat.[101] Dass damit auch das Moment des Verzichts rehabilitiert war, liegt auf der Hand. Vor allem in „Widerstand und Ergebung" finden sich hilfreiche Überlegungen zu einem positiven Umgang mit von Gott auferlegtem Verzicht: „Gott wird es dem, der ihn in seinem irdischen Glück findet und ihm dankt, schon nicht an Stunden fehlen lassen, in denen er daran erinnert wird, dass alles Irdische nur

---

[101] DBW, Bd. 4, 52, Hervorhebungen im Text.

etwas Vorläufiges ist und dass es gut ist, sein Herz an die Ewigkeit zu gewöhnen, und schließlich werden auch die Stunden nicht ausbleiben, in denen wir aufrichtig sagen können: ‚ich wollt, dass ich daheime wär …' Aber dies alles hat seine Zeit und die Hauptsache ist, dass man mit Gott Schritt hält und ihm nicht immer schon einige Schritte vorauseilt, allerdings auch keinen Schritt hinter ihm zurückbleibt. Es ist Übermut, alles auf einmal haben zu wollen, das Glück der Ehe und das Kreuz und das himmlische Jerusalem, in dem nicht Mann und Frau ist."[102]

Trotz der positiven Konnotation der asketischen Anweisungen des Neuen Testaments und der Neuansätze bei Dietrich Bonhoeffer ist es schwierig, diese Vorstellungen dem heutigen Zeitgenossen zu vermitteln. Beinahe übermächtig ist das Recht auf Glück im modernen Bewusstsein verankert. Die mannigfachen Herausforderungen und Risiken des modernen Lebens haben als Gegenreaktion überdies zu einer Kultur der Selbstverwirklichung geführt. Der ganz auf sich selbst gestellte moderne bzw. postmoderne Mensch wird nicht mehr wie Menschen früherer Zeiten von tragenden Familienbanden und feststehenden kulturellen und sittlichen Maßstäben gehalten. Geprägt von der Angst, sich selbst zu verlieren, bleibt er lebenslang auf der Suche nach sich selbst. Die Aufforderung, sich selbst zu verleugnen, kann er angesichts dieser Situation zunächst nur als *Bedrohung* empfinden. Es braucht Zeit, bis ein Mensch begreift, dass das Vertrauen auf Gott, der Glaube, das Herausgehen aus sich selbst nicht zum Selbstverlust, sondern im Gegenteil zum Selbstgewinn und zur Erfahrung von Geborgenheit und gesteigerter Lebensintensität führen kann.

Immerhin lässt sich der Aspekt des Verzichts auch im säkularen Kontext wenigstens an einigen Stellen positiv konnotiert entdecken. Für jeden Spitzensportler und jeden Musiker, auch für jedes Model ist es selbstverständlich, um bestimmter Leistungen bzw. um eines bestimmten Aussehens willen auf Reiz- und Genussmittel zu verzichten. Keinem Menschen bleiben auch in der Postmoderne Erfahrungen des Verzichts erspart. Jeder muss irgendwann auf Wünsche und Hoffnungen verzichten. Viele leiden ihr ganzes Leben unter einem unbewältigten Verzicht. Es ist eine große Hilfe, mit auferlegtem Verzicht umzugehen, wenn man gelernt hat, freiwillig zu verzichten.

b) Der Aspekt der Übung

Dem gesamten Neuen Testament gilt die spirituelle Übung als etwas Selbstverständliches. Eine Belegstelle hierfür ist Hebr 5, 14: „Die Vollkommenen haben durch Gewohnheit geübte Sinne, zu unterscheiden Gutes und Böses." Die Paulusbriefe lassen durch ihren besonderen Aufbau erkennen, dass es im Raum der Spiritualität Dinge gibt, die erlernt und geübt werden können. Aus der Entfaltung der Botschaft von der Erlösung in Je-

---

[102] WE, 244f.

sus Christus werden im zweiten Teil der Briefe jeweils die Konsequenzen aus der Erlösung für die persönliche Lebensgestaltung gezogen.

Anders der alte protestantische Vorbehalt gegenüber jeder Form von Übung im Bereich des Glaubens: diese sei gesetzlich und verdunkle die voraussetzungslose Annahme des Menschen durch Gott. Bonhoeffer hat demgegenüber im „Gemeinsamen Leben" und in der „Nachfolge", aber auch in „Widerstand und Ergebung" überzeugend gezeigt, dass der Aspekt der Übung den Geschenkcharakter des Glaubens keineswegs schwächen muss, sondern erst zur Entfaltung kommen und zur persönlichen Erfahrung werden lässt. In einem Brief an Karl Barth vom 19.9.1936 schreibt er: „Die Fragen, die heute im Ernst von jungen Theologen an uns gestellt werden, heißen: wie lerne ich beten? wie lerne ich die Schrift lesen? Entweder wir können ihnen da helfen oder wir helfen ihnen überhaupt nicht. Selbstverständlich ist da wirklich gar nichts."[103] Als Beispiel für Bonhoeffers Hochschätzung der Übung für den Glaubensvollzug seien im Folgenden noch einige Auszüge aus seinen Überlegungen zur täglichen Schriftmeditation zitiert: „Wer sich mit großem Ernst der täglichen Übung der Meditation unterzieht, der wird bald in große Schwierigkeiten geraten. Meditieren und beten will lange und mit Ernst geübt sein ... Mannigfaltig sind die Hilfen, die sich jeder für seine besonderen Schwierigkeiten suchen wird: Immer wieder dasselbe Wort lesen, sich die Gedanken niederschreiben, zeitweilig die Verse auswendig lernen ... Hinter allen Nöten und Ratlosigkeiten steht ja im Grunde unsere große Gebetsnot; allzu lange sind da viele von uns ohne jede Hilfe und Anleitung geblieben. Dagegen hilft nichts, als die allerersten Übungen des Gebets und der Meditation treu und geduldig wieder anfangen ... Wenn wir wirklich einmal nicht wissen, was wir beten sollen, und darüber ganz verzagen, so wissen wir doch, dass uns der heilige Geist vertritt mit unaussprechlichem Seufzen."[104]

Auch in der Postmoderne gilt im Sport und in der Kunst die Übung als etwas Selbstverständliches. Hieran könnte die Rede von der Notwendigkeit spiritueller Übung anknüpfen. An welchen Stellen diese Übung einzusetzen hätte und wie sie konkret aussehen könnte, möchte ich im letzten Kapitel entfalten. Zunächst aber geht es darum, exemplarische Einblicke in die Geschichte der christlichen Spiritualität seit der Reformation zu gewinnen.

Lesehinweise

Hans-Martin Barth, Sehnsucht nach den Heiligen? Verborgene Quellen ökumenischer Spiritualität, Stuttgart 1992.
Wolfgang Böhme (Hg.), Begegnung mit Gott. Über mystischen Glauben, Stuttgart 1989.

---

[103] DBW, Bd. 14, 237f.
[104] A.a.O., 949f.

Wolfgang Huber, Kirche in der Zeitenwende. Gesellschaftlicher Wandel und Erneuerung der Kirche, Gütersloh 1998.
Jürgen Moltmann, Kein Monotheismus gleicht dem anderen. Destruktion eines untauglichen Begriffs, in: Evangelische Theologie 62 (2002), 112–122.
Manfred Seitz/Hans-Rudolf Müller-Schwefe, Evangelische Askese. Einübung in die Zeitlichkeit (Kirche zwischen Planen und Hoffen. Neue Folge 19), Kassel 1979.

2. Einblicke in die Geschichte der christlichen Spiritualität seit der Reformation

2.1. *Reformatorische Spiritualität: Martin Luther (1483–1546)*

Die Spiritualität Martin Luthers ist erstaunlicherweise – angesichts der Fülle der Literatur über ihn – bisher nur selten Gegenstand der Untersuchung gewesen.[1] Dabei fällt auf, dass sich zuerst im katholischen Raum ein entsprechendes Interesse gezeigt hat.[2]

2.1.1. *Die Buße – ein ungelöstes Problem als Initialzündung der Reformation*

Kein anderer Deutscher hat die Geschichte Europas und der christlichen Kirche so verändert wie Martin Luther.[3] Dabei kam alles aufgrund einer ungelösten Frage der mittelalterlichen Spiritualität ins Rollen. Es ging um das Problem von „Christensünde und Christenbuße", das seit dem 2. Jahrhundert letztlich ohne Lösung geblieben war.[4] Als Professor der Universität war Luther im Nebenamt Pfarrer an der Wittenberger Schlosskirche. Durch Gemeindeglieder erhielt er Einblick in den von Johannes Tetzel in Brandenburg – d.h. auf der anderen Seite der Elbe – im Jahre 1517 durchgeführten Ablasshandel.[5] Tetzel verkündete, dass der Ablass auch Sünde und Schuld vergebe, ja, dass keine Sünde zu groß für den Ablass sei. Er konnte sogar für die Verstorbenen gekauft werden. Überdies vermittelte der Ablass absolute Heilsgewissheit: Wer zahlen konnte, war seine Sünde los. Im Beichtstuhl präsentierten die Gemeindeglieder Martin Luther ihre teuer erworbenen Ablasszettel und verlangten die Absolution.

Luther geriet über diesen Handel in Zorn und versuchte, ihn im Gespräch mit Verantwortlichen in Kirche und Staat abzustellen. Niemand wollte sich jedoch in dieser Sache die Finger verbrennen, da – was Luther selbst

---

[1] Löwenich, Von Augustin zu Luther, 261–268 („Die Frömmigkeit Martin Luthers"); Seitz, Erneuerung der Gemeinde, 115–124 („Versuch, einem Fremden zu begegnen").

[2] Lienhard, Luther und die Anfänge der Reformation, 277–307; vgl. auch Luther, Der Glaube allein.

[3] Wesentliche Einsichten zu den folgenden Ausführungen verdanke ich Karlmann Beyschlag, Erlangen.

[4] Beyschlag, Grundriss der Dogmengeschichte, Bd. II/2, 325.

[5] Vgl. hier und im Folgenden Schwarz, Luther, 41ff.

nicht wusste – hinter dem Handel eine Abmachung zwischen Staat, Kirche und Hochfinanz, zwischen Hohenzollern, Brandenburgern und Fuggern stand. Erst nach monatelangen Überlegungen, als Tetzel die Gegend um Wittenberg schon verlassen hatte, verfasste Luther im Oktober 1517 95 Thesen, in denen er gegen den Ablasshandel öffentlich – allerdings immer noch bloß im akademischen Raum – Einspruch erhob. Als Aufforderung zu einer gelehrten Disputation auf Latein verfasst, liefen die 95 Thesen in deutscher Übersetzung bald wie ein Feuer durch Deutschland. Luther hatte schon vorher den sog. reformatorischen Durchbruch erlebt.[6] Seine reformatorische Theologie wäre jedoch ohne die 95 Thesen eine akademische Angelegenheit geblieben. Erst im Gefolge der Thesen wurde Luther – von ihm unbeabsichtigt – zum Reformator. Dabei liegt den 95 Thesen ein gegenüber dem Mittelalter völlig neues Verständnis von Spiritualität zugrunde.

Martin Luther als Junker Jörg auf der Wartburg, Lucas Cranach d. Ä., 1522.

Um die revolutionäre Wirkung der 95 Thesen zu verstehen, muss man sich kurz die Bedeutung des Ablasses klarmachen. Mit dem Ablasskauf waren vier Hauptgnaden verbunden, die auch einzeln erworben werden konnten:

- Plenaria remissio omnium peccatorum: Die vollständige Vergebung aller Sünden betraf die Tatsünden, da die Erbsünde schon durch die Taufe getilgt war. Die erste Gnade sicherte mit sofortiger Wirkung den vollen Erlass aller Sündenstrafen zu.
- Ausstellung des Beichtbriefes: Langzeitwirksames geistliches Wertpapier. Dieses wurde in der Regel im Leben zweimal gekauft. Öfter war nicht möglich. Das zweite Mal hob man sich sicherheitshalber für den Sterbefall auf.
- Positiver Anteil des Erwerbenden an allen Verdiensten der Kirche (thesaurus bonorum operum). Das war eine positive Sicherheitsvereinbarung, die noch über den Ablass de poena et culpa hinausging. Dieser Anteil an den Verdiensten der Kirche war ohne Reue käuflich.

---

[6] Dazu im einzelnen Beyschlag, Grundriss der Dogmengeschichte, Bd. II/2, 328 ff. (mit Hinweisen auf die wichtigste ältere und neuere Literatur).

– Der Ablass mit allen Gnaden konnte auch auf die im Fegefeuer befindlichen Verwandten übertragen werden.

Mit dieser Form von Ablass wurde ein geistlich-weltliches Sicherheitsdenken gezüchtet. Vergleichbar mit den heutigen Versicherungen arbeiteten sich dabei der Sicherheitskoeffizient und die menschliche Angst Hand in Hand. Die Folge war ein verführerisches christliches Sicherheitsdenken, das Luther als Pfarrer im Beichtstuhl zu spüren bekam. Demgegenüber will er in den 95 Thesen klar machen: Während der Ablass Strafscheu statt Buße züchtet, sucht wahre Reue die Strafe und flieht sie nicht. Das kommt in These 40 klassisch zum Ausdruck: „Wahrhafte Reue sucht und liebt die Strafen, die reiche Fülle des Ablasses dagegen befreit von ihnen und lässt sie hassen, zumindest bietet sie die Gelegenheit dazu." Hinter Luthers Gedanken steht eine gegenüber der mittelalterlichen Theologie völlig neue Auffassung der Buße. Auf dem Hintergrund seiner Neuentdeckung der paulinischen Rechtfertigungslehre ist Luther überzeugt, dass zur wahren Buße gehört, nicht nur meine Tatsünden zu erkennen, sondern zu begreifen, dass selbst die innersten Motive meines Handelns nicht uneigennützig, sondern selbstsüchtig sind. Ich habe den Anspruch verfehlt, den Gott als Schöpfer an mein Leben hat. Indem ich Buße tue, gebe ich Gott in seinem Urteil über mich Recht. Paradoxerweise ist gerade das der Weg für den Menschen, um Gottes Wohlgefallen zu erlangen. Indem ich Gott Recht gebe, wird der Weg frei, in den Genuss der von Jesus Christus erwirkten Versöhnung zu kommen. Indem ich auf diese Weise Buße tue, verabschiede ich mich von der Vorstellung, aufgrund eigener Anstrengung vor Gott wohlgefällig leben zu können und lasse mir gefallen, dass mir das Tun Jesu Christi von Gott als Gerechtigkeit angerechnet wird. Damit wird die Blickrichtung der mittelalterlicher Spiritualität umgekehrt: Nicht mehr das Tun des Menschen für Gott, sondern Gottes Handeln für mich tritt in das Zentrum. In der ersten These ist in nuce das neue reformatorische Verständnis von Spiritualität enthalten: „Unser Herr und Meister Jesus Christus wollte mit seinem Wort: ‚Tut Buße' usw. [Mt 4, 17], dass das ganze Leben der Gläubigen Buße sei."[7]

Die zweite These zeigt die Richtung an, die die reformatorische Spiritualität einschlagen wird: „Dieses Wort [Mt 4, 17] kann nicht als auf die sakramentale Buße bezogen (d.h. die Buße, die in Sündenbekenntnis und Genugtuung besteht, die durch das Priesteramt vollzogen wird) verstanden werden." Luther wehrt hier ein doppeltes Missverständnis ab: Einerseits dass die kirchliche Hierarchie Macht habe, durch ihr Bußinstitut dem Menschen den Himmel auf- oder zuzuschließen, andererseits dass der Mensch sich durch die Kirche von seiner täglich und existenziell zu vollziehenden Umkehr dispensieren könnte.

---

[7] Zit. nach Oberman, Die Kirche im Zeitalter der Reformation, 18.

2.1.2. Wesentliche Inhalte von Luthers Spiritualität

a) Zentralstellung von Rechtfertigungslehre und Christologie

Luthers reformatorische Theologie entzündete sich an der Frage: „Wie bekomme ich einen gnädigen Gott?" Als Mönch im Kloster bedrängte ihn diese Frage mit schrecklicher Gewalt. Er vermochte in Gott nur einen tyrannischen Herrn zu sehen, der auch im Evangelium dem Menschen ein Gesetz auferlegt, das er unmöglich erfüllen kann. Wie sollte ein Mensch einen solchen tyrannischen Gott lieben können? Durch das Studium der Bibel begriff Luther, dass Gottes Gerechtigkeit nicht als dessen – unerfüllbare – Forderung an den Menschen zu verstehen ist, sondern Gottes aus freier Gnade gewährtes Geschenk an den Menschen ist. In Christus wendet Gott dem sündigen Menschen sein barmherziges Antlitz zu. Luther verstand plötzlich, was Paulus meint, wenn er im Römerbrief schreibt: „Denn ich schäme mich des Evangeliums nicht; denn es ist eine Kraft Gottes, die selig macht alle, die daran glauben, die Juden zuerst und ebenso die Griechen. Denn darin wird offenbart die Gerechtigkeit, die vor Gott gilt, welche kommt aus Glauben in Glauben; wie geschrieben steht: ‚Der Gerechte wird aus Glauben leben'" (Röm 1, 16f). Nicht eine durch Werke erworbene Gerechtigkeit macht den Menschen in Gottes Augen recht, sondern Gottes eigene Gerechtigkeit, die er jedem aus Gnade schenkt. Niemand kann und braucht sich den Himmel zu verdienen. Gute Werke tut der Christ nicht, um Gott zu gefallen. Er vollbringt sie aus Dankbarkeit und Freude über die erfahrene Liebe Gottes.

In der Rechtfertigungslehre hat nicht nur die Theologie, sondern auch die Spiritualität Luthers ihren zentralen Ausdruck gefunden. Man kann sogar sagen, dass Luthers Spiritualität eine Form von konsequenter Rechtfertigungslehre darstellt. Luthers Rechtfertigungslehre fußt auf der Überzeugung, dass Gott bereit ist, dem Menschen seine Sünden täglich neu aus reiner Gnade zu vergeben. Die Gewissheit der überfließenden Gnade Gottes, vor der sich die menschlichen Sünden wie Sandkörner gegenüber der Unendlichkeit des Meeres ausnehmen, ist die Quelle von Luthers Spiritualität. Das Wissen um die Größe der göttlichen Gnade in Jesus Christus gibt Luther die Freiheit, die Größe der menschlichen Schuld nicht beschönigen zu müssen. Das zeigt z.B. folgender Abschnitt eines Seelsorgebriefes Luthers an Georg Spenlein: „Hüte dich darum, je solche Reinheit anzustreben, dass du vor dir nicht mehr als Sünder erscheinen willst, ja gar keiner mehr sein willst. Denn Christus wohnt nur unter Sündern. Dazu kam er ja vom Himmel, wo er unter Gerechten wohnte, damit er auch unter Sündern Wohnung nehme. Solcher seiner Liebe sinne immer wieder nach. Und du wirst seinen gar süßen Trost erfahren" (Brief an Georg Spenlein vom 8. April 1516).[8]

---

[8] Scheurlen, Vom wahren Herzenstrost, 38.

Luthers Rechtfertigungslehre ist untrennbar mit seiner Christologie verknüpft. Es gibt wahrscheinlich nur wenige Theologen, die sich so in die Person Jesu Christi vertieft haben wie Luther.[9] Seine Theologie ist ganz auf Jesus Christus hin ausgerichtet – ein in der Kirchengeschichte fast einmaliger Vorgang. Das zeigen bereits die berühmten particula exclusiva. Sie finden sämtlich in Jesus Christus ihre inhaltliche Mitte. Sola scriptura: Die Schrift besitzt ihr Zentrum im Werk Jesu Christi. Darum Luthers hermeneutischer Grundsatz, die Bibel auf das hin auszulegen, „was Christum treibet". Sie kann nur von ihm her ihrer eigenen Intention gemäß erfasst werden. Sola gratia: Die Versöhnung mit Gott kann der Mensch sich auf keine Weise verdienen. Sie wird ihm allein aus Gnade um Christi willen zuteil. Er kann sich darum auch weder darauf vorbereiten (via antiqua) noch dafür sorgen, dass er in ihr bleibt (via moderna). Sola fide: Voraussetzung der Zueignung der Gnade an den einzelnen Menschen ist der Glaube. Allein im Glauben an die in Jesus Christus vollbrachte Versöhnung erlangt der Mensch das Heil. Die Kerygma-Theologie Bultmanns wollte von Luther her beweisen, dass es der Glaube nur mit dem Kerygma zu tun habe, hinter dem die Person Jesu Christi zurücktrete. Das ist falsch. Eher kann man in der scholastischen Theologie und ihrer Gnadenlehre ein Zurücktreten der Person Jesu Christi beobachten. Christus ist hier nur die causa für den Habitus-Verleih, für den dann die Kirche zuständig ist. Luthers Glaubensbegriff beinhaltet demgegenüber eine deutliche Vergegenwärtigung der Person Jesu Christi. Der Ruf zum Glauben wird inhaltlich gefasst als ein Sich-Halten an den gekreuzigten und auferstandenen Jesus Christus.

In der Beziehung zu Jesus Christus sieht Luther im Großen Katechismus (Art. 3) auch die entscheidende Differenz zwischen Christen und Nichtchristen. Der natürliche Glaube an einen Gott – der ohne dessen Offenbarung in Jesus Christus auszukommen meint – genügt nicht, da Gott dem Menschen außerhalb von Jesus Christus immer ein verborgener Gott bleiben muss. Erst in Christus ist dem Menschen der Spiegel des väterlichen Herzens Gottes gegeben; nur in Christus hat Gott sein Wesen offenbart. Von hier aus wird verständlich, warum Luther den 1. und den 3. Glaubensartikel auf Christus hin auslegt. Mit Bonhoeffer gesprochen: Die Schöpfung des Vaters ist das Vorletzte, um dem Letzten, der Erlösung durch Jesus Christus, Raum zu geben. In der Soteriologie hat die Schöpfung ihr Ziel und ihre Grenze. „Denn er [Gott] hat uns eben dazu geschaffen, dass er uns erlösete und heiligte" (Großer Katechismus, Erklärung zum Glaubensbekenntnis, Schluss). Genauso ist Jesus Christus auch das Ziel des Geisteswirkens: „Ich glaube, dass ich nicht aus eigener Vernunft noch Kraft an Jesus Christus, meinen Herrn, glauben oder zu ihm kommen kann; sondern der Heilige Geist hat mich durch das Evangelium berufen, mit seinen Gaben erleuchtet, im rechten Glauben geheiligt und erhalten;

---

[9] Löwenich, Von Augustin zu Luther, 267.

gleichwie er die ganze Christenheit auf Erden beruft, sammelt, erleuchtet, heiliget und bei Jesus Christus erhält im rechten, einigen Glauben ..." (Kleiner Katechismus, Erklärung zum 3. Glaubensartikel).

Zeit seines Lebens geht es Martin Luther in seiner Spiritualität zunächst und vor allem um die persönliche Gegenwart des auferstandenen Jesus von Nazareth. An ihn glaubt er mit der ganzen Glut seines Herzens. In der Gegenwart Jesu Christi möchte er leben. In ihm ist Gott dem Menschen unüberbietbar nahe gekommen. Darum ist das Grunddatum lutherischer Spiritualität die Inkarnation, die Geburt des Gottessohnes als Kind in der Krippe von Bethlehem, die wir an Weihnachten feiern. Martin Luther ist der erste neuzeitliche „Weihnachts-Christ". Er lebt von der gnädigen Zuwendung Gottes zur Welt und hat gewissermaßen die Gnade Gottes im Rücken. Weil im Zentrum von Luthers Spiritualität der in Jesus Christus offenbar gewordene liebende Gott steht, kann Luther bekennen: „Gott ist ein glühender Backofen voll Liebe." Dabei wirft die Freude über die in Jesus Christus erschienene Liebe Gottes einen Glanz der Dankbarkeit über die Spiritualität, alles Ängstliche verschwindet. „Unter allen Geboten Gottes ist das höchste, dass wir seinen lieben Sohn, unsern Herrn Jesum Christum, sollen uns vorbilden, der soll unsers Herzens täglicher und vornehmster Spiegel sein, darin wir sehen, wie lieb uns Gott hat, und wie er so hoch, als ein frommer Gott, für uns hat gesorget, dass er auch seinen lieben Sohn für uns gegeben hat."[10] Dadurch kommt gegenüber dem Mittelalter eine ganz neue Wärme in das Verhältnis des Menschen zu Gott hinein. Diese Wärme zeigt sich sehr schön in einem brieflichen Rat vom 10. Juni 1527 an Elisabeth, Frau von Luthers Schüler und Freund Johann Agricola, die wahrscheinlich unter Depressionen litt. Luther und seine Frau hatten sie bereits in einem früheren Brief zu einem Ortswechsel nach Wittenberg eingeladen: „Der ehrhaftigen und tugendsamen Frau Elisabeth Agricolae, Schulmeisterin zu Eisleben, meiner lieben Freundin. Gnade und Friede, meine liebe Elsa! ... Du musst aber nicht so kleinmütig und zage sein, sondern denken, dass Christus nahe ist und hilft dir dein Übel tragen. Denn er hat dich nicht so verlassen, als dir dein Fleisch und Blut eingibt. Allein, ruf du nur mit Ernst von Herzen, so bist du gewiss, dass er dich erhöret, dass es seine Art ist, helfen, stärken, trösten alle die, so sein begehren."[11] Das Zitat macht deutlich: Glaube ist von Luthers Christologie her nicht mit dem Fürwahrhalten von bestimmten dogmatischen Aussagen zu verwechseln. Gott will vom Menschen als Person – um seiner selbst willen – geliebt werden.

Damit stehen wir vor einer letzten Eigenart der lutherischen, ja der reformatorischen Christologie insgesamt. Sie besitzt eine durch und durch soteriologische Mitte. Melanchthon brachte dies in seinen Loci communes in einer klassisch gewordenen Formulierung zum Ausdruck: „Das ist Christum erkennen, seine Wohltaten erkennen, nicht, was dieselben [die

---

[10] Vom wahren Herzenstrost, 59.
[11] A.a.O., 35.

Scholastiker] lehren, seine Naturen, die Art und Weise seiner Menschwerdung bedenken."[12] Die soteriologische Zuspitzung der Christologie wird aber auch an vielen Stellen von Luthers eigenen Schriften deutlich (z.B. im Art. 2, 1 der Schmalkaldischen Artikel). In seiner ganzen Theologie ging es ihm darum, zu zeigen, dass und wie Gott dem Menschen in Jesus Christus sein Heil schenken will.

b) Der Königsweg des Glaubens

Der Weg, Gottes Gnade zu erfahren, ist der *Glaube*. Indem ich im Glauben Gottes Urteil über mich bejahe, trete ich auf seine Seite, auf die Seite der Wahrheit. Luther lehrt deswegen, dass Glaube paradoxerweise nicht primär im sittlichen Streben, sondern im Eingestehen der Größe der eigenen Schuld besteht. Im Galaterbrief-Kommentar schreibt er: „Du darfst dir nicht träumen lassen, als wären deine Sünden so klein, dass sie mit deinen Werken getilgt werden könnten. Du darfst aber auch nicht verzweifeln wegen ihrer Größe, als müsstest du sie einmal im Leben oder im Tod noch ernstlich fühlen. Sondern lerne hier aus Paulus das glauben, dass Christus nicht für erdichtete oder gemalte Sünden, sondern für wirkliche Sünden, nicht für kleine, sondern sehr große, nicht für die eine und andere, sondern für alle, nicht für überwundene... sondern für unüberwundene Sünden sich dahin gegeben hat" (Galater-Kommentar von 1535).

Dabei spitzt Luther den Glauben auf seine *subjektive Seite* hin zu. Die Bedeutung des persönlichen Glaubens für Luthers Spiritualität wird wiederum besonders in seiner Auslegung der drei Artikel des Glaubensbekenntnisses im Kleinen und Großen Katechismus deutlich. Aus den mächtigen Granitblöcken der objektiven Aussagen des Apostolikums wird durch Luther das *subjektive*, mich persönlich betreffende, ja bedrängende *Bekenntnis*: „... *mein* Herr, der *mich* verlorenen und verdammten Menschen erlöst hat ..., auf dass *ich* sein Eigen sei." „Der Heilige Geist hat *mich* berufen, erleuchtet, geheiliget ..."[13] Das objektiv geschehene Werk Christi muss jedem Menschen subjektiv zugeeignet, „in den Busen gesenkt" werden.[14]

Der Glaube bewirkt einen *seligen Tausch* zwischen Christus und dem Christen, den Luther in seinen Werken häufig beschrieben hat. „Darum, mein lieber Bruder, lerne Christum und zwar den Gekreuzigten. Ihm lerne lobsingen und an dir selbst verzweifeln. Dann sprich zu ihm: Du, o Herr Jesu, bist meine Gerechtigkeit, ich aber bin deine Sünde; du hast, was mein ist, angenommen, und mir gegeben, was dein ist. Was du nicht warst, nahmst du an und gabst mir, was ich nicht war."[15] Besonders schön hat Luther den fröhlichen Wechsel in der Schrift „Von der Freiheit eines Christenmenschen" zum Ausdruck gebracht: „Hier erhebt sich nun der fröhli-

---

12 Melanchthon, Loci communes, Einleitung.
13 Kleiner Katechismus, Auslegung des 2. und 3. Glaubensartikels; Hervorhebungen von P. Z.
14 Großer Katechismus, Auslegung des 3. Glaubensartikels (BSLK, 654).
15 WA, Br 1, 35f.

che Wechsel und Streit. Dieweil Christus ist Gott und Mensch, welcher noch nie gesündigt hat, und seine Frommheit unüberwindlich, ewig und allmächtig ist, so er denn der gläubigen Seele Sünde durch ihren Brautring, das ist der Glaube, sich selbst zu Eigen macht und nicht anders tut, als hätte er sie getan, so müssen die Sünden in ihm verschlungen und ersäuft werden … Also wird die Seele von allen ihren Sünden nur … des Glaubens halber, ledig und frei und begabt mit der ewigen Gerechtigkeit ihres Bräutigams Christi. Ist nun das nicht eine fröhliche Wirtschaft, da der reiche, edle, fromme Bräutigam Christus das arme, verachtete, böse Hürlein zur Ehe nimmt und sie entledigt von allem Übel, zieret mit allen Gütern?"[16]

Luthers Interpretation des Glaubens stellt ein *Novum* gegenüber der Auffassung der mittelalterlichen Spiritualität dar. Und zwar insofern, als Luthers Glaubensbegriff eine beispiellose *Intensivierung* kennzeichnet. Er zeichnet sich durch eine starke *Subjektivierung* aus, durch einen bis dahin ungekannten *Gewissheitsgrad* und schließlich durch das Bewusstsein der *Nähe* Gottes: Immer und überall haben wir es deshalb mit Gott zu tun. „Siehe, Er steht hinter der Wand und sieht durch die Fenster. Das ist so viel wie: Unter den Leiden, die uns gleich von Ihm scheiden wie eine Wand, ja eine Mauer, steht Er verborgen und sieht doch auf mich und lässt mich nicht. Denn Er steht und ist bereit zu helfen in Gnaden und durch die Fenster des dunklen Glaubens lässt Er sich sehen."[17] Damit hat der Glaube jene Intensivform des Christentums an sich gezogen, die bis dahin der mystischen Erfahrung vorbehalten war.[18]

c) Kreuzestheologie praktisch: Integration der Heiligung in den Glauben

Luther hat von seinem Glaubensverständnis her auch Konsequenzen für das Leben als Christ formuliert.

1. Ausgangspunkt des Glaubensgehorsams – systematisch-theologisch gesprochen der Heiligung – ist paradoxerweise das *magnificare peccatum*, das Großmachen der Sünde. In der Einleitung zur Römerbriefvorlesung von 1515/16 heißt es: „Die Summe dieses Briefes ist: zu zerstören, auszurotten und zu vernichten alle Weisheit und Gerechtigkeit des Fleisches, – mag sie in den Augen der Menschen auch bei uns selbst noch so ansehnlich erscheinen und noch so aufrichtig und von Herzen geübt werden – dafür aber einzupflanzen, festzustellen und großzumachen die Sünde – mag sie auch gar nicht da sein, oder mag man nur vermuten, dass sie da ist."[19] Der Gehorsam des Glaubens erwächst aus dem schonungslosen Eingeständnis der eigenen Schuld.

---

[16] Luther, Von der Freiheit eines Christenmenschen, WA 27, 25f.; zit. nach ders., Ausgewählte Werke, Bd. 2, 274.
[17] WA 6, 206.
[18] So Beyschlag, Was heißt mystische Erfahrung?, 194.
[19] Luther, Vorlesung über den Römerbrief 1515/16, 1.

2. Es ist nötig, diesen Gedanken Luthers vor einem schwerwiegenden Missverständnis zu schützen. Sünder sein war für ihn kein Ausdruck einer zerknirschenden, entmündigenden, klein machenden, sondern einer *heilsam rettenden Erfahrung*.[20] Das Stehen zu seinem Sündersein ermöglicht dem Menschen nämlich die Einkehr in eine Selbstbegrenzung, die ihm letztlich zugute kommt. Er muss nicht länger *mehr* sein „als ein heilsam vor Gott und von Gott begrenzter Mensch".[21] Ein weiteres kommt hinzu: Schuldigwerden gehört zum Humanum, auch zum Leben in der Nachfolge, wesentlich dazu. Ich nehme mein Menschsein dadurch ernst, dass ich meine Schuld eingestehe. Eine Leugnung oder Bagatellisierung meiner Schuld bspw. aufgrund irgendeines Heiligungsideals würde demgegenüber eine Missachtung meines Menschseins bedeuten. Das Eingeständnis des Sünderseins wahrt somit den Unterschied zwischen Schöpfer und Geschöpf.

3. Wenn das Bekenntnis der Sünde die Quelle der Heiligung ist, darf die Sünde nicht nur nicht bagatellisiert werden; die Heiligung ist auch nicht zu verwechseln mit irgendeiner Form von *Vermeidungsethik*. In diesen Zusammenhang gehört eine der umstrittensten Aussagen Luthers überhaupt. Mitten in den von den Zwickauer Propheten ausgelösten Wittenberger Wirren schrieb er 1521 von der Wartburg an Melanchthon: „Pecca fortiter, sed fortius fide ..."[22] Im Briefkontext lautet dieses Wort übersetzt: „Sündige kräftig, aber glaube noch kräftiger und freue dich in Christus." Das pecca fortiter wahrt den entscheidenden, weil heilsnotwendigen Unterschied zwischen Heiligung und Gesetzlichkeit. Im Blut des Lammes ist der alte Mensch ertränkt samt seinem Gewissen. Luthers seelsorgerliche Mahnung soll Melanchthon davor bewahren, in die Geistesüberspannung Karlstadts und der anderen Wittenberger Bilderstürmer und Propheten hineingezogen zu werden. Das Streben nach Heiligung hat *in sich* keinen Wert. Im Gegenteil bedroht es sogar das Vertrauen auf Gottes Barmherzigkeit, wenn es als die primäre Aufgabe des Glaubenden verstanden wird.

4. Die Heiligung gründet nach reformatorischem Verständnis nicht in meinem Streben, mir Gott gewogen zu halten. *Motiv* ist ausschließlich die *Dankbarkeit* und *Freude* über die Erfahrung der grundlosen Barmherzigkeit und Liebe Gottes. Dass allein dieses Motiv für die Heiligung entscheidend ist, wird besonders deutlich in Gal 5, 25: „Wenn wir im Geist leben, so lasst uns auch im Geist wandeln." Luther wagt mit der Anknüpfung an Paulus den Brückenschlag über die gesamte abendländische Kirchen- und Dogmengeschichte zurück zum Urchristentum.

5. Aufgrund der Heiligung erhält der Mensch zwar keine neue sittliche Qualität. Trotzdem werden ihre *Konsequenzen* im Leben eines Menschen *sichtbar*. Martin Luther: „Es ist gar ein groß, stark, mächtig und tätig Ding um Gottes Gnade; sie liegt nicht, wie die Traumprediger fabulieren, in der

---

[20] So Möller, Wie geht es in der Seelsorge weiter?, 416f.
[21] Hier und im Folgenden a.a.O., 417.
[22] WA Br 2, 372, 84.

Seele und schläft oder lässt sich tragen, wie ein gemalt Brett seine Farbe trägt. Nein, nicht also, sie trägt, sie führet, sie treibet, sie zeucht, sie wandelt, sie wirket alles im Menschen und lässt sich wohl fühlen und erfahren. Sie ist verborgen, aber ihre Werk sind unverborgen. Werk und Wort weisen, wo sie ist."[23]

6. Schließlich stellt die Heiligung für Luther einen *Prozess* dar. Im Verlauf der Nachfolge wächst der Christ mehr und mehr in sie hinein: „Das christliche Leben ist nicht Frommsein, sondern ein Frommwerden, nicht Gesundsein, sondern ein Gesundwerden, nicht Sein, sondern ein Werden, nicht Ruhe, sondern eine Übung. Wir sinds noch nicht, wir werdens aber. Es ist noch nicht getan und geschehen, es ist aber im Gang und Schwange. Es ist nicht das Ende, es ist aber der Weg. Es glühet und glänzt noch nicht alles, es bessert sich aber alles."[24] Es gibt also z. B. ein Wachstum an Gotteserkenntnis im Leben als Christ.

2.1.3. Herausragende Formen von Luthers Spiritualität

a) Bibel und Kirchenlied

Auch die Bibel ist in Luthers Spiritualität eine höchst dynamische Angelegenheit. Sie ist das lebendige Wort Gottes. Durch dieses Wort will Gott in Jesus Christus dem Menschen begegnen. Luther hatte allein durch das Studium der Schrift seine neue Erkenntnis des Evangeliums gewonnen. Daraus schloss er, dass die Bibel – ohne die kirchliche Tradition – genügt, um zu wissen, was Gott dem Menschen geben will und was er von ihm fordert. Jeder Mensch kann selbstständig aus der Bibel den Willen Jesu Christi für sein Leben erfahren. Dadurch wird der Glauben des einzelnen unabhängig von kirchlichen Vermittlungsinstanzen. Konsequenterweise relativiert sich damit auch die Bedeutung kirchlicher Amtsträger für die Spiritualität. Der Protestantismus kennt weder Priester noch kirchliche Institutionen, die den Gläubigen den Weg zum Himmel auf- oder zuschließen.

Damit diese reformatorischen Erkenntnisse nicht bloße Theorie blieben, übersetzte Luther die Bibel in die deutsche Sprache.[25] Alle, auch die Ungebildeten, d.h. nicht Latein oder Griechisch sprechenden Deutschen, sollten die Bibel lesen und verstehen können. Luther wählte als Sprachform die sächsische Kanzleisprache („Hochdeutsch"). Er hat diese hochdeutsche Kanzleisprache nicht geschaffen und ist doch durch die Bibelübersetzung zum größten Bildner der deutschen Sprache geworden. Luthers Bibelsprache war geographisch universal, indem sie alle deutschen Dialekte überspannte. Vor allem aber war sie auch die Sprache aller Volksschichten, der Gelehrten wie der Bauern. Da kurz vorher Gutenberg in Mainz die Buch-

---

[23] WA 10 I, 1, 114, 20, zit. nach Althaus, Die Theologie Martin Luthers, 63f., Anm. 59.
[24] WA 7, 336, 31–36, Schreibweise modernisiert.
[25] Vgl. im Folgenden Bornkamm, Luthers Übersetzung des NT, 299–309.

druckerei erfunden hatte, wurde außerdem eine weite Verbreitung von Luthers Übersetzung durch den Druck möglich. Eine gesamte Bibel kostete damals allerdings immer noch soviel wie eine Kuh. Es ist klar, dass sie darum nur von vermögenden Deutschen erworben werden konnte.

Immer wieder wurde darüber nachgedacht, wieso Luther eine solch einzigartige Übersetzung der Bibel gelungen ist. Es gibt ja keine andere moderne Sprache, die neben dem Deutschen eine solche aufzuweisen hätte. Bei seinem Übersetzungswerk arbeiteten der Gelehrte, der Künstler und der Christ Hand in Hand.

Wortgestalt (Leib)
Es geht Luther zunächst darum, den *Wortsinn* der biblischen Aussagen zu erschließen. Die Bibelübersetzung muss ohne Erklärung imstande sein, jeden Leser anzusprechen. Dabei ist die Bibel für Luther in erster Linie kein Lesebuch, sie soll vielmehr in jedem Leser zum Sprechen kommen. Luthers Bibelübersetzung ist auch im buchstäblichen Sinn auf das *Hören* ausgerichtet, da die meisten Deutschen zu dieser Zeit noch keine Möglichkeit hatten, eine eigene Bibel zu erwerben und im Hause zu lesen. Sie konnten sie nur in der Kirche vernehmen. Z.B. dient die Wortstellung in Luthers Übersetzung als Hör- und Gedächtnisstütze. Die Sprache ist sehr melodiös. Luthers Übersetzung wird fast zur Dichtung und eignet sich deshalb sehr gut zum Auswendiglernen. Immer wieder verwendet er die dichterischen Mittel der deutschen Sprache: Stabreim und Rhythmus. Dazu kommt die *Bildhaftigkeit* von Luthers Sprache. Er selbst spricht eine bildgesättigte Sprache. Die biblische Sprache steckt ihrerseits genauso voller konkreter Bilder. Auch diese Bildhaftigkeit erzeugt im Leser bzw. Hörer ein unmittelbares Angesprochensein.

Sprachgestalt (Seele)
Luther war nicht nur Theologe und Gelehrter, sondern auch ein genialer *Künstler*. Unsere deutsche Sprache heute ist zu einer Informationshülse abgesunken, vergleichbar mit der Sprache einer Zeitung. Dadurch ist sie trivial geworden. Sie kennt keine Geheimnisse mehr. Alles muss plausibel, erklärbar, begrifflich fassbar sein. Die Sprache ist gottlos geworden. Bei Luther befinden wir uns in einer ganz anderen Welt. Nicht in der Welt der rational fassbaren Begrifflichkeiten, sondern in der Welt der Ehrfurcht und des Geheimnisses. Luthers Sprache will nicht nur informieren, sondern die Geheimnisse Gottes so weitergeben, dass sie ins Herz dringen. Die Sprache der Bibel bedeutet für Luther immer Empfängnis. Das Hören des Bibeltextes kommt zum Ziel, wenn er in einem Menschen auf fruchtbaren Boden fällt.

Glaubensgestalt (Geist)
Luther konnte die Bibel deswegen übersetzen, weil er sie selbst in ihrem *geistlichen Sinn* erfahren hatte. Die Worte der Bibel waren in sein eigenes Leben eingegangen. Er las die Heiligen Schriften, „als wären sie gestern ge-

schrieben" (Luther), als tröste und mahne Gott darin ihn allein. Das Staunen darüber, dass Gott durch das Wort der Bibel zu einem Menschen *redet*, gab ihm die Freiheit, in der Übersetzung seine eigene Sprache zu entfalten. Dabei war ihm aus eigener Erfahrung bewusst, dass ohne *Anfechtung* niemand die Schrift verstehen kann. Erst wenn man sie selbst durchlebt, durchlitten und durchbetet hat, kann eine gute Übersetzung gelingen. Für Luther ist die Bibel ihrem Wesen und Inhalt nach *Gottes Wort*. Sie ist darum bis an ihren Rand gefüllt mit Gottes Geist. Um sie zu verstehen, muss ein Mensch von diesem Geist ergriffen werden. Er muss selbst zum biblischen Menschen werden: sich unter Zöllnern und Pharisäern wieder entdecken. Dabei geht Luther von der Einheit der Schrift aus. Als Ganzes ist sie von Gottes Forderung an den Menschen und von seiner Verheißung an ihn erfüllt. Alle biblischen Bücher predigen Christus als den gekreuzigten und auferstandenen Herrn, wenn auch in unterschiedlicher Intensität.
In der ganzen Bibelübersetzung Luthers schwingt die befreiende Botschaft von der Liebe Gottes zu den Menschen als heimlicher Unterton mit. Darum übersetzt Luther Röm 3, 28: „Der Mensch wird gerechtfertigt ohne des Gesetzes Werk, *allein* durch den Glauben" statt: „Der Mensch wird gerechtfertigt ohne des Gesetzes Werk durch den Glauben." Die Freude darüber, dass in Christus der ewige Gott wirklich und ganz Mensch geworden ist – bis hinein in die äußerste Gottverlassenheit – schwingt in Luthers deutscher Bibel überall mit.

Wirkung
Das September-Testament – Luthers Übersetzung des Neuen Testaments auf der Wartburg – wurde ein riesiger Erfolg: von 1522–1533 wurde es 85 Mal aufgelegt.[26] Von der zuerst 1534 erschienenen vollständigen Bibelübersetzung soll der Wittenberger Buchdrucker Hans Lufft in 50 Jahren ca. 100000 Exemplare verkauft haben. Dabei hat Luther das Alte Testament allerdings nicht mehr allein übersetzt, sondern zusammen mit Wittenberger Freunden unter der Leitung Melanchthons. Die Arbeit erstreckte sich über viele Jahre. Zu den philologischen Fragen traten nämlich Sachfragen, die zu klären waren. Sie gingen so weit, dass die Übersetzer in der Schatzkammer des Kurfürsten die zwölf Perlen betrachteten, auf denen das himmlische Jerusalem ruhen sollte. Manchmal suchten sie vierzehn Tage nach einem Wort und fanden es nicht. Im Buch Hiob schafften sie in vier Tagen manchmal nur drei Zeilen.
   Luthers Bibelübersetzung ist zugleich ein Werk von höchstem literarischem Rang und von gewaltiger religiöser Ausstrahlung. Ohne Luther hätte es die religiöse Prägung der hochdeutschen Schriftsprache, die bis zu den deutschen Klassikern und Romantikern, ja bis zu Bertolt Brecht reicht, nicht gegeben. Manche Theologen vertreten die Ansicht, dass erst durch Luthers Bibelübersetzung die Deutschen in der Tiefe vom Evangelium,

---

[26] Vgl. hier und im Folgenden Lohse, Martin Luther, 127.

d. h. vom christlichen Glauben, ergriffen worden sind. Da die Bibel auch noch mehrere Jahrhunderte nach Luther in Deutschland das bei weitem wichtigste Buch überhaupt blieb, hat jeder Deutsche das Wort Gottes in der Sprache und Deutung Martin Luthers gelesen und gehört. Da seine Übersetzung unübertroffen blieb, wurde er tatsächlich für alle Deutschen, egal ob evangelisch oder katholisch, zum Verkünder des Evangeliums.

Neben die Bibel als grundlegendem Mittel von Luthers Spiritualität trat ein Zweites. Die Reformation war auch eine Singebewegung und trat ihren Siegeszug nicht zuletzt wegen ihrer neuen *Lieder* an.[27] Inspirationsquelle von Luthers Liedern war wie bei der Bibelübersetzung seine Erkenntnis von der voraussetzungslosen Begnadigung des Sünders durch Gott:[28] „Denn Gott hat unser Herz und Gemüt fröhlich gemacht durch seinen lieben Sohn, welchen er für uns hingegeben hat zur Erlösung von Sünden, Tod und Teufel. Wer dies mit Ernst glaubt, der kann's nicht lassen: er muss fröhlich und mit Lust davon singen und sagen, damit es andere auch hören und herzukommen."[29] Dass die Rechtfertigungslehre das inhaltliche Zentrum des lutherischen Chorals bildet, zeigt klassisch Luthers berühmtes Weihnachtslied „Vom Himmel hoch da komm ich her", 1535 erstmals gedruckt, das er speziell für Kinder geschrieben und komponiert hat:

> „Es ist der Herr Christ, unser Gott,
> der will euch führn aus aller Not,
> er will eu'r Heiland selber sein,
> von allen Sünden machen rein" (EG 24, 3).

Über das Singen gelingt es Luther, den Bereich des ersten Artikels in den Raum der Spiritualität einzuholen. Die Musik ist für ihn die gute Gabe des Schöpfers an sein Geschöpf. Sie ist ein wirksames Mittel gegen den Teufel, gegen Traurigkeit, Zorn, Begierde und Hochmut. Luther gibt der Musik deshalb nach der Theologie den zweiten Platz. Diese Hochschätzung zeigt z. B. das folgende Zitat aus einem Entwurf Luthers zur Musik von 1530: „Ich liebe die Musik, und es gefallen mir die Schwärmer nicht, die sie verdammen. Weil sie erstens ein Geschenk Gottes und nicht der Menschen ist, zweitens weil sie die Seelen fröhlich macht, drittens weil sie den Teufel verjagt, viertens weil sie unschuldige Freude weckt. Darüber vergehen die

---

[27] Das gilt vor allem für die von Luther und Calvin geprägte Reformation (vgl. hier und im Folgenden Möller, „Ein neues Lied wir heben an", 18 ff.; vgl. ebenso: Steiger/Steiger, Sehet! Wir gehn hinauf gen Jerusalem, 11 ff.). Christian Möller hat in einer Liedpredigt anlässlich des 800jährigen Stadtjubiläums von Heidelberg die Bedeutung des Liedes „Es ist das Heil uns kommen her" (EG 342) für die Einführung der Reformation in der Stadt sehr anschaulich dargestellt (in: ders., Ich singe dir mit Herz und Mund, 184–191).

[28] „Im Erlösungsgeschehen sieht Luther also den entscheidenden Grund dafür, dass es zu einem erlösten, befreiten Singen und Sagen notwendig kommen muss, wenn ein Mensch mit ernsthaftem Glauben in dieses Geschehen einstimmt" (Möller, Ein neues Lied wir heben an, 26).

[29] Luther in der Vorrede zum Bapst'schen Gesangbuch von 1545, zit. nach Jenny, Luther, Zwingli, Calvin in ihren Liedern, 170.

Zornanwandlungen, die Begierden, der Hochmut. Ich gebe der Musik den ersten Platz nach der Theologie. Dass ergibt sich aus dem Beispiel Davids und aller Propheten, weil sie all das ihre in Metren und Gesängen überliefert haben. Fünftens weil sie in der Zeit des Friedens herrscht. Haltet also aus, und es wird bei den Menschen nach uns besser mit dieser Kunst stehen, weil sie im Frieden leben. Ich lobe die Fürsten Bayerns deshalb, weil sie die Musik pflegen. Bei uns Sachsen werden die Waffen und Bombarden gepredigt."[30]

b) Taufe und Abendmahl

Martin Luther ist ein Gnadenmittelchrist, darum die wichtige Rolle, die die Sakramente in seiner Spiritualität spielen. Dadurch dass er nur Taufe und Abendmahl als Sakramente anerkannte, erfuhren sie gegenüber der mittelalterlichen Frömmigkeit sogar noch eine Bedeutungssteigerung. Luther verstand sie wie die vorreformatorischen Konfessionen als wirkmächtige Zeichen. Allerdings hat er anders als diese die Bedeutung von Wort und Glauben für den Sakramentsvollzug hervorgehoben.

Im Großen Katechismus stellt er in Abgrenzung zum *mittelalterlichen* Taufverständnis klar, dass die Taufe ohne Glauben an das Wort nichts nütze sei. Sie wirkt nicht automatisch, „ex opere operato". Jemand könnte den größten göttlichen Schatz vor der Haustür haben; wenn er ihn nicht in die Hand nähme und in kleine Münzen für den Alltagsgebrauch umwechselte, nützte er ihm zu nichts: „An dem Schatz liegt's also nicht. Es liegt daran, ob wir ihn greifen und umwechseln."[31]

Im Vordergrund von Luthers Taufspiritualität stand das Verständnis der Taufe als Trostmittel in Zeiten der Anfechtung. In solchen Situationen schrieb er mit Kreidebuchstaben auf die Tischplatte oder an die Tür: „baptisatus sum" – „Ich bin getauft". In der Taufe hat Gott nach Luthers Überzeugung dem Getauften für den Rest seines Lebens zugesprochen: „Sei getrost, Christus steht zu dir. Er verlässt dich nicht, auch wenn es im Moment für dich so aussieht." Luther erkannte der Taufe die gleiche Würde zu wie der Predigt des Evangeliums, das dem Menschen die Vergebung durch Jesus Christus zusagt. Die Taufe bildet den festen Grund, auf dem der Glaube fußen kann. Sie ist Gottes Trost, an den sich der Glaube halten kann. Luther formuliert provozierend: Der Glaube hängt am Wasser. Das bedeutet, dass das Taufwasser Gottes Wasser ist. Es ist mit Gottes Wort so verleimt und verklebt, dass Gottes Wort und das Wasser der Taufe nicht mehr auseinander dividiert werden können.

Im Großen Katechismus fragt Luther, weshalb Christus die Taufe eingesetzt hat. Er hätte sie ja auch weglassen und sich mit der Predigt begnügen können. Luthers Antwort entspricht der seelsorgerlichen Ausrichtung sei-

---
[30] WA 30/2, 696 (Über die Musik, Entwurf Luthers von 1530).
[31] Großer Katechismus, in: BSLK, 699.

ner ganzen Theologie. Die Taufe ist sinnenfälliges Wort, das hilft, das gesprochene Wort des Evangeliums – die Predigt – besser zu erfassen.[32] Weil die Taufe äußerlich wahrnehmbar ist, kann sie mit allen Sinnen erfasst werden und auf diese Weise auch das Herz des Menschen erreichen. Mit seiner Taufspiritualität gibt Luther eine Antwort auf das Problem vieler Christen: Ihr Kopf ist voll von Glaubenswahrheiten und theologischen Richtigkeiten; aber dass diese Richtigkeiten ihr Herz ergriffen hätten, haben nur wenige erfahren. Die Taufe kann dazu verhelfen, dass die großen Wahrheiten des Glaubens vom Verstand ins Herz gelangen. Das Entscheidende am Glauben ist nicht das, was wir mit dem Kopf verstanden, sondern das, was wir mit dem Herzen ergriffen haben.

Wie Luthers Taufspiritualität besitzt auch seine *Abendmahlsfrömmigkeit* einen seelsorgerlichen Hintergrund. Als verbum visibile ermöglicht das Abendmahl, sich auf sinnliche Weise der Gnade Gottes zu vergewissern. Für Luther ist das Abendmahl im Kern nämlich nichts anderes als eine besondere Form der Zueignung der Sündenvergebung. Das zeigt im Kleinen Katechismus seine Antwort auf die Frage, was das Essen und Trinken beim Abendmahl nützt: „Das zeigen uns diese Worte: Für euch gegeben und vergossen zur Vergebung der Sünden; nämlich, dass uns im Sakrament Vergebung der Sünden, Leben und Seligkeit durch solche Worte gegeben wird; denn wo Vergebung der Sünden ist, da ist auch Leben und Seligkeit." Anders als bei der Taufe, kann der Zuspruch der Sündenvergebung durch das Abendmahl jedoch nicht nur ein einziges Mal, sondern immer wieder erfahren werden.

In der Auseinandersetzung mit dem Zürcher Reformator Zwingli betonte Luther die Realpräsenz Jesu Christi in den Abendmahlselementen.[33] Luther möchte unter allen Umständen daran festhalten, dass Jesus Christus selbst in den Abendmahlselementen gegenwärtig ist. Auf diese Weise wird in seinen Augen das extra nos des Heils besonders deutlich zur Darstellung gebracht. Es geht ihm um die Gewissheit, „dass die sakramentale ‚manducatio oralis' dem Glaubenden die Sündenvergebung in Gestalt von ‚Leib und Blut' Christi als reales Geschehen zuwendet."[34] Dabei verzichtet Luther darauf, die Art und Weise der Realpräsenz rational verständlich zu machen. Er entwickelte vielmehr die sog. Konsubstantiationslehre: „In, mit und unter" Brot und Wein wird beim Abendmahl der Leib und das Blut Christi genossen. Sie stellt die konsequente Anwendung des Inkarnationsgedankens auf das Abendmahlsverständnis dar. Gott vermag die Welt durch und durch zu erfüllen. „Nichts ist so klein, Gott ist noch kleiner. Nichts ist so groß, Gott ist noch größer. Nichts ist so kurz, Gott ist noch kürzer; Nichts ist so lang, Gott ist noch länger ... und so fortan."[35] Gleich-

---

[32] A.a.O., 697.
[33] Vgl. dazu im einzelnen Beyschlag, Grundriss der Dogmengeschichte, Bd. II/2, 374ff.
[34] A.a.O., 387.
[35] WA 26, 339.

zeitig kritisiert Luther sowohl an der mittelalterlichen als auch an der zwinglianischen Sakramentstheologie deren rationalistische Vorgehensweise. Beide Lösungen versuchen in seinen Augen, das Wie der Anwesenheit Jesu Christ im Abendmahl rational in den Griff zu bekommen: die mittelalterliche Transsubstantiationslehre, indem sie die Gegenwart Jesu Christi verdinglicht, Zwingli, indem er die Vorstellung einer Realpräsenz überhaupt aufgibt. Die Intensität von Luthers Interesse an der realen Präsenz des Auferstandenen wird besonders an folgender Aussage erkennbar. Wenn er zwischen der mittelalterlich-päpstlichen und der zwinglianischen Lösung wählen müsste, würde er sich für die mittelalterliche Version entscheiden: „Ehe ich mit den Schwärmern wollte eitel Wein haben, so wollt ich eher mit dem Papst eitel Blut halten."[36]

Ein Zweites: Im Abendmahl wird anders als in der Predigt deutlich, dass der Zuspruch der Vergebung wirklich mir persönlich gilt. Darum fordert Luther dazu auf, das Abendmahl möglichst oft zu empfangen, um das von Gott gegebene Gnadenmittel nun auch wirklich in Anspruch nehmen zu können. Es geht ihm darum, „dass die, die Christen sein wollen, sich dazu bereiten, das hochwürdige Sakrament oft zu empfangen" (Großer Katechismus).

Ein letztes: Dass Luther gegenüber Zwingli so entschieden am wörtlich verstandenen „est" der Einsetzungsworte festhält, hängt nicht zuletzt mit seinem Schriftverständnis zusammen. Luther hat bei seinem reformatorischen Durchbruch erfahren, dass allein das biblische Wort die stabile Grundlage eines heilsgewissen Glaubens bilden kann. Alle anderen in der mittelalterlichen Spiritualität hoch geschätzten Glaubensautoritäten hatten sich ihm als instabil erwiesen. Die Konzentration auf die Bibel bedeutete einen unerhörten Gewissheitsgewinn für den Glauben. Darum lehnt Luther ab, bei der Auslegung der Schrift vom Literalsinn abzuweichen, außer in Fällen, wo der Bibeltext selbst ein nicht-wörtliches Verständnis erfordert. Um der Gewissheit des Heils willen kann es für Luther kein anderes als das wörtliche Verständnis der Einsetzungsworte geben.

c) Seelsorge und Beichte

In den Schmalkaldischen Artikeln von 1537 hat Luther auf ein im Protestantismus häufig zurückgetretenes Mittel der Spiritualität hingewiesen: die Seelsorge. „Wir wollen nun wieder zum Evangelio kommen, welchs gibt nicht einerlei Weise, Rat und Hilfe wider die Sünde; denn Gott ist überschwänglich reich in seiner Gnade ..." Dann nennt Luther fünf Mittel, die Gott als Hilfe gegen die Sünde eingesetzt hat: Predigt, Taufe, Abendmahl, Beichte und schließlich mutuum colloquium et consolationem fratrum, gegenseitiges Gespräch und Trost der Brüder, wobei er als Schriftbeleg auf Mt 18, 20 verweist, wo Jesus sagt: „Wo zwei oder drei versammelt sind in

---

[36] A.a.O., 462.

meinem Namen, da bin ich mitten unter ihnen." Trotz seines Kampfes gegen die Heilsmittlerschaft der Kirche und des Klerus hatte Luther nie ein Christentum ohne Gemeinschaft vor Augen. Er wusste aus eigener Erfahrung, dass kein Christ auf Dauer ohne Gemeinde überleben kann. Jeder braucht den Zuspruch von Brüdern und Schwestern. „Gott will, dass einer den andern trösten und jeder den Trost [des Bruders bzw. der Schwester] gläuben soll …"[37] Es liegt im Gefälle der inkarnatorisch bestimmten Theologie Luthers, dass die Vergewisserung des Evangeliums durch das menschliche Wort erfolgt. Unverzichtbarer Bestandteil von Luthers Spiritualität ist deshalb die *gegenseitige* Seelsorge.

Ein schönes Beispiel für diese gegenseitige Seelsorge findet sich in einem Brief Luthers vom 7. Oktober 1534 an Matthias Weller, der an schwermütigen Gedanken litt: „Denn wo ihr könntet glauben, dass solche Gedanken des Teufels wären, so hättet ihr schon gewonnen. Aber weil ihr noch schwach im Glauben seid, so horchet uns, die wir's durch Gottes Gnade wissen und haltet euch an unsern Stab, bis ihr selbst lernet gehen. Und wenn euch gute Leute trösten, mein lieber Matthia, so lernet ja glauben, daß Gott solch's zu euch saget, folget und zweifelt nicht, es sei Gottes Wort gewisslich, der euch, seinem Gebot nach, durch Menschen tröstet."[38] Dabei soll der seelsorgerliche Zuspruch nicht etwa zur Unmündigkeit führen. Ziel ist vielmehr, dass der Seelsorge Bedürftige selbst zum Seelsorger wird. Deshalb schreibt Luther: „haltet euch an unsern Stab, *bis ihr selbst lernet gehen.*"

Zentrum des Seelsorgeverständnisses Martin Luthers ist die Beichte. Zum Erstaunen säkularer Protestanten gehört er zu den großen Beichtvätern der Christenheit und darüber hinaus zu denjenigen Christen, die zeit ihres Lebens regelmäßig selbst gebeichtet haben. Wir kennen sogar seinen Beichtvater: Es war Johannes Bugenhagen, Pfarrer an der Wittenberger Stadtkirche, wo Luther häufig predigte. Luther lehnte mit den übrigen Reformatoren nicht die Beichte als solche ab, sondern die in seinen Augen falsche Beichtpraxis der damaligen Kirche. Aus dem gnädigen Angebot Gottes war ein *Zwangsinstrument* zur Knechtung der Gewissen geworden. Luther wollte, dass die Beichte stattdessen wieder zu einem freiwillig gebrauchten *Hilfsmittel* auf dem Weg der Christusnachfolge wurde.

Die Beichte darf nicht – wie im Mittelalter – als frommes Werk des Menschen missverstanden werden, das Gott von ihm zu tun verlangt. Sie ist vielmehr Gottes *Angebot*, sich das Evangelium ganz *persönlich* zusprechen zu lassen: „Wir vermahnen aber du sollst beichten und deine Not anzeigen nicht darum, dass du es als ein Werk tust, sondern hörest, was dir Gott sagen lässt. Das Wort, sage ich, oder die Absolution sollst du ansehen, sie groß und teuer achten als ein trefflichen, großen Schatz mit allen Ehren und Dank anzunehmen."[39] Die Beichte ist im Kern also *Zuspruch* des Evangeliums. Ge-

---

[37] Vom wahren Herzenstrost, 42, Brief vom 7.10.1534.
[38] Vom wahren Herzenstrost, 43.
[39] Zit. nach Luther, Ausgewählte Werke, Bd. 3, 290.

nauso wenig wie ein Mensch zur Annahme des Evangeliums gezwungen werden kann, sollte er deswegen mit Zwangsmitteln zum Gebrauch der Beichte gebracht werden. „Man soll wohl dazu reizen, aber nit treiben, man soll dazu locken, aber nit zwingen. Man soll die Leute darin bestärken, aber man soll nit drohen und schrecken mit der Beicht. Frei, willig und gern soll man beichten. Kann man das nit tun, so lasse man das Treiben ausstehen."[40]

Luther schwankte lange, ob die Beichte zu den Sakramenten zu zählen ist oder nicht. Schließlich entschloss er sich, es nicht zu tun, weil ihr – zwar von Jesus Christus eingesetzt – ein sichtbares Zeichen fehlt, wie es bei der Taufe im Wasser und beim Abendmahl in Brot und Wein vorliegt.

Luther weist in seinen Schriften regelmäßig auf den großen Nutzen der Einzelbeichte hin. Eine Art Kompendium seiner Beichtauffassung liegt im Großen und Kleinen Katechismus vor. Im Kleinen Katechismus wird die Beichte zunächst auf ihre beiden wesentlichen Stücke beschränkt: Es geht in ihr allein um das Bekenntnis der Sünde und um die Absolution. „Die Beichte begreift zwei Stücke in sich: eins, dass man die Sünde bekenne, das andere, dass man die Absolution oder Vergebung vom Beichtiger empfange als von Gott selbst ..." Damit ist die mittelalterliche Verknüpfung der Beichte mit einer Fülle von *Bußleistungen* vom Tisch. Weiter weist Luther darauf hin, dass nur *bewusste* Sünden bekannt werden müssen. Damit ist die Forderung der mittelalterlichen Kirche nach vollständiger Aufzählung aller begangenen Sünden überwunden. Dieser Hinweis ist deshalb so wichtig, weil bis dahin die Wirksamkeit der Absolution von der Vollständigkeit der Aufzählung abhängig war, man also nie sicher sein konnte, ob die Vergebung auch gültig war.

Die Beichtpraxis wird durch die neuen Einsichten Luthers von *Ängstlichkeit* und *Skrupulösität befreit*. Er eröffnet ihr einen Spielraum der Freiheit. Dass sie dem Menschen ein befreites Gewissen schenken will, muss sich widerspiegeln in der Art, wie in ihr Schuld bekannt wird. Darum sollen nur konkrete Sünden gebeichtet werden. Es soll auch nicht nach Sünden gesucht werden; der Beichtende ist frei von der ängstlichen Fixierung auf vielleicht auch noch begangene, aber in Vergessenheit geratene oder unbewusst gebliebene Sünden. „Wenn aber jemand sich nicht befindet beschweret mit solcher oder größeren Sünden [die Luther zuvor aufgezählt hat], der soll nicht sorgen oder weiter Sünde suchen noch erdichten und damit eine Marter aus der Beicht machen, sondern erzähle eine oder zwo, die du weißt."[41]

Indem er die Absolution ins inhaltliche Zentrum der Beichte rückt, wird sie zu einer freudigen, ja *fröhlichen Angelegenheit*. „Wer nun sein Elend und Not fühlet, wird wohl solch Verlangen danach kriegen, dass er mit Freuden hinzu laufe."[42] „Siehe, das wäre recht von der Beicht gelehrt, so

---

[40] WA 8, 177, 28–33 (Von der Beichte, 1521; Sprache modernisiert); ähnlich auch Großer Katechismus, in: BSLK, 730ff.
[41] Kleiner Katechismus, zit. nach Luther, Ausgewählte Werke, Bd. 3, 180.
[42] Großer Katechismus, zit. nach a.a.O., 290.

könnte man Lust und Liebe dazu machen, dass die Leut herzukämen und uns nachliefen, mehr denn wir gern hätten."⁴³ Besonders wertvoll ist die Beichte für Luther deshalb, weil in ihr die Absolution in der Beichte im Auftrag Gottes durch einen Mitmenschen erteilt wird. Das Evangelium, die gute Nachricht von der Vergebung meiner Schuld, findet seinen Weg zu mir nämlich nicht anders als durch das Wort des Bruders. „Denn welchem willst du dein Gebrechen klagen denn Gott? Wo kannst du ihn aber finden denn in deinem Bruder? Der kann dich mit Worten stärken und helfen."⁴⁴

Am Schluss seiner Überlegungen zur Beichte im Kleinen Katechismus stellt Luther sie noch in einen größeren Zusammenhang hinein. Ihre damit verbundene Relativierung soll ihrer Entlastung und ihrer Wirksamkeit dienen. Nicht immer genügt nämlich ein einzelnes kurzes Beichtgespräch, um den angefochtenen Menschen zu trösten. Daran wird sichtbar, dass die Beichte für Luther in den Raum der seelsorgerlichen Begleitung allgemein gehört. „Welche aber im Gewissen sehr beschwert oder betrübt und angefochten sind, die wird ein Beichtvater wohl mit mehr Worten der Heiligen Schrift zu trösten wissen und zum Glauben reizen."

Man spürt es Luther an, wie unfassbar es für ihn ist, dass Menschen das Angebot der Beichte ausschlagen. Er kommt darum im Großen Katechismus zu dem Schluss, dass derjenige, der nicht beichtet, gar kein Christ sein kann, weil er dadurch zu erkennen gibt, dass er das Evangelium selbst verachtet. „Willst du es aber verachten und so stolz ungebeichtet hingehen, so schließen wir das Urteil, dass du kein Christ bist ... Denn du verachtest, was kein Christ verachten soll ... und ist ein gewisses Zeichen, dass du auch das Evangelium verachtest."⁴⁵ Umgekehrt ist die Praxis der Beichte ein untrüglicher Hinweis auf das Christsein eines Menschen: „Darum wenn ich zur Beichte vermahne, so tue ich nichts anders, denn dass ich vermahne, ein Christ zu sein. Wenn ich dich dahin bringe, so habe ich dich auch wohl zur Beicht gebracht."⁴⁶ Luther rückt Christsein und Beichte damit unmittelbar zusammen. Wer Christ ist, übt die Beichte, und wer die Beichte übt, ist ein Christ.

In solchen Sätzen spiegelt sich nicht zuletzt Luthers eigene spirituelle Erfahrung. Er war davon überzeugt, dass er gerade der eigenen regelmäßigen Beichtpraxis das Bleiben im Glauben verdankte. „Aber dennoch will ich mir die heimliche Beichte niemand lassen nehmen und wollte sie nicht um der ganzen Welt Schatz geben. Denn ich weiß, was Trost und Stärke sie mir gegeben hat. Es weiß niemand, was sie vermag, denn wer mit dem Teufel oft und viel gefochten hat. Ja, ich wäre längst vom Teufel erwürgt, wenn mich nicht die Beichte erhalten hätte."⁴⁷

---

⁴³ A.a.O., 291.
⁴⁴ WA 15, 488, 30, zit. nach Althaus, Die Theologie Martin Luthers, 274.
⁴⁵ Großer Katechismus, zit. nach Luther, Ausgewählte Werke, Bd. 3, 291.
⁴⁶ A.a.O.
⁴⁷ WA 10, III, 61, 7.28, zit. nach Althaus, Die Theologie Martin Luthers, 273f.

d) Familie und Beruf

Martin Luther wies als Erster der reformatorischen Spiritualität Familie und Beruf als Verwirklichungsfelder zu. Er verlegte damit das Zentrum des christlichen Frömmigkeit vom Kloster in die *Familie* und schuf auf diese Weise die Hauskirche.[48] Gleichzeitig machte er den weltlichen *Beruf* zum Bewährungsfeld des Glaubens. Damit war eine revolutionäre Demokratisierung der reformatorischen Spiritualität eingeleitet. Das ganze mittelalterliche Ordenswesen hatte über Nacht in der protestantischen Welt seine dominierende Rolle eingebüßt. Luther war ja nicht an der Minimalform der damaligen Spiritualität gescheitert, sondern an ihrer Hochform. Die alten Antworten hatten sich in seinem Leben als Mönch als überholt, d.h. als nicht mehr tragfähig erwiesen. Sollte im Mittelalter die Kirche mit ihren Sakramenten und ihrem Schatz an guten Werken der Heiligen die Errettung durch Gott verbürgen, war es jetzt allein der persönliche Glaube des einzelnen im Rahmen der christlichen Familie, der zum Heil führte. War im Mittelalter das Mönchsein, also die Einhaltung der evangelischen Räte, die einzige Möglichkeit, um mit größtmöglicher Sicherheit in den Himmel zu kommen, wurde nun der weltliche Beruf zum jedem Christen offen stehenden Weg zur Bewährung des Glaubens.

Familie und Beruf haben sich für fast fünf Jahrhunderte als bevorzugter Raum reformatorischer Spiritualität bewährt. Luthers eigene Ehe und Familie wurde zum Prototyp der neuzeitlichen protestantischen Familie. Im evangelischen Pfarrhaus als Abbild von Luthers Haus lag auch im kleinsten Dorf die dafür nötige Veranschaulichungsinstanz vor. Im Rahmen der Familie gelang mit Unterstützung der parochialen Kirchengemeinde die Weitergabe des Evangeliums an die nächste Generation. Der von Luther dafür verfasste Kleine Katechismus hat zunächst die häusliche Glaubensunterweisung und später den kirchlichen Konfirmandenunterricht mehrere Jahrhunderte lang geprägt.

Indem der weltliche Beruf von Luther zum Bewährungsfeld des Glaubens gemacht wurde, erhielt die weltliche Arbeit religiöse Orientierung. Nicht mehr Mönche und Nonnen hatten fortan einen „Beruf", d.h. eine Berufung. Vielmehr war jeder Christ dazu befreit, in seinem weltlichen „Beruf" zur Ehre Gottes und zum Wohl der Mitmenschen zu wirken. Damit wurden in der Folgezeit ungeahnte schöpferische Kräfte im Menschen freigesetzt.

2.1.4. Luthers Spiritualität als Anfrage an uns heute

Luthers Spiritualität bedeutet gegenüber der mittelalterlichen Frömmigkeit zweifellos in mehrfacher Hinsicht einen qualitativen Fortschritt. An die Stelle der Unsicherheit über das persönliche Heil trat in der reformatori-

---

[48] Vgl. dazu Rosenstock, Luthers Volkstum und die Volksbildung, 685ff.

schen Spiritualität die Heilsgewissheit. Ursache für die Heilsgewissheit war Luthers Erkenntnis von der voraussetzungslosen Annahme des Menschen durch Gott allein aus Gnaden. Damit war die Mitwirkung des Menschen am Heil ausgeschlossen. Durch die Konzentration der Spiritualität auf Jesus Christus als den einzigen Mittler zwischen Gott und Mensch geriet der einzelne Gläubige in eine vorher nicht gekannte Unmittelbarkeit zu Gott. Die Heiligen, einschließlich Maria, wurden auf ihre biblische Bedeutung zurückgeführt. Sie standen nicht länger als Mittlergestalten zwischen Mensch und Gott. Indem die guten Werke für das Heil unwichtig wurden, verlor die Spiritualität alles Quälerische. Der Glaube wurde zu einer befreienden und freudigen Sache. Die Betonung der Schrift schließlich drängte die Bedeutung der klerikalen Vermittlungsinstanzen für den Glauben zurück und befreite den einzelnen Gläubigen zu einer vorher nicht gekannten Mündigkeit. Seit der Reformation wurden der christlichen Spiritualität zwei Merkmale hinzugefügt, die seitdem nicht mehr verloren gegangen sind: einerseits die *Freiheit des Gewissens* und andererseits die *Hochschätzung des Individuums*.

Im Rahmen einer Würdigung von Martin Luthers Spiritualität sollten wir schließlich auch nicht übergehen, dass sie uns in mehrfacher Hinsicht fremd geworden ist.[49] Zuerst durch die Zentrierung in der Rechtfertigung, daneben in der Konzentration auf den Glauben und schließlich in ihrer Ausrichtung auf die Ewigkeit. Alle drei Aspekte lassen sich von der mittelalterlichen Spiritualität her erklären, auf deren Hintergrund Luthers Frömmigkeit ihre Kontur gewonnen hat. Das soll aber nicht die Spiritualität Luthers als bloß zeitbedingt abwerten, sondern umgekehrt helfen, ihren Kern in seiner Bedeutung für heute freizulegen. Den mittelalterlichen Menschen bestimmte die Ausrichtung des Lebens auf Gott total. Den meisten modernen Menschen ist Gott jedoch ferngerückt. Er wohnt für sie höchstens noch „droben überm Sternenzelt", wie die deutschen Klassiker sagten – wenn er ihnen nicht ganz entschwunden ist. Konsequenterweise ist an die Stelle von Luthers Ausgangsfrage nach dem gnädigen Gott in der Neuzeit mehr und mehr die Frage nach dem gnädigen Nächsten getreten. Heute werden wohl die meisten jungen Menschen sogar von der Frage danach umgetrieben, wie sie sich selbst gnädig sein können. Auf diese veränderte Gemütslage muss sich jeder Versuch, Luthers Spiritualität zu rezeptieren, heute einstellen. Dabei bin ich überzeugt, dass heutige Spiritualität gerade aus der Fremdheitserfahrung lernen kann, die die Beschäftigung mit Luthers Frömmigkeit unweigerlich mit sich bringt.

Die Rechtfertigung
Voraussetzung der existenziellen Aneignung der Rechtfertigungsbotschaft, die mehr als ein bloß intellektuelles Verstehen beinhaltet, ist das Erkennen und das Bekennen der eigenen Schuld. Gerade an dieser Stelle haben wir

---

[49] Auf diese Fremdheit weist auch Manfred Seitz hin, in: ders., Erneuerung der Gemeinde, 115.

heute mit den größten Verständnisschwierigkeiten zu kämpfen. Paul Schütz, ein vergessener Theologe des vergangenen Jahrhunderts, schrieb schon vor über 60 Jahren: „Gott ist einsam geworden. Es gibt keine Sünder mehr." Warum? Weil kein moderner Mensch mehr Sünder sein will. Darum muss nach Möglichkeiten gesucht werden, wie und wo der heutige Mensch die Rechtfertigung konkret erfahren kann. Gleichzeitig ist neu zu entdecken, was Sündersein nach biblischem Verständnis eigentlich heißt. Die Richtung, in der beides geschehen könnte, sei im Folgenden kurz angedeutet.

1. Wenn es wirkliche Schuld und echtes Versagen gibt, wovon nicht nur die biblischen Schriften, sondern z.B. auch die moderne Literatur an vielen Stellen Zeugnis ablegt, kann sie letztlich auch durch keine Therapie wegerklärt werden.[50] Schulderkenntnis und Schuldbekenntnis müssen vielmehr als Zeichen der Würde des Menschen wieder entdeckt werden. In der Selbsterkenntnis liegt auch für die Therapie ein wichtiges Moment der Personwerdung. Das Bekenntnis zu eigenem schuldhaften Handeln bedeutet einen Akt der Reife, psychologisch gesprochen trägt es zur Integration verdrängter Persönlichkeitsanteile bei. Untersuchungen über die Häufigkeit psychosomatischer Erkrankungen haben gezeigt, dass Christen, die regelmäßig die persönliche Beichte in Anspruch nehmen und aktiv am Gemeindeleben teilnehmen, weniger seelisch erkranken als andere. Der Schweizer Arzt und Psychotherapeut Paul Tournier glaubte sogar, dass Beichte und Buße auf dem Weg zu seelischer Gesundheit die wichtigsten Schritte seien.[51]

2. Die Beliebtheit von Talkradio und Talkshow macht deutlich, dass die Entlastung von schuldhaftem Verhalten für den Menschen auch heute unverzichtbar ist. Untersuchungen lassen erkennen, dass zumindest für die unmittelbaren Teilnehmer und Teilnehmerinnen der Talkshows der dort angebotene Weg keine echte Lösung darstellt. Im Gegenteil ist er bei vielen mit schweren psychischen Folgeschäden verbunden, hervorgerufen durch die auf suggestivem Wege bewirkte Preisgabe intimster Sachverhalte.[52] Die Beichte sollte angesichts dieser Situation als befreiendes und Weiterleben ermöglichendes Kontrastangebot, das durch das Beichtgeheimnis die Intimität des einzelnen schützt, in das öffentliche Gespräch eingebracht werden.

3. Dass sich Menschen angesichts des Lebens in einer Risikogesellschaft verstärkt auf der Suche nach Selbstvergewisserung befinden, sollte nicht au-

---

[50] Dazu gehört z.B. A. Camus, La Chute, worin Schuld in Form von nicht wahrgenommener Gleichgültigkeit gegenüber fremder Not thematisiert wird, H. Broch, Die Schlafwandler, worin es um Orientierungslosigkeit und Unfähigkeit zu kritischem Verhalten geht, R. Hochhuth, Der Stellvertreter, das den Selbstfreispruch und die Leugnung von Mitschuld thematisiert, M. Frisch, Andorra, worin es um Nicht-wahrhaben-Wollen vorhandener Schuld und um Sündenbockdenken geht, S. Lenz, Zeit der Schuldlosen, das das Schuldigwerdenmüssen in einem totalitären Staatsgefüge zum Inhalt hat (Gründel, Art. Sünde V. Theologisch-ethisch, 1129f.).
[51] Tournier, Vom Sinn unserer Krankheit, 201f.206.
[52] Goldner, Meiser, Fliege & Co., 20–27.

tomatisch als Zeichen dafür interpretiert werden, dass sie gottferner sind als frühere Generationen. Die Betonung von Identitätsfindung und Selbstverwirklichung ist auf diesem gesellschaftlichen Hintergrund nur zu verständlich. Einsehbar wird von daher auch, wieso Menschen angesichts ihres labilen seelischen Gleichgewichts und des moralischen Missverständnisses der Sünde die Frage nach persönlicher Schuld kaum ertragen können. Die kirchliche Verkündigung sollte deshalb neben der Klärung des Sündenbegriffs verstärkt darauf hinweisen, dass die Beichte dem Menschen anders als manche therapeutischen Ansätze seine Verantwortlichkeit zurückgibt und damit zur Stärkung seines Selbstwertgefühls beiträgt.

4. Am schwierigsten stellt sich die Wiedergewinnung eines biblisch orientierten Sündenverständnisses in Theologie und Kirche dar. Ein solches Sündenverständnis würde sowohl moralistische Verflachung als auch Erfahrungsferne der Verkündigung überwinden helfen. Es geht darum, dass der Begriff für die Zuhörer wieder konkrete Erfahrung und lebendige Anschauung erhält. Dazu wird es nur kommen, wenn auch die alltäglichen – moralischen – Verfehlungen wieder als Sünde erkannt und bezeichnet werden. Gleichzeitig muss der Weg freigemacht werden, dass nach den tieferliegenden Ursachen der Alltagssünden gefragt wird. Sie liegen in der Entfremdung des Menschen von Gott und von sich selbst. Dabei schließt das eine das andere gerade nicht aus; vielmehr bedingt sich beides gegenseitig. Ein derartig gefasstes Sündenverständnis berücksichtigt überdies wesentliche Anliegen der Psychotherapie. Zur Illustration ein Beispiel: Jemand wird immer wieder am 8. Gebot schuldig, weil er seinen Mitmenschen nicht die Wahrheit sagt, um vor ihnen besser dazustehen als er ist. Wird ihm diese Sünde vergeben, kann er einen Schritt weitergehen und erkennen, dass dieses Verhalten z.B. mit einem schwachen Selbstwertgefühl zu tun hat. Egal woher dieses im Einzelnen rühren mag (hier müsste in schweren Fällen die Therapie ansetzen), hat er als Christ die Chance, als von Gott gewollter, geliebter und gebrauchter Mensch an Selbstwert zu gewinnen. Im Gefolge davon wird ihm die Kraft zuteil, sich den Mitmenschen auch mit seinen Schwächen zuzumuten und ihnen wahrhaftiger zu begegnen. So vermag gerade die Erfahrung der Vergebung in diesem Beispiel dazu beizutragen, sowohl in der Beziehung zu Gott, als auch zu sich selbst und zu den Mitmenschen authentischer zu werden.

So interpretiert, könnte die Rechtfertigungslehre Luthers wieder neu an Aktualität gewinnen.

Glaubensverständnis
Durch die Reformation rückte der Glaube in das Zentrum der Spiritualität. Die mittelalterliche Spiritualität verlor ihren monastischen und damit ihren elitären Charakter. Als kirchlich verankerter Glaube war reformatorischer Glaube vielmehr jedermann zugänglich. Heute fällt es schwer, die Tragweite dieser Revolution des Glaubens zu erkennen. Und zwar aus zwei Gründen: Den meisten modernen säkularen Protestanten ist es gleichgültig, dass Luthers neues Glaubensverständnis zu einer vorher nicht gekannten Demokra-

tisierung der Spiritualität führte. Für sie spielt der Glaube mindestens im Alltag keine Rolle mehr. Im Trend modernen Lebens liegt außerdem ein zunehmendes Spezialistentum, das konsequenterweise auch religiöse Spezialisten verlangt. Von hier aus drängt sich die Überzeugung auf, dass die Zukunftsträger des christlichen Glaubens kleine Nachfolgegruppen sein werden. Angesichts dieser Situation meinen viele, dass Luthers kirchlich verankerter Glaubensbegriff als Zentrum der christlichen Spiritualität keine Chance mehr hat. Trotzdem ist gerade seine Wiederentdeckung die einzige Alternative zur weiteren Ausbreitung des praktischen Atheismus in unserer Gesellschaft. Die kommunitäre und freikirchliche Spiritualität ist zumindest in Europa bisher immer nur die Sache kleiner Minderheiten geblieben.

Ewigkeitsorientierung
Die westlich geprägte Kultur leidet unter einem geradezu ungeheuerlichen Transzendenzverlust. Das macht es vielen Zeitgenossen schwer, Luthers Spiritualität mit ihrem durchgängigen Transzendenzbezug auch nur zu verstehen. Bemerkenswert ist nun, dass in unseren Breiten seit einigen Jahren eine Kommerzialisierung der Transzendenz eingesetzt hat. Das belegt eine Reihe von Kinofilmen wie z.B. „Flatliners" von Joel Schumacher. Diese Beobachtung lässt den Schluss zu, dass auch der westliche Mensch bereit ist, nach dem Woher, Wozu und Wohin seines Lebens zu fragen. Genau an dieser Stelle könnte ihm die Beschäftigung mit Luthers Spiritualität neue Erfahrungsräume aufschließen.

Luther verstand es nämlich, Menschen Lust auf den Himmel zu vermitteln. Davon legt besonders eindrücklich ein Brief Zeugnis ab, den er am 19. Juni 1530 von der Veste Coburg an seinen Sohn „Hänsichen Luther" in Wittenberg geschrieben hat. Darin heißt es: „Ich weiß ein hubschen, schonen lustigen Garten. Da gehen viel Kinder innen, haben guldene Rocklin an und lesen schone Öpfel unter den Bäumen und Birnen, Kirschen, Spilling und Pflaumen, singen, springen und sind frohlich. Haben auch schone kleine Pferdlin mit gulden Zäumen und silbern Sätteln. Da fragt ich den Mann, des der Garten ist, wes die Kinder wären? Da sprach er: Es sind die Kinder, die gern beten, lernen und fromm sein. Da sprach ich: Lieber Mann, ich hab auch einen Sohn, heißt Hänsichen Luther, mocht er nicht auch in den Garten kommen, dass er auch solche schone Öpfel und Birne essen mochte und solche feine Pferdlin reiten und mit diesen Kindern spielen? Da sprach der Mann: Wenn er gerne betet, lernet und fromm ist, so soll er auch in den Garten kommen, Lippus und Jost auch. Und wenn sie all zusammen kommen, so werden sie auch Pfeiffen, Pauken, Lauten und allerlei andere Saitespiel haben, auch tanzen und mit kleinen Armbrüsten schießen ..."[53]

Luther versucht jedoch nicht nur seinem kleinen Sohn die Perspektive des Himmels nahe zu bringen. So real ist für ihn das Leben bei Gott im

---
[53] Zit. nach Martin Luther, Briefe, 171.

Himmel, dass von dort aus stärkste Kräfte der Hoffnung und des Trostes in seine eigene Spiritualität fließen. Z.B. schreibt er an seinen totkranken Vater: „Denn unser Glaube ist gewiss, und wir zweifeln nicht, dass wir uns bei Christo wiederum sehen werden, sintemal der Abschied von diesem Leben vor Gott viel geringer ist, denn ob ich von Mansfeld hieher von euch, oder ihr von Wittenberg gen Mansfeld von mir zöget. Das ist gewisslich wahr, es ist um ein Stündlein Schlafs zu tun, so wird's anders werden."[54] Dabei lässt die lebendige Ausrichtung auf den Himmel Luther das Leben auf der Erde nicht vergessen. Nirgends bekommt man den Eindruck, dass er das irdische Leben überspringen würde. Im bereits zitierten Brief an den Vater teilt Luther diesem mit, dass er einen Neffen nach Mansfeld geschickt hat, um zu prüfen, ob die alten Eltern noch reisefähig sind, um nach Wittenberg gebracht werden zu können: „Aber große Freud sollt mir's sein, wo es möglich wär, dass ihr euch ließet samt der Mutter hieherführen zu uns, welch's mein Käth mit Tränen auch begehrt, und wir alle. Ich hoffe, wir wollten euer aufs best warten."[55] Dass Luther das irdische Leben ernst nimmt, zeigt sich auch in seiner Aufforderung, ruhig über den Verlust von Angehörigen zu trauern: „Gott will, dass wir unsere Kinder lieb haben, und dass wir trauern, wenn sie von uns genommen werden hinweg, doch soll die Traurigkeit mäßig und nicht zu heftig sein, sondern der Glaube der ewigen Seligkeit soll Trost in uns wirken."[56]

Lesehinweise

Einen sehr gelungenen komprimierten Überblick über Luthers Leben und Werk bietet Reinhard Schwarz, Martin Luther, 2., durchgesehene und gekürzte Auflage, Göttingen 1998.

Marc Lienhard, Luther und die Anfänge der Reformation, in: Geschichte der christlichen Spiritualität, Bd. 2 Hochmittelalter und Reformation, hg. von Jill Raitt u.a., Würzburg 1995, 277–307.

Eine Biografie mit vielen Selbstzeugnissen Luthers, die die spirituelle Dimension von Luthers Werk erkennen lassen, stellt Heinrich Fausel, D. Martin Luther, Bd. 1: Leben und Werk 1483–1521, und Bd. 2: Leben und Werk 1522–1546 dar, zuletzt Neuhausen/Stuttgart (viele Auflagen).

Auch eine Briefauswahl bietet einen unmittelbaren Zugang zu Luthers Spiritualität: z.B. Martin Luther, Briefe. Eine Auswahl, hg. von Günther Wartenberg, Leipzig 1983.

Martin Luther, Der Glaube allein. Texte zum Meditieren, ausgewählt und eingeleitet von Otto Hermann Pesch (Reihe „Klassiker der Meditation"), Zürich/Einsiedeln/Köln 1983.

---

[54] Vom wahren Herzenstrost, 64.
[55] A.a.O., 62.
[56] A.a.O., 91; vgl. auch 89.

2.2. Mystische Spiritualität: Teresa von Avila (1515–1582)

„Ich bin ein Weib und obendrein kein gutes"[57] – mit diesem Satz charakterisiert sich Teresa von Avila in ihrer Autobiografie. Ein ungewöhnlicher Satz für eine der großen Mystikerinnen der Christenheit. Reinhold Schneiders Teresa-Biografie trägt den Titel „Theresia von Spanien".[58] Darin kommt die Bedeutung Teresas angemessen zum Ausdruck. Tatsächlich war Teresa von Avila die größte Frau Spaniens, wobei ihre Bedeutung weit über Spanien hinausreicht. Sie ist die einzige Frau unter den großen Ordensgründern der Christenheit. Heute stellt der reformierte Orden der Karmeliterinnen mit etwa 13000 Mitgliedern in über 70 Ländern den größten kontemplativen Orden der katholischen Kirche dar.[59] 1970 ernannte Papst Paul VI. Teresa zur ersten Kirchenlehrerin in der Geschichte der katholischen Kirche. Er nennt sie: „Literarischer Genius von unglaublicher Fruchtbarkeit, Lehrerin des geistlichen Lebens, kontemplativ wie kaum eine Zweite und unermüdlich tätig. Eine große, eine einmalige und doch so menschliche und anziehende Persönlichkeit."[60]

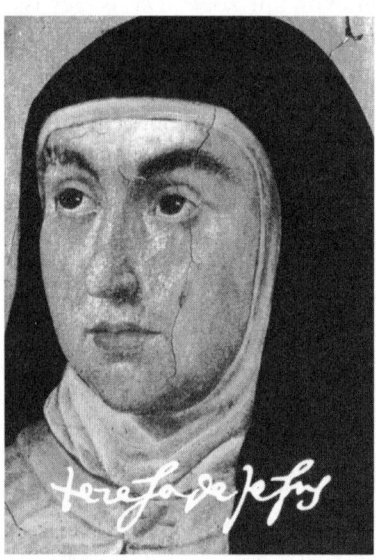

Teresa von Avila, unbekannter Meister, 17. Jahrhundert.

Um die Spiritualität dieser außergewöhnlichen Frau zu verstehen, ist es unerlässlich, die religiöse Situation Spaniens zu ihrer Zeit und ihre Biografie zu kennen. Beides ist Thema des ersten Teils der folgenden Ausführungen. Auf diesem Hintergrund soll dann ihre mystisch geprägte Spiritualität dargestellt und gewürdigt werden.

2.2.1. Leben und Werk

a) Religiöse Situation in Spanien zur Zeit Teresas

Ein erstes Licht auf die religiöse Situation Spaniens zur Zeit Teresas wirft folgende Begebenheit. Als Mädchen von sieben Jahren stiftete sie ihren Bruder, der vier Jahre älter war, dazu an, das Elternhaus heimlich zu ver-

---

[57] Das Leben der heiligen Theresia von Jesu 18, 4 (Vida).
[58] Schneider, Theresia von Spanien.
[59] Hinricher, Teresa von Avila, 235.
[60] A.a.O., 222.

lassen, um zu den Mauren, also nach Afrika zu ziehen und dort den Märtyrertod zu erleiden. Man spürt aus dieser kleinen Begebenheit die religiöse Glut, die damals in Spanien herrschte und auch vor den Kindern nicht Halt machte.[61]

Für das Verständnis von Teresas mystischer Spiritualität sind die religiösen Strömungen im Spanien des 16. Jahrhunderts wichtig.[62] Dass die Zeit in religiöser Hinsicht von außerordentlicher Vitalität war, belegen die folgenden Jahreszahlen: 1492 wurde Granada von den Mauren erobert, im gleichen Jahr die Juden und 1502 die Muslime zur Konversion bzw. zur Auswanderung gezwungen. Die Zwangsbekehrungen stellten die katholische Kirche Spaniens vor nahezu unlösbare Probleme. Scharen von Scheinbekehrten wurden in die Kirche aufgenommen, deren man auch mithilfe der 1480 gegründeten Inquisition nicht Herr werden konnte. Die Inquisition war im Gegenteil religiös kontraproduktiv und richtete Spanien zudem wirtschaftlich zugrunde.

Parallel zur Inquisition lässt sich ein anderer Vorgang beobachten, der für die Spiritualität Teresas von entscheidender Bedeutung werden sollte. Im ersten Viertel des 16. Jahrhunderts kam es ansatzweise zu einer religiösen Neugeburt. Noch vor dem tridentinischen Konzil in der Mitte des 16. Jahrhunderts erlebte Spanien eine Verinnerlichung des religiösen Lebens. Die religiöse Reformbewegung wurde durch die Übersetzung einer großen Zahl von Büchern über Fragen des geistlichen Lebens ausgelöst, die sich mit Methoden des Gebetes beschäftigten und die persönliche Erfahrung des Glaubens zum Ziel hatten.[63] Die religiösen Schriften hatten alle ein Anliegen: Sie wendeten sich zugunsten des inneren religiösen Lebens gegen die Beschränkung des Christentums auf die Einhaltung äußerer religiöser Formen. Der Wunsch nach methodischer Meditation entsprach den Herausforderungen der damaligen Zeit. Die herkömmliche Gebetspraxis der Klöster mit ihren Stundengebeten konnte keinem nützen, der sich auf dem Weg nach Amerika oder durch Europa befand. In Aufnahme von Gedanken der deutschen Mystik von Seuse und Tauler entstanden die Vorformen einer eigenständigen spanischen Mystik. Dabei scheint die Vermittlung von Gedanken der deutschen Mystik über die Niederlande erfolgt zu sein, die im 16. Jahrhundert zu Spanien gehörten. Diese neue, mystisch geprägte Spiritualität umfasste einen Weg von drei Stufen: Selbsterkenntnis, Nachfolge Christi und Vereinigung mit Gott. Dieser spirituelle Weg ging über die herkömmlichen religiösen Formen weit hinaus, die von der stundenlangen Rezitation fester Gebete geprägt waren, mit dem Ziel, die eigenen Las-

---

[61] Vgl. hierzu die anschauliche Schilderung des kindlichen Einsatzes in: Schneider, Theresia von Spanien, 5 ff.
[62] Hinricher, Teresa von Avila, 223 f.
[63] Kavanaugh, Spanien im 16. Jahrhundert, 93 ff.

ter zu überwinden. Auch abergläubische Frömmigkeitsformen verloren durch die Verinnerlichung der Spiritualität an Bedeutung.[64]

Neben der deutschen Mystik spielte vor allem der Italiener Girolamo Savonarola (1452–1498) mit dem Ruf zu einer Hinwendung zur Bibel und zur Weisheit des gekreuzigten und auferstandenen Christus eine große Rolle. Eine weitere wichtige Bewegung war die der Alumbrados, der Erleuchteten. Sie vertraten eine Frömmigkeit, die im Sichausliefern an die Liebe Gottes gipfelte. Die Hingabe an Gott sollte zum Gipfel der Vollkommenheit führen und der schnellste und sicherste Weg sein, sich mit Gott zu vereinigen. Damit verbunden war eine zum Teil aggressive Verachtung traditioneller Frömmigkeitsformen. Diese Frömmigkeitsrichtung überschätzte allerdings ekstatische und andere außergewöhnliche Phänomene. 1525 wurden verschiedene Lehrsätze der Alumbrados von der Inquisition verurteilt. Diese glaubte, dass Luthertum und Illuminismus eng zusammenhingen, da beide Bewegungen die persönliche Frömmigkeit auf Kosten der Riten und Zeremonien in den Vordergrund stellten. Die Nähe Teresas zu der Bewegung der Alumbrados hat die Inquistion dazu geführt, sich mit Teresas Schriften zu beschäftigen, ohne dass man ihr jedoch einen Widerspruch zur Lehre der katholischen Kirche nachweisen konnte. Teresa hat sich vielmehr sehr deutlich von Fehlentwicklungen des Illuminismus abgegrenzt, wozu vor allem die Betonung enthusiastischer Frömmigkeitserfahrungen und die Verachtung der äußeren Werke gehörten. Allerdings vertrat sie wie die Alumbrados die Ansicht, dass alle Christen zum Weg des inneren Gebetes, d.h. zu einer unmittelbaren Glaubensverbindung mit Jesus Christus berufen seien. Während der ersten achtzehn Jahre im Kloster ist Teresa maßgeblich durch das berühmte Kontemplationsbuch des Franzisco de Osuna: „Versenkung. Weg und Weisung des kontemplativen Gebetes" spirituell geprägt worden.[65] Osuna gehörte zum Kreis der Alumbrados.

b) Biografische Stationen

Teresa wurde etwa 1515 in Avila geboren, das ungefähr 100 Kilometer westlich von Madrid in Kastilien liegt. Die Mutter entstammte altkastilischem Adel, während der aus Toledo gebürtige Vater wegen seiner jüdischen Abstammung um seinen Adelstitel prozessieren musste. Teresa von Avila war ein religiös sensibles Kind. Wir hörten bereits von ihrem Versuch, sich im Alter von sieben Jahren auf Missionsfahrt zu den afrikanischen Mauren zu begeben. Mit sechzehn Jahren, 1531, drei Jahre nach dem Tod ihrer Mutter, wird Teresa in ein Internat von Augustinerinnen gegeben, das sie jedoch aufgrund von Krankheit bald wieder verlassen muss. Im Alter von 20 Jahren, 1535, tritt sie in das Karmeliterinnenkloster „Von der

---

[64] Zu Teresas geistlicher Umwelt vgl. im einzelnen Dobhan, Gott – Mensch – Welt in der Sicht Teresas von Avila, 56ff.
[65] Francisco de Osuna, ABC des kontemplativen Betens; vgl. dazu Teresa von Avila: „Ich bin ein Weib und obendrein kein gutes", 16.

Menschwerdung" ihrer Heimatstadt ein. Sie hatte dabei starke seelische Widerstände gegen das Klosterleben zu überwinden. In ihrer „Vida" beschreibt sie, wie schwer es ihr gefallen war, sich zum Eintritt in das Kloster durchzuringen. „Der Augenblick, in welchem ich das väterliche Haus verließ, schwebte noch meinem Gedächtnis vor, es war mir damals nach meinem ganzen Dafürhalten und in Wahrheit so zumute, dass ich glaubte, der Tod konnte nicht furchtbarer für mich sein; denn es kam mir vor, als würden mir alle Gebeine aus den Gelenken gerissen!"⁶⁶ Dann entwickelte sich ihr Klosterleben keineswegs in der Weise, wie sie selbst befürchtet hatte. Gemütlichkeit und Gespräch begannen bald ihr klösterliches Dasein zu prägen. In Wirklichkeit handelte es sich beim Menschwerdungskloster eher um ein Pensionat für wohlhabende Töchter als um ein vom Geist der Einsamkeit und Schweigsamkeit erfülltes Eremitenkloster – wie es die ursprüngliche Regel des Karmeliterordens vorsah. Die Insassen beteiligten sich am gesellschaftlichen Leben der Stadt. Es gab keine Klausur, die die Nonnen einengte. 1537 legte Teresa ihre Profess ab, erkrankte aber gleich darauf so schwer, dass sie außerhalb des Klosters behandelt werden musste.

Unbeschadet aller Ablenkungen, die ihr Klosterleben kennzeichnete, rang Teresa in den folgenden *fast zwanzig Jahren* um Fortschritt im kontemplativen Gebet und asketischen Leben, ohne dass sich eine wirkliche Veränderung bei ihr eingestellt hätte. Ihr Biograf Walter Nigg spricht vom Geist der Gewöhnlichkeit, die das Klosterleben in diesen Jahren prägte und von ihrer Unfähigkeit, sich restlos zur Hingabe an Gott zu entscheiden. ⁶⁷ Teresa selbst beschreibt ihren Zustand im Rückblick wie folgt: „Fest an den starken Mastbaum des Gebets geklammert, fiel ich auf diesem stürmischen Meer des Lebens fast zwanzig Jahre lang von Wellental zu Wellental; und wenn ich mich erhob, so nur, um neu zu fallen. Mein Leben war aller Vollkommenheit fern ... ich kann wohl sagen, dass es das unerfreulichste Leben war, dass man sich vorstellen kann. Denn weder Gott noch die Welt machten mich glücklich. Mitten im weltlichen Vergnügen fiel mir ein, was ich Gott schuldete und betrübte mich; war ich innerlich bei Gott, so beunruhigten mich die weltlichen Neigungen ... Und mehr als achtzehn Jahre lag ich in dem Kampf und Widerstreit, zugleich Gott und der Welt dienen zu wollen.⁶⁸

Erst 1554, also im Alter von 39 Jahren erlebte sie eine erneute und diesmal endgültige Hinwendung zu Gott. Dazu trug der Anblick einer Statue des leidenden Christus, der eine schwere Erschütterung in ihr hervorrief, und die Lektüre von Augustins Bekenntnissen entscheidend bei. Sie schreibt: „Da geschah es, als ich eines Tages das Oratorium betrat, dass ich ein Bildnis erblickte, dass man in Erwartung eines bestimmten Festes schon dorthin gebracht hatte. Es war ein wundenbedeckter Christus, so aus-

---

⁶⁶ Vida 4, 1.
⁶⁷ Nigg, Vom Geheimnis der Mönche, 327.
⁶⁸ Vida 8, 2–3.

drucksvoll und ergreifend, dass mir sein Anblick die Seele erschütterte, denn man sah, was er für uns gelitten hatte. Ich empfand den Schmerz seiner Wunden derart, dass es mir fast das Herz brach. Da warf ich mich tränenüberströmt vor ihm nieder und flehte ihn an, dass er mir Kraft gebe, ihn nie mehr zu verletzen ... Damals gab man mir ‚die Bekenntnisse' des Augustinus zu lesen ... Als ich nun begann, die ‚Bekenntnisse' zu lesen, meinte ich, mich selbst darin zu erblicken, weshalb ich diesen großen Heiligen sehr um seine Hilfe bat, und als ich an die Schilderung seiner Bekehrung gelangte und las, wie er im Garten jene Stimme vernahm, da meinte ich, diese Stimme des Herrn erklinge auch mir in meinem Herzen. Ich war lange Zeit ganz in Tränen aufgelöst und außer mir vor Schmerz über mich selbst. Gepriesen sei Gott, der mich lebendig Tote ins wirkliche Leben rief."[69]

Teresa erkannte später, dass diese doppelte Begegnung mit Gott – durch Bild und Wort – allein das Geschenk von Gottes Barmherzigkeit an sie war. In ihrer Autobiografie „Vida" schrieb sie, dass ihre Seele nicht fähig gewesen wäre, sich zu retten, „versähe sie seine Majestät [Teresas Anrede an Jesus Christus] nicht mit so vielen Gnaden".[70] Letztlich war es zum geistlichen Durchbruch im Leben Teresas ohne ihr Zutun gekommen. Im Anblick des leidenden Jesus Christus brach ihr Widerstand gegen eine vollkommene Hingabe an Gott zusammen. Sie machte damals die Erfahrung, dass sie von schlechten Gewohnheiten, Anhänglichkeiten und Fixierungen frei wurde.[71]

Das ihr neu geschenkte Leben wirkte sich in den folgenden Jahren in doppelter Richtung aus. Zum einen wurden ihr Begegnungen mit Jesus Christus zuteil, die unsere herkömmlichen Vorstellungen der Nähe Gottes im menschlichen Leben weit überschreiten. Zum anderen entwickelte die – Zeit ihres Lebens von schweren Krankheiten heimgesuchte Nonne – eine unglaubliche Dynamik. Schon 1556, also zwei Jahre später, erlebte sie kurze Einigungen mit Gott, geistliche Verlobung genannt. Diese wiederholten sich in der Folgezeit, sodass es 1572 zur Unio Mystica kam, der geistlichen Vermählung mit Christus. Unabhängig davon, wie man als evangelischer Christ zu diesen Vorgängen steht, lässt sich nicht leugnen, dass gerade diese Erfahrungen der intensiven Nähe Gottes ein Gründungs- und Reformwerk auslösten, das seinesgleichen in der Geschichte der Christenheit sucht. In einem geradezu modern anmutenden Tempo eilte sie fortan von Ort zu Ort, um neue Klöster ins Leben zu rufen. Teresa erinnert darin an den Apostel Paulus, der sich ebenfalls keine Pause gönnte. Von 1567 bis zu ihrem Todesjahr 1582 rief sie siebzehn Frauen- und zwei Männerklöster ins Leben.

Zum Zweck der Klostergründungen unternahm Teresa weite und unbequeme Reisen. Tagelang musste sie im ungefederten Planwagen durch öde Gegenden fahren. Infolge der starken Klimaunterschiede litt Teresa je nach

---

[69] A.a.O., 9, 1–3.6–8.
[70] A.a.O., 18, 5.
[71] Teresa von Avila, Freundschaft mit Gott, 147.

Jahreszeit unter furchtbarer Hitze oder Kälte, verlor mit ihren Begleiterinnen oft den Weg und blieb wie durch ein Wunder vor tödlichen Unfällen bewahrt. Eine Anekdote wirft helles Licht nicht nur auf die Mühen der Reisen, sondern auch auf Teresas Persönlichkeit. Bei einer längeren Fahrt war in der Abenddämmerung das Rad der Kutsche gebrochen, sodass sie nicht mehr weiterfahren konnte. In diesem Moment hörte sie eine Stimme, in der Christus zu ihr sprach: „So tue ich allen meinen Freunden." Teresa habe daraufhin schlagfertig geantwortet: „Deshalb hast du auch so wenige!" Trotzdem verlor sie nie ihre gute Stimmung. In einem ihrer Briefe schrieb sie: „Er [Christus] verschaffte uns recht viel Gelegenheit zu leiden und sei es auch nur durch Plagen von Flöhen, von Poltergeistern und Reisebeschwerden."[72]

Schwerer als die äußeren Belastungen wogen die inneren Widerstände. Vor allem die Nonnen des Karmeliterordens, die sich ihrer Reform widersetzten, versuchten die Ausbreitung der Unbeschuhten Karmeliterinnen zu verhindern. Es kam zu schweren Kämpfen innerhalb des Ordens. Teresa wurde heftig kritisiert und verleumdet. Fünf Jahre lang wurde sie auf dem Höhepunkt ihrer Kräfte am praktischen Wirken gehindert. Der päpstliche Nuntius von Spanien nannte sie „ein unruhiges, umherschweifendes Weib, welches unter dem Vorwand gottseliger Unternehmungen an Albernheiten ihr Gefallen finde".[73] Ihren Höhepunkt erreichte die Verfolgung, als auf Betreiben der Beschuhten Karmeliter ihr wichtigster Mitarbeiter Johannes vom Kreuz für neun Monate ins Gefängnis geworfen wurde. Er musste unter seinen eigenen Ordensbrüdern in einer Weise leiden, dass Teresa sich veranlasst sah, direkt an König Philipp II. zu schreiben. Die Bildung der Kongregation der Unbeschuhten Karmeliter war wesentlich der Vermittlung des Königs zu verdanken (zum eigenständigen Orden wurden diese erst nach dem Tod Teresas). Provinzial der Unbeschuhten Karmeliter wurde Pater Jerónimo Gracián, der Vertraute Teresas. Sie selbst arbeitete die Satzung aus, indem sie auf die ursprüngliche Regel der Karmeliter zurückgriff: „Wir halten die Regel unserer Lieben Frau vom Berge Karmel ganz ohne Milderung, so wie sie Frey Hugo Kardinal von St. Sabina im Jahre 1248 angeordnet hat, im fünften Jahre des Pontificats des Papstes Innozenz IV."[74] In drastischer Weise schrieb Teresa im Rückblick auf den guten Ausgang der Stürme gegen ihr Werk: „Ich wünschte, die ganze Welt würde jetzt in das Lob des Herrn einstimmen, und ich empfehle ihm unseren frommen König Philipp II., mit dessen Hilfe Gott alles zu einem so guten Ende geführt hat. War doch die Arglist des Teufels so groß, dass ohne unseren König alles zu Bruch gegangen wäre. Nun haben wir unseren Frieden, Beschuhte und Unbeschuhte."[75]

---

[72] Zit. nach Nigg, Große Heilige, 268.
[73] A.a.O., 269.
[74] Vida 36, 27.
[75] Das Buch der Klosterstiftungen der hl. Theresia von Jesu 29, 30–32 (Buch der Klostergründungen).

Teresa starb am 4. Oktober 1582 in Salamanca an einem Blutsturz. Als Sterbende quälte sie das Gefühl, eine allzugroße Sünderin gewesen zu sein. Sie bekannte vor ihren Nonnen: „Meine Töchter und Frauen! Verzeihet mir das böse Beispiel, das ich euch gegeben habe, und ahmet nichts davon nach! Denn ich war die größte Sünderin von der Welt und habe meine Regel und Satzungen am wenigstens gehalten. Um der Liebe Gottes willen bitte ich euch, meine Töchter, haltet eure Regel und Satzungen mit großer Vollkommenheit und seid gehorsam euren Oberen."[76]

c) Ordensstifterin

Im Oktober 1560 kam es während eines abendlichen Gespräches in ihrer Klosterzelle zu einem denkwürdigen Ereignis. Teresa erzählte einigen Schwestern vom strengen Leben der ersten Karmeliter in Palästina, als ihre Nichte sie mitten im Satz unterbrach: „Nun denn, so gehen wir alle, wie wir versammelt sind, anderswo hin. Suchen wir einen Ort, wo wir eine andere, zurückgezogene Lebensweise nach Art der Einsiedler führen können. Fühlt ihr in euch den Mut, zu leben wie die unbeschuhten Franziskanerinnen, so ist die Möglichkeit gegeben ein Kloster zu gründen."[77] Zwei Jahre später, 1562, wurde das erste neu gegründete Kloster San José in Avila eingeweiht, das nach der Regel der Unbeschuhten Karmeliterinnen lebte. Auf dem Weg zur Gründung des neuen Klosters hatte Teresa eine Vision Christi nachhaltig beflügelt. Sie schrieb: „Kaum hatten wir begonnen, unseren Plan in die Tat umzusetzen, als eine ganz unbeschreibliche Verfolgung über uns kam: Man redete, lachte, bezeichnete das ganze als Unsinn, und was mich anbetraf, so sollte ich nun nur schön in meinem Kloster bleiben! Seine Majestät [Jesus Christus] tröstete und ermutigte mich. Er sagte mir, ich könne daran sehen, wie es den heiligen Ordensgründern ergangen sei und dass ich noch mehr Verfolgung erleiden müsse, als ich mir überhaupt vorstellen könne. Mir fiel es besonders schwer, dass auch unser Provinzial sich gegen mich stellte. Denn hätte er meinen Plan bejaht, wäre ich vor allen gerechtfertigt gewesen. Dennoch schien es mir unmöglich, von dem Unternehmen abzulassen, so fest glaubte ich an die Offenbarung, die der Herr mir zuteil werden ließ, da sie weder der heiligen Schrift noch den Geboten der Kirche widersprach. Unter unablässigem Beten war die Sache bald so weit gediehen, dass ich ein gut gelegenes, wenn auch nur kleines Haus kaufen konnte."[78] Die Gründung von San José eröffnete eine regelrechte Klostergründungswelle, die bis ans Ende ihres Lebens weitergehen sollte.

Worin lag das Besondere ihrer Klostergründungen? Teresa wollte ihren Orden zur ursprünglichen Regel zurückführen. Ein Christentum ohne Kompromiss, allein ausgerichtet auf die Liebe zu Gott und zum Nächsten

---

[76] Worte der sterbenden Theresia an ihre Nonnen, 341f.
[77] Aus einem Brief Teresas, zit. nach Nigg, Das Geheimnis der Mönche, 333.
[78] In Auszügen: Vida 32, 7.9.11.12.14.15.17.

sollte in den Klöstern wieder bestimmend sein. Die Kleider wurden aus grobem Tuch hergestellt, die Füße fast unbekleidet gelassen, die Fasten ohne Milderung durchgeführt und als Bettdecke ein Strohsack verwendet. Radikale Armut war das Ziel der Sehnsucht Teresas. Darum bestimmte sie, dass die Klöster auf feste Einkünfte zu verzichten hätten, um Christus in seiner Armut besser nachfolgen zu können. Beim Einzug in das neue Josefskloster in Avila vollzog Teresa eine für die Geschichte ihres Ordens wesentliche Zeichenhandlung. Auf dem Weg ins neue Kloster entledigte Teresa sich in einer Kirche ihrer Schuhe und zog Alpargates an: Aus Hanf und Schnüren verfertigte Sandalen, die die armen Leute in Spanien trugen. Fortan lebte sie als Unbeschuhte Karmeliterin.[79] Das Anziehen der Schuhbekleidung der armen Leute wurde zum Symbol der Erneuerung des Ordens.

Die Faszinationskraft Teresas beruht nicht zuletzt darin, dass in ihrem Lebenswerk Kontemplation und Aktion zusammenklingen. Teresa fand eindrucksvolle Worte, um das Verhältnis von Kontemplation und Aktion zu beschreiben: „Denn im äußeren Werk wirkt das innere, und wenn das tätige Leben aus dieser kontemplativen Wurzel erwächst, sind seine Werke wie wundervolle duftende Blüten, denn sie erblühen am Baume der Liebe Gottes ganz ohne Eigennutz, nur um seinetwillen und ihr Duft breitet sich aus, zum Wohl vieler. Es ist ein starker Duft, der lange anhält und große Wirkungen tut."[80] Maßstab von Teresas Handeln sollten nicht besondere mystische Erfahrungen sein, sondern die Liebe. Sie schreibt in ihrem Hauptwerk „Die innere Burg": „Ich möchte, dass ihr nur dieses eine begreift: Es geht auf diesem geistlichen Wege nicht darum, viel zu denken, sondern viel zu lieben. Was am meisten Liebe in euch weckt, das tut."[81] Die Kontemplation führt zur Nächstenliebe: „Dahin, meine Töchter, führt das innere Gebet, und dazu dient auch die geistliche Vermählung, dass daraus Werke geboren werden, Werke!"[82] In der Nächstenliebe bewährt sich die Liebe zu Christus: „Oh mein Jesus, so groß ist deine Liebe zu den Menschenkindern, dass man dir den größten Dienst erweist, wenn man sich nicht dir, sondern ihnen zuwendet, denn dann ist man dir am tiefsten verbunden ... Wer den Nächsten nicht liebt, liebt auch dich nicht, mein Herr, der du mit deinem Blute die große Liebe zu uns Adamskindern bezeugt hast."[83] Weil sich die Liebe zu Christus in der Liebe zum Nächsten konkretisiert, sind die Nachfolger und Nachfolgerinnen Jesu sogar verpflichtet, um des Werkes für den Nächsten willen, ihre Stille vor Gott jederzeit zu unterbrechen. „Wenn Pflicht und Liebe es verlangen, müssen wir die für Gott reservierte Zeit opfern, während der wir in der Stille an ihn denken

---

[79] Nigg, Das Geheimnis der Mönche, 335.
[80] Gedanken über die Liebe Gottes, geschrieben von der heiligen Mutter Theresia von Jesu im Anschluss an einige Worte des Hohenliedes Salomos 7, 4.
[81] Die Seelenburg der heiligen Theresia von Jesu IV, 1, 9 (Innere Burg).
[82] A.a.O., VII, 4, 6.
[83] Rufe der Seele zu Gott 2, 3.

und uns an den inneren Erfahrungen freuen wollten, die er uns schenkt. Darauf zu verzichten im ebengenannten Sinne, heißt ihn erfreuen und ihm dienen."[84]

Teresa ging selbst mit gutem Beispiel voran. Das zeigte sich an ihrem bei den Klostergründungen zutage tretenden Wirklichkeitssinn. Der Waschzuber war Teresa nicht weniger vertraut als der Kochherd. In diesen Zusammenhang gehört auch eine ihrer bekanntesten Äußerungen: „Darum auf, meine Töchter verzagt nicht! Wenn euch der Gehorsam viele äußere Verrichtungen auferlegt, etwa in der Küche, so wisst, inmitten all der Töpfe erwartet euch der Herr! Wobei er euch innerlich und äußerlich gleichermaßen beisteht. Ich möchte noch einmal betonen, Schwestern, dass der Mangel an äußerer Ruhe, die Unio mystica keineswegs hindert, ist sie doch Einswerden mit dem Willen Gottes. Dieses ist die Vereinigung, die ich euch allen wünsche, nicht die hingerissenen Verzückungen, die man auch mit dem Namen Unio belegt hat."[85]

d) Schriftstellerin

Alle wichtigen Schriften Teresas sind auf Anregung oder sogar auf Befehl ihrer Beichtväter entstanden. Dahinter stand nicht zuletzt deren Wunsch, anhand dieser Schriften eine bessere Beurteilungsgrundlage der mystischen Erfahrungen Teresas zu erhalten. Ein Merkmal ihrer Schriften besteht in ihrem Bemühen um größtmögliche Wahrhaftigkeit. „Ich sage das, weil ich hier die Wahrheit niederschreiben will."[86] Teresa versuchte, sich in ihren Schriften auch selbst über ihre Erfahrungen Rechenschaft zu geben. „Es wäre aber kein geringer Schaden und höchst bedauerlich, wenn wir versäumten, uns selbst zu erkennen und nicht wüssten, wer wir sind."[87] Dieses Motiv, dass ihre Schriften Mittel zur Selbsterkenntnis sein wollen, ist eine wesentliche Ursache dafür, wieso sie bis zum heutigen Tag ohne Interpretation verständlich sind und die überquellende Frische und Authentizität Teresas bewahrt haben. Ihre Werke sind keine wissenschaftlichen Abhandlungen, sondern Rechenschaftsberichte ihres geistlichen Weges.

Am unmittelbarsten, auch am ungeschminktesten offenbart sich Teresas Persönlichkeit in ihren Briefen, die ungefähr ein Drittel ihres Gesamtwerkes ausmachen. In den letzten zwanzig Jahren ihres Lebens schrieb sie schätzungsweise 16000 Briefe, von denen über 400 erhalten blieben. Adressaten sind Adlige, der König, kirchliche Würdenträger, aber auch einfache Menschen und vor allem Angehörige des eigenen Ordens. In den Briefen verschlüsselt Teresa häufig ihren Namen, erstaunlicherweise immer wieder auch den Namen Jesu Christi, ein Zeichen ihrer großen Vertrautheit mit ihm.

---

[84] Buch der Klostergründungen 5, 3.
[85] A.a.O., 5, 7.1–3.
[86] Vida 8, 2
[87] Innere Burg 1, 13.

Das erste große Werk, ihre Autobiografie, schreibt Teresa 1560–1562. Es erscheint unter dem Titel „Vida", Leben. Sie selbst bezeichnet es als Buch der Erbarmungen Gottes. Hauptthema des Buches ist das kontemplative Gebet. Die zweite Fassung der Autobiografie reicht bis 1565, umfasst also den Zeitraum einschließlich der Gründung ihres ersten Klosters. Die eigenen geistlichen Erfahrungen bilden das Anschauungsmittel, um Lesern das kontemplative Gebet nahe zu bringen. Teresas unerbittliches Bemühen um Wahrhaftigkeit in der „Vida" berührte Edith Stein auf ihrer eigenen Suche nach der Wahrheit so stark, dass sie darin die lang ersehnte Antwort fand und selbst in den Karmeliterinnenorden eintrat.

Teresas zweites größeres Werk ist der „Weg der Vollkommenheit", das sie Ende 1562 beginnt und 1565 abschließt. Im Gespräch mit ihren Mitschwestern geht sie auf deren Fragen und Bedürfnisse ein, um sie in das kontemplative Beten einzuführen. Einen Hauptabschnitt nehmen Betrachtungen zu den Vaterunserbitten ein. Das „Buch der Klosterstiftungen" führt den Lebensbericht weiter. Teresa beginnt es 1573 und berichtet darin über 16 Klostergründungen. Erst 1581 wird das Buch abgeschlossen. Es wirkt durch seine anschauliche, häufig drastische Sprache äußerst modern. Bis unmittelbar vor ihrem Tod arbeitet Teresa an diesem Buch.

Das Hauptwerk „Die innere Burg" schließlich ist zum Klassiker sowohl der Weltliteratur als auch speziell der Mystik geworden. Auch in diesem Werk legt sie ihre Gebetslehre dar. Teresa ist 62 Jahre alt, es ist das Jahr 1577, als sie es verfasst. Sie vollendet dieses Buch abgesehen von einer längeren Unterbrechung in nur zwei Monaten. Eine Zeugin, die sie beim Abfassen des Buches beobachtete, sagte beim Heiligsprechungsprozess aus, „dass sie [Teresa] dieses Buch nach der Kommunion schrieb, und sie schrieb so schnell und ihr Gesicht zeigte eine solche Schönheit, dass diese Zeugin voller Bewunderung war ... und verstand, dass sie bei allem was sie schrieb und während sie schrieb, im Gebet war."[88] In sieben Kapiteln werden die sieben Wohnungen der Seele geschildert, die in der innersten Wohnung, der Wohnung Gottes, gipfeln. Die ersten drei Wohnungen zeigen den Zustand des Menschen, der sich Gott nähern will. Die übrigen vier Wohnungen schildern die passiven oder mystischen Elemente des geistlichen Lebens. Teresa schreibt über das Buch, dass es davon handle, wer Gott ist.[89]

Schließlich verfasst Teresa auch eine Reihe von Gedichten. Meist handelt es sich dabei um Gelegenheitsdichtungen. Teresa begleitet Feste und Erholung im Kloster mit Musik und Gesang. Sie greift selbst zum Tamburin und singt dazu tanzend. Andere Gedichte stammen aus mystischem Erleben. Manche von Teresas Gedichten gehören heute zur Weltliteratur. Ihr vielleicht bekanntestes und häufig vertontes Gedicht ist das Folgende. Man fand es – auf einem Zettel geschrieben – nach ihrem Tod in ihrem Brevier:

---

[88] Hinricher, Teresa von Avila, 227
[89] Briefe der heiligen Theresia von Jesu, 1. Teil, Brief vom 7.12.1577.

> „Nichts verwirre dich,
> nichts erschrecke dich,
> alles geht vorüber,
> Gott ändert sich nicht.
> Die Geduld erreicht alles.
> Wer Gott besitzt, dem mangelt nichts;
> Gott allein genügt."[90]

2.2.2. Mystische Spiritualität

a) Praxis des kontemplativen Gebets: Das große Gespräch

Mit der Bekehrung vor dem Bild des leidenden Christus begann für Teresa ein neues Gottesverhältnis. Walter Nigg bezeichnete es als das große Gespräch, das sich von nun an in Teresas Seele vollzog.[91] Voraussetzung des großen Gesprächs waren Einsamkeit und Stille, um Gott die Möglichkeit zum Reden zu geben.

Teresa versuchte in immer neuen Anläufen, das Wesen dieses großen Gesprächs zu erklären. Sie unterscheidet darin zwischen vier Stufen: das Gebet der Ruhe, der Vereinigung, der Verzückung und der geistigen Vermählung. Jedes Mal geht es um ein passives Gebet, in dem Christus sich selbst der Seele zu erkennen gibt. In ihrer Schrift „Die innere Burg" beschreibt Teresa den Weg der Seele zu Gott mit dem Bild einer Seelenburg, in der es viele Wohnungen gibt, welche die betende Seele durchschreiten muss, um am Ende zu Gott zu gelangen. Sie hat auch versucht, das Wesen des kontemplativen Gebets mit dem Gleichnis der Bewässerung eines Gartens zu verdeutlichen. In der „Vida" heißt es: „Wer mit dem geistlichen Leben beginnt, ist wie jemand, der einen Garten anlegen will, damit sich der Herr darin ergehen kann. Sein Grundstück ist wild und voller Unkraut. Seine Majestät [Christus] selbst rodet es und setzt schöne Pflanzen ein. Dann aber müssen wir uns bemühen, mit der Hilfe Gottes selbst gute Gärtner zu werden und die Pflanzen regelmäßig begießen … Überlegen wir nun, wie wir den Garten bewässern können. Ich meine, da gibt es vier Arten: 1. kann man das Wasser in einem Gefäß selbst aus dem Brunnen emporziehen, was eine große Mühe ist, 2. kann man sich eines Schöpfrades bedienen, wie ich es manchmal tat; das ist schon weniger anstrengend, und man hat mehr Wasser. 3. kann man es aus einem Fluss oder Bach ableiten; das ist sehr viel wirkungsvoller, denn die Erde wird besser durchtränkt und man muss nicht zu häufig bewässern, sodass dem Gärtner viel Arbeit abgenommen ist. 4., wir müssen überhaupt nichts mehr tun, weil

---

[90] Grundsätze der heiligen Theresia, 342, zit. nach Nigg, Große Heilige, 252. Diese Grundsätze bewahrte Teresa auf einen Zettel geschrieben in ihrem Brevier, das sie bis unmittelbar vor ihrem Tod benützte (Sämtliche Schriften, Bd. 5, 342, Anm 1).
[91] Nigg, Große Heilige, 240.

der Herr es kräftig regnen lässt; und das ist unvergleichlich viel besser als alles vorher Genannte."[92] Das kontemplative Gebet, zu dem Teresa ihre Mitschwestern und übrigen Leser führen möchte, ist also nichts anderes als das Leben Gottes in ihr.

Teresas Lehre vom kontemplativen Gebet lässt sich in folgenden Punkten zusammenfassen:

1. Zentrum des inneren Gebetes ist die Gemeinschaft mit Gott, mit dem menschgewordenen Jesus Christus. „Wir sollen zusammengehen, mein Herr! Wohin du auch gehst, dahin muss auch ich gehen, und was du erduldest, das muss auch ich erdulden."[93] Das innere Gebet ist „Verweilen bei einem Freund".[94] Voraussetzung des kontemplativen Gebets ist die Nähe Gottes in Jesus Christus.

2. Das kontemplative Gebet führt zu einem hohen Grad der Gottesgewissheit. „Ich will euch ein Zeichen sagen, an dem ihr das Gebet der vorübergehenden Vereinigung erkennen könnt: Wenn Gott die Seele ganz unwissend gemacht hat und sie weder sieht noch hört noch versteht – ein Zustand, der immer nur von kurzer Dauer ist und ihr manchmal noch kürzer erscheinen mag –, weil er ihr das Siegel seiner Weisheit einprägen will, dann lässt sich Gott auf eine Weise in der Seele nieder, dass diese, wenn sie wieder zu sich kommt, überhaupt nicht zweifeln kann, dass sie in Gott war."[95]

3. Die Praxis des kontemplativen Gebets ist mit Schmerz verbunden. In einer Vision sah Teresa einen Engel mit einem „langen goldenen Wurfpfeil, und an der Spitze des Eisens schien mir ein wenig Feuer zu sein. Es kam mir vor, als durchbohrte er mit dem Pfeile einige Mal mein Herz bis aufs Innerste, und wenn er ihn wieder herauszog, war es mir, als zöge er diesen innersten Herzteil mit heraus. Als er mich verließ, war ich ganz entzündet von feuriger Liebe zu Gott. Der Schmerz dieser Verwundung war so groß, dass er mir die erwähnten Klageseufzer auspresste; aber auch die Wonne, die dieser ungemeine Schmerz verursachte, war so überschwänglich, dass ich unmöglich von ihm frei zu werden verlangen, noch mit etwas Geringerem mich begnügen konnte als mit Gott."[96] Mit der Erfahrung des inneren Gebetes, der Nähe Jesu Christi, ist also eine innere Verwundung, ein Schmerz verbunden.

4. Teresa ist sich bewusst, dass das kontemplative Gebet Menschen von Gott geschenkt wird. Auch wenn es möglich ist, sich durch Stille, Einsamkeit und Übung darauf vorzubereiten, kann es nicht durch eigene Anstrengung erworben werden: „Aber er [der Wille] begreift, dass kein Bemühen

---

[92] Vida, 11, 6–7.
[93] Weg der Vollkommenheit, 26, 7, in: Sämtliche Schriften, Bd. 6, 3., unveränderte Auflage, München 1963. Die Druckvorlage richtet sich nach dem Manuskript von Valladolid, in den Anmerkungen finden sich die Abweichungen der Escorialhandschrift (a.a.O., 11).
[94] Vida 8, 5.
[95] Innere Burg 1, 9–10.
[96] Vida 29, 15.

der Welt ihm ein solches Gut erwerben könnte. Es ist ein Geschenk vom Herrn des Himmels und der Erde, das ihm entspricht. So, meine Töchter, ist die vollkommene Kontemplation ... Hier liegt alles Tun bei Seiner Majestät, denn es übersteigt unsere natürlichen Kräfte."[97] Deshalb kann nach Teresas Überzeugung das kontemplative Gebet auch keinem Christen vorgeschrieben werden. Auf allen Stufen zeichnet es sich durch starke Empfindung der Liebe Gottes aus. Diese Intensität unterscheidet es von alltäglichen Gebetserfahrungen.

b) Der Stellenwert mystischer Erfahrungen

Für Teresa dürfen mystische Erfahrungen wie das kontemplative Gebet, Auditionen, Visionen und Elevationen keinesfalls das Zentrum des christlichen Glaubens bilden. Sie schreibt: „Wenn sich auch hier im Kloster alles um das Gebet dreht, müssen doch nicht alle kontemplativ veranlagt sein. Das ist unmöglich, und es wäre ein großer Kummer für eine, die es nicht ist, hätte sie nicht verstanden, dass die Gabe des kontemplativen Betens einzig von Gott abhängt. Zum Heile ist es nicht notwendig, darum denke niemand, es werde von ihm verlangt. Man kann auch auf andere Weise vollkommen sein. Ja, die Nichtkontemplative kann größeres Verdienst haben, denn sie hat es schwerer und wird vom Herrn als starke Seele behandelt, die dereinst alles auf einmal erhalten wird [nämlich im Himmel], was sie auf Erden nicht bekam. Doch gebe sie deshalb nicht auf und bete weiter mit den anderen. Manchmal kommt der Herr spät und verleiht alles überreichlich auf einmal, was er an andere über viele Jahre verteilte."[98] Letztlich ist die Unterscheidung zwischen herkömmlichem verbalen und kontemplativem inneren Gebet in ihren Augen unwichtig. „Wisst, Töchter, dass sich das innere Gebet nicht dadurch vom mündlichen unterscheidet, dass ihr den Mund schließt. Wenn ich mündlich bete und mir dabei voll bewusst bin, dass ich mit Gott spreche und darauf mehr meine Aufmerksamkeit richte als auf die Worte selbst, so ist das zugleich mündliches und inneres Gebet."[99] Damit ist die Bedeutung mystischer Erfahrungen für den Glauben relativiert.

Teresa hat auch über die Beurteilungskriterien mystischer Erfahrungen nachgedacht. Sie kommt dabei zu heute noch hilfreichen Ergebnissen. Eine mystische Offenbarung stammt nur dann von Gott, wenn sie mit der Heiligen Schrift übereinstimmt.[100] Im Hinblick auf Visionen ist entscheidend, welche Wirkungen sie bei denjenigen hervorrufen, die sie haben. „Denn wo und wie auch immer wir das Bild unseres Herrn erblicken, sollten wir es verehren, selbst wenn der Teufel es gemalt hat, der ein großer Maler ist.

---

[97] Weg der Vollkommenheit 25, 1–3.
[98] Weg der Vollkommenheit (Manuskript Escorial) 27, 2, zit. nach Teresa von Avila: „Ich bin ein Weib – und obendrein kein gutes", 58f.
[99] Weg der Vollkommenheit 22, 1.
[100] Vida 25, 12.

Er schafft ja Gutes, wenn er auch das Schlechte will, indem er uns den Gekreuzigten oder ein anderes Christusbild so lebendig vorstellt, dass es sich unserem Herzen tief einprägt. – Diese Beweisführung [ihres Beichtvaters] gefiel mir sehr, da wir ja auch sonst im Leben ein gutes Bild schätzen, obwohl wir wissen, dass der Maler ein schlechter Mensch ist. Der Nutzen oder Schaden einer Vision liegt also im Betrachter. Ist er ohne Demut, so wird sie ihm schaden; hat er aber Demut, wird ihn die Vision innerlich fördern, auch wenn sie vom Teufel kommt. Umgekehrt wird auch Gott seine Vision vergeblich senden, wenn der Mensch ihr undemütig begegnet. Wenn er nämlich nicht sieht, dass er solche Gnaden nicht verdient, sondern sich gar etwas darauf einbildet, gleicht er einer Spinne, die alles, was sie aufnimmt, in Gift verwandelt, während der demütige Mensch der Biene gleich ist, die alles zu Honig macht."[101]

Für Teresa stehen nicht mystische Erfahrungen, sondern die Früchte des Glaubens im Zentrum der Spiritualität. Zu diesen gehört vor allem die Unterwerfung unter den göttlichen Willen: „Der höchste Grad der Vollkommenheit besteht offenbar nicht in innerlichen Tröstungen und erhabenen Verzückungen, auch nicht in Visionen und im Geiste der Weissagung, sondern nur in einer solchen Gleichförmigkeit unseres Willens mit dem göttlichen Willen, dass wir alles, was wir als seinen Willen erkennen, mit unserem ganzen Willen umfassen, und dass wir das bittere und schmerzliche, wenn wir erkennen, dass Seine Majestät es will, ebenso freudig annehmen wie das angenehme."[102]

Abschließend noch einige Anmerkungen zu den Levitationen, die Teresa von Zeit zu Zeit erfuhr. Während solcher Verzückungen erhob sich nach Berichten von Augenzeugen ihr Körper vom Boden und schwebte frei in der Luft über der Erde, während ihr Antlitz zu leuchten begann.[103] M.E. handelt es sich dabei um Vorwegerfahrungen der Herrlichkeit Gottes. Die Levitationen symbolisieren die Überwindung der Schwerkraft und zeigen in manifester Weise die Sehnsucht Teresas nach der Wirklichkeit Gottes. Ihre Seele fliegt gewissermaßen in Gott hinein. Der Maler El Greco, Zeitgenosse Teresas, hält in seinen Bildern die Ausrichtung der spanischen Mystik auf den Himmel fest.[104] Der Rücksturz aus den Verzückungen in das alltägliche Leben war für Teresa kaum zu ertragen. Er kam ihr wie die Ausstoßung aus dem Paradies vor, wie eine Verbannung in das gewöhnliche Leben: „Noch am folgenden Tage fühle ich den Schmerz an den Pulsen und im ganzen Körper, sodass es mir vorkommt, als wären alle meine Glieder verrenkt."[105] Verständlich, dass sie von der „Traurigen Komödie dieses Lebens" redete, die für sie danach wieder begann.

---

[101] Buch der Klostergründungen 8, 4.
[102] Zit. nach Nigg, Das Geheimnis der Mönche, 331f.
[103] Vgl. hier und im Folgenden Nigg, Große Heilige, 247ff.
[104] Nigg, Maler des Ewigen, 183ff.
[105] Nigg, Große Heilige, 250.

c) Freundschaft mit „Ihrer Majestät"

Teresas mystische Spiritualität ist auf Jesus Christus und hier speziell auf den menschgewordenen Gottessohn zentriert. Dabei verhalten sich Intimität und Abstandsbewusstsein zu Gott komplementär zueinander. „Man kann mit ihm umgehen wie mit einem Freunde, wie sehr er auch der Herr bleibt."[106] Zeit ihres Lebens spricht sie von Jesus Christus als „Ihrer Majestät". „Bedenkt also, wenn ihr vor den Herrn tretet, wer der ist, zu dem ihr sprechen wollt oder zu dem ihr sprecht. Tausend Leben würden nicht ausreichen, dass wir begreifen, welche Ehrbezeugungen dieser Herr verdient, vor dem die Engel zittern. Über alles gebietet er, alles vermag er, sein Wollen ist schon Vollbringen. Auf ihn allein muss all meine Aufmerksamkeit gerichtet sein."[107]

Teresa muss eine besondere Begabung zur Freundschaft besessen haben. Diese ist eingegangen in ihre Glaubensbeziehung zu Jesus Christus, die von Spontaneität und Wärme geprägt ist. „O Herr des Himmels und der Erde, wie ist es möglich, dass wir noch in diesem irdischen Leben deine ganz persönliche Freundschaft erfahren!"[108] In der Freundschaft mit Jesus Christus liegt auch das Fundament für das kontemplative Gebet. „Das innere Gebet ist meiner Ansicht nach nichts anderes als Umgang und vertraute Zwiesprache mit einem Freund, mit dem wir oft und gern allein zusammenkommen, um mit ihm zu reden, weil wir wissen, dass er uns liebt."[109] Mit Jesus Christus kann der Mensch jederzeit und über alles sprechen: „Meine Liebe und mein Vertrauen zum Herrn begannen sehr zu wachsen, als er sich mir zu erkennen gab als jemand, der jederzeit zu sprechen ist ... Man kann sich mit dir einfach über alles unterhalten."[110] Beim Umgang mit Christus bedarf es keiner vorformulierten Gebete. Es genügen ganz einfache Worte, um die eigenen Wünsche und Nöte auszudrücken. Voraussetzung eines solchen persönlichen Umgangs mit Jesus Christus ist die Nähe Gottes. „... niemals wendet er seine Augen von euch ab."[111]

Dabei legt Teresa großen Wert darauf, dass allein die Menschwerdung Jesu Christi der Weg zum Geheimnis Gottes ist: „Ich habe deutlich gesehen, dass wir durch diese Pforte [die Menschheit Jesu] gehen müssen, wenn wir wollen, dass die allerhöchste Majestät uns große Geheimnisse offenbart."[112] Nicht ich kann von mir aus zu Gott gelangen, sondern Gott kommt mir in Jesus Christus entgegen. Auch derjenige, der im kontemplativen Gebet mystisch geprägte Erfahrungen gemacht hat, darf nach Teresas Überzeugung nicht aufhören, das Geheimnis der Menschwerdung Jesu

---

[106] Vida 37, 5.
[107] Weg der Vollkommenheit 22, 7.
[108] Gedanken über die Liebe Gottes 3, 16, in: Sämtliche Schriften, Bd. 5.
[109] Vida 8, 5.
[110] Vida 37, 6.
[111] Weg der Vollkommenheit 26, 3.
[112] Vida 22, 6.

Christi zu meditieren. „Vielleicht denkt ihr auch, dass wer schon sehr hohe Gebetsgaben erfuhr, nicht mehr über die Geheimnisse der heiligsten Menschheit unseres Herrn Jesus Christus meditieren solle, weil er ja schon ganz von Liebe getragen ist ... ich kann solchen Gedankengängen nicht folgen, denn es kommt nur den himmlischen, liebeflammenden Geistern zu, vom Körperhaften ganz abzusehen. Uns aber, die wir in sterblichem Leibe leben, ist es nötig, dass wir an jene denken und uns von ihnen begleiten lassen, die unter gleichen Bedingungen Großes für Gott taten. Erst recht sollten wir uns dann nicht absichtlich entfernen von all den Hilfs- und Heilsmöglichkeiten, die uns durch die heiligste Menschheit unseres Herrn Jesus Christus zuteil werden ... sagte doch der Herr selbst, er sei der Weg. Er fügte auch hinzu, er sei das Licht und niemand könne zum Vater kommen, wenn nicht durch ihn, und wer ihn sähe, sähe den Vater."[113] Noch drastischer drückt sich Teresa an anderer Stelle aus: „Aber dass ihr selbst absichtlich und methodisch nicht immer – und wolle Gott, dass immer – die heiligste Menschheit Christi vor Augen haben wollt, das scheint mir gar nicht gut. Es ist für die Seele, wie man so sagt, ein Schlag ins Wasser, denn es fehlt ihr die Basis, so gotterfüllt sie auch scheinen mag."[114] Die Menschwerdung Gottes in Jesus Christus stellt die unverzichtbare Basis der mystisch geprägten Spiritualität Teresas dar.

d) Ewigkeitsbezug: Leben unter dem geöffneten Himmel Gottes

Teresas Spiritualität ist auf die Ewigkeit hin orientiert. Das mutet ganz mittelalterlich an, ist aber auch urchristlich. Bereits ihr Eintritt ins Kloster lässt – wenn auch in pervertierter Form – diese Orientierung erkennen. Sie wurde Nonne, um der Hölle zu entgehen und sich den Himmel zu verdienen. Im Rückblick hat sie dazu kritisch Stellung genommen: „Jedoch scheint mich bei dieser Anregung zum Eintritt in den Ordensstand mehr knechtische Furcht als Liebe geleitet zu haben."[115] Erst im Verlaufe ihres Lebens, vor allem durch ihre Bekehrung, wurde die Liebe zu Gott zum entscheidenden Motiv ihrer klösterlichen Existenz.

An vielen Stellen ihrer Schriften bricht die Sehnsucht nach der Ewigkeit, d.h. nach der ungetrübten und vollkommenen Gemeinschaft mit Jesus Christus durch: „Wenn ich es recht überdenke, ach du mein Herr, so ist meine Verbannung lang ... wann werde ich ihn sehen, den glückseligen Tag, da du [o freier Wille] so verschlungen bist vom unendlichen Meer der höchsten Wahrheit! Da du nicht mehr frei bist zu sündigen, noch frei sein möchtest, weil du vor allem Elend sicher ganz eingingst in das Leben deines Gottes."[116] Das irdische Leben ist und bleibt trotz Erfahrungen der Nähe Gottes eine Zeit der Leiden: „Der kleine Schmetterling fühlt sich also fremd hier auf Er-

---

[113] Innere Burg VI, 7, 5–6.
[114] Vida 22, 9.
[115] Nigg, Große Heilige, 231.
[116] Rufe der Seele zu Gott, 17, 5.6, in: Sämtliche Schriften, Bd. 5.

den; er weiß nicht, wo er sich niederlassen soll. Wohin soll er fliehen, der arme kleine? Es steht ja nicht in seiner Macht, zum Ausgangspunkt zurückzukehren, denn das liegt ganz in Gottes Hand. Oh mein Gott, welche Leiden beginnen nun für die Seele! Wer hätte das gedacht, nach so hohen Gnaden. Kurz, es zeigt sich, dass wir unser Kreuz zu tragen haben so lange wir leben. Und wer meint, er lebe nach diesen ersten Gnaden der Vereinigung immer in Heiterkeit und Ruhe, dem sage ich, dass er sie überhaupt noch nicht erfahren hat."[117] Der Horizont der Ewigkeit und die Erwartung der ewigen Gemeinschaft mit Christus verleihen die Kraft, dieses Leben zu bestehen: „Wir leben doch nicht darin [in der Klosterzelle], um die Wände zu betrachten, sondern um zu bedenken, dass wir hier nicht für immer wohnen, sondern nur für die kurze Zeit unseres Lebens, wie lange es auch sein möge. Dann wird uns alles leicht fallen, weil wir wissen, dass uns die Ewigkeit in Fülle schenken wird, was uns hier fehlt, denn dort entsprechen die Wohnungen der Liebe, mit der wir unserem Herrn Jesus Christus nachfolgen."[118]

2.2.3. Impulse aus Teresas Mystik für evangelische Spiritualität

Teresas Mystik ruft der Christenheit im Zeitalter der Postmoderne ins Gedächtnis zurück, dass im Zentrum des christlichen Glaubens die Begegnung mit Gott steht. Erst aus dieser Begegnung heraus gewinnen christliche Aktivitäten, auch alle Reformversuche der Kirche, Kraft und Orientierung. Die Rückbesinnung auf die christliche Mystik ist für die westliche Christenheit nicht zuletzt im Hinblick auf das Gespräch mit den östlichen Religionen wichtig. Im Folgenden möchte ich Impulse aus Teresas mystischer Spiritualität nennen, die zu einer Bereicherung evangelischer Spiritualität beizutragen vermögen.

1. Evangelische Spiritualität kann von Teresas Mystik die Gewissheit der Nähe Gottes lernen. Dadurch kommt ein warmer und inniger Zug in ihr Gottesverhältnis. Teresa kann sich dabei auf eine Reihe von biblischen Aussagen berufen. Die Bibel berichtet über Mose, dass er mit Gott geredet hat wie mit einem Freund (2. Mose 33, 11). Im Johannesevangelium nennt Jesus seine Jünger ausdrücklich nicht länger Knechte, sondern Freunde (15, 13ff). Teresa von Avila: „Meine Liebe und mein Vertrauen zum Herrn begannen sehr zu wachsen, als er sich mir zu erkennen gab als jemand, der jederzeit zu sprechen ist."[119]

2. Evangelische Spiritualität kann von mystischer Spiritualität ein Leben im Horizont der Gotteserfahrung lernen. Mystiker und Mystikerinnen verdanken ihre Glaubensglut nicht zuletzt intensiven Gotteserfahrungen. Gleichzeitig hält Teresa zu Recht fest, dass solche Erfahrungen nicht heilsnotwendig sind.

---

[117] Innere Burg V, 2, 10.
[118] Buch der Klostergründungen 14, 5.
[119] Vida 37, 5f.

3. Evangelische Spiritualität kann von Teresa wieder neu die Liebe als Grundmotiv des Glaubens lernen. Jahrhundertelang wurde – vor allem im Protestantismus – „das Christliche in der Temperierung der Leidenschaften" gesehen.[120] Bonhoeffer weist zu Recht darauf hin, dass sich in der Bibel, vor allem im Alten Testament, nirgends eine solche Forderung erkennen lässt. Die Mystik Teresas kann helfen, zu einem leidenschaftlichen, glutvollen Glauben zurückzufinden. Sie schreibt: „Abschließend, meine Schwestern, möchte ich euch sagen: Wir wollen keine Türme bauen ohne Fundament, denn der Herr sieht nicht so sehr auf die Größe der Werke, sondern auf die Liebe, mit der sie vollbracht werden."[121]

4. Evangelische Spiritualität kann bei Teresa Askese als Freisein für Gott wieder entdecken. Ausgehend von der Liebe als Grundmotiv des Glaubens kommt es bei ihr zu einer Neudefinition der Askese. Im Dienst Jesu Christi kennt Teresa „kein Maß".[122] Sie betont immer wieder, dass das Tun des göttlichen Willens und nicht mystische Erlebnisse Ziel des Glaubens seien. Weil sie aus Liebe Askese übt, fehlt dieser der muffige Beigeschmack. Solche Askese lässt Raum für die Bejahung der guten Gaben der Schöpfung. Teresa konnte ungeniert nach verzuckerten Orangenblüten verlangen, „kosten sie, was sie wollen."[123] Als bei einem Besuch ihre Lieblingsspeise aufgetragen wurde, gab sie einer Laienschwester, die nicht verstehen wollte, warum die heilige Teresa das Essen so ungeniert genießen konnte, die berühmte Anwort: „Lobe lieber die Freundlichkeit deines Herrn und merke dir: wenn Rebhuhn, dann Rebhuhn, wenn Buße, dann Buße."[124]

5. Evangelische Spiritualität kann von Teresa die Integration von Leid und Schmerz in die Frömmigkeit lernen. Die moderne Leistungsgesellschaft hat das Sensorium für den Wert von Leiden und Krankheit verloren. Sie weiß nichts mehr von der Erkenntnis des englischen Literaturwissenschaftlers C. S. Lewis: „Gott flüstert in unseren Freuden, er spricht in unserem Gewissen; in unseren Schmerzen aber ruft er laut. Sie sind Sein Megafon, eine taube Welt aufzuwecken."[125] Entsprechend reagiert der moderne Mensch auf Leiden mit dem Wunsch nach schnellstmöglicher Beseitigung oder mit Verdrängung. Teresas Mystik könnte zu einem gesünderen Umgang mit Leid und Schmerz verhelfen. Dabei leitet sie aus dem Vorbild Jesu und seiner Jünger und Jüngerinnen ab, dass er auch seinen heutigen Nachfolgern und Nachfolgerinnen Leiden auferlegt. „Wir haben immer wieder gesehen, dass diejenigen, die Christus in ihrem Leben besonders nahe sind, auch die größten Leiden durchzumachen haben. Das erkennen wir ja schon am Beispiel seiner Mutter und der seligen Apostel."[126]

---

[120] Vgl. dazu Dietrich Bonhoeffer, WE 441.
[121] Innere Burg VII, 4, 16
[122] Zit. nach Nigg, Das Geheimnis der Mönche, 346.
[123] Zit. nach Nigg, Große Heilige, 266.
[124] Zit. nach a.a.O.
[125] Lewis, Über den Schmerz, 93.
[126] Innere Burg VII, 4, 5.

Die Größe des Leidens, das ein Mensch von Gott auferlegt bekommt, entspricht für Teresa der Intensität der Liebe zu Jesus. „Wer ihn sehr liebt, wird auch viel für ihn leiden können, und wer ihn wenig liebt, nur wenig. Meines Erachtens ist die Liebe das Maß für die Größe des Kreuzes, das jemand tragen kann. Wenn ihr also, Schwestern, Liebe zu unserem Herrn habt, so solltet ihr ihm nicht leere Worte sagen, sondern bereit sein, zu durchleiden, was seine Majestät euch schicken will. Wolltet ihr anders seinen Willen erfüllen, so wäre das, als hieltet ihr ihm einen Edelstein hin, aber wenn er die Hand danach ausstreckt, zieht ihr ihn zurück, um ihn gut zu verwahren."[127] Leiden wird zur Auszeichnung, weil es den Menschen dem Leiden Jesu Christi gleichförmig macht. Hierher gehört auch das in evangelischer Spiritualität vernachlässigte Wort aus dem Kolosserbrief: „Ich erstatte an meinem Fleisch, was an den Leiden Christi noch fehlt für seinen Leib, das ist die Gemeinde" (Kol 1, 24).

6. Evangelische Spiritualität kann von Teresas Mystik Stille und Einsamkeit als Grunderfahrung der Frömmigkeit lernen. Kontemplation ist für Teresa nicht nur Voraussetzung, sondern tragender Grund und beständige Kraftquelle ihres Handelns. Es gibt für sie keine Emanzipation menschlichen Tuns von Gott. Die Kontemplation ist in sich wertvoll. Angesichts eines spirituell ausgedörrten Protestantismus ist Teresa von Avilas Aufforderung an ihre Mitschwestern von hilfreicher Brisanz: „Das Erste, was uns seine Majestät über das Gebet lehrt, ist, dass wir in die Stille gehen müssen. Er selbst pflegte in der Einsamkeit zu beten. Wir müssen in die Stille gehen, damit wir verstehen, mit wem wir zusammen sind und hören, was der Herr auf unsere Bitten antwortet. Oder meint ihr, er schweige, nur weil wir ihn nicht hören! Von Herzen gebetet spricht er zum Herzen."[128] Das von Teresa geforderte Leben aus der Stille, aus der Quelle, die allein Kraft verleiht, bewahrt vor Kurzatmigkeit und verhindert, dass das Handeln aus dem Glauben zu Aktionismus verkommt.

Lesehinweise

Ulrich Dobhan, Gott – Mensch – Welt in der Sicht Teresas von Avila (Europäische Hochschulschriften, Reihe 23, Theologie, Bd. 101), Frankfurt a.M. u.a. 1978.
Walter Nigg, Große Heilige, Zürich 1986, 222–271.
Sämtliche Schriften der hl. Theresia von Jesu, hg. und übersetzt von Aloysius Alkofer, Bd. 1–6, München/Kempten 1931ff (mehrere Neuauflagen).
Empfehlenswerter Auswahlband: Teresa von Avila: „Ich bin ein Weib und obendrein kein Gutes". Ein Porträt der Heiligen in ihren Texten, ausgewählt, übersetzt und eingeleitet von Erika Lorenz (Texte zum Nachdenken 920), 7. Auflage, Freiburg 1990.

---

[127] Weg der Vollkommenheit 32, 7.
[128] A.a.O., 24, 3f.

2.3. Spiritualität zwischen Orthodoxie, Pietismus und Aufklärung: Nikolaus Ludwig Graf von Zinzendorf (1700–1760)

Als Gründer der weltweiten Herrnhuter Brüdergemeine und Erfinder der Losungen, des am weitesten verbreiteten evangelischen Andachtsbuches, gehört Nikolaus Ludwig Graf von Zinzendorf (1700–1760) zu den Großen der evangelischen Kirche. Dabei lässt sich das Zentrum seiner Spiritualität mit dem Bild einer doppelpoligen Ellipse beschreiben: Den einen Pol bildet eine leidenschaftliche Liebe zu Gott, den anderen eine ebenso kraftvolle Liebe zu den Menschen. Um dieser Liebe willen hat der Graf Vermögen, Zeit und Kraft, sogar seinen adligen Namen aufs Spiel gesetzt. Die Doppelpoligkeit von Zinzendorfs Spiritualität entspricht dabei dem Doppelgebot der Liebe, das Jesus als Kern und Zentrum des alttestamentlichen Gotteswillens herausgestellt hat (Mt 24, 34–40 par).[129] Im Licht der Liebe Gottes entdeckte der Graf die einzigartige Schönheit und unzerstörbare Würde jedes Menschen. Das hatte umwälzende Folgen für die Gestaltung des Zusammenlebens in Herrnhut und führte in der Folgezeit zum missionarischen Engagement der Brüdergemeine für Unterdrückte, Entrechtete und Vergessene auf allen damals bekannten Kontinenten. Eine kleine Schar von Menschen wurde zu einer schöpferischen Minderheit und entdeckte etwas von der gesellschaftsverändernden Sprengkraft des christlichen Glaubens.

Nikolaus Ludwig Graf von Zinzendorf, Johann Kupezky, um 1740.

Ich möchte im Folgenden zuerst auf die eine Seite von Zinzendorfs Spiritualität eingehen, seine Liebe zu Gott, weil sie den inneren Beweggrund, Motor und Inspirationsquelle seines Engagements für die Menschen bildet. Danach soll an drei Beispielen die andere Seite seiner Spiritualität, der Einsatz für die Mitmenschen, zur Sprache kommen.

---

[129] Vgl. dazu auch Bockmühl, Das größte Gebot, 25 ff.

2.3.1. Die Quelle der Spiritualität Zinzendorfs: die Liebe zu Gott

a) Glutvolle Jesusliebe

Nikolaus Ludwig von Zinzendorf ist als der große Jesus-Liebende in die Theologiegeschichte eingegangen.[130] Der Graf konnte mit dem Stilmittel der klärenden Übertreibung sagen: „... wenns möglich wäre, dass ein anderer Gott als Er seyn oder werden könnte, so wollte ich lieber mit dem Heylande verdammt werden, als mit einem andern Gott selig seyn ..."[131] Dabei müssen wir uns klarmachen: Zinzendorfs Spiritualität war alles andere als unangefochten. Bereits als Kind plagten ihn Zweifel an der Existenz Gottes. Der erwachsene Zinzendorf erinnert sich: „In meinem 8ten Jahre lag ich eine Nacht lang ohne Schlaff ... Die raffinirtesten Ideen der Atheisten entsponnen sich von selbst in meinem Gemüthe ..."[132] Noch den älteren Mann belästigten während des Wegs auf die Kanzel schwere Glaubensanfechtungen. Erst beim Predigen verschwanden sie vollständig.[133] Zinzendorf überwand seine Zweifel durch die Erkenntnis von Gottes Menschenliebe, die ihm am Leiden und Sterben Jesu Christi aufging: „Nichts als die Lehre von seinem Leiden und Tode (denn das ist das Nobelste, das man sich vorstellen kann) macht ihn mir zum Gott ... Denn es kann niemand so denken und so was ausführen als Gott. Die Noblesse seines Gemüts setzt ihn bei mir weit mehr über alles weg als seine Taten, die hat mich zum Proselyten gemacht, aber kein theologischer Beweis, den ich jemals gehört."[134] Es lässt sich kaum eine schönere Liebeserklärung an Gott finden als diese Formulierung: Die Noblesse des Gemüts Jesu Christi hat mich zum Gläubigen gemacht! Die Anziehungskraft von Zinzendorfs Spiritualität beruhte nicht zuletzt darauf, dass er stellvertretend für sein Zeitalter schwere Glaubenszweifel durchlitt.

b) Liturgisch geprägte Frömmigkeit

Es fällt auf, dass die Betonung der persönlichen Liebe zu Gott bei Zinzendorf nicht zu einer individualistischen, rein innerlichen Spiritualität führte, er vielmehr eine ekklesiologisch ausgerichtete Frömmigkeit entwickelte.[135] Der Graf war der Überzeugung, dass es kein Christsein ohne Gemein-

---

[130] Vgl. zu diesem Abschnitt Zimmerling, Nikolaus Ludwig Graf von Zinzendorf, 9ff.; ders., Nikolaus Ludwig und Erdmuth Dorothea von Zinzendorf, 310f.
[131] Zinzendorf, Büdingische Sammlung, Bd. 1, Vorrede, unpaginiert.
[132] A.a.O.
[133] „Außer der Anleimung an Jesu Wunden muss man ein Naturaliste sein. Man lässt dahinstehen, ob's wahr ist oder nicht. Solange Ludwig (Zinzendorf) im Hinauf- oder Hinuntergehen der Kanzel ist, ist ihm das Ridicüle vor Augen, bis er auf der Kanzel ist" (R 2 A 10, 4 b, 1, 6f., 17.5.1744, zit. nach Uttendörfer, Zinzendorf und die Mystik, 199).
[134] Synode, 22.9.1750, zit. nach Zinzendorf, Evangelische Gedanken, 32.
[135] Vgl. zu diesem Abschnitt Zimmerling, Nikolaus Ludwig Graf von Zinzendorf, 68ff.

schaft gibt.¹³⁶ Dabei war es für ihn selbstverständlich, dass alle Mitglieder der Gemeinde ihre Begabungen einbringen konnten. Dies schlug sich in einer für Herrnhut typischen Ämterordnung nieder. Schon Johann Andreas Rothe hat als Pfarrer von Bertheldorf nach einer Erweckung 1725 dort die apostolischen Ämter in Anlehnung an Röm 12 wieder eingerichtet.¹³⁷ Mit dem Beginn der Erweckung in Herrnhut 1727 hat Zinzendorf dann auch hier eine *Vielzahl von Ämtern* geschaffen. Ursache war in beiden Fällen die Wiederentdeckung des urchristlichen Gemeindelebens. Neben dem Charisma des Pfarramts wurde eine Vielzahl weiterer Charismen wach. Die Gemeinde wurde nicht länger ausgehend vom monarchischen Pfarramt, sondern von unterschiedlichen charismatischen Ämtern her strukturiert. Geschlecht und soziale Stellung spielten bei der Ämterbesetzung höchstens eine untergeordnete Rolle.

Konkret wurde die ekklesiologische Orientierung der Spiritualität auch in den gottesdienstlichen Versammlungen: „Eine lebendige Gemeine muss sich alle Tage zusammen denken und reden und singen."¹³⁸ Erst auf diesem Hintergrund wird das vielfältige liturgische Leben in Herrnhut und den

Herrnhut (Oberlausitz), Kirchensaal der Herrnhuter Brüdergemeine.

---

¹³⁶ „Ich statuiere kein Christsein ohne Gemeinschaft" (Zinzendorf an Karl Heinrich von Peistel, zit. nach Uttendörfer, Die Brüder, 103).
¹³⁷ Uttendörfer, Zinzendorf und die Frauen, 20.
¹³⁸ Vorrede des Kinderbüchleins, 5.9.1754, zit. nach Uttendörfer, Evangelische Gedanken, 175.

übrigen Brüdergemeinen theologisch verständlich. Als die Gemeine in den 40er-Jahren kirchlich selbstständig wurde, erwuchs Zinzendorf mit einigen hervorragenden Gemeindegliedern die Möglichkeit, seine reiche liturgische Begabung ohne Rücksichtnahme auf staatskirchliche Ordnungen zu entfalten.[139] Zunächst gab es den *Sonntagsgottesdienst*. Die Brüdergemeine versammelte sich dazu „auf dem Saal". Der Gottesdienstleiter trug nach dem Vorbild Jesu keine Amtstracht. Auch im Sonntagsgottesdienst wollte man zeigen, dass gottesdienstliches und alltägliches Leben nicht voneinander geschieden sind, sondern unmittelbar zusammengehören. Der Prediger amtierte nicht allein, sondern wurde von weiteren Brüdern und Schwestern unterstützt. Dabei herrschte eine strenge Ordnung: Reden und beten durften nur die dazu Berufenen. Auf diese Weise wurde der lutherische Predigtgottesdienst zur Gemeindeversammlung umgestaltet, entsprechend dem Versammlungsstil der Urchristenheit, wie er 1. Kor 14 beschrieben ist.

Das liturgische Leben der Gemeine erschöpfte sich aber nicht im Sonntagsgottesdienst. *Tägliche Versammlungen*, Tagzeitengebete, dazu so genannte Singstunden, Liebesmahle und Abendmahlsfeiern strukturierten den Alltag.[140] Der Tag begann mit der Morgenandacht, zu der jeder kam, der sich freimachen konnte. Ein Bruder legte die für den Tag bestimmte Losung aus. Auf der Höhe des Tages fand das Mittagsgebet statt. Am Abend um 17.00 Uhr gab man den Arbeitstag in Gottes Hände zurück und dankte für das, was gelungen war. Etwas später am Abend fand die *Singstunde* statt, bis heute eine Besonderheit der Brüdergemeine, in der zu einem bestimmten Thema – als Liedpredigt – Strophen aus unterschiedlichen Liedern gesungen wurden. Bisweilen hat Zinzendorf während dieser Stunde spontan neue Strophen gedichtet, die der Gemeinde Vers für Vers vorgesagt wurden. Der Graf schätzte die Singstunde besonders, weil er der Überzeugung war, dass die Wahrheiten der Schrift „durchgesungen" werden mussten, um im Herzen einzuwurzeln. Mit dem Nachtgebet wurde der Tag gegen 21.00 Uhr beschlossen.

Weil Zinzendorf die Gebetsgemeinschaften abschaffte, gab es sie auch nicht während der Tagzeitengebete. Der Graf war der Ansicht, dass man in der Öffentlichkeit nicht wirklich ehrlich frei beten könnte. Stattdessen führte er Litaneien und Liturgien ein, feststehende Wechselgesänge zwischen Liturg und Gemeinde. Die meisten davon hat er selbst gedichtet.[141]

Eine Besonderheit des liturgischen Lebens in der Brüdergemeine waren auch die *Liebesmahle*. Dabei saß die Gemeinde nach Chören getrennt in den Versammlungssälen bei Tee und Gebäck zusammen; im Sommer boten

---

[139] Vgl. im Folgenden bes. Bettermann, Grundsätzliches zum Gottesdienst in der Brüdergemeine, 33 ff. 67 ff.; Jannasch, Zinzendorf als Liturg, 98 ff.; Müller, Die Singstunde der Brüdergemeine, 197 ff. 230 ff.; ders., Entstehung und Entwicklung der brüderischen Kirchenlitanei, 152 ff.; Uttendörfer, Zinzendorfs Gedanken über den Gottesdienst; Wettach, Kirche bei Zinzendorf, 202 ff.

[140] Vgl. Zinzendorf, Zeremonienbüchlein.

[141] Enthalten in den verschiedenen Auflagen des Litaneienbüchleins (z. B. Litaneyen = Büchlein, 4. Auflage, Barby 1757).

die großen Gärten reichlich Platz für solche Zusammenkünfte. Zeugnisse von Besuchern und Missionaren, Gedichte und kurze Ansprachen wechselten einander ab. Barock und Rokoko waren festfreudige Zeitalter. Die großen Säle der erhaltenen Schlösser und die Werke barocker Künstler zeugen davon bis heute. Die Liebesmahle der Brüdergemeine waren als Alternative zu den weltlichen Feiern gedacht. Zinzendorf sprach von ihnen als dem Amüsement der Gemeine. Sie fanden vor allem am Sonnabend statt, aber auch an Geburtstagen von wichtigen Gemeindegliedern. Die Gemeinde versuchte mit ihren Liebesmahlen, die urchristlichen Agapen wieder zu beleben. Zu diesen gemeinsamen Mahlzeiten war die frühe christliche Gemeinde zusammengekommen, um anschließend das eigentliche Abendmahl zu feiern (vgl. etwa 1. Kor 11,17ff.).

Höhepunkt des Gemeindelebens war die *Abendmahlsfeier*. Vor der Austeilung von Brot und Wein wurde an besonderen Tagen die Fußwaschung nach dem Vorbild von Joh 13 vollzogen. Die Gemeindeglieder wuschen während dieser Feier einander die Füße. Darin sollte der Dienstcharakter ihrer Gemeinschaft zum Ausdruck kommen. Während der eigentlichen Abendmahlsfeier wurden Brot und Wein durch die Gottesdiensthelfer und -helferinnen an die Plätze der Teilnehmer gebracht. Wenn jeder das Brot erhalten hatte, nahmen es alle im gleichen Augenblick zu sich. Das gemeinsame Essen symbolisierte die Gleichheit und Gemeinschaft aller. Beim anschließenden Gebet legten sich alle lang gestreckt auf den Boden. Mit dieser Geste dankte die Gemeinde dem himmlischen Vater für das, was Jesus am Kreuz erlitten und den Menschen erworben hatte. Der ausgesprochene Dank ging über in schweigende Anbetung. Zinzendorf hat an dieser Stelle die fußfällige Verehrung Gottes, die altkirchliche Proskynese, wieder eingeführt.

Singen und Musizieren kennzeichneten das gesamte Gemeindeleben. Im Gegensatz zur Ablehnung der Kirchenmusik durch den übrigen Pietismus führte die Brüdergemeine z.B. auf dem Herrnhaag selbst komponierte Kirchenkantaten und Motetten auf. Die Freude über das Erlöstsein sollte darin zum Ausdruck kommen.[142] Im Verlauf der Zeit brachte die Brüdergemeine mehrere eigene Liederbücher heraus. Das letzte hatte 12 Anhänge und umfasste insgesamt 2357 Nummern. Die meisten Lieder waren von Zinzendorf und auch von anderen Mitgliedern der Brüdergemeine gedichtet. In der Brüdergemeine wurden deswegen regelrechte Dichterwettbewerbe veranstaltet.

Das Leben im Glauben sollte keine traurige, sondern eine sehr fröhliche Sache sein. Zur liturgisch geprägten Spiritualität der Herrnhuter gehörte deshalb auch das Feiern wie z.B. bei den Liebesmahlen. „Nämlich eines genuinen [= echten] Pietisten Sache ist, sein Elend und Verderben zu figieren [= vorzustellen] bis ans Ende seines Lebens, und nur zum Trost auf die Seite des Heilands [= die Seitenwunde Jesu, d.h. die durch ihn vollbrachte Er-

---

[142] Vgl. dazu bes. die Untersuchung von Erbe, Die Herrnhaag-Kantate von 1739, der genau dies zeigen kann.

lösung] zu schielen, unser Prinzipium aber ist, auf die Seite das Auge unverwandt zu figieren und mit Leib und Seele dahinein zu fahren, aber auf die Sünde und das Elend nur zuweilen und zur Beugung und Moderation [= Mäßigung] der Freude zu schielen... Ein solcher [Pietist] ist ein hinkender Bruder, der eben den Weg hinkt, den wir [Herrnhuter] tanzen."[143]

Allerdings erwuchs der Spiritualität gerade an dieser Stelle ein ernsthaftes Problem. Vor lauter Freude über die Versöhnung mit Gott geriet Zinzendorf in Gefahr zu verdrängen, dass das irdische Leben vom Kreuz Jesu geprägt bleibt: Auch ein Christ hat Anteil am Leiden und an der Not des Lebens. Ungetrübter Anteil an Gottes Herrlichkeit wird dem Menschen erst nach seinem Tod gewährt. Nicht, dass man dies in den Brüdergemeinen vergessen hätte. Dafür sorgte der Alltag mit nur fünf Stunden Schlaf pro Tag und sechzehn Stunden meist körperlicher Arbeit. Die restlichen Stunden waren den Mahlzeiten und Gottesdiensten vorbehalten. Trotzdem veränderte sich in den Vierzigerjahren das Lebensgefühl. Viele wähnten sich gerade während der Gottesdienste schon fast im Himmel, was in der Wetterau dann zur Krise der sog. „Sichtungszeit" führte.[144]

Dessen ungeachtet bleibt der Graf einer der großen Liturgen der evangelischen Christenheit. Er entdeckte neu den Ereignischarakter der gottesdienstlichen Versammlung: In ihren Gottesdiensten stimmt die irdische Gemeinde in den Lobpreis der vollendeten oberen Gemeinde ein. Zinzendorf war überzeugt: „Eine Gemeine ist der einzige Beweis gegen den Unglauben. Es braucht gar keiner Begründung, wenn nur eine Gemeine ist."[145] Darum nahm er die Gestalung der Gemeindeversammlungen so wichtig. Wie Luther glaubte Zinzendorf überdies, dass Gott dem einzelnen Christen die Gemeinschaft als Hilfe im täglichen Kampf des Glaubens gegeben hat.

c) Zinzendorfs Streiteridee

Die von einer glutvollen Jesusliebe gespeiste, ekklesiologisch ausgerichtete Spiritualität Zinzendorfs und der Brüdergemeine erhielt schließlich durch die Wiederentdeckung der urchristlichen „militia Christi" einen ganz eigenen Klang.[146] Durch die Erweckung im Jahre 1727 wurde die Brüdergemeine von einer gemeinsamen „Streiteridee" erfasst. Was ist darunter zu verstehen? Die Kirche hat sich schon in frühen Zeiten *ecclesia militans*, streitende, kämpfende Gemeinde, genannt. Ihre Spiritualität konzentrierte sich nicht auf die Pflege der eigenen Frömmigkeit, sondern auf den Einsatz für die Ausbreitung des Reiches Gottes, als Kampf gegen die lebenszerstörenden Mächte dieser Welt.

---

[143] UA Herrnhut, R 2 A 23a, 6ff., 12.5.1747, zit. nach Uttendörfer, Zinzendorfs religiöse Grundgedanken, 233.
[144] Zur Sichtungszeit vgl. Erbe, Herrnhaag, dort auch weiterführende Literaturhinweise.
[145] 16.9.1754, zit. nach Uttendörfer, Evangelische Gedanken, 178.
[146] Zum folgenden Abschnitt vgl. Zimmerling, Nikolaus Ludwig Graf von Zinzendorf, 111ff.

Nikolaus von Zinzendorf war, wie Johann Gottfried von Herder ihn genannt hat, ein „Eroberer" im Dienste Jesu Christi.[147] Bereits als Knabe wollte er Menschen für Jesus gewinnen. Als 14-jähriger sorgte er sich darum, ob sein Lehrer August Hermann Francke, der Begründer der protestantischen Weltmission, ihm wohl genug unbekehrte Menschen übrig lassen werde.[148] Eine vergleichbare Sorge wird dem jungen Alexander zugeschrieben, als sein Vater Philipp von Makedonien gerade Griechenland erobert hatte.

Den Kern der Brüdergemeine bildeten die Mähren, die aus dem von der Gegenreformation bedrückten Böhmen stammten. Sie hatten in ihrer alten Heimat um ihres evangelischen Glaubens willen im Gefängnis gesessen und bei der Flucht auf ihren ganzen Besitz verzichtet. Ihr Streitergeist, der in Freiheit für Jesus Christus und den Nächsten leben wollte, verband sich mit dem Zinzendorfs und durchdrang alle neu entstehenden Brüdergemeinen. Dabei war es die *Liebe* Gottes, die die Brüder und Schwestern motivierte. Sie vernahmen den Ruf zur Ausbreitung des Reiches Gottes vom leidenden Heiland am Kreuz: „Sein Angstgeschrei, sein Fleh'n mit heißen Tränen – errege dir ein unaufhörlich Sehnen, – ihm Seelen in den Arm und Schoß zu tragen und dich zu wagen."[149] Wer Streiter dieses Heilands werden wollte, musste zuvor selbst seine Gnade erfahren haben: „Wollt ihr Posaunen der Gnade sein, – räumt euch der Gnade erst selber ein, – werdet durch die Wunden, die ihr verkündigt, – selbst mit Gott ausgesöhnt und entsündigt, – danach bekennt."[150] Die Brüder und Schwestern predigten, weil sie in ihrem eigenen Leben in Verfolgung und Flucht die befreiende und errettende Kraft Gottes erfahren hatten.

Der in den Brüdergemeinen herrschende „Streitergeist" kommt besonders in Zinzendorfs *Streiterliedern* zum Ausdruck. Ein Lied, das in das neue Evangelische Gesangbuch aufgenommen wurde, lautet:

> „Wir wolln uns gerne wagen,
> in unsern Tagen
> der Ruhe abzusagen,
> die's Tun vergisst.
> Wir wolln nach Arbeit fragen,
> wo welche ist,
> nicht an dem Amt verzagen,
> uns fröhlich plagen
> und unsre Steine tragen
> aufs Baugerüst."[151]

---

[147] Beleg bei Beyreuther, Nikolaus Ludwig Graf von Zinzendorf, 132f.
[148] Jüngerhausdiarium (JHD), 31.8.1753, abgedruckt bei: Hahn/Reichel, Zinzendorf und die Herrnhuter Brüder, 352.
[149] Zit. nach Uttendörfer, Die Brüder, 129.
[150] A.a.O., 129f.
[151] Evangelisches Kirchengesangbuch (EG), 254, 1.

Ein anderer Streitervers Zinzendorfs geht wie folgt:

> „Mit Liegenbleiben wird Schönheit nicht gespart,
> das Tun und Treiben macht Streiter frisch und hart.
> Die Augen klar, die Sinne heiter,
> schöner ist nichts als bestaubte Streiter."[152]

Der „Streitergeist" blieb nicht unangefochten. Als 1735 bekannt wurde, dass in der Karibik fast alle Brüdermissionare den Tropenkrankheiten zum Opfer gefallen waren, brach in Herrnhut eine „Generalrevolte" aus. Erst nach Tagen hatte man sich wieder gefasst.[153] Der „Streitergeist" blieb ungebrochen. Zinzendorf dichtete damals: „Nun werden zehn dahingesät, als wären sie verloren, auf ihren Beeten aber steht: das ist die Saat der Mohren." Die Brüdermissionare, die vor allem aus dem Chor der ledigen Brüder kamen, zogen auch in Zukunft dorthin, wo Menschen im größten Elend lebten. Bei ihnen hielten sie aus, auch wenn ihr Einsatz sie oft das Leben kostete.

2.3.2. Konsequenzen der Spiritualität Zinzendorfs

a) Die unzerstörbare Würde des Individuums

Überwindung der Standesschranken
Inmitten einer von scheinbar unüberbrückbaren Standesschranken geprägten Welt gewinnt Zinzendorf anhand des Neuen Testaments die umstürzende Erkenntnis, dass alle Menschen die gleiche unzerstörbare Würde besitzen.[154] Ausgelöst wird diese Entdeckung durch die biblische Aussage, dass Jesus Christus alle Menschen gleichermaßen liebt: „... es kommt bei Ihm keines zu kurz, Er ziehet auch keines dem andern vor, Er liebt mit einer unaussprechlichen und inimitablen [unnachahmlichen] Egalität."[155] Vor dem menschenfreundlichen Gott sind alle Menschen gleich. Dabei bleibt Zinzendorfs „sehnlicher Wunsch und Verlangen ... die Egalisierung, die Gleichmachung aller Seelen",[156] unter eschatologischem Vorbehalt: Erst in der Ewigkeit bei Gott werden gegenwärtige Unterschiede zwischen den Menschen endgültig bedeutungslos.[157] Der Graf wäre sich aber untreu geworden, wenn sein Streben, Glaubenswahrheiten in der Praxis zu erproben, nicht auch im Zusammenhang mit der Gleichheit der Gläubigen wirksam geworden wäre. Aufgrund der gleichen Liebe Jesu zu allen Menschen ist ihre „Egalität" auch im gesellschaftlichen Leben vorgezeichnet. Zu überwältigend war für die Herrnhuter die gemeinsame Erfahrung der Vergebung der Schuld beim

---

[152] Zit. nach Uttendörfer, Die Brüder, 134.
[153] Vgl. Beyreuther, Die große Zinzendorf-Trilogie, Bd. 3, 101f.
[154] Vgl. zum folgenden Abschnitt Zimmerling, Nikolaus Ludwig Graf von Zinzendorf, 38ff.; ders., Nikolaus Ludwig und Erdmuth Dorothea von Zinzendorf, 311ff.
[155] Zinzendorf, Gemeinreden, 2. Teil, 311 (GR 2).
[156] A.a.O., 309.
[157] A.a.O., 309f.

Abendmahlsempfang im August 1727. Darum wirkte sich die für Gottes Ewigkeit erhoffte Gleichheit in den Regelungen der sozialen Struktur und des religiösen Lebens der Brüdergemeine aus: Die Leibeigenschaft wurde in Herrnhut beinahe ein Jahrhundert vor ihrer Abschaffung in Preußen aufgehoben. Zinzendorf hat damit in juristischer Hinsicht den Weg freigemacht zur Entwicklung eines bürgerlichen Lebensstils in den Brüdergemeinen. Dass wirklich alle Gemeindeglieder an ihm teilhatten, lag an der täglich praktizierten Geschwisterschaft aller. Auf ihrer Grundlage wurden in der Brüdergemeine Bauern zu Ältesten gewählt und Handwerker zu Bischöfen berufen. Man war der Ansicht, dass in geistlichen Fragen allein geistliche Vollmacht Bedeutung hatte. Ein anderer Ausdruck dafür, dass die Standesunterschiede überwunden wurden, war der Zusammenschluss der Gemeindeglieder zu Chören. Abgesehen von den Familien, wohnten die Mitglieder der meisten Chöre unabhängig vom gesellschaftlichen Stand, aus dem sie kamen, in großen Chorhäusern zusammen.

Für die Welt des 18. Jahrhunderts bedeutete die weitgehende Aufhebung der damals noch strengen Standesschranken innerhalb des Herrnhutertums eine unerhörte Neuerung.[158] Hier wagte es eine kleine Gemeinschaft, an den als selbstverständlich hingenommenen gesellschaftlichen Strukturen zu rütteln. Dabei geschah dies nicht aufgrund eines revolutionären Programms, wie es Jahrzehnte später die Französische Revolution durchzusetzen suchte. Vielmehr wurden die gesellschaftlichen Schranken aufgrund einer gemeinsamen spirituellen Erfahrung, des Glaubens an Jesus Christus, unwesentlich. Im gemeinsamen Leben der Brüdergemeinen traten sie mehr und mehr in den Hintergrund.

Auf dem Weg zur Emanzipation der Frau
Zinzendorfs Entdeckung der Würde jedes Menschen wirkte sich nicht nur in der Überwindung der Standesschranken aus.[159] Weil Christus alle Menschen – Männer und Frauen – gleichermaßen liebt,[160] wurden im Glauben an ihn auch die Geschlechtsunterschiede unwesentlich. „Denn um Ihn herum hört alles, alle Umstände, *Geschlecht*, Stand, äußere Situation, Gemüths = Beschaffenheit, Gutes und Böses ganz auf. Da ist man eben eine Menschen-Seele, und Er ist der Menschen = Freund."[161] In der Folge kam es in der Brüdergemeine zur kirchlichen und gesellschaftlichen Emanzipation der Frau. Erstmals in der Geschichte des Protestantismus wurde die Frau von ihrer Beschränkung auf Haus und Familie befreit; sie konnte ihre Gaben und Fähigkeiten im Gemeindeleben aktiv einbringen. Frauen er-

---

[158] Vgl. im Folgenden Uttendörfer, Zinzendorf und die Jugend, 119ff. und Hahn/Reichel, Zinzendorf und die Herrnhuter Brüder, 312ff.
[159] Vgl. zu Zinzendorfs Bild der Frau im einzelnen Zimmerling, Zinzendorfs Bild der Frau, 9–27.
[160] GR 2, 311.
[161] Zinzendorf, Berthelsdorfer Reden, 103 (Berth R) (Hervorhebung von P. Z.).

hielten eine eigene Ämterordnung, waren in der Leitung der Gemeinde vertreten, hielten eigene gottesdienstliche Versammlungen und wurden ordiniert. Zinzendorf wollte, dass Frauen sogar die allgemeine Singstunde hielten: „Es sollten auch unsere Schwestern, die Mutter [Anna Nitschmann], Anna Johanna, Benignel etc. Singstunde halten. Das Wort [des Apostels Paulus aus 1. Kor 14, 34], dass die Weiber in der Gemeine schweigen sollen, geht nur auf die zänkischen, plauderhaften Weiber an dem Orte, wo Timotheus war."[162] Einmalig war, dass 1758 vierzehn Presbyterinnen, also Pfarrerinnen, für den Bereich der Frauenarbeit ordiniert wurden.

In der Brüdergemeine erfolgte aus spirituellen Gründen eine *Demokratisierung aristokratischer Lebensformen* und in deren Gefolge eine gesellschaftliche und kirchliche Gleichstellung der Frau. Bis dahin als christlich hingenommene Grundüberzeugungen im Hinblick auf die Rolle von Mann und Frau wurden völlig revidiert. Die urchristliche Stellung der Frau wurde wieder entdeckt und diese Entdeckung im Gemeindeleben auch praktisch umgesetzt.

Hochschätzung der menschlichen Individualität
Schließlich wirkte sich Zinzendorfs Entdeckung, dass Gott in Jesus Christus jeden Menschen gleichermaßen liebt, in seiner Hochschätzung der menschlichen Individualität aus. Die Unterschiedlichkeit der Menschen ist gottgewollt![163] „Glaubt's doch nicht, Brüder, dass alle Menschen über einen Kamm können geschoren werden, und studiert doch die menschlichen Charaktere besser!"[164] Es ist Christus selbst, der sich in jedem Menschen in einer anderen Weise verkörpert: „Seine Gestalt blickt aus einer jeden [Seele] mit einer anderen Schönheit heraus, zwar allemal mit einer von ihrer puren Menschlichkeit sich gut distinguierenden, aber doch mit einer anderen als des oder jenes seine Gnade."[165] Zinzendorfs Achtung vor der menschlichen Verschiedenheit kommt besonders in folgendem Zitat aus einer Rede vom 24. Mai 1735 zum Ausdruck: „Beim Gemeingeist muss man unterscheiden lernen die Seelen; eine jede muss königlich erzogen werden, dass man sagen kann wie von den Ratsherren in Rom: Es sind lauter Könige."[166]

Die Erkenntnis der menschlichen Unterschiedlichkeit hat eine Reihe von Konsequenzen. Sie wirkt sich z.B. auf die seelsorgerliche Methode aus: Weil sich Christus jedem Menschen *besonders* zuwendet, muss auch der menschliche Seelsorger bei jedem Menschen anders vorgehen. „Der Unterschied des Standes, Temperaments, des Lebens, Alters macht gleich einen Unterschied in der besonderen Methode, deren sich der Heiland bedient."[167] Aus diesem Grund warnt Zinzendorf davor, einen Seelsorgesu-

---

[162] Uttendörfer, Zinzendorf und die Frauen, 53 (Rede vom 7.11.1753, R 2 A 33 B 1, 552f.).
[163] Vgl. hier und im Folgenden Uttendörfer, Zinzendorfs Weltbetrachtung, 15ff.
[164] 27.12.1738, R3 A5, zit. nach: a.a.O., 22.
[165] JHD, 12.2.1757, zit. nach: a.a.O., 21.
[166] Herrnhuter Diarium, zit. nach: a.a.O., 27.
[167] JHD, 7.4.1738, zit. nach: a.a.O., 28.

chenden nach den eigenen Vorstellungen zu beraten. „Ich habe mich oft gewundert, warum ein Bruder und Schwester über etwas keinen Skrupel haben können, das ich mich um alles nicht unterstehen wollte. Man ist geneigt, den Leuten alle seine Prinzipia beizubringen und darauf zu weisen. Ich habe aber gemerkt, dass das nicht geht; der liebe Heiland assistiert einem nicht darinnen, denn seine Wege mit den Seelen sind in der Tat different."[168] Die menschliche Individualität hat zur Folge, dass jeder auch in Sachen des Glaubens verschieden denkt. Der Graf meint einmal, dass es so viele Konfessionen gäbe wie Christen. Er will deshalb die Gemeinschaft der Gläubigen in der Mannigfaltigkeit suchen: „Wir müssen die Differenz der Gedanken für eine Schönheit halten. Wenn nur was für den Heiland herauskommt, so sind ihm die Menschen alle einerlei."[169]

Eine wesentliche Folge von Zinzendorfs Hochschätzung, ja Freude an der Verschiedenheit der Menschen war schließlich, dass in der Brüdergemeine unter Männern und Frauen, gerade auch unter Laien, Begabungen aufbrachen, wie es das bis dahin in der evangelische Kirche noch nicht gegeben hatte. Auch an dieser Stelle sind Zinzendorfs Überlegungen hochaktuell. In beiden Großkirchen steht in den kommenden Jahren der Umbau von der „Betreuungskirche" zur „Beteiligungskirche" an.[170] Dazu ist es nötig, die unterschiedlichen Begabungen der Gemeindeglieder zu entdecken, zu entwickeln und zum Einsatz zu bringen.

Angesichts einer Massengesellschaft mit ihren Uniformierungstendenzen ist zu überlegen, ob heute nicht neben dem Ideal der Gleichheit auch das Ideal der Verschiedenheit kultiviert werden müsste. Die von Zinzendorf und der Herrnhuter Brüdergemeine gelebte Nachfolge zeigt, dass sich beides nicht ausschließen muss. Für das Handeln Gottes ist vielmehr charakteristisch, dass es die konkrete, einmalige Individualität des Menschen ernst nimmt, ja sogar erst in vollem Maße zur Geltung bringt. Gleichzeitig stellt Gott den Gläubigen in den Horizont einer ökumenischen, gleichberechtigten Universalität hinein.

b) Der „nahe Nächste": Diakonie als unverzichtbarer Bestandteil

Die wenigsten Menschen wissen heute noch, dass die diakonische Dimension des Glaubens ein wesentliches Anliegen des Pietismus im 18. Jahrhundert darstellte.[171] Der ältere Pietismus war sogar der entscheidende Impulsgeber für eine Erneuerung der Diakonie in der Neuzeit.[172] Zu seinen wichtigsten Vertretern zählt Nikolaus Ludwig von Zinzendorf, dem es zu-

---

[168] JHD, 30.9.1751, zit. nach: a.a.O., 33.
[169] 1753, zit. nach: a.a.O., 32.
[170] Vgl. z.B. Zeddies, Kirche mit Hoffnung, 28ff.
[171] Vgl. zum folgenden Abschnitt Zimmerling, Nikolaus Ludwig Graf von Zinzendorf, 33ff.; ders., Nikolaus Ludwig und Erdmuth Dorothea von Zinzendorf, 317f.
[172] So Neukamm, Art. Diakonie, 431.

sammen mit seiner Frau gelang, die Diakonie im Rahmen des Herrnhutertums als Lebensäußerung der christlichen Gemeinde zu etablieren.[173]

Schon sehr früh existierte in Herrnhut eine Armen- oder Unterstützungskasse. Wahrscheinlich hat der kommunale Haushalt sogar in dieser Form begonnen. Wöchentlich wurde in der Anfangszeit von sog. Almosenpflegern und -pflegerinnen ausgeteilt, was die Gemeinde für die Armen zusammengelegt hatte.[174] Neben der Armenunterstützung – einer Vorläuferin der modernen Sozialhilfe – gab es eine geregelte Krankenpflege. Bereits die sog. Statuten, die 1727 angenommene Herrnhuter Gemeindeverfassung, sprechen von Krankenpflegern und -pflegerinnen.[175] In der Herrnhuter Krankenfürsorge wurde die moderne Sozialstation vorweggenommen, ja sogar noch übertroffen, weil die brüderischen Krankenpfleger und -pflegerinnen sich außer um den körperlichen auch um den geistlichen Zustand der Besuchten kümmerten.[176] Beispielhaft ist die Bestimmung über die psychisch Kranken. Sie zeigt das Bemühen, niemanden zum diakonischen Hilfsobjekt zu degradieren und damit aus der Gemeinschaft auszugliedern. „Sollte jemand durchs Verhängnis Gottes und eigene Schuld in Wahnsinn verfallen, soll an ihm Gottes Barmherzigkeit bewiesen, und er sehr freundlich getragen, den Verständigsten untergeben, von ihnen nach Leibe und Seel gepflegt, im Übrigen aber davon nicht geredet, und so er wieder zurecht kommt, vom vorigen nicht gesprochen werden."[177]

Neben den genannten besonderen Ämtern war durch die Gliederung der Gesamtgemeinde zunächst in seelsorgerlich ausgerichtete Kleingruppen, sog. „Banden", später in „Chöre" der ledigen Brüder und Schwestern, der Verheirateten und der Witwer und Witwen *jeder* Herrnhuter in den Dingen des alltäglichen Lebens für den anderen in der eigenen „Bande" bzw. im eigenen „Chor" mitverantwortlich. „Banden" und „Chöre" stellten so etwas wie das Missinglink zwischen dem Einzelnen und der Gesamtgemeinde dar. Deshalb gab es keine vom Sozialwesen bzw. der Diakonie der Gemeinde übersehenen Randgruppen und Außenseiter.

---

[173] „Im alten Herrnhut [war] die ‚Diakonie' eine wirkliche Wesens- und Lebensäußerung der Gemeine und aus ihrem Leben überhaupt nicht fortzudenken" (Wollstadt, Geordnetes Dienen in der christlichen Gemeinde, 280).

[174] Uttendörfer, Alt-Herrnhut, 1. Teil, 107.

[175] „Brüderlicher Verein und Willkür", §§ 27f., abgedruckt bei Hahn/Reichel, Zinzendorf und die Herrnhuter Brüder, 78.

[176] Christian David, der Erbauer Herrnhuts, schrieb über die Krankenpfleger und -pflegerinnen 1729: „Zu Krankenwärtern sind solche genomen, die herzhaftig, frisch und fröhliches Gemüts sind und die Natur und Arznei verstehen. – Der Krankenwärter ihr Amt ist, alle Tage die Kranken zu besuchen, um ihre Lagerstatt sich zu bekümmern, Arznei verschaffen und sie zum rechten Gebrauch derselben anzuhalten, ihnen Handreichung tun und bei ihnen, wenn's auch nötig, wachen, besonders aber mit ihnen von ihrem Seelenzustand reden, mit ihnen beten oder ihnen was vorlesen und sich ihres Zustandes recht erkundigen, auch solches andeuten und denen Brüdern in ihr Gebet anbefehlen" (zit. nach Uttendörfer, Alt-Herrnhut, 1. Teil, 120).

[177] „Herrschaftliche Gebote und Verbote", § 29, abgedruckt bei Hahn/Reichel, Zinzendorf und die Herrnhuter Brüder, 73.

Zwei Charakteristika lassen das diakonische Handeln der Brüdergemeine bis heute so attraktiv erscheinen: *Zum einen* brauchte es nur in Ausnahmefällen an professionelle Kräfte übertragen und aus dem Gemeindeleben ausgelagert werden. Die Brüdergemeinmitglieder bildeten untereinander ein diakonisches Auffangnetz, das tragfähig genug war, um Schwache und Hilfsbedürftige aufzufangen. Überdies machte die selbstverständliche Bereitschaft aller Gemeindeglieder, diakonische Ämter ehrenamtlich zu übernehmen, eine professionelle Anstaltsdiakonie mehr oder weniger überflüssig. *Zum anderen* prägten Freude und Dankbarkeit über die erfahrene Erlösung, nicht aber ein moralischer Imperativ die Fürsorge der Herrnhuter. Die Erweckung von 1727 hatte die Brüdergemeine in eine Vereinigung von Christen verwandelt, die sich aus *Liebe* zueinander der Not ihrer Nächsten annahmen: Nirgends gewinnt man den Eindruck, dass die diakonische Tat zur Bekehrung der Hilfsbedürftigen instrumentalisiert wurde.

Zinzendorf wartet darauf, als diakonischer Impulsgeber von der gegenwärtigen Christenheit wieder entdeckt zu werden. Das Beispiel Herrnhuts lehrt, dass die diakonische Ausrichtung der „normalen" Kirchengemeinde auch angesichts einer funktionierenden Anstaltsdiakonie unverzichtbar bleibt. Angesichts knapper werdender Mittel des Sozialstaats ist das diakonische Engagement von Christen gerade an dieser Stelle besonders nötig.

c) Der „ferne Nächste": Missionarisches Engagement[178]

Obwohl in den vergangenen beiden Jahren eine Reihe von Synoden der evangelischen Landeskirchen, ja sogar der EKD, sich darum bemüht haben, Mission und Evangelisation als unverzichtbare Lebensäußerung der Kirche wieder zu entdecken,[179] ist für viele Menschen unseres Landes der Begriff Mission immer noch von Vorurteilen belastet. Sie verbinden damit die Vorstellung von Kreuzzügen, von Zwangsbekehrungen im Zusammenhang mit der spanischen Eroberung Amerikas und von Imperialismus. Dass es diese Fehlentwicklungen gegeben hat, soll hier natürlich nicht bestritten werden. Aber gerade der Blick auf Zinzendorfs ganz anders geartetes missionarisches Engagement kann helfen, ein neues Verständnis von Mission zu gewinnen.

Anlässlich der Krönungsfeierlichkeiten des neuen dänischen Königs, mit dem Zinzendorf verschwägert war, reiste der Graf 1731 nach Kopenhagen. Von dort brachte er nicht nur einen hohen Orden, sondern auch einen schwarzen Sklaven namens Anton aus St. Thomas in Westindien nach

---

[178] Vgl. zum folgenden Abschnitt Zimmerling, Nikolaus Ludwig Graf von Zinzendorf, 120ff.171ff.; ders., Nikolaus Ludwig und Erdmuth Dorothea von Zinzendorf, 319ff.

[179] Vgl. etwa die 4. Tagung der 9. Synode der Evangelischen Kirche in Deutschland (Leipzig, November 1999) zum Schwerpunktthema „Reden von Gott in der Welt – Der missionarische Auftrag der Kirche an der Schwelle zum 3. Jahrtausend"; dazu bes. das Referat von Eberhard Jüngel zur Einführung in das Schwerpunktthema und die Kundgebung am Schluss.

Herrnhut mit, der Christ geworden war.[180] Dieser berichtete der Gemeinde von seinen Mitsklaven. Die Betroffenheit war groß, dass Menschen in solchem Elend lebten und noch nichts von der Liebe Gottes gehört hatten. Spontan meldeten sich zwei Freiwillige, der fränkische Töpfer Leonhard Dober und sein Nachbar, der mährische Zimmermann David Nischmann, die bereit waren, als Missionare nach St. Thomas zu gehen. Nach über einem Jahr Bedenkzeit, die der Graf ihnen auferlegt hatte, segelten die beiden ersten Missionare der Brüdergemeine, ohne besondere Ausrüstung (6 Taler und 2 Dukaten waren ihr Barvermögen) und Ausbildung auf einem holländischen Schiff über den Ozean.[181] Am Hof zu Kopenhagen lästerte und lachte man über diese unsinnige Idee. Im Weihnachtsmonat 1732, also zehn Jahre nachdem Christian David den ersten Baum für den Aufbau Herrnhuts gefällt hatte, betraten die Herrnhuter zum ersten Male die westindische Insel St. Thomas.[182]

In den folgenden Jahren begannen Herrnhuter Missionare und Missionarinnen in einem geradezu atemberaubenden Tempo mit der Arbeit auf allen damals bekannten Kontinenten. Die nächsten Ziele bildeten Grönland und Suriname in Südamerika. Weitere Stationen auf dem Weg zur weltweiten Ausdehnung der Brüdermission waren die Indianermission in Nordamerika, der Beginn einer Arbeit unter Eingeborenen in Südafrika, in den weiten Gebieten der afrikanischen Sklavenküste, der Vorstoß zum Polarkreis in Lappland und Russland und die Diaspora-Arbeit im Baltikum. Mit Labrador, Jamaika und einem der außergewöhnlichsten Zweige der Brüdermission, dem Versuch einer Missionsarbeit unter Juden in Amsterdam, schließt sich der Kreis der noch zu Lebzeiten Zinzendorfs in Angriff genommenen Projekte.

Die universale Ausdehnung der Brüdermission war nur möglich durch die fast unerschöpfliche Fülle von zur Verfügung stehenden Arbeitern: So waren bis zu Zinzendorfs Tod 226 ordinierte Brüdermissionare in alle Welt ausgereist.[183] Es war in Erfüllung gegangen, was der Graf über die Reichweite der „missio Christi", der Sendung Jesu Christi, 1742 gesagt hatte: „Es

---

[180] Vgl. hier und im Folgenden Beyreuther, Die große Zinzendorf-Trilogie, Bd. 2, 280.284; Bd. 3, 10ff.; und bes. Beck, Brüder in vielen Völkern, 34ff.

[181] Die dänische Westindische Kompanie hatte es abgelehnt, sie auf einem ihrer Schiffe nach St. Thomas mitzunehmen (vgl. dazu Beck, Brüder in vielen Völkern, 41).

[182] Vorbilder und Anregungen für die Herrnhuter Mission hatte Zinzendorf schon früh durch die dänisch-hallische Missionsarbeit erhalten, die von August Hermann Francke geprägt worden war: „Da wir sahen, dass es in unserer deutschen Sprache Menschen gibt, die den Heiden das Evangelium verkündigen, und sie nehmen es an, so habe wir gedacht: was unseres Gleiche tun, das können wir auch tun … Da [1714 oder 1715 im Pädagogio zu Halle] ging ich einmal mit [Friedrich von] Wattewille zwischen den roten Staketen vor dem Hause auf und ab, und da redeten wir miteinander, dass sich die Heiden doch nicht alle bekehren würden bis wir groß wären. Was dann übrig wäre, das wollten wir zum Heiland bringen. Das hat sich in unserem Gemüt so fortgemacht, bis es 1731 zur Exekution gekommen ist" (abgedruckt bei Hahn/Reichel, Zinzendorf und die Herrnhuter Brüder, 352).

[183] Beyreuther, Geschichte des Pietismus, 196.

ist also des Heilands sein Predigtstuhl, sein Lehrstuhl, so weit und groß als die ganze Welt. Es ist kein Mensch, keine Nation, keine Religion, kein Verderben mehr in der Welt, das seinem Feuer widerstehen könnte, sondern die Funken fahren herum und sie fangen allenthalben."[184] Zinzendorf selbst reiste zweimal nach Amerika, zuerst nach St. Thomas und dann nach Pennsylvania, um die Missionsarbeit zu visitieren.

Damals wie heute stellt das missionarische Engagement die Nagelprobe der christlichen Spiritualität dar. Das missionarische Handeln offenbart, was die jeweilige Kirche als Zentrum des Evangeliums betrachtet. Fehlt es, ist es mit der Selbstgewissheit und Überzeugungskraft der Kirche nicht gut bestellt. Trägt das missionarische Engagement wie auch immer geartete imperialistische Züge, verrät es das Evangelium von der Liebe Gottes. Zinzendorf gelingt es, in seiner Missionstheologie beiden Abwegen zu entgehen. Er erkennt, dass Toleranz und Mission die gleiche Wurzel haben, nämlich das Leiden und Sterben Jesu Christi am Kreuz.[185] Weil Gottes Sohn wehrlos am Kreuz gestorben ist, kann missionarische Verkündigung nicht anders als im Raum der Freiwilligkeit erfolgen. „Er [Christus] wollte gerne die Kreaturen ohne Zwang und ohne ihnen die geringste Gewalt anzutun, zum direkten Gegenteil machen von dem, was sie sind."[186] Es war ein Glücksfall, dass die Herrnhuter Missionare und Missionarinnen politisch völlig unabhängig waren, z.T. sogar von den kolonialen Machthabern beargwöhnt und verfolgt wurden. Überdies wandten sie sich nur an Völkerschaften, „an die sich sonst niemand machen würde",[187] also an die Vergessenen, Entrechteten und Verfolgten. Bei diesen winkten keine wirtschaftlichen Gewinne! Andererseits waren die Herrnhuter so ergriffen von der überwältigenden Liebe Gottes, dass sie gar nicht anders konnten, als allen Menschen von dieser Erfahrung weiterzusagen. Hierin lag die Ursache dafür, dass sie das nur ein Jahrzehnt zuvor erlittene bittere Schicksal der Emigration in die Tat der Mission zu verwandeln vermochten.

Es soll nicht verschwiegen werden, dass auch die Herrnhuter Missionare und Missionarinnen viele Fehler begangen haben. Auch sie blieben nicht frei davon, die Einheimischen mit der „Herrnhuter Elle" zu messen. Trotzdem wurden sie von Menschen aller Rassen geliebt, wie das die Boten keiner anderen Konfession erfahren haben. Durch den Glauben an Jesus Christus wurden sich schwarze Sklaven, unterdrückte Indianer und verachtete Esten und Letten ihrer menschlichen Würde bewusst. Indem unter ihnen christliche Gemeinden entstanden, trug die Herrnhuter Mission indirekt zur Revolution der gesellschaftlichen Zustände bei. Überall wurde eine Bruderschaft praktiziert, die alle umfasste: Weiße, Schwarze, Rote. Dabei blieb Mission keine Einbahnstraße: Es war selbstverständlich, dass

---

[184] Abgedruckt bei Bintz, Nikolaus Ludwig von Zinzendorf, 76.
[185] Vgl. dazu a.a.O., 23f.
[186] Zinzendorf, Londoner Predigten, Bd. 2, 180.
[187] Zinzendorf, Naturelle Reflexionen, Beilage, 6.

„Erstlinge" von den Missionsfeldern nach Europa reisten und hier am Gemeindeleben mitwirkten.

2.3.3. Impulse Zinzendorfs für heute

Nikolaus Ludwig von Zinzendorf war ein religiöses Wunderkind. Bereits als Fünfjähriger soll er seinen Spielkameraden Predigten gehalten haben. Aber nicht das macht seine Spiritualität heute so interessant, sondern die Tatsache, dass er auch von früh auf die Schattenseite des Glaubens, den Zweifel, kennen lernte. Wir sahen, dass er bereits im Alter von acht Jahren keinen Schlaf finden konnte, weil er an der unmittelbaren Sorge Gottes für seine Schöpfung zweifelte. Das Gottesbild der Frühaufklärung, die sich den Schöpfergott weithin wie einen Uhrmacher vorstellte, bedrohte den bisherigen Glauben des Kindes. Die damalige Zeit stellte sich das Wirken Gottes so vor: Die Welt und das Leben der Menschen werden von ehernen Naturgesetzen regiert, ohne dass Gott unmittelbar eingreift. Als kleiner Junge spürte Zinzendorf jedoch in seinem Herzen eine Verbundenheit mit seinem Bruder Jesus Christus, dem Mensch gewordenen Sohn Gottes. Es war das Gefühl der Nähe Gottes, das auch später nicht mehr von Verstandeszweifeln zerstört werden konnte. Dieses Bewusstsein der beständigen Gegenwart Gottes teilt Zinzendorf mit den Männern und Frauen der Bibel. Gerade an dieser Stelle bedeutet der christozentrische Glaube des Grafen für evangelische Spiritualität heute eine Ermutigung: Wieder neu auch im Alltag mit dem in Jesus Christus dem Menschen nahe gekommenen Gott zu rechnen.

Einen zweiten Impuls Zinzendorfs sehe ich in der Betonung der ekklesiologischen Dimension seiner Spiritualität. Er war genial, wenn es darum ging, Menschen miteinander zu verbinden. Schon als Schüler stiftete er den ersten ordensmäßig strukturierten Freundschaftsbund.[188] Der neuzeitliche Protestantismus hat lange die Bedeutung der Kirche als Gemeinschaftsinstitution für das Christsein unterschätzt. Für die gemeinschaftliche Gestaltung evangelischer Spiritualität lässt sich viel vom Grafen lernen: Besonders während der Zinzendorfzeit erprobte die Brüdergemeine eine Fülle neuer Modelle gemeindlichen und gesellschaftlichen Zusammenlebens. Nur gemeinschaftlich gelebt, wird der christliche Glaube in Zukunft die Vitalität und Ausstrahlung gewinnen, um einerseits Außenstehende anzuziehen und andererseits gesellschaftlicher Impulsgeber sein zu können.

Schließlich können wir von Zinzendorf lernen, dass das missionarische und evangelistische Engagement einen integralen Bestandteil evangelischer Spiritualität darstellt. Die damit verbundene Erkenntnis, dass Toleranz und christliches Zeugnis identisch sind, begründet der Graf christologisch. Diese Einsicht bildet die Voraussetzung dafür, dass Mission und Evangelisati-

---

[188] Gerhard Reichel, Der „Senfkornorden" Zinzendorfs.

on in einer pluralistischen Gesellschaft wieder zur Sache der ganzen Kirche werden können und nicht länger die „Spezialität eines ganz bestimmten Frömmigkeitsstils" bleiben müssen.[189] Das Zeugnis der Christen wird in einem nachchristlichen Zeitalter anders aussehen als zur Zeit der Aufklärung.[190] Trotzdem wirkt das missionarische und evangelistische Engagement Zinzendorfs überraschend modern. Der Graf erkannte nämlich als einer der ersten, dass die Zeit unwiederbringlich abgelaufen war, in der der Wahrheitsanspruch des Evangeliums in Europa selbstverständlich anerkannt wurde. Darum hält Zinzendorf auch an dieser Stelle eine Reihe von Impulsen für die evangelische Spiritualität heute bereit.

Lesehinweise

Erich Beyreuther, Nikolaus Ludwig Graf von Zinzendorf. Selbstzeugnisse und Bilddokumente. Eine Biografie, Gießen 2000.
Erika Geiger, Erdmuth Dorothea Gräfin von Zinzendorf. Die „Hausmutter" der Herrnhuter Brüdergemeine, Holzgerlingen 2000.
Peter Zimmerling, Nikolaus Ludwig Graf von Zinzendorf und die Herrnhuter Brüdergemeine. Geschichte, Theologie, Spiritualität, Holzgerlingen 1999.
Zinzendorf und die Herrnhuter Brüder. Quellen zur Geschichte der Brüder-Unität von 1722–1760, hg. von Hans-Christoph Hahn/Hellmut Reichel, Hamburg 1977.
www.ebu.de: „Diese Seiten informieren Sie über die Herrnhuter Brüdergemeine, ihre Gemeinden, ihren Ursprung, ihren Glauben, ihre weltweiten Beziehungen und ihre heutigen Aufgaben."

2.4. Spiritualität der Bekennenden Kirche: Dietrich Bonhoeffer (1906–1945)

Aus mehreren Gründen ist Bonhoeffers Spiritualität auch heute noch von ungebrochener Aktualität. Sie ist besonders glaubwürdig, weil sie sich in der Extremsituation von Krieg, Teilhabe am Widerstand gegen den Nationalsozialismus und Gefangenschaft bewährt hat. Gerade in zwei Jahren Gefängnishaft wurde Bonhoeffers Mensch- und Christsein einer außerordentlichen Bewährungsprobe ausgesetzt. Dass er sie bestanden hat, zeigen die beiden während der Haft entstandenen Briefsammlungen. Die in „Widerstand und Ergebung"[191] veröffentlichten Briefe an seinen theologischen Gesprächspartner und engen Freund Eberhard Bethge gehören inzwischen zu den religiösen Klassikern. Sie sind ein im 20. Jahrhundert einzigartiges Stück Frömmig-

---

[189] Eberhard Jüngel in seinem Referat zur Einführung in das Schwerpunktthema auf der 4. Tagung der 9. Synode der Evangelischen Kirche in Deutschland (Leipzig, November 1999) „Reden von Gott in der Welt – Der missionarische Auftrag der Kirche an der Schwelle zum 3. Jahrtausend".
[190] Vgl. dazu die immer noch instruktiven Überlegungen von Manfred Seitz, Praxis des Glaubens, 168–180.
[191] Bonhoeffer, WE (DBW, Bd. 8).

keits- und Theologiegeschichte.¹⁹² Die erst 1992 erschienenen Brautbriefe Dietrich Bonhoeffers und seiner Verlobten Maria von Wedemeyer sind das Zeugnis einer ungewöhnlichen Liebe in grausamer Zeit.¹⁹³ Sie umfassen nahezu den gleichen Zeitraum wie die in „Widerstand und Ergebung" veröffentlichen Briefe. Dass Bonhoeffer in seinen Briefen aus der Haft auch Schwächen und Anfechtungen zum Ausdruck bringt, erhöht besonders für Jugendliche und junge Erwachsene die Glaubwürdigkeit seiner Spiritualität.

Gegenwärtig lässt sich bei vielen Zeitgenossen beobachten, dass ein Hunger nach Spiritualität unverbunden neben einer zunehmenden Säkularisierung des alltäglichen Lebens steht. Bonhoeffers Frömmigkeit bildet im Gegensatz dazu eine fruchtbare Einheit. Einerseits sind für sie ein betonter

Dietrich Bonhoeffer (Bildmitte) bei einer Bibelarbeit mit Ruth und Konstantin von Kleist-Retzow, 1939 (aus Familienbesitz).

---

¹⁹² So zu Recht Eberhard Bethge in seiner Einleitung zu Widerstand und Ergebung, Neuausgabe, München 1970, 8.
¹⁹³ Bismarck, Brautbriefe.

Theozentrismus und andererseits eine betonte Weltlichkeit charakteristisch.¹⁹⁴ Beide Pole sind wechselseitig aufeinander bezogen: Das Ja zum irdischen Leben ist für Bonhoeffer die angemessene Weise, um Gott zu ehren (WE 289). Umgekehrt ist die alleinige Beugung unter Gott und sein Wort für ihn die Voraussetzung dafür, als mündiger Christ und freier Mensch leben zu können (Brautbriefe 176).

Bei den folgenden Ausführungen zu Bonhoeffers Spiritualität beschränke ich mich im Wesentlichen auf seine Äußerungen in den beiden genannten Briefsammlungen aus der Haft, weil hier die Einheit seiner Frömmigkeit im Ernstfall erprobt werden musste.¹⁹⁵ Dabei ergibt sich folgender Gedankengang: Die Grundlage von Bonhoeffers Spiritualität im Spannungsfeld zwischen Gott und Welt stellt sein Vertrauen in Gottes Führung dar. Ihr Weg besteht in der Einübung in die Dankbarkeit. Ziel von Bonhoeffers Spiritualität ist das verantwortliche Handeln. Als ihr Modellfall bietet sich Bonhoeffers Zuordnung von Religiosität und Erotik an. Den Abschluss bilden Impulse von Bonhoeffers Spiritualität für uns heute.

2.4.1. Die Grundlage: Vertrauen in Gottes Führung

Die Grundlage von Bonhoeffers Spiritualität bildet das – im Gefängnisalltag bewährte – Vertrauen in Gottes Führung. Wie ein roter Faden durchzieht dieses Vertrauen Bonhoeffers Briefe.¹⁹⁶ Bereits nach vier Wochen Haft schreibt er: „Dass es für mich persönlich gut ist, das durchzumachen, ist mir gewiss, auch glaube ich, dass keinem Menschen mehr auferlegt wird als er Kraft empfangen kann zu tragen" (WE 55). Im ersten erhaltenen Brief an die Verlobte vom 12. September 1943 heißt es: „Du kannst es gar nicht ermessen, was es für mich in meiner jetzigen Lage bedeutet, dich zu haben. Es ist mir gewiss, dass hier eine besondere Führung Gottes über mir waltet" (Brautbriefe 38). Und noch in einem Brief an Eberhard Bethge vom 23. August 1944 bekennt er: „Gottes Hand und Führung ist mir so gewiss, dass ich hoffe, immer in dieser Gewissheit bewahrt zu werden" (WE 576). Das letzte Zitat beweist, dass Bonhoeffers Vertrauen in Gottes Führung nichts mit *securitas* (Sicherheit) zu tun hat. Die Gewissheit, dass Gott ihn auch im Gefängnis nicht verlassen hatte, sondern selbst darin seine Führung verborgen lag, musste er immer neu im Glauben erringen. Sie blieb angefochtene *certitudo* (Gewissheit). Das

---

[194] Aus der Fülle der Interpretationsversuche zu beiden Themenbereichen möchte ich hier nur hinweisen auf solche Arbeiten, denen ich Anregungen verdanke: Smith, Diesseitige Transzendenz, 104–115; Meier, Weltlichkeit und Arkandisziplin bei Dietrich Bonhoeffer; Bethge, Dietrich Bonhoeffer, bes. 792ff. u. 958ff.; Mayer, Christuswirklichkeit, bes. S. 4f.; Feil, Die Theologie Dietrich Bonhoeffers, bes. 306ff. u. 314ff.

[195] Die folgenden Überlegungen habe ich erstmals vorgetragen in: Zimmerling, Die Frömmigkeit Dietrich Bonhoeffers in den Gefängnisjahren, 558–574; ders., Gottesliebe und irdische Liebe. Religiosität und Erotik bei Dietrich Bonhoeffer, 70–77.

[196] WE 309, 321, 398, 401, 421, 445f. u.ö.; Brautbriefe 38, 53f., 95, 153, 169ff., 199, 203 u.ö.

zeigt besonders eindrücklich ein Weihnachtsbrief an Maria von Wedemeyer (Brautbriefe 95).[197]

Bonhoeffer beschreibt darin drei Formen der Anfechtung, die ihm – und wie er glaubt auch seiner Verlobten – angesichts ihrer Trennung zu schaffen machen: erstens zu meinen, einem blinden Schicksal ausgeliefert zu sein, zweitens in Gefahr zu geraten, sich gegen Gott zu empören, indem man Misstrauen und Bitterkeit im Herzen nährt, und drittens die irrige Vorstellung zu bekommen, das eigene Leben liege in den Händen von Menschen. Die Weihnachtsbotschaft lässt Bonhoeffer diese Anfechtungen überwinden. Im Blick auf Gottes Heilshandeln an Weihnachten erkennt er als Erstes, dass das, was ihm persönlich widerfährt, von Gott kommt. Er ist keinem blinden Schicksal ausgeliefert. In Jesus Christus hat Gott sich der Welt gnädig zugewandt. Allerdings hat er sein Heilshandeln unter seinem Gegenteil verborgen. Was zum Heil der ganzen Welt geschah, begann in einem ärmlichen Stall: „… dann kommt zu rechter Zeit die Weihnachtsbotschaft und sagt uns, dass alle unsere Gedanken verkehrt sind. Gott ist in der Krippe, der Reichtum in der Armut, das Licht in der Nacht, die Hilfe in der Verlassenheit …" Die Krippe im Stall von Bethlehem ist Urdatum der Herabneigung Gottes zum Menschen und einzigartiges Zeichen der Menschenfreundlichkeit Gottes. Aus dieser Erkenntnis erneuert sich Bonhoeffers Glaube an Gottes persönliche Führung.

Auch der zweiten Form der Anfechtung, Misstrauen und Bitterkeit, vermag Bonhoeffer zu begegnen. Er erkennt, „dass das, was uns böse und finster erscheint, in Wahrheit gut und licht ist, weil es von Gott kommt; unsere Augen sehen nur falsch …" Bereits in seinem Rechenschaftsbericht „Nach zehn Jahren", also noch vor der Verhaftung, hatte Bonhoeffer formuliert: „Ich glaube, dass Gott aus allem, auch aus dem Bösesten, Gutes entstehen lassen kann und will" (WE 30). Nach über einem Jahr Haft schreibt er: „Ich glaube, dass mir nichts Sinnloses widerfährt und dass es für uns alle gut so ist, wenn es auch unseren Wünschen zuwiderläuft" (WE 421). Weder resigniert Bonhoeffer, noch findet er sich stoisch mit den Schwierigkeiten der eigenen Situation ab. Stattdessen rechnet er mit der verwandelnden Kraft des Wortes Gottes: aus dem Bösesten lässt Gott gegen allen Augenschein Gutes entstehen.

Schließlich überwindet Bonhoeffer auch den letzten Grund seiner Anfechtung, nämlich die Vorstellung, im Gefängnis der Willkür von Menschen ausgeliefert zu sein. Er kommt zu der Überzeugung: Man ist deswegen niemals Menschen ausgeliefert, weil sie in allem, was sie einem antun, letztlich Gott dienen müssen. „… was Menschen uns auch zufügen, sie müssen in allem doch nur dem Gott dienen, der sich im Verborgenen als Liebe offenbart und die Welt und unser Leben regiert". Voraussetzung die-

---

[197] Sehr deutlich spricht Bonhoeffer von seiner Angefochtenheit auch in einem Brief an Eberhard Bethge: „Es ist doch das ganze Aufgebot letzter Wahrheiten nötig, um mit sich ins reine zu kommen, und dazu braucht man doch auch viel Zeit für sich selbst" (WE 389).

ser Erkenntnis ist der Glaube, dass Gott im Regiment sitzt (WE 563), oder wie Bonhoeffer an anderer Stelle schreibt: „Alles erscheint mir zwangsläufig, notwendig, gradlinig, von höherer Führung bestimmt" (WE 398). Auch die Häscher der Nazidiktatur dienen dazu, dass sich Gottes gnädiger Wille im Schicksal Bonhoeffers erfüllt.

In neuerer Zeit hat man Bonhoeffers Theologie im Zusammenhang mit solchen Aussagen vorgeworfen, sie sei autoritär.[198] Er habe einen „Allmachtskomplex" (89 u. ö.) und übersteigere darum den „Herrschaftswillen" Gottes so sehr, dass er die Liebe Gottes relativiere (89ff.). Der Zusammenhang, in dem die umstrittenen Sätze in den Gefängnisbriefen stehen, zeigt jedoch, dass Bonhoeffers Ziel nicht die Unterwerfung unter einen abstrakt verstandenen allmächtigen Willen Gottes ist, sondern das Vertrauen zu einem liebenden Gott: „… es bleibt ja immer ein neuer schwerer Weg von der Unterwerfung zum Vertrauen" (Brautbriefe 169). Im Ringen um das Vertrauen zu Gott erkennt Bonhoeffer, dass Glaube „keine Alltagsweisheit", sondern „eine Sache hoher begnadigter Augenblicke" ist (Brautbriefe 42).[199] Glaube ist ein kostbares Geschenk Gottes, das nicht ohne Kampf zu haben ist.[200]

Bonhoeffers Ringen, auch in Gottes unverständlicher Führung dessen Liebe zu erkennen, ist ein wesentlicher Grund für die Dynamik seines Glaubens.[201] In diesem Ringen erkennt er, dass Gott in Gericht und Gnade wirkt. Gott lässt sich nicht domestizieren, nicht auf einen lieben Gott als Erfüllungsgehilfen menschlicher Wünsche reduzieren. Er wirkt auf unterschiedliche Weise: selbst noch im Scheitern der guten Sache auf persönlicher und auf gesellschaftlicher Ebene. Aber auch in seiner Unverfügbarkeit, Unbegreiflichkeit und Fremdheit, ja Rätselhaftigkeit bleibt er der dem Menschen in Jesus Christus barmherzig zugewandte Gott. Immer wieder dringt Bonhoeffer zu der Gewissheit durch, dass Christus auch durch die Gefängnisse geht und dabei an ihm nicht vorübergehen wird (Brautbriefe 95).[202]

---

[198] Kodalle, Dietrich Bonhoeffer, 89ff., bes. 96–98.

[199] Diese Überlegungen Bonhoeffers erinnern an seine Ausführungen zur „billigen" und „teuren Gnade", in: DBW, Bd. 4, 29ff.

[200] Das belegt auch folgende Aussage aus den Briefen an die Verlobte: „Liebste Maria, auch bei Dir geht der Glaube und das Vertrauen nur durch Widerstände hindurch" (Brautbriefe 43).

[201] Darauf deutet bspw. folgende Aussage aus den Brautbriefen hin: „Als ich bei Max' (von Wedemeyers, des Bruders der Verlobten) Konfirmation über Markus 9, 24 sprach, habe ich gesagt, es sei leicht ‚Herr' zu sagen, aber es komme darauf an, ‚lieber Herr' sagen zu können. Das muss ich nun selbst exerzieren …" (Brautbriefe 169).

[202] Im Brief vom 9.9.1943 weist Bonhoeffer nach längeren Ausführungen über das Problem der Führung auf ein Lied von Gottfried Arnold hin, das er besonders liebt (Brautbriefe 54). Das Lied steht im alten EKG im Anhang der Bayerischen Landeskirche (Nr. 472). Es gibt m. E. gut Bonhoeffers eigene Überzeugungen zum Thema Führung wieder: Auch wenn sie im persönlichen Lebenslauf oft ganz verborgen ist, zeigt sich im Nachhinein doch, dass Gottes Barmherzigkeit darin waltet. Die erste Strophe enthält komprimiert den Inhalt von Arnolds Gedanken: „So führst du doch recht selig, Herr, die Deinen, ja selig und doch meistens wunderlich. Wie könntest du es böse mit uns meinen, da deine Treu kann verleugnen sich? Die Wege sind oft krumm und doch gerad, darauf du lässt die Kinder zu dir gehn; da pflegt es wunderseltsam auszusehn; doch triumphiert zuletzt dein hoher Rat."

Indem Bonhoeffer an Gottes Führung glaubte und sie im Häftlingsalltag zu erkennen suchte, bekam er alle Kräfte frei, um sich nüchtern und besonnen den Herausforderungen der Gefängnissituation zu stellen, ohne ständig mit einem rätselhaften Schicksal hadern zu müssen. Statt zu resignieren, konnte er mit neuer Hoffnung in die Zukunft blicken und das von daher Notwendige entscheiden.

2.4.2. Der Weg: Einübung in die Dankbarkeit

Der Weg des Glaubens ist für Bonhoeffer wesentlich Einübung in die Dankbarkeit. Es gibt nur wenige Briefe, in denen sie nicht zum Ausdruck kommt. Das gilt sowohl für die Briefe an Eltern und Verwandte als auch für diejenigen an Eberhard Bethge und an die Braut. Bereits im ersten Brief vom 14. April 1943 heißt es: „Man wird für Geringes dankbar, auch das ist wohl ein Gewinn" (WE 45). Vorher beschreibt er den wunderbaren Gesang der Singdrossel im Gefängnishof. Er fordert Maria von Wedemeyer auf, „Gott für das unendlich Viele zu danken, das er gegeben hat und noch täglich gibt" (Brautbriefe 64), ist dankbar dafür, dass er an seine Verlobte denken kann (Brautbriefe 68) und für alles, was sie für ihn denkt, fühlt und tut (Brautbriefe 90). Selbst an das erste Gefängnisjahr kann er in „ungeheuchelter Dankbarkeit" zurückdenken (Brautbriefe 109).

Auch die Dankbarkeit als Grundtenor seiner Gefängniszeit ist Bonhoeffer nicht einfach zugefallen. Er musste um sie ringen, was indirekt z.B. folgende Aussage aus einem Brief an die Verlobte zeigt: „Wollen wir wirklich ungeduldig werden, weil so vieles noch nicht ist, was wir uns ersehnen, und nicht viel lieber nur froh und wieder froh sein, weil so unendlich vieles so ist, dass wir die Güte Gottes mit Händen greifen können?" (Brautbriefe 151).

Die Dankbarkeit stellt eine Konsequenz von Bonhoeffers Vertrauen in Gottes Führung dar. Weil er glaubt, von Gott geführt zu werden, vermag er gute und schlechte Erfahrungen auf ihn zu beziehen und dafür dankbar zu sein.[203] Zielhorizont ist wie bei den Überlegungen zu Gottes Führung dessen gnädiges Handeln in der Zukunft. Die schweren Erfahrungen im Widerstand werden sinnvoll angesichts der zukünftigen Aufgaben beim Wiederaufbau Deutschlands nach dem Krieg: „Noch nie haben wir den zornigen Gott so handgreiflich zu spüren bekommen, und auch das ist Gnade ... Die Aufgaben, denen wir entgegengehen, sind ungeheuer; für sie sollen wir jetzt vorbereitet und reif gemacht werden." (WE 211).

Aber nicht nur die Erwartung von Gottes gnädigem Handeln in der *Zukunft* begründet Bonhoeffers Dankbarkeit. Auch die eigene *Vergangenheit* wird zur Quelle der Dankbarkeit, da er mit ihr versöhnt ist (Brautbriefe

---

[203] Im berühmten Morgengebet für Mitgefangene heißt es: „Lob und Dank sei Dir für alle Deine Güte und Treue in meinem vergangenen Leben. Du hast mir viel Gutes erwiesen, lass mich auch das Schwere aus Deiner Hand hinnehmen." (WE 205).

69). Bonhoeffer sieht den weiten Bogen des Lebens, der Vergangenheit, Gegenwart und Zukunft, im Licht von Gottes Erbarmen. Dieser weite Horizont bewahrt ihn vor der Fixierung auf vergangenes Versagen und gegenwärtige Entbehrungen[204] und befreit seinen Blick für die Zukunft.

Dieser freie Blick gibt Bonhoeffer die Kraft, immer wieder zur Dankbarkeit aufzubrechen und von der Gefängniszelle aus zu versuchen, seine Freunde und Verwandten auf diesen Weg mitzunehmen. Nur in dieser Haltung können sie im Widerstand gegen Hitler siegen. Dankbarkeit ist nämlich die Voraussetzung für klare und ruhige Gedanken und für einen langen Atem.[205] Bonhoeffers Dankbarkeit ist also weder ein diffuses Gefühl noch bloß eine private Glücksempfindung. Dankbarkeit ist für ihn vielmehr ein in ganz konkreten Erfahrungen und Hoffnungen begründeter Lebenshorizont, der vom persönlichen Leben ausgehend gesellschaftliche Dimensionen mitumfasst.

2.4.3. Das Ziel: Verantwortliches Handeln als konsequentes Ja zum weltlichen Leben

Im Rechenschaftsbericht „Nach zehn Jahren" grenzt sich Bonhoeffer klar gegenüber Christen ab, „die es für unfromm halten, auf eine bessere irdische Zukunft zu hoffen und sich auf sie vorzubereiten" (WE 36). Er wirft ihnen vor, dass sie sich „in Resignation oder frommer Weltflucht der Verantwortung für das Weiterleben, für den neuen Aufbau, für die kommenden Geschlechter [entziehen]" (WE 36). In sprachlicher Anlehnung an Luther umreißt Bonhoeffer demgegenüber seine eigene Überzeugung: „Mag sein, dass der Jüngste Tag morgen anbricht, dann wollen wir gern die Arbeit für eine bessere Zukunft aus der Hand legen, vorher aber nicht" (WE 36). Um ganz bereit zu sein für ihre Aufgaben, richtet Bonhoeffer den Blick weg von Gottes Ewigkeit hin zur Erde (WE 279f. u.ö.). Voraussetzung dieser Sicht ist Bonhoeffers Überzeugung, dass die Welt durch das Kommen Jesu Christi als einheitlicher Herrschaftsbereich Gottes offenbar geworden ist.[206] Seitdem lässt sich Frömmigkeit nicht mehr auf einen abgegrenzten Lebensbereich beschränken. Recht gelebte Frömmigkeit führt

---

[204] So schreibt er in einem Brief an Eberhard Bethge: „Man darf sich nur durch eine vorübergehend trübere Gegenwart den inneren Besitz einer schönen Vergangenheit nicht rauben lassen" (WE 361).

[205] Vgl. dazu z.B. Brautbriefe 64: „Liebste Maria, wir wollen doch bei allem täglichen Hoffen und Bitten um ein baldiges Wiedersehen und Zusammensein keinen Tag vergessen, Gott für das unendlich Viele zu danken, das er gegeben hat und noch täglich gibt. Dann werden alle unsere Gedanken und Pläne klarer und ruhiger werden und wir werden unser persönliches Schicksal leicht und willig auf uns nehmen."

[206] Unter Berufung auf biblisches und reformatorisches Denken schrieb Bonhoeffer in der Ethik: „Es gibt nicht zwei Wirklichkeiten, sondern *nur eine Wirklichkeit*, und das ist die in Christus offenbar gewordene Gotteswirklichkeit in der Weltwirklichkeit" (DBW, Bd. 6, 43. Rainer Mayer zeigt, dass Bonhoeffers Erkenntnis der einen Christuswirklichkeit Leitgedanke seiner gesamten Theologie ist (Mayer, Christuswirklichkeit, 4f.).

den Christen vielmehr in das weltliche Leben hinein. Hier liegt das Bewährungsfeld christlichen Handelns, und nicht in einer abgesonderten religiösen Provinz. Frömmigkeit ist für Bonhoeffer deshalb nie Selbstzweck. Sie bleibt ausgerichtet auf das weltliche Leben. Der Zweitakt von Kontemplation und Aktion ist für sie konstitutiv. Auch wenn der Christ im Horizont der Ewigkeit lebt, muss sein Blick doch ständig zur Erde zurückkehren. Bonhoeffer hat sich und seinen Freunden angesichts der Situation in der Nazi-Diktatur damit den Fluchtweg aus verantwortlichem Handeln verstellt. Bonhoeffers Frömmigkeit lässt einen radikal-inkarnatorischen Ansatz erkennen: Gott lässt sich in den Dingen des Alltags finden, weil er sich in Jesus Christus inkarniert hat: „Aber nicht nur im Fundamentalen, sondern im Alltäglichen ist Gott" (Brautbriefe 153; vgl. auch WE 288). Diese theologischen Überzeugungen bilden den Hintergrund von Bonhoeffers konkretem Handeln im Gefängnis.

In einem Brief gesteht er seiner Verlobten, dass ihm an seinem Gefängnisaufenthalt am schwersten fällt, anderen Menschen nicht helfen zu können (Brautbriefe 90). Diese Aussage zeigt, wie sehr er sich nach konkretem Handeln für andere sehnt. Wo er kann, übernimmt er im Gefängnis Verantwortung: „Nach dem Essen habe ich aufgrund der üblen Erfahrungen des letzten Alarms ... einen Bericht über Erfahrungen und Notwendigkeiten der ärztlichen Versorgung bei Alarmen hier im Haus geschrieben. Hoffentlich nützt es was. Ich bin froh, irgendwie mithelfen zu können, und zwar an vernünftiger Stelle" (WE 212).

Im Rückblick bemerkt er, dass sich sein Verhalten im Laufe des Gefängnisaufenthalts positiv verändert hat. Bei einem Vergleich mit seinen Empfindungen ein Jahr zuvor, direkt nach der Verhaftung, stellt er fest, dass sie nicht abgestumpfter, sondern nüchterner geworden sind. Er erkennt, dass in dieser Nüchternheit die Voraussetzung verantwortlichen Handelns liegt. „Solange die Fantasie erregt und aufgepeitscht ist, bleibt die Liebe zum Nächsten etwas sehr Vages und Allgemeines. Heute kann ich die Menschen, ihre Not und ihre Hilfsbedürftigkeit ruhiger ansehen und ihnen damit besser dienen" (WE 398).

Bonhoeffer merkt außerdem, dass menschliche Beziehungen für sein Leben entscheidend sind. Das ist einerseits erstaunlich, weil er bei der Kommunikation im Gefängnis im Wesentlichen auf die Korrespondenz beschränkt ist, andererseits aber verständlich, weil in der Extremsituation der Zelle die wirklich tragenden Fundamente seines Lebens freigelegt werden. Auch diese Entdeckung steht im Zusammenhang mit seiner Erkenntnis, dass ein Ja zum irdischen Leben die angemessene Weise ist, um Gott zu dienen. Wenn Christus uns im Glauben zum wirklichen Leben weist, dann weist er uns zuallererst zum wirklichen Nächsten, um diesem zu dienen! „Es gibt ... kaum ein beglückenderes Gefühl, als zu spüren, dass man für andere Menschen etwas sein kann ... Schließlich sind eben die menschlichen Beziehungen doch einfach das wichtigste im Leben; daran kann auch der moderne ‚Leistungsmensch' nichts ändern, aber auch nicht die Halbgötter oder die Irrsinnigen, die von menschlichen Beziehungen nichts wissen. Gott selbst lässt sich von uns im Menschlichen dienen" (WE 567; vgl. auch 172).

Alle Gefängnisbriefe sind erfüllt vom Geist einer wachen, warmherzigen Liebe und Aufmerksamkeit. Unentwegt denkt er an Maria von Wedemeyer (Brautbriefe 54, 103) und freut sich über alles, was sie ihm ins Gefängnis schickt (z.B. Brautbriefe 102ff.) Wegen schwerer Kämpfe befindet sich Eberhard Bethge in gefahrvoller Situation. Bonhoeffer denkt fast unablässig an ihn und bezieht jedes gelesene Bibelwort und jeden Liedvers auf ihn (WE 358). Er reflektiert in den Briefen an Eberhard Bethge auch das Wesen der Freundschaft. Sie ist in den Zeiten des Hitler-Regimes selten. Wer sie pflegt, setzt ein Signal für Freiheit und Menschlichkeit.[207] Obwohl Freundschaft für Bonhoeffer zu den „stabilen Dingen" des Lebens gehört (WE 239), ist sie im „Spielraum der Freiheit" anzusiedeln, der den Bereich der göttlichen Mandate Ehe, Arbeit, Staat und Kirche umgibt. Darum besitzt sie auch kein eigenes göttliches Mandat (WE 290f). Das Gut der Freundschaft „lässt sich mit den Gütern der Mandate nicht vergleichen, es ist ihnen gegenüber sui generis, aber gehört doch zu ihnen wie die Kornblume zum Ährenfeld" (WE 292).[208]

Verantwortliches Handeln schließt für Bonhoeffer den seelsorgerlichen Beistand für Menschen ein, die in besonderer Not sind. In dem Maße, wie er bereit ist, die eigenen Wünsche und Sehnsüchte zugunsten der Nöte anderer zurückzustellen, kann er Menschen seelsorgerlich begleiten: „Es ist merkwürdig, wie sich andere Menschen dann an uns halten, ausrichten und sich etwas sagen lassen" (WE 359). Bonhoeffer verwirklicht in diesem Verhalten seine Erkenntnis, dass die Nachfolge Jesu Christi ein „Für-andere-Dasein" umfasst, also Leben im Blick auf den Nächsten bedeutet.

Voraussetzung für Bonhoeffers Teilnahme am Widerstand gegen Hitler war seine Erkenntnis, dass Gott allein durch ein Ja zum irdischen Leben angemessen geehrt wird. Kein Lebensbereich darf der Herrschaft Jesu Christi entzogen bleiben: Ehe, Familie, Freundschaft, Gesellschaft, auch nicht das Leben im Gefängnis. Frömmigkeit ist nicht auf den „kirchlichen Binnenbereich" zu beschränken. Der Glaube wird wirksam im verantwortlichen Handeln für andere. In der Teilnahme an der Verschwörung bewährt sich Bonhoeffers Christsein im gesamtgesellschaftlichen Zusammenhang als „Für-andere-Dasein". Sein Ja zum weltlichen Leben erweist sich damit als weiter Lebenshorizont, als Handlungsraum, in dem verantwortliches christliches Tun in vielerlei Gestalt und Ausprägung möglich ist. Dabei ist sozialethisches Handeln nicht von der Nächstenliebe zu trennen: Der Einsatz für die Gesellschaft darf nicht auf Kosten des direkten Nächs-

---

[207] So auch Bethge, Der Freund Dietrich Bonhoeffer und seine theologische Konzeption von Freundschaft, bes. 45ff.; vgl. auch ders., Mein Freund Dietrich Bonhoeffer, 13–28.

[208] Das Motiv der Kornblume kehrt später mit Bonhoeffers anderen Überlegungen zur Freundschaft im Gedicht „Der Freund" (WE 585ff.) wieder.

ten gehen. Wenn der gesellschaftliche Einsatz diesen Nächsten – bei Bonhoeffer seine Angehörigen, Wächter und Mitgefangenen – nicht im Auge behält, verkommt er zu einem abstrakten Prinzip, das im Namen der Mitmenschlichkeit den konkreten Menschen übersieht.[209]

2.4.4. Der Modellfall: Zuordnung von Religiosität und Erotik im Bild von cantus firmus und Kontrapunkt

Den Modellfall von Bonhoeffers Spiritualität im Spannungsfeld zwischen Gott und Welt stellt seine Zuordnung von Religiosität und Erotik dar. Am ausführlichsten äußert sich Bonhoeffer zum Verhältnis von Religiosität und Erotik, von Gottesliebe und irdischer Liebe in einem Brief an Eberhard Bethge vom 20. Mai 1944 (WE 439ff.). Zur Illustration seiner Gedanken gebraucht er das Miteinander bzw. Gegenüber von cantus firmus und Kontrapunkt in der Musik: „Es ist nun aber die Gefahr in aller starken erotischen Liebe, dass man über ihr – ich möchte sagen: die Polyphonie des Lebens verliert. Ich meine dies: Gott und seine Ewigkeit will von ganzem Herzen geliebt sein, nicht so, dass darunter die irdische Liebe beeinträchtigt oder geschwächt würde, aber gewissermaßen als cantus firmus, zu dem die anderen Stimmen des Lebens als Kontrapunkt erklingen; eines dieser kontrapunktischen Themen, die ihre volle Selbstständigkeit haben, aber doch auf den cantus firmus bezogen sind, ist die irdische Liebe ... [cantus firmus und Kontrapunkt] sind ‚ungetrennt und doch geschieden', um mit dem Chalcedonense zu reden, wie in Christus seine göttliche und seine menschliche Natur" (WE 440f.).

Bonhoeffers Ausführungen sind durch ein Gespräch mit seinem Freund Eberhard Bethge ausgelöst worden. Sie sind Teil eines seelsorgerlichen Briefes. Bethge, jung verheiratet, ist unfähig, angesichts der täglichen Bedrohung seiner Liebe durch das Kriegsgeschehen verantwortlich zu handeln. Angesichts dieser Tatsache stellt Bonhoeffer nüchtern fest, dass jede starke erotische Liebe alle übrigen Bereiche des Lebens zu verschlingen droht. Ihre emotionale Kraft dominiert das gesamte Denken und Tun. Bonhoeffer will seinem Freund einen Ausweg aus dieser in Kriegszeiten geradezu lebensgefährlichen Situation eröffnen. Dazu benutzt er ein Bild aus der von ihnen beiden geliebten Bach'schen Musik: Cantus firmus der vita christiana ist die Liebe zu Gott und seiner Ewigkeit, den Kontrapunkt bildet die irdische Liebe. Wie der cantus firmus in der Musik als vorgegebene Melodie die feste Grundlage für die kontrapunktische Bewegung der übrigen Stimmen darstellt, soll die Liebe zu Gott die Grundlage für das menschliche Leben in seinen verschiedenen Facetten sein.

---

[209] Vgl. WE 558: „Das ‚Für-andere-Dasein' Jesu ist die Transzendenzerfahrung ... unser Verhältnis zu Gott ist ein neues Leben im ‚Dasein-für-andere', in der Teilnahme am Sein Jesu. Nicht die unendlichen, unerreichbaren Aufgaben, sondern der jeweils gegebene erreichbare Nächste ist das Transzendente."

a) „Lasst in eurem Zusammensein den cantus firmus recht deutlich erklingen"

Bonhoeffer macht mit dem Bild von cantus firmus und Kontrapunkt als Erstes deutlich, dass die irdische Liebe im Rahmen des christlichen Lebens auf die Liebe zu Gott bezogen werden muss. Nur wenn der cantus firmus deutlich zu hören ist, d.h. die Liebe zu Gott und zur Ewigkeit die Lebensmelodie bildet, kann sich auch der Kontrapunkt, die erotische Liebe, kraftvoll entfalten. Darum Bonhoeffers Rat an Eberhard Bethge: „Ich wollte dich bitten, lasst in Eurem Zusammensein den cantus firmus recht deutlich erklingen, erst dann gibt es den vollen und ganzen Klang und der Kontrapunkt weiß sich immer getragen, er kann nicht abgleiten, er kann sich nicht lösen ..." (WE 441f.). Kenner von Bonhoeffers Werk werden bei diesen Worten an Aussagen seiner berühmten „Traupredigt aus der Zelle" denken, die er etwa ein Jahr vorher für Eberhard und Renate Bethge geschrieben hatte: „Indem Gott heute zu eurem Ja sein Ja gibt ... schafft er zugleich etwas ganz Neues: er schafft aus eurer Liebe – den heiligen Ehestand ... Nicht eure Liebe trägt die Ehe, sondern von nun an trägt die Ehe eure Liebe" (WE 75). Weil die irdische Liebe getragen wird von Gottes Liebe, kann sie nicht abgleiten und sich nicht auflösen. Anders ausgedrückt: Nur wenn zwei Liebende ein Ziel haben, das sie über ihre Liebe hinaus miteinander verbindet, wird sie Bestand haben und sich erneuern können, wenn sie einmal in eine Krise geraten ist. Bonhoeffer denkt also nicht daran, die irdische Liebe aus ihrer Bezogenheit auf die Liebe zu Gott und zur Ewigkeit zu entlassen. Im Gegenteil ist er der Überzeugung, dass sie nur von dort her ihre Ordnung, Dauer und Kraft gewinnt.

Wie aber sieht dieses Bezogensein konkret aus? Zum Bezogensein der irdischen Liebe auf Gott gehört die Anerkennung und Verwirklichung der Ordnung, die Gott in seinem Gebot für die Ehe gegeben hat (WE 75ff.): Die Bezogenheit der irdischen Liebe auf Gott wird konkret im Gehorsam gegenüber Gottes Gebot. Es ist hier nicht der Ort, die Gestalt der Ordnung zu diskutieren, die Bonhoeffer in seiner Ethik[210] und der schon erwähnten Traupredigt entworfen hat. Man hat den Eindruck, dass er bei manchen Aussagen wie etwa der Forderung, dass der Ort der Frau das Haus sei (WE 76f.), mehr von den Vorstellungen seines großbürgerlichen Elternhauses geprägt war als von biblischen Überzeugungen.[211]

Daneben wird der Bezug der irdischen Liebe zur Gottesliebe in Bonhoeffers Gebetspraxis sichtbar. Das Gebet, in dem sich die Liebe zu Gott konkretisiert, trägt Bonhoeffers irdische Liebe. Selbstverständlich betet er täglich für seine Verlobte und erwartet dies umgekehrt auch von ihr (Brautbriefe 152; 103). Auch von Eberhard Bethge erbittet er Fürbitte für Maria von Wedemeyer (WE 193) und für sich selbst. Die besondere Bedeu-

---

[210] DBW, Bd. 6, bes. 392–398.
[211] Vgl. Schindler, Verhaftet und verlobt, 166ff.

tung der Fürbitte hängt mit Bonhoeffers Überzeugung zusammen, dass sie in seinem Leben immer wieder positiv wirksam geworden ist: „Ich glaube, dass ich viel Bewahrung in meinem Leben der Fürbitte Bekannter und Unbekannter zu danken habe" (WE 573). Weil auch die irdische Liebe in den Herrschaftsbereich Christi gehört, ist es sinnvoll, im Gebet um ihre Bewahrung bitten.

b) „Volle Selbstständigkeit" des Kontrapunkts

Neben der Ausrichtung der irdischen Liebe auf die Liebe zu Gott, den Cantus firmus der vita christiana, betont Bonhoeffer als Zweites mindestens genauso stark die kontrapunktische „volle Selbstständigkeit" der irdischen Liebe. Damit die Liebe zu Gott und die irdische Liebe beide zu ihrem Recht kommen, müssen sie deutlich voneinander unterschieden bleiben – so wie in Christus die menschliche Natur von der göttlichen Natur geschieden bleiben muss, damit sie nicht von dieser verschlungen wird. Unter dem Kontrapunkt ist nach einem Lexikonartikel die Kunst zu verstehen, „die Stimmen eines mehrstimmigen Musikstücks selbstständig zu führen, insbesondere zu einer gegebenen Melodie, dem Cantus firmus, eine oder mehrere *melodisch selbstständige Gegenstimmen* zu finden."[212] Die Kunst der vita christiana besteht für Bonhoeffer darin, die anderen Stimmen des Lebens als Kontrapunkt neben dem cantus firmus selbstständig erklingen zu lassen.

Die „volle Selbstständigkeit" der anderen Stimmen ist sogar die Voraussetzung eines ganzheitlichen Lebens: „Wenn man in dieser Polyphonie steht, dann wird das Leben erst ganz ..." (WE 442). Im Hinblick auf die erotische Liebe heißt das: christlich ist nicht etwa ihre Temperierung, sondern ihre kräftige Entfaltung. „... auch in der Bibel steht ja das Hohe Lied und es ist wirklich keine heißere, sinnlichere, glühendere Liebe denkbar als die, von der dort gesprochen wird (cf. 7, 6!); es ist wirklich gut, dass es in der Bibel steht, all denen gegenüber, die das Christliche in der Temperierung der Leidenschaften sehen ..." (WE 441). Bonhoeffer wehrt sich darum auch gegen eine allegorische Auslegung des Hohenlieds, etwa im Sinne der Liebe der Seele zu Christus, wie sie die Mystik durchgängig vertreten hat. „Ich möchte es tatsächlich als irdisches Liebeslied lesen" (WE 460).

Er tritt leidenschaftlich für das eigene Recht der Erotik im menschlichen Leben ein. Im Unterschied zur Romantik und zu der sie vorbereitenden Eheauffassung Nikolaus Ludwig von Zinzendorfs[213] verzichtet Bonhoeffer dabei auf jegliche Verklärung bzw. Spiritualisierung der Erotik. Seine Ablehnung der Auffassung Zinzendorfs belegt deutlich die folgende Aussage: „Aber ... dass ein Mensch in den Armen seiner Frau sich nach dem Jenseits

---

[212] Art. Kontrapunkt, in: Der Neue Brockhaus, Bd. 3, 181, Hervorhebungen von P. Z.
[213] Vgl. zu Zinzendorfs Gedanken der „Prokuratorehe" im einzelnen Beyreuther, Ehe, 35–73; vgl. auch Zimmerling, Nikolaus Ludwig Graf von Zinzendorf, 48 ff.

sehnen soll, das ist milde gesagt eine Geschmacklosigkeit und jedenfalls nicht Gottes Wille. Man soll Gott in dem finden und lieben, was er uns gerade gibt ... Es ist Übermut, alles auf einmal haben zu wollen, das Glück der Ehe und das Kreuz und das himmlische Jerusalem, in dem nicht Mann und Frau ist" (WE 244f.). Bonhoeffer möchte analog zu den christologischen Bestimmungen des Konzils von Chalcedon die Vermischung der Liebe zu Gott und der erotischen Liebe verhindern, damit jeder Bereich des Lebens kraftvoll zu seinem Recht kommen kann. „Ich glaube, wir sollen Gott in unserem *Leben* und in dem, was er uns an Gutem gibt, so lieben und solches Vertrauen zu ihm fassen, dass wir, wenn die Zeit kommt und da ist – aber wirklich erst dann! – auch mit Liebe, Vertrauen und Freude zu ihm gehen" (WE 244). Beide Zitate belegen, dass Bonhoeffer, indem er das eigene Recht der menschlichen Erotik betont, keineswegs die Liebe zu Gott und zur Ewigkeit abwerten will.

Er ist aber der Überzeugung, dass nur derjenige, der ganz in der Welt lebt, auch ganz mit Gott verbunden sein kann: „Ich fürchte, dass die Christen, die nur mit einem Bein auf der Erde zu stehen wagen, auch nur mit einem Bein im Himmel stehen" (Brautbriefe 38). Übertragen auf die erotische Liebe heißt das: Nur ein Christ, der bereit ist, sich auf das Abenteuer der irdischen Liebe einzulassen, ist auch fähig, Gott und die Ewigkeit kraftvoll zu lieben. Lieben lernen können in ihrer jeweiligen Umgebung auch Ledige oder zölibatär Lebende, die sich zum Verzicht auf genitalen Sex verpflichtet haben. Nicht nur die Klarheit und Deutlichkeit des cantus firmus ist für Bonhoeffer Voraussetzung dafür, dass sich der Kontrapunkt so gewaltig wie möglich entfalten kann (WE 441), auch das Umgekehrte gilt: Ohne kräftigen Kontrapunkt bleibt der cantus firmus unklar und undeutlich.

Bonhoeffer hat nicht immer so gedacht. Ursprünglich meinte er, wegen seines Engagements in der Bekennenden Kirche für die Sache Jesu Christi auf die Ehe verzichten zu müssen. Mit dem Eintritt in die aktive Verschwörung begann er umzudenken. Vor allem die Liebe zu seiner Braut hat dazu beigetragen, dass er das „Vorletzte" nicht länger vorschnell zugunsten des „Letzten" aufgab.[214] Bonhoeffer versteht die Ehe als die Quelle, aus der die Kraft für den Einsatz im „Vorletzten" fließt. Das zeigt z.B. folgende Aussage aus den Brautbriefen: „Unsere Ehe soll ein Ja zu Gottes Erde sein, sie soll uns den Mut, auf der Erde etwas zu schaffen und zu wirken, stärken" (Brautbriefe 38). Die Ehe soll angesichts der Nazi-Dikatatur helfen, alle resignativen Gedanken zu vertreiben. Wie für Luther ist sie für Bonhoeffer ein „Zeichen des Vertrauens auf die Zukunft" (Brautbriefe 38).

Konkret wird dieses Ja zu Gottes Erde bei Bonhoeffer auch im Wunsch nach einem Kind (WE 237) und in der Erkenntnis, dass das Animalische ein unverzichtbarer Bestandteil des Menschen ist: „... ich möchte mir von

---

[214] DBW, Bd. 6, 137ff.

ihr [der Sonne] meine animalische Existenz erwecken lassen, nicht jenes Animalische, das das Menschsein erniedrigt, sondern das es aus der Muffigkeit und Unechtheit einer nur geistigen Existenz befreit und den Menschen reiner und glücklicher macht" (WE 502). Dass solche Aussagen Bonhoeffers nicht mit modernem sexuellen Libertinismus zu verwechseln sind, zeigt seine scharfe Ablehnung hemmungslosen Redens über sexuelle Dinge und filmischer Nacktszenen (WE 228; 509f.). Ganz im Gegenteil möchte er gerade im Hinblick auf sexuelle Dinge „Verhüllung und Geheimnis" gewahrt wissen (WE 228). Er geht davon aus, dass im status corruptionis „Verhüllung und Geheimnis" einen unverzichtbaren Schutz der menschlichen Persönlichkeit darstellen.

Bonhoeffer führt mit seinen Überlegungen zum Verhältnis von Gottesliebe und erotischer Liebe Anliegen von Luthers Theologie weiter. Luther sah im leiblichen Bereich keinen Gegensatz zum Geistigen, sondern erkannte, dass das Leibliche durch die Inkarnation von Gott zur Vermittlung des Heils in Dienst genommen worden ist. Analog dazu ist für Bonhoeffer mit der Inkarnation Christi das gesamte menschliche Leben unter die Herrschaft Gottes gekommen. Es gibt keinen Lebensbereich mehr, durch den der Mensch ihm nicht dienen könnte. Das gilt auch für die erotische Liebe. Bereits in der Ethik hatte Bonhoeffer geschrieben: „In der Ehe werden die Menschen eins vor Gott, wie Christus mit seiner Kirche eins wird … Solchem Einswerden gibt Gott den Segen der Fruchtbarkeit, der Erzeugung neuen Lebens. Der Mensch tritt mitschaffend in den Willen des Schöpfers ein."[215] Bonhoeffer geht damit berechtigterweise noch über Luther hinaus, indem er die augustinische Verbindung von Erbsünde und Sexualität auflöst.

2.4.5. Impulse Bonhoeffers für evangelische Spiritualität heute

Bonhoeffer hat zu Recht darauf hingewiesen, dass eine kraftvolle Bejahung des irdischen Lebens die Voraussetzung eines kraftvollen Glaubens an Gottes Ewigkeit ist. An der Konsequenz, mit der ein Christ ein Ja zum weltlichen Leben spricht, lässt sich ablesen, mit welcher Entschiedenheit er auch zu Gottes Willen Ja sagt. Denn „im Alltäglichen" lässt Gott sich finden; in der Liebe zum Nächsten liegt – ganz neutestamentlich (Mt 5, 21ff; 1. Joh 4, 20) – das Bewährungsfeld der Liebe zu Gott.

Manche Ausleger Bonhoeffers haben in der Vergangenheit allerdings übersehen, dass Gott für Bonhoeffer nicht nur im „Alltäglichen", sondern durchaus auch „im Fundamentalen" zu finden ist. Der Ewigkeitshorizont bleibt konstitutiv für seine Frömmigkeit.[216] Verantwortliches Handeln ist die Konsequenz seiner Christusbeziehung. Bonhoeffer sucht nicht nach ei-

---

[215] A.a.O., 58.
[216] So vor allem Robinson, Gott ist anders; Müller, Von der Kirche zur Welt; instruktive Auseinandersetzung mit beiden Ansätzen bei Mayer, Christuswirklichkeit, 291–302.

ner „emanzipierten" Weltwirklichkeit, sondern nach einer Weltlichkeit, die „christlich" und gleichzeitig „antiklerikal" ist (WE 353). Es geht ihm also nicht um eine Emanzipation der Frömmigkeit von Gott, sondern um ihre Befreiung von religiösen („klerikalen") Einkleidungen.

Von hier aus sind m. E. auch Bonhoeffers Gedanken zum Arkanum zu verstehen. Bereits in der „Nachfolge" hat er von der Verborgenheit christlichen Lebens gesprochen.[217] In den Briefen aus der Haft führt er diese Gedanken weiter.[218] Es geht ihm um eine Frömmigkeitsgestalt im Inkognito. Die Brautbriefe zeigen, wie er dieses Inkognito im Rahmen seiner Verlobung gelebt hat.[219] Als man ihm vorschlägt, während der Besuchszeiten mit seiner Verlobten eine kleine Andacht zu halten, lehnt er dies entschieden ab. Er will keine pietistisch geprägten Frömmigkeitsübungen mit ihr abhalten; vielmehr will er sie so erleben, wie sie „in Wirklichkeit und ohne Anstrengung und Bewusstsein" ist (Brautbriefe 152). Theologischer Grund dafür ist seine Überzeugung, dass Gott im Alltäglichen zu finden ist: „das ist viel ‚wichtiger' und ‚größer' als alles ‚Wichtige' und ‚Große'; denn es ist das wirkliche Leben, wie es aus der Hand Gottes quillt" (Brautbriefe 152).

Aus dem Zusammenhang ergibt sich, dass Bonhoeffer Frömmigkeitsübungen deswegen keineswegs grundsätzlich ablehnt. Er weiß sich mit seiner Verlobten in der Praxis der persönlichen Andacht und Fürbitte eins, wobei er dies nur indirekt – eben im Inkognito – zum Ausdruck bringt: „Es ist ja gar nicht so, dass ich irgendetwas ganz Besonderes, Großes, Wichtiges in dieser Stunde von dir haben will – wir wissen beide, was wir morgens und abends tun!" (Brautbriefe 152). M.E. müsste diese Zurückhaltung gegenüber Frömmigkeitsäußerungen und -übungen heute allerdings aufgegeben werden. Für Bonhoeffer und seine Verlobte war ein geistlich strukturierter Tagesablauf mit regelmäßigen Andachten, waren persönliche Schriftlesung und Gebet und war der Gottesdienstbesuch selbstverständlich. Maria von Wedemeyer kam aus einem von der Berneuchener Bewegung geprägten Elternhaus,[220] Bonhoeffer hat jahrelang eine geistliche Gemeinschaft (das Finkenwalder Predigerseminar und Bruderhaus) geleitet. Auf diesem Hintergrund war die Gefahr einer Überbetonung von Frömmigkeitsübungen vielleicht gegeben. Die Gegenwart sieht

---

217 So in der Auslegung von Mt. 6, 1ff.; vgl. DBW, Bd. 4, 150ff.
218 Immer noch am nächsten an der Sache sind m.E. Meuß, Arkandisziplin und Weltlichkeit bei Dietrich Bonhoeffer, 68–115, und Glenthøj, Was hat Dietrich Bonhoeffer zur Frage des Gottesdienstes im säkularen Zeitalter gesagt?.
219 Regine Schindlers Aussage, dass Bonhoeffer seine Liebe zu Maria und sein Reden von Gott nicht direkt verbunden habe, ist so nicht haltbar (Schindler, Verhaftet und verlobt, 164). Bonhoeffer hat im Gegenteil diese Liebe ständig theologisch reflektiert und vom Glauben her interpretiert. Das zeigt schon die häufige Rede von Gottes Führung im Zusammenhang mit der Verlobung.
220 Zur Herkunft Maria von Wedemeyers und zur Frömmigkeit des Elternhauses vgl. die Erinnerungen der Mutter: Wedemeyer, In des Teufels Gasthaus, bes. 213ff.; Mayer, Brautbriefe aus der Zelle, 54–83.

anders aus und erfordert andere Akzentsetzungen. In einer bis zu den aktiven Gemeindegliedern weithin säkularisierten Kirche, die das Engagement für die Gesellschaft in das Zentrum ihres Lebens gestellt hat, ist eine Erneuerung der Frömmigkeit dringend nötig. Die Sehnsucht nach geistlichen Erfahrungen ist unübersehbar. Müsste nicht aus diesen Gründen im Gegensatz zur Situation Bonhoeffers das Augenmerk gegenwärtig wieder mehr auf die Gestaltung des geistlichen Lebens gelegt werden?[221]

Auch Bonhoeffers Eintreten für die Eigenständigkeit der erotischen Liebe muss heute durch ein Bemühen in der umgekehrten Richtung ergänzt werden. Gerade ihre bleibende Bezogenheit auf die Liebe zu Gott und zur Ewigkeit ist neu herauszustellen. Wir sahen, dass Bonhoeffer nie an eine Emanzipation der erotischen Liebe von Gottes Gebot gedacht hat. Im Gegenteil konnte er sie sich nur als kraftvollen Kontrapunkt vorstellen, wenn auch der cantus firmus klar und kräftig erklang. Seine Gedanken über die Diesseitigkeit des Christentums sind missverstanden, wo man sie als Aufforderung zur Eigengesetzlichkeit deutet. Ein solches Verständnis widerspricht Bonhoeffers eigener Definition: „Nicht die platte und banale Diesseitigkeit der Aufgeklärten, der Betriebsamen, der Bequemen oder der Lasziven, sondern die tiefe Diesseitigkeit, die voller Zucht ist, und in der die Erkenntnis des Todes und der Auferstehung immer gegenwärtig ist, meine ich" (WE 541). Dietrich Bonhoeffer betrachtete die Ehe als von Gott eingesetztes Mandat.[222] Dass sie ihren Grund in Christus findet (WE 79), zeigt, dass Bonhoeffer schöpfungstheologische Ansätze christologisch neuinterpretiert hat. Die christologische Begründung der Ehe in gegenwärtige Diskussionen einzubringen, wäre eine wichtige Aufgabe auf dem Weg, die Beziehung zwischen irdischer Liebe und Gottesliebe neu herauszuarbeiten.

Angesichts zunehmender Beziehungskrisen sollte die Heilkraft der Spiritualität für das menschliche Leben herausgestellt werden (bes. die charismatische Seelsorge bemüht sich in ihrem Konzept der sog. „inneren Heilung", entsprechende Erkenntnisse für die seelsorgerliche Praxis fruchtbar zu machen[223]). In der Liebe Gottes zum Menschen und in der Liebe des Menschen zu Gott steckt ein von den christlichen Gemeinden noch nicht hinreichend entdecktes oder gar ausgeschöpftes Befreiungs- und Heilungspotenzial angesichts zerbrechender oder bereits zerbrochener menschlicher Beziehungen. Die Erfahrung der Liebe Gottes eröffnet einen Raum der Freiheit und Geborgenheit, in dem ein Mensch zu seiner Vergangenheit stehen, Vergebung erfahren und einen Neuanfang wagen kann.[224]

---

[221] So auch Uhle-Wettler, Bleibende Impulse Dietrich Bonhoeffers für das heutige Fragen nach Gott, 61–72, bes. 67ff.
[222] DBW, Bd. 6, 58.
[223] Vgl. Payne, Heilende Gegenwart.
[224] Vgl. dazu Brautbriefe 176f.

Lesehinweise

Eberhard Bethge, Dietrich Bonhoeffer. Theologe, Christ, Zeitgenosse, München 1967 (viele Auflagen).
Wolf-Dieter Zimmermann, Wir nannten ihn Bruder Bonhoeffer. Einblicke in ein hoffnungsvolles Leben, Berlin 1995.
Dietrich Bonhoeffer, Widerstand und Ergebung. Briefe und Aufzeichnungen aus der Haft, hg. von Christian Gremmels u. a., DBW, Bd. 8, Gütersloh 1998 (auch als Taschenbuch).
Brautbriefe Zelle 92. Dietrich Bonhoeffer, Maria von Wedemeyer 1943–1945, hg. von Ruth-Alice von Bismarck/Ulrich Kabitz, München 1992 (auch als Taschenbuch).
Dietrich Bonhoeffer Lesebuch, hg. von Otto Dudzus, München 1985 (verschiedene Auflagen).
Rainer Mayer/Peter Zimmerling (Hg.), Dietrich Bonhoeffer aktuell. Biografie, Theologie, Spiritualität, Gießen 2001.

3. Zur Situation heute

3.1. Die Wiederkehr der Religion[1]

3.1.1. Die Entstehung einer religiösen Alternativkultur neben den Kirchen

Drei selbst erlebte Beispiele mögen die gegenwärtig zu beobachtende Wiederkehr der Religion schlaglichtartig beleuchten. Ein erstes Beispiel: Bei einer Tagung über ostkirchliche Spiritualität komme ich mit einer Teilnehmerin ins Gespräch. Sie ist ungefähr 60 Jahre alt und meint, dass das Gehörte sie sehr angesprochen habe. Dann erzählt sie, dass sie von Zeit zu Zeit zusammen mit einigen Freundinnen ein Wochenende verbringe, zu dem sie eine Frau einladen, durch die der Erzengel Immanuel zu ihnen spreche. Auf meine Nachfrage, woher sie denn wüsste, dass das der Erzengel Immanuel sei, erklärt sie, dass er sich durch das Medium so vorgestellt habe. Immanuel deute ihnen ihr bisheriges Schicksal und helfe ihnen, die richtigen Entscheidungen im Hinblick auf ihr Alter zu treffen. Später erfahre ich, dass die Erzählerin ein schweres familiäres Schicksal erlitten hat und in den Weisungen des Erzengels Trost und Halt für ihr Leben sucht.

Ein zweites Beispiel: Ich nehme im Auto einen jungen Mann aus der Nachbarschaft zur Universität mit. Während des Gesprächs stellt sich heraus, dass er Mathematik studiert. Als er erfährt, dass ich Theologe bin, äußert er sich spontan höchst positiv, geradezu enthusiastisch über die Bedeutung von Religion und erzählt mir, dass er seit einigen Semestern bei einem indischen Meister Meditationsunterricht nimmt. Durch diesen habe er endlich seine innere Mitte gefunden. Der Meister sei – neben der Partnerin – zum wichtigsten Menschen in seinem Leben geworden.

Das dritte Beispiel handelt von einem Besuch im Fußballstadion des Bundesligavereins Werder Bremen, das sich bei näherem Hinsehen als Kultveranstaltung im säkularen Kontext erweist. Schon die Hinfahrt gerät zur Einstimmung auf das Fußballspiel. Je näher man dem Stadion kommt, desto mehr Fans in anderen Autos begegnen einem. Die Besucher und Besucherinnen werden zum Teil einer großen Fangemeinde. Bevor das Stadion betreten wird, pilgert man an ungezählten Ständen vorbei, wo – zu übertreuerten Preisen – Hemden, Bleistifte, Geldbörsen mit dem Emblem der jeweiligen Fußballmannschaft angeboten werden, ein schwunghafter „Devotionalienhandel". Im Stadion selbst nehmen die Besucher bestimmte

---

[1] Die folgenden Überlegungen decken sich weithin mit meinem Beitrag: Zimmerling, Spirituelle Sehnsüchte heute, 16–34.

Plätze ein, deren Lage Zugehörigkeit symbolisiert. In der jeweiligen Fankurve sitzen nur Anhänger und Anhängerinnen *einer* Mannschaft. Schon vor Spielbeginn wachsen die Zuschauer im Stadion zu einer Kultgemeinde zusammen: Es wird eine regelrechte Liturgie zelebriert. Alle wissen, wann mit dem Schlüsselbund gerasselt werden muss; alle können die entsprechenden Lieder auswendig singen. Während des Spiels weiß jeder, wann bestimmte Schlachtrufe auszustoßen sind und wann zu sitzen bzw. aufzuspringen ist. – In bundesdeutschen Fußballstadien kommt es zu einer Sakralisierung des ursprünglich völlig säkularen Fußballsports.

Die drei Beispiele sind herausgegriffen aus einer Fülle ähnlicher Erfahrungen. Bei aller Unterschiedlichkeit im Einzelnen deuten sie auf eine Wiederkehr der Religion. Der katholische Theologe Josef Sudbrack, ein ausgewiesener Kenner gegenwärtiger religiöser Kultur, erklärte schon 1987: „Eines der großen Zeichen unserer Zeit ist dies: Das Gespräch um die Religion oder Religiosität oder Spiritualität (wie man es auch nennt), ist wieder in Gang gekommen."[2] In der gleichen Linie liegt die Feststellung des evangelischen Theologen Werner Thiede: „Nicht der Säkularismus oder platte Nihilismus hat zahlreicher Prognosen zum Trotz am Ende des zweiten Jahrtausends das Heft in der Hand; nein irreligiös ist man nicht unbedingt geworden. Postmoderne Kultur gibt sich ‚postreligiös'."[3] Die Erscheinungsbilder postmoderner Religiosität sehen dabei sehr unterschiedlich, ja sogar widersprüchlich aus. Sie reichen von eher esoterisch geprägten Formen bis zu einer Zerstreuung der Religiosität in der Alltagswelt. Seit dem Ende der 60er-Jahre hat sich ein regelrechter Markt der religiösen Möglichkeiten gebildet. „Es ist vor allem die rasante Ausbreitung von Esoterik und Okkultismus, die unsere kulturelle Lage heute kennzeichnet ... Astrologie in trivialen oder ‚höheren' Formen, Psychokulte aller Art, Reinkarnationsglaube in vielen Spielarten, Reinkarnationstherapien, magisch-okkulte Praktiken, Hexenglaube, mythologisch sich begründender Feminismus, Faszination von östlicher Spiritualität und Mystik in unzähligen Facetten, indianische Mythen, Schamanismus, vor allem aber der Glaube an die Wendezeit zum ‚New Age' ..."[4]

Welche *Merkmale* besitzen die *esoterisch* geprägten Formen der „neuen Religiosität"? Sie bieten in einer vom Individualismus geprägten Gesellschaft „das Vergnügen, seine eigene Religion zu haben".[5] Soziologisch sind diese Formen deshalb als *„vagabundierende Religiosität"* zu bezeichnen: Der Einzelne wählt sich seine Religion aus einem reichen Warenhausangebot an Sinndeutungsmustern frei aus.[6] Alle neu-religiösen Gruppen, Strömun-

---

[2] Sudbrack, Neue Religiosität, 214.
[3] Thiede, Esoterik, 9.
[4] Küenzlen, Das Unbehagen an der Moderne, 204f.; vgl. im Folgenden auch a.a.O., 204ff.; Sudbrack, Neue Religiosität, 196ff.
[5] Barbara Frischmut, zit. nach: Küenzlen, Das Unbehagen an der Moderne, 215.
[6] Küenzlen, Das Unbehagen an der Moderne, 206; vgl. auch Peter L. Berger, Pluralistische Angebote, 33–48.

gen und Tendenzen verheißen dem Menschen eine sinnvolle Existenz, Orientierung und eine ganzheitliche Sicherung des Ichs.[7] Die Vergewisserung geschieht dabei über das subjektive, emotional geprägte religiöse Erlebnis, und nicht mehr – wie im traditionellen Christentum – über ein verbindliches Glaubenswissen:[8] Nicht Dogmen, sondern religiöse *Erlebnisse* bilden den Kern der neuen Religiosität.[9] Ort der religiösen Vergewisserung ist das Individuum, das die religiösen Erfahrungen macht. Die Erlebnisse sehen sehr unterschiedlich aus: Es geht um Bewusstseinserweiterung, Selbsterfahrungen, Selbstverwirklichung, Psychedelik und kosmische Einheitserfahrung.[10] In jedem Fall ist damit jedoch eine Privatisierung der Religion verbunden. Persönliche Erlebnisse lassen sich nämlich kaum, wie etwa Dogmen, für alle verbindlich erklären. Zudem lenkt die Ausrichtung auf persönliche Erlebnisse den Blick von der Gesellschaft weg auf den Einzelnen. Das Religiöse wird zunehmend in Nischen und „Randzonen der Gesellschaft" abgedrängt.[11] Charakteristika der neuen Religiosität sind also: 1. Verankerung der Religion in der Erfahrung. 2. Ort der religiösen Vergewisserung ist jeweils das Individuum, das die religiösen Erfahrungen macht. 3. Die Anhänger der neuen Religiosität zeichnet ein institutionskritischer Zug aus. 4. Die neue Religiosität vertritt keine klaren theologischen Wahrheitsansprüche.

Eine wesentliche Konsequenz des Auftretens der neuen Religiosität besteht für die Kirchen darin, dass sie ihr religiöses Monopol *verloren* haben: Kirche und Religion sind nicht mehr deckungsgleich, sondern klaffen immer weiter auseinander. Die „neue Religiosität" entwickelt sich im Wesentlichen neben den Kirchen und an ihnen vorbei, auch wenn ein beachtlicher Teil ihrer Mitglieder auf dem Gebiet der Spiritualität und der neuen Religiosität Erfahrungen aufzuweisen hat: Z.B. zeigt die EKD-Mitgliedschaftsuntersuchung von 1993, dass 28% der westdeutschen Kirchenmitglieder eigene Erfahrungen mit einem bunten Spektrum religiöser, esoterischer und spiritueller Praktiken und Weltanschauungsangebote gemacht hat. Bei den jüngeren Befragten zwischen 18 und 39 Jahren liegt der Anteil sogar bei 34%.[12]

Mit den esoterisch geprägten Formen der neuen Religiosität ist die gegenwärtige Situation allerdings noch nicht hinreichend beschrieben. Inzwischen ist die Entwicklung nämlich weitergegangen. Eine Wiederkehr der Religion ereignet sich zusätzlich auf einer ganz anderen Ebene. Der Freiburger Soziologe Michael Ebertz beobachtet eine *„Dispersion des Religiösen"* in unserer Gesellschaft, „seine Verteilung auf ganz unterschiedliche Orte, Anbieter und Sozialformen".[13] Zerstreute Religiosität zeigt sich da-

---

[7] Mit Küenzlen, Das Unbehagen an der Moderne, 206.
[8] Vgl. a.a.O., 215; Sudbrack, Neue Religiosität, 202ff.
[9] Zum Problem der naiven Berufung auf „Erfahrung" aufschlussreich Wiehl, Metaphysik und Erfahrung, 9ff.
[10] Aichelin, Das Wiedererwachen des Mythos, 24–26.
[11] Lübbe, Religion nach der Aufklärung, 96–106.
[12] Fremde Heimat Kirche, 10f.
[13] Ebertz, Erosion der Gnadenanstalt?, 155ff.

bei vor allem im Bereich des Konsums und der Freizeitkultur.[14] Im Zusammenhang mit der Werbung tauchen religiöse Elemente an Orten auf, wo man sie nicht vermutet hätte. „Eternity" – Ewigkeit nennt Calvin Klein sein Parfum. Ikonengleich schaut ein Paar auf dem dazugehörenden Werbeplakat auf den Betrachter. Im Magazin der Deutschen Bahn AG „Zug" wird für ein „westfälisches Abendmahl" geworben. Dieses umfasst westfälischen Knochenschinken, Pumpernickel und gesalzene Rollenbutter. Zu der Verwendung von religiösen Begriffen tritt die kultische Präsentation. Engel und Götter bzw. Göttinnen werben für bestimmte Auto- und Schuhmarken. Schließlich erweckt auch das Versprechen, durch den Genuss eines Produktes – wie Zigaretten – besondere Sinnerlebnisse machen zu können, religiöse Assoziationen. Produkte werden zu Garanten von Lebensgewissheiten und -wahrheiten.

Auch im Bereich von Tourismus, Kunst und Sport lässt sich mühelos eine Vielzahl religiöser Elemente ausmachen. Die architektonische Gestaltung von Bahnöfen und Flughafenhallen zeigt häufig eine regelrechte Sakralisierung. Urlaubsreisen besitzen im Bewusstsein vieler Zeitgenossen die Bedeutung mittelalterlicher Pilgerfahrten. Von ihnen erwartet man besondere Erlebnisse und erhofft sich die Erschließung neuer Kraftquellen für den grauen Alltag. Der Filmpalast wird zum Kultkino, das Rockkonzert zum Ort, wo Ekstasen erlebt und Idole verehrt werden. Zu Kunstausstellungen werden Massenwallfahrten unternommen – wie in früheren Zeiten zu den Gnadenbildern und Reliquien der Kirche. Dass auch Sportveranstaltungen kultischen Charakter annehmen können, habe ich am Beispiel eines Fußballspiels der Bundesliga schon gezeigt.

Welche Ursachen und Hintergründe sind für die Wiederkehr der Religion in der Gegenwart verantwortlich?

3.1.2. *Ursachen und Hintergründe*

Genauso verschieden, wie sich die Erscheinungsbilder postmoderner Religiosität darstellen, lässt sich auch ein höchst unterschiedliches Ursachenbündel für die Wiederkehr der Religion ausmachen. Es reicht vom „Unbehagen an der Moderne" über die postmoderne Unübersichtlichkeit bis hin zur Erlebnisorientierung der gegenwärtigen Kultur.

a) Die Krise der Moderne

Eine wesentliche Ursache für die neu erwachte spirituelle Sehnsucht vieler Zeitgenossen ist „das *Unbehagen an der Moderne*", verursacht durch „eine Krisis der Gestaltungsmächte der Neuzeit".[15] „Die in der Kultur des Westens

---

[14] Vgl. hier und im folgenden Nüchtern, Die (un)heimliche Sehnsucht nach Religiösem, 49 ff.
[15] Küenzlen, Das Unbehagen an der Moderne, 187–222; Zitate von 187.202 (Hervorhebung von P. Z.).

bisher tragenden Sinndeutungen, religiöser oder säkular-diesseitiger Art, erreichen eine zunehmende Zahl bewusst lebender Zeitgenossen nicht mehr."[16] An welche Sinndeutungen ist dabei zu denken? Einmal gehört dazu das traditionelle kirchliche Christentum, zum anderen sind darunter die moderne Wissenschaft mit ihrer Umsetzung in der Technik, politisch-revolutionäre Ideologien und die Idee der Selbstvervollkommnung des Menschen zu verstehen. Ein anhaltender Säkularisierungsprozess hat vornehmlich in Europa, aber auch in den anderen westlichen Industrienationen seit dem 18. Jahrhundert zu einem weitgehenden *Bedeutungsverlust des traditionellen kirchlichen Christentums* geführt: „Vielleicht zum ersten Mal in der Geschichte haben religiöse Legitimationen der Welt ihre Plausibilität nicht nur für eine Hand voll Intellektueller und anderer gesellschaftlicher Randfiguren verloren, sondern für die breiten Massen ganzer Gesellschaften."[17] Zur Krise des kirchlichen Christentums durch die Säkularisierung kommt seine Infragestellung aufgrund der *„Krise des klassischen Theismus"*[18]. Die volkskirchliche Religiosität beruht auf einem kulturellen Kompromiss. Dieser besteht darin, dass die vernünftige Alltagsbewältigung, Recht, Wirtschaft und Politik von den religiösen Sinn- und Zielfragen der Existenz getrennt werden. Nur die existenziellen Fragen sind der Volkskirche zur Verwaltung anvertraut. Das theistische Gottesbild lässt den Gläubigen im Alltag letztlich allein. Konkrete Gotteserfahrungen sind in seinem Rahmen nicht denkbar.[19] Spirituell Interessierte befriedigen die Antworten des klassischen Theismus nicht mehr. Sie wollen Gott nicht so sehr denken, sie wollen ihn vielmehr erleben. Die von den Volkskirchen vertretene Religiosität erscheint ihnen darum überholt.[20]

Der Säkularisierungsvorgang wurde begleitet vom „Aufkommen neuer säkularer diesseitiger Glaubensmächte"[21]. Seit dem Ende der 60er-Jahre sind jedoch auch diese säkularreligiösen Sinnversprechen und Erlösungshoffnungen nach und nach in eine fundamentale *Krise* geraten.[22] Ausgelöst durch die Ölkrise Anfang der 70er-Jahre erhielt der mit einem unbegrenzten Vertrauen in die Wissenschaft verbundene *moderne Fortschrittsglaube* einen empfindlichen Riss. Heute kann man von einem regelrechten kulturellen Bedeutungsschwund der Wissenschaft sprechen.[23] Der Glaube, dass die Wissenschaft und die auf sie gründende Technik menschliches Glück garantieren oder fördern können, hat weithin seine Überzeugungskraft verloren. Spätestens mit dem Scheitern des realexistierenden Sozialismus büßten auch die *politisch-revolutionären Ideologien* ihre Kraft ein. Mit

---

[16] A.a.O., 187.
[17] Peter L. Berger, zit. nach: Küenzlen, Das Unbehagen an der Moderne, 192.
[18] Mit Welker, Kirche im Pluralismus, 37ff. (Hervorhebung von P. Z.).
[19] Vgl. im einzelnen Kelsey, Encounter with God, 15ff.
[20] Hemminger, Religiöses Erlebnis – Religiöse Erfahrung – Religiöse Wahrheit, 3.
[21] Küenzlen, Das Unbehagen an der Moderne, 192.
[22] Vgl. a.a.O., 201.
[23] Mit Tenbruck, Die Glaubensgeschichte der Moderne, 1–15, bes. 11ff.; Lübbe, Religion nach der Aufklärung, 19ff.; vgl. Küenzlen, Das Unbehagen an der Moderne, 200.

dem Vertrauensverlust der Wissenschaften und der politischen Utopien geriet schließlich auch das *Projekt des neuen Menschen* in die Krise.

Die Folge der beschriebenen Entwicklungen ist, dass die Menschen der westlichen Industrienationen sich in einer von elementarer *Orientierungsunsicherheit* geprägten Situation,[24] eben in einer „Risikogesellschaft" (Ulrich Beck) wieder finden.[25] Aber nur wenige scheinen ohne Religion oder andere Tiefenbindungen leben zu können.[26] Sehr schnell setzte nach dem Scheitern der Studentenrevolte von 1968 und der damit verbundenen gesellschaftlichen Utopien und den aufgrund der Erdölkrise zutage getretenen Grenzen des Wachstums ein *neues Interesse* an Religiosität und Spiritualität ein.[27]

b) Die „neue Religiosität" als Produkt der Postmoderne

Eine weitere Ursache für die neue Sehnsucht nach Religiosität besteht im postmodernen Pluralismus. Trotz ansonsten gegensätzlicher Positionen in der Postmoderne-Debatte lässt sich als Konsens festhalten: *Die Postmoderne kennt nicht mehr den Boden einer gemeinsamen Überzeugung.* Bereits die Definition der Grundüberzeugungen ist in den unterschiedlichen sozialen Gruppen und Kleingruppen verschieden. Zum postmodernen Denken gehört wesentlich, „dass der Anspruch von ‚Wahrheit' grundsätzlich zu bestreiten ist",[28] ohne dass deswegen die postmoderne prinzipielle Skepsis

---

[24] Künzlen nennt als zusätzliche Ursachen dieser Orientierungsunsicherheit die ungewisse Zukunft und eine umwälzende Fortentwicklung moderner Technologien neben den bereits beschriebenen fehlenden religiösen oder säkularen Sinngebungsinstanzen (ders., Das Unbehagen der Moderne, 202f.).

[25] Vgl. dazu im einzelnen Beck, Risikogesellschaft. Auf dem Weg in eine andere Moderne.

[26] So auch Dahrendorf, Eine große, universelle Sicht, 10. Auch Dietrich Bonhoeffer scheint sich mit seiner Prognose eines religionslosen Zeitalters geirrt zu haben (vgl. dazu jedoch die differenzierte Darstellung von Rainer Mayer, Hat sich Bonhoeffer geirrt?, 174–196: „Gewiss konnte Bonhoeffer die heutigen neuen religiösen Bewegungen nicht voraussehen. Da sein Urteil aber nicht primär zeitgeschichtlich, sondern in erster Linie systematisch zu verstehen ist, wird die Aussageabsicht Bonhoeffers durch die Wiederkehr der Religion und der Mythen keineswegs in Frage gestellt, vielmehr wird seine Sicht bestätigt … Das zentrale Charakteristikum, das Bonhoeffer für Religionslosigkeit, Mündigkeit, Weltlichkeit anführt, nämlich *die Entwicklung hin zur Autonomie*, hat sich trotz der wiederkehrenden Religiosität in der Gegenwart voll bestätigt … Das Religiöse ist partiell, es nimmt den Menschen nur teilweise in Anspruch" (189ff.).

[27] In dem 1969 von Peter L. Berger veröffentlichten Buch „Auf den Spuren der Engel" vertrat er zur damaligen Zeit als einer der ersten die These, dass es eine Wirklichkeit gibt, die unsere Alltagswirklichkeit transzendiert, d.h. von absoluter Bedeutung für den Menschen ist. (Eine Diskussion über Bergers Transzendenzbegriff kann hier unterbleiben, da ich nur auf die Tatsache hinweisen möchte, dass Berger mit dieser These das herkömmliche moderne Wirklichkeitsverständnis radikal in Frage stellte.) Die Wurzeln dieses neuen religiösen Interesses reichen sogar noch weiter zurück. Es entstand Anfang der 60er Jahre zeitgleich mit der Hippie- und Avantgarde-Kultur und mit sozialistischen Kommunen in Nordamerika.

[28] Künzlen, Kirche und die geistigen Strömungen der Zeit, 19. Vgl. dazu die Vordenker der Postmoderne wie Leslie A. Fiedler (Überquert die Grenze, schließt den Graben! Über die Postmoderne, 57–74) und Jean-François Lyotard (Beantwortung der Frage: Was ist postmodern?, 193–203; ders., Die Moderne redigieren, 204–214).

wahrheitsfeindlich sein müsste. „Pluralität ist ... das Herzwort der Postmoderne ... Indem die Postmoderne nicht nur unsere Höhen, sondern auch unsere Tiefen betrifft, entfaltet sie eine Pluralität, die – anders als im lauen herkömmlichen Pluralismus – auf Elementarfragen durchschlägt. Sie ist nicht mehr durch den Boden einer gemeinsamen Überzeugung getragen und entschärft, sondern tangiert die Definition noch eines jeden solchen Bodens."[29] Gegenüber dem Pluralitätsverständnis der Moderne findet damit eine signifikante *Radikalisierung* statt. Für die meisten Zeitgenossen stellt sich der gegenwärtige Pluralismus als „*neue Unübersichtlichkeit*"[30] bzw. als Sinnkrise dar. Anstelle des Religionsprivilegs der Volkskirchen und der säkularen Heilsgewissheiten der Moderne ist die Gleichzeitigkeit und Unübersichtlichkeit sich widersprechender säkularer und religiöser Orientierungsangebote getreten.[31]

Neben dem Pluralismus zeichnet sich die postmoderne Situation durch einen ausgesprochenen *Individualismus* aus. Ulrich Beck konstatiert für die letzten Jahrzehnte einen Individualisierungsschub bisher ungekannten Ausmaßes in den westlichen Industriegesellschaften.[32] Dieser Prozess hat eine Reihe von gewichtigen Folgen für die Gesellschaft und den Einzelnen. Dazu gehört die *Fragmentierung* der Gesellschaft in eine Vielzahl von sozialen Subgruppen und ein damit verbundener *Schwund der Bindekraft* von Institutionen, der auch vor den Kirchen nicht Halt macht und zu einer zunehmenden Entinstitutionalisierung der Religion führt. Das Handeln des Einzelnen wird nicht mehr von einer gesellschaftlichen Klasse bestimmt, sondern von *ihm selbst*. Die Konzentration auf persönliche spirituelle Erlebnisse in neueren religiösen Bewegungen entspricht genau diesem Subjektivismus der Postmoderne. Eine Konsequenz besteht z.B. darin, dass der hierarchische Amtsträger für den Glauben nur noch eine untergeordnete Rolle spielt.

Für viele Menschen ist die „vollmobile Single-Gesellschaft" der Postmoderne nur schwer zu bewältigen. Zusammen mit den globalen Risiken, die alle Mitglieder der Weltgesellschaft gleichermaßen betreffen, führt das zur zentralen Rolle der *Angst* in der Biografie vieler Menschen. Angesichts der postmodernen „Risikogesellschaft" erscheinen die neueren religiösen Aufbrüche als *Sicherungsbewegungen*. Spirituelle Erlebnisse werden betont und von den Mitgliedern der Bewegungen als Antwort auf die postmoderne Vergewisserungssehnsucht empfunden. Gerade fundamentalistische Gruppen bieten verunsicherten Zeitgenossen ein ersehntes Kontrastprogramm zu der als unübersichtlich empfundenen Postmoderne an.[33]

---

[29] Welsch, Wege aus der Moderne, 13f.
[30] Vgl. den von Jürgen Habermas gebrauchten Titel: Die Neue Unübersichtlichkeit. Kleine politische Schriften V; dazu: ders., Die Moderne – ein unvollendetes Projekt, 177–192; vgl. auch Welsch, Unsere postmoderne Moderne, 161ff.
[31] Vgl. dazu Küenzlen, Kirche und die geistigen Strömungen, 15.
[32] Beck, Risikogesellschaft, 121ff.
[33] S. Kap. 3.6.

Ein weiteres Merkmal postmoderner Weltauffassung ist auch der Prozess zunehmender *Veraltungsgeschwindigkeit* als Ergebnis der Gegenwartsschrumpfung, in die auch das jeweils kulturell Aktuelle hineingerissen ist.[34] Neuere religiöse Bewegungen sind auch an dieser Stelle von postmodernen Entwicklungen beeinflusst. Die Sehnsucht nach spirituellen Erlebnissen droht in eine Sucht nach immer neuen außerordentlichen Phänomenen umzuschlagen, wobei die jeweils neuen Phänomene schnell veralten.[35]

Der Veraltungsgeschwindigkeit entspricht ein verstärkt seit den 68ern zu beobachtender *Traditionsabbruch* mit hohen Traditionsverlusten. Auch dieser postmoderne Traditionsabbruch wirkt in neureligiöse Bewegungen hinein: Sie meinen, ganz auf abendländische spirituelle Traditionen verzichten zu können. Stattdessen importieren sie spirituelle Traditionen aus anderen Kulturkreisen, meist aus dem Fernen Osten stammend wie Hinduismus und Buddhismus.

Zur Postmoderne gehört schließlich eine *Internationalisierung* und *Globalisierung* aller Gebiete des menschlichen Lebens; eine Entwicklung, die durch die audiovisuellen Massenmedien unaufhaltsam voranschreitet. Neuere religiöse Bewegungen mit ihrer globalen Ausbreitung und internationalen Vernetzung[36] entsprechen diesem Zug postmodernen Lebens eher als die lokal geprägten und begrenzten evangelischen Landeskirchen, die häufig erst recht mühsam ihre ökumenische und globale Verantwortung erkennen und wahrnehmen.

c) Die „neue Religiosität" als Teil der Erlebnisgesellschaft

Schließlich hängt die Wiederkehr der Religion auch mit der Erlebnisorientierung der postmodernen Gesellschaft zusammen. Gerhard Schulze hat in einer groß angelegten soziologischen Untersuchung die These aufgestellt, dass die postmoderne Gesellschaft eine durchgängige *Erlebnisorientierung* auszeichnet:[37] „Der kleinste gemeinsame Nenner von Lebensauffassungen in unserer Gesellschaft ist die Gestaltungsidee eines schönen, interessanten,

---

[34] So Hermann Lübbe, zit. nach Küenzlen, Kirche und die geistigen Strömungen, 15; kritisch dazu Welsch, (ders., Unsere postmoderne Moderne, 204f.), der in der „Innovationsobsession" ein Charakteristikum der Moderne sieht, während die Postmoderne von der Gleichzeitigkeit aller Möglichkeiten her zu definieren sei – eine Entgegensetzung, die mir nicht recht einleuchtet.

[35] Das hat z.B. Siegfried Großmann im Hinblick auf die charismatischen Bewegungen der Gegenwart nachgewiesen: vgl. dazu ders., Charismatische Erneuerung und Pfingstbewegung, 74ff. Es lässt sich eine Linie hin zu immer spektakuläreren angeblichen Geisterfahrungen von der Zungenrede über die Glaubensheilung, das Ruhen im Geist, die geistliche Kriegführung bis zum sogenannten Toronto-Segen mit seinen verschiedenen Phänomenen wie Umfallen, unkontrollierte Bewegungen, Weinen, Schreien und Lachen beobachten.

[36] Für die charismatischen Bewegungen kann man leicht am Auftreten der sogenannten Toronto-Phänomene zeigen, wie stark diese Bewegungen international verbunden sind. Nach Toronto kamen und kommen Besucher aus aller Welt und nehmen Impulse des dort Erlebten in ihre Gemeinden mit (Hempelmann, Der Segen von Toronto, 99).

[37] Schulze, Die Erlebnis-Gesellschaft.

subjektiv als lohnend empfundenen Lebens."[38] Nicht mehr die Außenorientierung auf eine zu vollbringende Leistung bestimmt den Lebensentwurf, sondern die Innenorientierung auf das „Projekt des schönen Lebens": „Das Projekt des schönen Lebens ist das Projekt, etwas zu erleben."[39] Der postmoderne Mensch will Leid vermeiden, um dadurch Zeit zu sparen und das Leben voll auszukosten: „Der Zeitgewinn der rasenden Lebensart beruht gerade darauf, dass der Mensch die annehmlichen Seiten des Lebens abschöpft und die schmerzvollen eliminiert.[40] Der Erwartungshaltung, etwas Schönes zu erleben, korrespondiert ein immer reicher werdendes Angebot an Erlebnismöglichkeiten. Angebot und Nachfrage sind dabei strukturell auf eine immer größere Entfaltung hin angelegt.

Die postmoderne Erlebnisorientierung besitzt für den Einzelnen allerdings auch eine Reihe von negativen Seiten.[41] Die Erlebnisgesellschaft ist immer auch *eine „Multioptionsgesellschaft"*[42]: Aufgrund des progressiven Erlebnisangebots ist der Einzelne gezwungen, permanent Entscheidungen zu treffen. Für viele Menschen stellt dies eine psychische Überforderung dar. Dazu tritt eine weiteres Problem: „Statt sich Befriedigung zu verschaffen, vergrößern die Nachfrager ihren Erlebnishunger umso mehr, je mehr sie ihn zu stillen versuchen."[43] Die gesteigerte Erwartungshaltung produziert notwendig eine Überforderung der Angebote und eine daraus resultierende *Enttäuschung*.[44] „Auf der Suche nach dem verlorenen Reiz braucht man stärkere Dosen und erlebt weniger. Für die schönen Erlebnisse gilt dieselbe Paradoxie wie für andere Werte: Was erstrebenswert ist, fordert zur Anhäufung heraus, damit aber auch zu seiner Inflationierung."[45] Neben dem Problem von Überforderung und Enttäuschung lässt sich eine zunehmende Scheu vor Festlegungen beobachten: Die Optionsvielfalt, die zu einer scheinbaren Entgrenzung der Wahlmöglichkeiten führt, suggeriert eine unendliche Fülle anderer Möglichkeiten, woraus nicht selten die Angst resultiert, durch Selbstfestlegung etwas zu verpassen.

Die *Erlebnissehnsucht* vieler Menschen ist nur zu verständlich. Sie wird bedingt durch den allgemeinen Erfahrungsverlust aufgrund der Überlagerung der Natur durch die technische Zivilisation. Dazu tritt die zunehmende Vermassung des Menschen, der nicht mehr als Person, sondern nur noch quantitativ, von seiner Funktion im Arbeitsprozess her interessant ist.[46]

---

[38] A.a.O., 37.
[39] A.a.O., 38.
[40] Gronemeyer, Das Leben als letzte Gelegenheit, 122.
[41] An dieser Stelle muss auf eine eingehende Darstellung der Problematik einer durchgängigen Erlebnisorientierung des Lebens verzichtet werden. Es können nur einige größere Linien aufgezeigt werden.
[42] Gross, Die Multioptionsgesellschaft.
[43] Schulze, Erlebnisgesellschaft, 548.
[44] Ein Beispiel dafür ist das Anwachsen der Erwartungen im Zusammenhang mit dem modernen Liebesideal (vgl. Beck, Risikogesellschaft, 187f.).
[45] Schulze, Erlebnis-Gesellschaft, 65.
[46] Mit Biser, Glaubensprognose, 27ff.

Eine weitere Ursache der Erlebnisorientierung besteht im Zurücktreten wirklicher Kommunikation und Begegnung aufgrund massenmedial vermittelter virtueller Kommunikation und Begegnung.[47] Es kommt zu einer „ästhetische[n] Inszenierung des Universums" durch die Massenmedien.[48] Die Erlebnissehnsucht wird schließlich noch dadurch verstärkt, dass die westlichen Industriegesellschaften der Gegenwart eine ausgesprochene Experimentierlust prägt:[49] Das Prinzip der Machbarkeit hat das der Denkbarkeit abgelöst. In der Postmoderne ist an die Stelle der Sehnsucht nach Weltveränderung – im Sinne der Beherrschung durch Wissenschaft und Technik – die eher indifferente Wahrnehmung der Welt getreten.

Was heißt das alles für die neue Religiosität? Indem sie sich durch starke *Erlebnisorientierung* und hohe „Erlebnisqualität" auszeichnet, besitzt sie eine innere Nähe zu der von Sehnsucht nach Erlebnissen geprägten Postmoderne. Neue religiöse Bewegungen beziehen neben Intellekt und Willen Emotion und Körper in den Frömmigkeitsvollzug ein.[50] Sie verheißen, dass Gott mit Leib und Seele erlebt werden kann. Damit entsprechen sie der neuen Suche nach Ganzheitlichkeit, die in den 60er-Jahren damit begann, dass man in den westlichen Industrienationen wieder legitim von Gefühlen reden durfte.[51] Die neue Religiosität erscheint aber auch unmittelbar als Antwort auf die religiöse Sehnsucht vieler Menschen.[52] Sie bildet ein Gegengewicht zum weitgehenden Ausfall einer gelebten christlichen Frömmigkeit in den traditionellen Großkirchen. Spirituelle Erlebnisse haben einen hohen Erlebniswert. Die Möglichkeit, Nicht-Alltägliches zu erfahren, fasziniert viele Zeitgenossen. Religiöse Erlebnisse bieten den „Kick", den viele Zeitgenossen ersehnen. In ihnen findet ihre Suche nach „dem Transzendenten" eine Antwort. Viele Beispiele postmoderner Religiosität lassen erkennen, dass die Erlebnisorientierung allein den heutigen Zeitgenossen noch nicht zu genügen scheint. Erst wenn Erlebnisse eine Sakralisierung erfahren, sind sie mit der nötigen Weihe versehen, die ein geglücktes Leben erfordert.

---

[47] „Man hat heute mit seinen Mitmenschen keine Tuchfühlung mehr; begegnet ihnen nicht unmittelbar, sondern vermittelt im ‚Medium' – des Hörfunks, des Gedruckten, des Fernsehens und des Kinos. So hat man das Leben nicht in seiner Totalität, sondern vorwiegend im Ausschnitt; nicht in seiner Spontaneität, sondern vorwiegend ‚aus der Konserve'; nicht in seiner mitreißenden Farbigkeit, sondern ‚von der Stange'" (Cordes, Neue geistliche Bewegungen in der Kirche, 11).

[48] Vgl. zur neueren, kontroversen Diskussion zum Thema: Biser, Glaubensprognose, 37.

[49] A.a.O., 31.

[50] Sie erinnert dabei an Schleiermacher, der im „Gefühl der schlechthinnigen Abhängigkeit" bzw. im „Gefühl für das Universum" den natürlichen Anknüpfungspunkt für das Glaubensgeschehen sah (vgl. dazu im einzelnen Scharrer, Integration des Gefühls in die Erfahrung des Glaubens, 23 ff.). Vor dem Beginn der Dialektischen Theologie entstanden, hat die traditionelle Pfingstbewegung deren radikale Ablehnung eines anthropologischen Anknüpfungspunktes nie tangiert.

[51] Vgl. im einzelnen: Spitzer, Jesus People – nur eine Episode?.

[52] Vgl. die historische Analyse dieser Sehnsucht bei Biser, Die glaubensgeschichtliche Wende, 177 ff.

3.1.3. Chancen und Anfragen

Welche Chancen und Anfragen bietet die Wiederkehr der Religion für eine Erneuerung biblisch-reformatorisch geprägter Frömmigkeit?

Chancen:
Die Wiederkehr der Religion stellt einen Beitrag zur Überwindung der einseitigen rationalen Diesseitsorientierung der Moderne dar. Der Tübinger Theologe Eberhard Jüngel hat den Missstand des nachaufklärerischen protestantischen Christentums schon vor Jahren in folgenden provozierenden Sätzen auf den Begriff gebracht: „Als Kinder der Aufklärung haben wir inzwischen das Diesseits so sehr lieben gelernt, dass wir im Gefolge Ludwig Feuerbachs aus diesseitsblinden ‚Kandidaten des Jenseits' zu jenseitsvergessenen ‚Studenten des Diesseits' geworden sind. Die christliche Hoffnung auf ein Leben in Gottes kommendem Reich hat sich zum bloßen Interesse an einem Leben vor dem Tod ermäßigt."[53] Insofern ermöglicht die veränderte gesellschaftliche Gemütslage einen leichteren Zugang zu bisher verschlossenen transrationalen Wirklichkeitsbereichen: z.B. zu der Erkenntnis, dass auch Wunderbares und Unerklärliches zum Handeln Gottes gehört.[54]

Die Betonung der Erfahrungsdimension im Rahmen der neuen Religiosität stellt einen notwendigen Kontrapunkt zum spirituell ausgedörrten Normalprotestantismus dar. Angesichts der Überbetonung der rationalen und voluntaristischen Dimensionen des Menschseins im protestantischen Glaubensvollzug bildet die Ausrichtung der neuen Religiosität auf seelische und sinnliche Erlebnisbereiche eine hilfreiche Herausforderung im Hinblick auf gegenwärtige Überlegungen zu einer stärkeren Berücksichtigung dieser Dimensionen im christlichen Glauben. Z.B. ist die therapeutische Dimension des Christentums viel zu lange übersehen worden.[55] Auch emotionale und sinnliche Erfahrungen können Wirkungen des Geistes Gottes sein.

Der Verlust des religiösen Monopols zwingt die evangelischen Kirchen, sich auf die Grundlagen des Glaubens zu besinnen und nach Wegen zu suchen, wie diese überzeugend in die öffentliche Diskussion eingebracht werden können. Damit nähern wir uns der Situation, in der die Urchristenheit und die Alte Kirche ihren Glauben gelebt haben. Der amerikanische Soziologe Peter L. Berger analysiert die Situation der Kirche heute als „Kirche auf dem Markt".[56] Damit wird neben anderem auch das Moment der Freiwilligkeit und Überzeugung im christlichen Glauben gestärkt. Wie die Situation des amerikanischen Kirchentums zeigt, muss das der Gemeinde Jesu Christi nicht unbedingt schaden. In den USA ist der christliche

---

[53] Jüngel, Leben nach dem Tod?, 31f.
[54] Hemminger, Religiöses Erlebnis – Religiöse Erfahrung – Religiöse Wahrheit, 27.
[55] Darauf hat als einer der ersten Eugen Biser hingewiesen: vgl. ders., Auf dem Weg zu einer therapeutischen Theologie, 1–12; ders., „Das Christentum ist eine therapeutische Religion", 452–458.
[56] Peter L. Berger, Pluralistische Angebote: Kirche auf dem Markt?, bes. 33ff.

Glaube seit ihrer Gründung durch die Pilgerväter mit der Idee der Freiheit verbunden. In Europa wird das Christentum im Gegensatz dazu meist immer noch mit Obrigkeit und Bevormundung konnotiert.

Trotz der Chancen, die die Wiederkehr der Religion für das Christentum bietet, bleiben eine Reihe von Anfragen:
1. Die Wiederkehr der Religiosität trägt ein Janusgesicht: Viele Menschen haben sich angesichts der Unübersichtlichkeit der Postmoderne auf die Suche nach religiösen Erlebnissen begeben. Von ihnen erhoffen sie sich eine ganzheitliche Vergewisserung des Lebens. Dabei merken sie nicht, dass die postmoderne Religiosität von Beliebigkeit geprägt bleibt, die eine tiefgreifende religiöse Vergewisserung der menschlichen Existenz gerade nicht zulässt.
2. Die Dispersion, die Zerstreuung des Religiösen führt sowohl zu seiner Profanisierung als auch zu seiner Kommerzialisierung. Die Folge ist eine Immunisierung gegenüber dem Evangelium. Indem traditionelle christliche Symbole und Begriffe kommerzialisiert werden, kommt es zu ihrer Umdeutung und ihrem Verbrauch. Dadurch werden sie unfähig, ihren ursprünglichen Bedeutungsgehalt zu transportieren.
3. Die Wiederkehr der Religion führt leicht zu Synkretismus und Eklektizismus. Die postmoderne Situation zwingt den Einzelnen nämlich, permanent zwischen verschiedenen religiösen Angeboten zu wählen. Peter L. Berger spricht in diesem Zusammenhang vom „häretischen Imperativ". Er weist darauf hin, dass das griechische Wort *hairesis* „Wahl" bedeutet: „Der Häretiker ist einer, der die Tradition nicht gesamt aufnimmt, sondern darin herumstöbert, dieses auswählt und jenes nicht."[57] Genau das trifft für viele moderne Zeitgenossen zu: Sie wählen nicht nur unter verschiedenen religiösen Angeboten eines aus, sondern basteln sich aus den Versatzstücken unterschiedlicher religiöser Sinnangebote ihre Religion zusammen. Letztlich führt das zu einer Domestizierung der Religion: „Dem Religiösen haftet etwas Beliebiges an ... Immer steht der Mensch mit seinen eigenen Absichten und Zielen im Mittelpunkt ... Auf keinen Fall ist jedoch Gott der Herr der Welt, dem man sich absolut verpflichtet fühlt."[58] Im Hinblick auf den christlichen Glauben heißt das z.B., dass die neuen und anfangs fremden Wirklichkeits- und Erfahrungsräume, in die der Glaube hineinführen will, verschlossen bleiben, weil die eklektische Grundeinstellung eine echte Auseinandersetzung, ein wirkliches Sich-Einlassen auf den Glauben, zu dem auch die Möglichkeit von Fremdheitserfahrungen gehört, verhindert. Echte Begegnung ist nur möglich, wenn ich die Fremdheit des anderen aushalte. Das gilt auch im Hinblick auf den christlichen Gott.
4. Die Betonung der Erfahrungsdimension und die damit verbundene Subjektivierung und Individualisierung der Religion lässt die soziale Dimension des christlichen Glaubens zurücktreten. Die Mitarbeit in einer

---
[57] A.a.O., 39f.
[58] Mayer, Hat sich Bonhoeffer geirrt?, 191.

Gemeinde wird dadurch überflüssig. Die Privatisierung der Religion verhindert überdies, dass die gesellschaftliche Bedeutung des Glaubens angemessen zur Geltung kommt.

5. Manche Verlautbarungen im Rahmen der esoterisch geprägten neuen Religiosität – vor allem im Bereich der von ihr beeinflussten Psychoszene – erwecken den Anschein, als hebe erfahrene Heilung die bleibende Gebrochenheit der menschlichen Existenz auf. Auf diese Weise droht nicht nur der Realismus der biblischen Anthropologie verloren zu gehen, sondern wird auch die christliche Erwartung eines neuen Himmels und einer neuen Erde, einer Neuschöpfung als Ziel der Weltgeschichte überflüssig. Auch die Wiederkehr der Religion droht deshalb letztendlich der Diesseitsorientierung gegenwärtiger Kultur Vorschub zu leisten.

6. Gerade die esoterisch geprägten Formen der neuen Religiosität zeichnen sich nicht zuletzt dadurch aus, dass sie keine klaren theologischen Wahrheitsansprüche vertreten. Als Gegenbewegung erhalten fundamentalistische Gruppen mit ihren absoluten Glaubensbeständen verstärkt Zulauf. Sie stellen so etwas wie die Verlockung der Risikogesellschaft dar.

Insgesamt lässt die von der Wiederkehr der Religiosität geprägte gegenwärtige Situation eine Doppelgesichtigkeit erkennen. Wie jede Krise ist sie nicht ohne Gefahren, birgt aber auch große Chancen.

Lesehinweise

Ulrich Beck, Risikogesellschaft. Auf dem Weg in eine andere Moderne, 12. Auflage, Frankfurt a.M. 1996.
Michael N. Ebertz, Erosion der Gnadenanstalt? Zum Wandel der Sozialgestalt der Kirche, Frankfurt a.M. 1998.
Marianne Gronemeyer, Das Leben als letzte Gelegenheit. Sicherheitsbedürfnisse und Zeitknappheit, 2. Auflage, Darmstadt 1996.
Peter Gross, Die Multioptionsgesellschaft, 4. Auflage, Frankfurt a.M. 1996.
Gerhard Schulze, Die Erlebnis-Gesellschaft. Kultursoziologie der Gegenwart, 2. Auflage, Frankfurt a.M./New York 1992.
Werner Thiede, Esoterik – die postreligiöse Dauerwelle. Theologische Betrachtungen und Analysen (Apologetische Themen 6), Neukirchen-Vluyn 1995.
Michael Utsch (Hg.), Wenn die Seele Sinn sucht. Herausforderung für Psychotherapie und Seelsorge, Neukirchen-Vluyn 2000.
Wolfgang Welsch, Wege aus der Moderne, Schlüsseltexte zur Postmoderne-Diskussion, 2., durchgesehene Auflage, Berlin 1994.
Wolfgang Welsch, Unsere postmoderne Moderne (Schriften zur Kunstgeschichte und Philosophie), 5. Auflage, Berlin 1997.

3.2. Der Kirchentag

Aufgrund der hervorgehobenen Stellung des Deutschen Evangelischen Kirchentags im deutschen Protestantismus kommt seiner Spiritualität bei der Darstellung gegenwärtiger evangelischer Frömmigkeitsformen eine besondere Bedeutung zu. Nach einem kurzen Blick auf Begriff und Geschichte des Kirchentags möchte ich in einem weiteren Punkt Charakteristika seiner Spiritualität beschreiben. Den Abschluss der Überlegungen bildet der Versuch einer theologischen Beurteilung.[59]

3.2.1. Begriff und Geschichte

Im Folgenden verstehe ich unter „Kirchentag" den von Reinhold von Thadden-Trieglaff (1891–1976) 1949 in Hannover gegründeten Deutschen Evangelischen Kirchentag.[60] Er besaß zwei gleichnamige Vorläufer, die sich allerdings von ihm stark unterschieden: zum einen die zwischen 1848–1872 als Folge der Revolution von 1848 abgehaltenen Versammlungen der evangelischen Führungselite auf der Suche nach einer Erneuerung der Kirche, zum anderen eine Art gesamtdeutsche evangelische Synode zwischen 1919–1930, die die Aufgabe hatte, den Bestand der evangelischen Landeskirchen nach dem Ende des landesherrlichen Kirchenregiments zu sichern.

**Der Deutsche Evangelische Kirchentag will
die evangelischen Christen in Deutschland sammeln,
sie im Glauben stärken,
sie für die Verantwortung in ihrer Kirche rüsten,
sie zum Zeugnis in der Welt ermutigen
und mit ihnen in der Gemeinschaft weltweiter Christenheit bleiben.**
Präambel zur Ordnung des DEKT

Der Kirchentag nach dem Zweiten Weltkrieg wurde bewusst als Laienbewegung ins Leben gerufen. Er war vereinsmäßig organisiert und in rechtlicher, organisatorischer und finanzieller Hinsicht von der EKD unabhängig. Sein aus Pommern stammender Gründer Thadden-Trieglaff war durch seine Mitarbeit in der Deutschen Christlichen Studentenvereinigung (DCSV) –

die Vorläuferin der heutigen ESG (Evangelische Studierendengemeinden) und der SMD (Studentenmission in Deutschland, Sitz in Marburg) – und durch Erfahrungen in der Bekennenden Kirche geprägt worden. Aus der Mitarbeit in der DCSV rührte das leidenschaftliche Eintreten für eine Verbindung des persönlichen Glaubens mit dem Einsatz für gesellschaftliche Belange und die Erkenntnis der Wichtigkeit der Laien für die Arbeit der Kirche. Bereits die „Bibelarbeiten" der von Thadden-Trieglaff 1935 mitbegründeten „Evangelischen Wochen" der Bekennenden Kirche waren inhaltlich durch die Zusammengehörigkeit von Glaube und sozialethischem Handeln geprägt. Von Anfang an kennzeichnete auch den Kirchentag beides: sowohl die Verbindung von Spiritualität und gesell-

---

[59] Eine umfassende Literaturübersicht zum Kirchentag bietet Peter Steinacker, Art. Kirchentage, 101–110.
[60] Vgl. hier und im Folgenden a.a.O., 101 ff.

schaftlichem Engagement als auch die Betonung des Laienelements. Im Hinblick auf die Wichtigkeit der Laien für die Kirche formulierte Thadden-Trieglaff: „Wir wollen der Kirche vom Laien aus dazu helfen, dass sie das Getto ... sprengt, die Türen und Tore zur Welt weit aufmacht ... Umgekehrt wird der Laie ... der Kirche diejenige Lebensnähe zu vermitteln in der Lage sein, die sie braucht.[61]

Die Entwicklung des Kirchentags nach 1949 lässt sich von der vorherrschenden Ausrichtung seiner Spiritualität in drei Phasen einteilen. Bis zu den Studentenunruhen 1968 stand die Suche nach der angemessenen Gestalt christlichen Lebens im Alltag der Welt im Vordergrund. Damit verbunden war die durchgängige Neubesinnung auf die Spiritualität als Quelle sozialethischen Handelns aus christlicher Verantwortung. Mit 25–30 % an den Besuchern war der Anteil der Jugend relativ gering. Die zweite Phase begann mit dem Stuttgarter Kirchentag 1969. Jetzt rückten ganz die gesellschafts- und kirchenkritischen Fragen in den Vordergrund. Im Gefolge der Studentenunruhen kam es zu einer starken Politisierung des Kirchentags, was den vorübergehenden Auszug der meisten evangelikal geprägten Gruppen zur Folge hatte. Insgesamt war aufgrund der schon vorher rapide gesunkenen Teilnehmerzahlen der Weiterbestand des Kirchentages in Frage gestellt. Die dritte Phase wurde mit dem Düsseldorfer Kirchentag 1973 eingeleitet. Ein neu erwachtes Interesse an Spiritualität in der deutschen Gesellschaft wie in der weltweiten Ökumene machte auch vor dem Kirchentag nicht halt. Zwar in anderer Weise als in der ersten Phase, kam es erneut zu einer Verbindung von Spiritualität und sozialethischen Themen. Die Konzentration auf traditionelle Gottesdienstformen wurde zugunsten der Erprobung neuer liturgischer Formen aufgegeben (z.B. die liturgische Nacht, das Feierabendmahl, die Integration von Elementen der Rock- und Popmusik in den Gottesdienst). Gleichzeitig öffnete sich der Kirchentag für sehr unterschiedliche Frömmigkeitsstile (z.B. für kommunitäre und feministische, aber auch für evangelikal geprägte Spiritualität). Partizipation und Pluralität begannen das Bild des Kirchentags zu prägen, was sich besonders deutlich an der Einrichtung des „Marktes der Möglichkeiten" zeigte (seit 1975). Fortan gab es massenweise spirituelle Angebote, ein Profil evangelischer Spiritualität war jedoch immer schwerer erkennbar, genauso wenig wie die theologisch-kirchliche Verortung vieler Gruppen auf dem „Markt der Möglichkeiten". Die bisher letzte Phase des Kirchentags zeichnet sich durch ein ungebrochen hohes Niveau an Dauerteilnehmern aus (mehr als 100 000). Auch wenn der Anteil der Besucher unter 30 Jahren in den 90er-Jahren langsam auf 43 % gesunken ist, stellt der heutige Kirchentag immer noch einen bedeutenden Faktor der Jugendkultur dar.

---

[61] Zit. nach a.a.O., 108.

3.2.2. Charakteristika der Spiritualität des Kirchentags

Obwohl der Kirchentag sehr gegenläufige Frömmigkeitsstile in sich vereint, bilden sie gerade in dieser Unterschiedlichkeit – nicht zuletzt in der Außenwahrnehmung – ein großes Ganzes, das es erlaubt, von einer Spiritualität des Kirchentags zu sprechen. Zu ihren charakteristischen Merkmalen gehört vor allem ihre breite *Ausstrahlungskraft*. Seit Jahren stellt der Kirchentag unangefochten das größte und breiteste Forum des deutschen Protestantismus dar. Das gilt sowohl im Hinblick auf die Zahl der Teilnehmer, als auch für die ehrenamtlich bei der Vorbereitung Mitwirkenden und für die beim Kirchentag selbst Auftretenden. Schon allein aufgrund seiner Größe vermag der Kirchentag spirituelle Akzente für den Gesamtprotestantismus zu setzen. Allerdings sollte dabei nicht übersehen werden, dass der Kirchentag vor allem von einem bestimmten Ausschnitt der Kirchenmitglieder besucht wird, vorwiegend von jüngeren Angehörigen der oberen Bildungsschichten,[62] und außerdem eine Veranstaltung sui generis darstellt, deren Merkmale nicht ohne weiteres auf die Kirchengemeinden übertragbar sind. Dessen ungeachtet vermittelt der Kirchentag fortwährend spirituelle Impulse an die Ortsgemeinden.[63] Dazu gehören vor allem liturgische Anstöße, z.B. die Einführung von Abendmahlsfeiern in neuer Gestalt und von Salbungsgottesdiensten. Auch im Rahmen der Kirchenmusik lassen sich solche Impulse erkennen. Z.B. geht die Integration von Liedern und Musikformen aus der Ökumene – wie Taizé-Lieder, Gospels bzw. Spirituals und Bands – in das gemeindliche Singen wesentlich auf den Kirchentag zurück.

Kein anderes Ereignis im deutschen Protestantismus erreicht eine derartig hohe Präsenz in der Medienöffentlichkeit wie der Kirchentag, was ein wesentlicher Grund für seine Ausstrahlung weit über den Kreis der unmittelbar Beteiligten darstellt. Damit verbunden ist das Phänomen einer *medial vermittelten Spiritualität*.[64] Auf sie lässt sich die Heisenbergsche Unschärferelation übertragen. Wie in der Physik das methodische Instrumentarium, mit dessen Hilfe die Gültigkeit eines Naturgesetzes ermittelt werden soll, dieses verformt, verändert sich auch der Inhalt des Evangeliums durch den Zwang zur mediengerechten Präsentation. Da die Gesetzmäßigkeiten der Medien zur Anwendung kommen, treten bei der Kirchentagsberichterstattung bestimmte Aspekte seiner Spiritualität in den Hintergrund oder fallen ganz unter den Tisch. Dazu gehören z.B. traditionelle Formen der Spiritualität – nur möglichst „progressive" Formen finden das Interesse der Reporter. Das Gleiche gilt im Hinblick auf die Rede von Gott bzw. von den einzelnen Personen der Trinität – nur besonders „schräge" Vorstellungen von

---
[62] Zur Besucherstatistik vgl. die jeweils nach den Kirchentagen im Gütersloher Verlagshaus, Gütersloh und beim Kreuz-Verlag, Stuttgart erscheinenden Taschenbücher.
[63] Vgl. hierzu auch Bubmann, „Der Deutsche Evangelische Kirchentag – ein Modell für das Gemeindeleben?", 269f.
[64] Vgl. dazu Seitz, Erneuerung der Gemeinde, 104f.

Gott lassen sich medial an den Mann bzw. die Frau bringen. Aber auch spirituelle Impulse des Kirchentags zur Förderung der ganz normalen landeskirchlichen Gemeinden kommen angesichts des Engagements für soziale und politische Brennpunkte in den Medien kaum zum Zug.

Ein weiteres wesentliches Merkmal der Spiritualiät des Kirchentags bildet das Bemühen, Frömmigkeit und gesellschaftliches Engagement *zu verbinden*. Das wurde bereits im Rahmen seiner geschichtlichen Entwicklung deutlich.

Die auf dem Kirchentag sichtbar werdende Spiritualität zeichnet sich außerdem durch eine Art *Exerzitiencharakter* aus. Sie macht den Kirchentag zu einem herausragenden Ort der Einübung, Orientierung und Demonstration des Glaubens, wie er vorher im Protestantismus so nicht bekannt war. Das zeigt sich an der Bedeutung des Kirchentags als *Ritual*.[65] Dessen Funktion für die Teilnehmenden besteht zum einen in der Hinführung zu einem eigenverantworteten erwachsenen christlichen Glauben. Der Kirchentag wird darin als *Initiationsritual* erkennbar. Zum anderen stärkt er die Gruppenzugehörigkeit und hilft zur Vergewisserung der Zugehörigkeit zur Gemeinschaft der Glaubenden. Dadurch erweist sich der Kirchentag als *Partizipationsritual*. Er gehört damit in die Kategorie „der neue[n] Orientierungs- und Rekreationsrituale, die bewusst auf dem Weg begangen werden, auf den Ebenen des Lebenslaufs. Es geht dabei nicht mehr um die Übernahme neuer Rollen, sondern um eine Vergewisserung im laufenden Rollen-Spiel."[66]

Eng verknüpft mit dem Exerzitiencharakter der Kirchentagsspiritualität ist ihr hoher *Erlebniswert*. Darin entspricht sie genau der postmodernen Gemütslage.[67] Die Erlebnisorientierung beruht neben der Betonung der emotionalen und sinnlichen Aspekte der Spiritualität auf einer dichten Gemeinschaftserfahrung.[68] Dazu trägt vor allem die auch außerhalb des Kirchentagsgeländes zu beobachtende Erkennbarkeit der Teilnehmenden untereinander und deren Bereitschaft zur Kommunikation bei. Dadurch werden die fünf Tage als eine einzige große Kirchentagsgemeinde erlebt. Eine besonders eindrückliche Gemeinschaftserfahrung ist es, wenn beim Warten auf den Zug in einer U-Bahn-Station eine dicht gedrängte, mehrere Hundert Menschen zählende Menge plötzlich ein Kirchentagslied anstimmt.

Neben der Erlebnisorientierung fällt der *Feier- und Festcharakter* der Spiritualität des Kirchentags auf. Eine Ursache dafür sind die zahlreichen Gottesdienstangebote und Abendmahlsfeiern, die für den gesamten Kir-

---

[65] Vgl. hier und im Folgenden Bubmann, Kirchentag, 267–270.

[66] So der Begriff von Karl-Heinrich Bieritz, ohne explizit vom Kirchentag zu sprechen, in: ders., Anthropologische Grundlegung, 125.

[67] Vgl. dazu Schulze, Die Erlebnis-Gesellschaft.

[68] Welche Dynamik die Kirchentagserfahrung bereits im Vorfeld der eigentlichen Großveranstaltung für Mitwirkende und Teilnehmende entwickelt, hat Peter Bubmann sehr anschaulich entfaltet (ders., Kirchentag, 267).

chentagsverlauf prägend sind. An hervorgehobenen Punkten – am Beginn, in der Mitte und am Ende des Kirchentags – besteht das Angebot von Gottesdienstfeiern. Dass diese auch im Bewusstsein der Kirchentagsteilnehmer eine wichtige Rolle spielen, zeigt sich daran, dass gerade die dezentralen Eröffnungsgottesdienste, die Feierabendmahle am Freitag und der zentrale gemeinsame Abschlussgottesdienst besonders gut besucht sind. Alle Gottesdienste wollen den Menschen ganzheitlich, unter Einschluss von Leib und Sinnen ansprechen. Ein weiterer Grund für den Feier- und Festcharakter der Kirchentagsspiritualität liegt in der herausragenden Stellung, die die Musik im Kirchentagsprogramm einnimmt.[69] Angesichts der Bedeutung, die Musik für das Lebensgefühl gerade der Jugendlichen in unserer Gesellschaft besitzt, ist es nicht verwunderlich, dass für viele von ihnen die Musikangebote im Vordergrund des Kirchentagserlebens stehen. Neben den Gottesdiensten ist in Konzerten eine große Bandbreite der modernen Popmusik vertreten. Sie reicht vom Chanson über Heavy metal bis zu Rap und Techno. Der Kirchentag bekommt damit eine Art Happening-Charakter. Indem Elemente der populären Kultur in die Spiritualität integriert werden, gewinnt diese an Attraktivität auch für solche Jugendliche, die der Kirche fern stehen.

Schon mehrfach wurde beobachtet, dass der Kirchentagsbesuch für viele Teilnehmer und Teilnehmerinnen Züge einer „Wallfahrt ohne dauerhaftes Gnadenbild" trägt.[70] Die mit einer Wallfahrt verbundenen Erwartungen prägen auch die Spiritualität des Kirchentags. „In jedem Fall erwarten die Teilnehmenden etwas Besonder[e]s von dieser Pilgerfahrt: Gottesbegegnung, Ausbrechen aus dem Alltag, neue Anstöße für die Lebensführung, Lebenshilfe, ja vielleicht sogar Heilung."[71] Die Spiritualität des Kirchentags erweist sich damit als *pneumatisch* geprägte Spiritualität: Wesentliche Stichworte sind Aufbruch und Erneuerung. Dem entspricht die Deutung des Kirchentags als Pfingst-Wallfahrt, was schon sein Ort im Kirchenjahr nahe legt. „Im Deutschen Evangelischen Kirchentag hat die Kirche selbst gewagt, gewissermaßen einen Rahmen für Pfingsten äußerlich zu organisieren."[72]

Die Spiritualität des Kirchentags stellt sich schließlich als Spiritualität des *offenen Angebots* und des *Experiments* dar. Dabei entspricht sowohl die zeitliche Begrenztheit[73] als auch die Offenheit des Kirchentags für unterschiedliche Formen der Spiritualität postmodernen Vorbehalten, sich auf Dauer festzulegen.[74] Völlig unabhängig von einer vorgängigen oder

---

[69] Zur Einordnung der modernen Musikangebote des Kirchentags in die Entwicklung des Kirchenlieds nach dem Zweiten Weltkrieg vgl. Möller, Kirchenlied und Gesangbuch, 299 ff.
[70] Steinacker, Art. Kirchentage, 108; Schröer, Kirchentag als evangelisches Wallfahrt, 88–90.
[71] Bubmann, Kirchentag, 268.
[72] Nüchtern, Kirche bei Gelegenheit, 125.
[73] Der Kirchentag ist eine Form von „Kirche bei Gelegenheit" (vgl. dazu Nüchtern, Kirche bei Gelegenheit).
[74] Vgl. dazu Gross, Die Multioptionsgesellschaft.

nachfolgenden Einbindung in die traditionellen Gemeinschaftsformen einer Kirchengemeinde können Besucher und Besucherinnen auf dem Kirchentag evangelische Spiritualität kennen lernen und entsprechende spirituelle Erfahrungen machen.

3.2.3. Theologische Beurteilung

An der Beurteilung des Kirchentags und der durch ihn vermittelten Spiritualität haben sich eine Zeit lang die Geister in der evangelischen Kirche geschieden. Inzwischen ist die äußerst polemisch geführte Auseinandersetzung mehr oder weniger vorbei. Dadurch besteht die Möglichkeit zu einer sachlicheren Beurteilung.

Evangelische Spiritualität verdankt dem Kirchentag eine Reihe von positiven Impulsen. Dazu gehört die Wiederentdeckung des pneumatischen Horizonts des Glaubens. Dem entspricht das Selbstverständnis des Kirchentags als „Evangelische Zeitansage", d.h. seine prophetische Dimension, und sein Bemühen um Antworten auf die Frage nach der Gestalt des christlichen Lebens in der Welt. Auch die Erkenntnis, dass im Raum evangelischer Spiritualität Rationalität, Emotionalität und Sinnlichkeit analog zum Wesen des Menschen untrennbar zusammengehören, verdanken wir nicht zuletzt dem Kirchentag. Dazu kommt der Versuch der Reintegration von Symbolen und Ritualen in die evangelische Spiritualität. Positiv erscheint mir auch die Entdeckung der Freude als Grundstimmung evangelischer Spiritualität. Die Freude drückt sich aus im Fest und in der Feier des Glaubens. Dadurch hat sich z.B. die evangelische Abendmahlsspiritualität vom Traurig-Ernsten zum Fröhlich-Feierlichen hin verändert. Zu dieser Entwicklung hin zu einer mehr ganzheitlichen Spiritualität mit dem Grundton der Freude hat auch die durch den Kirchentag vermittelte Begegnung mit der weltweiten Ökumene beigetragen, wobei vor allem afrikanische und afroamerikanische Gruppen ausschlaggebend waren. Evangelische Spiritualität ist durch den Kirchentag ökumenischer geworden. Überhaupt ist die Betonung der Vielfalt spiritueller Formen ein weiteres positives Merkmal der Kirchentagsspiritualität.

Große Bedeutung besaß für die Spiritualität des Kirchentags von Anfang an der Aspekt der Gemeinschaft. Bis zum Mauerbau stand die Betonung der nationalen Einheit im Vordergrund: Die christliche Gemeinschaft besaß die Kraft, politische und weltanschauliche Grenzen zu überwinden. Heute steht das subjektive Gemeinschaftserlebnis der Teilnehmer und Teilnehmerinnen im Vordergrund. Mit der Betonung der Gemeinschaft stellt die Kirchentagsspiritualität ein wichtiges Gegengewicht zu einem stark vom Individualismus geprägten protestantischen Glaubensverständnis dar.[75] Indem die Kirchentagteilnehmer untereinander Gemeinschaft erfahren, wird ihnen dieser Aspekt der Spiritualität wirksam vermittelt.

---

[75] S. Kap. 4.5.

Positiv hervorzuheben ist auch die Wiederentdeckung der Bedeutung des Gottesdienstes für die evangelische Spiritualität. Dazu trug vor allem die Einführung neuer Gottesdienstformen und die gottesdienstliche Integration moderner Musikstile bei. Der Feiercharakter vieler Kirchentagsgottesdienste half in den Kirchengemeinden, die irreführende Alternative zwischen liturgischem und alltäglichem Gottesdienst zu überwinden. Der liturgische Gottesdienst sichert „den eschatologischen Mehrwert der Gnade".[76] Ohne Kontemplation keine Aktion!

Die Bibelarbeiten, zeitlich an erster Stelle des täglichen Kirchentagsprogramms, halten im Gedächtnis, dass evangelische Frömmigkeit bibelzentriert ist.

Schließlich sind das Moment der Partizipation und der Werkstattcharakter der Kirchentagsspiritualität positiv hervorzuheben. Der Kirchentag erlaubt Mitwirkenden und Teilnehmenden gleichermaßen ein „learning by doing" – auch in spiritueller Hinsicht. Zumindest erhebt er den Anspruch, keine Antworten autoritär von oben herab vorgeben zu wollen. „Darum werden dort [auf dem Kirchentag] religiöse Erfahrungen gesucht, deren Formen der tatsächlichen Lebenswelt entsprechen und sie zugleich festlich überholen."[77] Dadurch stellt die Spiritualität des Kirchentags eine Alternative zum viel beklagten Erfahrungsdefizit des deutschen Protestantismus dar. Zu Recht ist der Kirchentag als „Lernort des Glaubens" bezeichnet worden.[78] Zum Werkstattcharakter der Kirchentagsspiritualität gehört der Mut zum Experiment im Spielraum der Freiheit, was den Mut zu Fehlern mit einschließt.

Trotz dieser positiven Impulse dürfen abschließend einige Anfragen nicht verschwiegen werden. Zweifellos stellt das diffuse Profil der Kirchentagsspiritualität ein Problem dar. Es wird nicht einmal ein Minimalkonsens über die Inhalte evangelischer Frömmigkeit erkennbar, den alle vertretenen Gruppen teilen. Die Formalisierung dieses Konsenses in Richtung auf ein Toleranz- und Kontroversprinzip, wie es besonders auf dem „Markt der Möglichkeiten" erkennbar wird, ist dafür nur ein ungenügender Ersatz. Das Problem wird noch dadurch verschärft, dass viele der mitarbeitenden Gruppen sich nicht als Teil der Kirche Jesu Christi verstehen. Dazu kommt die unterschwellige Gefahr der Politisierung des Kirchentags. Die unterschiedlichen gesellschaftlichen Gruppen drängen mit einer derartigen Vehemenz auf den Kirchentag, um ihn als Forum für ihre eigenen Interessen zu nutzen, dass er zum getreuen Spiegelbild der Gesellschaft zu werden droht. Sein kirchlicher Charakter als Kontrastgesellschaft bleibt dabei notwendigerweise auf der Strecke. Schließlich ist die Ausrichtung des Kirchentags als Laienbewegung in den vergangenen Jahren mehr und mehr zurückgetreten. Unter den Mitwirkenden erhielten die kirchlichen Amtsträger

---

[76] Möller, Gottesdienst als Gemeindeaufbau, 55f.
[77] Steinacker, Kirchentage, 108.
[78] Bubmann, Kirchentag, 270.

und damit die verfasste Kirche das Übergewicht. Auch unter den Besuchern finden sich inzwischen 10% hauptamtliche Mitarbeiter der Kirche. Für die Spiritualität des Kirchentags bedeutet dies, dass sie nicht mehr automatisch auf die Lebenswelt des Berufes bezogen ist, d.h. von deren Fragen inspiriert und durch die Bewährung im Alltag korrigiert wird.

Lesehinweise

Peter Steinacker, Art. „Kirchentage", in: TRE, Bd. 19, Berlin/New York 1990, 101–110.

www.kirchentag.de: Infos zu Zielen, Merkmalen, Gremien, der Geschichte und alles zum aktuellen Kirchentag; unter dem Stichwort Archiv: „Vorträge, Bibelarbeiten, Predigten und anderes von den Deutschen Evangelischen Kirchentagen 1997–2001".

3.3. Die christliche Meditationsbewegung

Eine weitere wichtige spirituelle Erscheinung der Gegenwart stellt die Wiederentdeckung der Meditation dar.[79] Das Interesse an Theorie und Praxis der Meditation ist in den vergangenen Jahren innerhalb und außerhalb beider großer Kirchen so stark angewachsen, dass man von einer regelrechten Meditationsbewegung sprechen kann. Als Container-Begriff bezeichnet das Wort „Meditation" sehr unterschiedliche Sachverhalte. Darum ist im Folgenden zunächst eine Begriffsdefinition notwendig. Danach möchte ich überblicksartig den Ursachen und Ursprüngen der Bewegung nachgehen. Ein schlaglichtartiger geschichtlicher Überblick soll helfen, die Merkmale christlicher Meditation in den Blick zu bekommen. Diese sollen im Anschluss daran beschrieben werden. Den Abschluss bildet eine kritische Würdigung der Meditationsbewegung.

3.3.1. Begriffsdefinition

Lateinisch „meditari" meint bereits in der Vulgata das „Nachsinnen des Frommen".[80] Klassische Belegstelle dafür ist Ps 1, 2: „Wohl dem, der Lust hat am Gesetz des Herrn und sinnt (meditabitur) über seinem Gesetz Tag und Nacht!" Wichtigstes hebräisches Äquivalent ist hgh, das eine lautliche Komponente im Sinne von Murmeln einschließt. Es meint das „langsame, besinnliche, wiederholende, betrachtende und bedenkende Gebet", in dem

---

[79] Ausführliche Literaturhinweise zum ganzen Gebiet der christlichen Meditation bei Nicol, Art. Meditation, 337–353; hervorheben möchte ich: Dessauer, Die naturale Meditation; Lotz, Meditation im Alltag; Tilmann, Die Führung zur Meditation I; Melzer, Innerung; ders., Versenkung oder Begegnung; Seitz, Praxis des Glaubens, 199–205; Herausforderung: Religiöse Erfahrung; Ruhbach, Theologie und Spiritualität, bes. 131–186; Sudbrack, Was heißt christlich meditieren?.

[80] Vgl. hier und im Folgenden Nicol, Art. Meditation, 338.

sich der Beter der großen Taten Gottes an seinem Volk vergewissert (Ps 77, 13; 143, 5).[81] Die Septuaginta verwendet meletao, für das der Bedeutungsakzent des Übens charakteristisch ist. Letzteres begegnet auch im Urchristentum, z.B. 1. Tim 4, 15 (Luther: „Dies lass deine Sorge sein ...").

Meditation ist zunächst nichts anderes als ein neutrales Instrument der Glaubensübung. Erst die Inhalte und Ziele lassen erkennen, ob es sich um christliche oder allgemein religiöse Meditation handelt.[82] In Aufnahme eines Vorschlags von Martin Nicol verstehe ich im Folgenden unter „Meditation" ein *methodisches*, den Menschen *ganzheitlich* einbeziehendes Nachsinnen des Einzelnen mit dem Ziel *erfahrungsmäßiger* Gottesbegegnung. Damit sind die drei wesentlichen Stichworte genannt, die erfüllt sein sollten, um von Meditation zu sprechen: das methodische Vorgehen, die Einbeziehung des Körpers einschließlich der menschlichen Affekte und die Orientierung nicht auf das verstandesmäßige Erkennen, sondern auf die Erfahrung Gottes. Für eine explizit christliche Meditation gilt darüber hinaus, dass ihr Ziel in der Begegnung mit dem dreieinigen Gott liegt, wobei evangelische Meditation wesentlich Schriftmeditation ist.

3.3.2. Ursachen und Ursprünge

Ein breiteres Interesse an Meditation hat Ende der 60er- bzw. Anfang der 70er-Jahre – zeitgleich mit der Wiederkehr der Religion insgesamt – bei uns eingesetzt. Verantwortlich dafür war die seit dem Ende der Studentenunruhen veränderte gesellschaftliche Gemütslage.[83] Der Einsatz für gesellschaftliche Veränderungen wurde abgelöst durch Identitätssuche und Streben nach Selbstverwirklichung. Meditationspraktiken boten sich auf dem Weg dahin als hilfreiches Instrumentarium an. Dazu kam die Sehnsucht nach Stille und Besinnung als Gegengewicht zu einer immer stärker als Fremdbestimmung empfundenen Leistungsgesellschaft. Schließlich erfolgte eine zunehmende Kenntnis von Meditationsformen aus fernöstlichen Religionen, d.h. vor allem aus dem Hinduismus (Yoga) und dem Buddhismus (Zen).

Im Raum der Kirchen reichen die Bemühungen um eine Reintegration der Meditation in die Zeit vor dem Zweiten Weltkrieg zurück. Dabei sind es vor allem einzelne prägende Personen, die in Theorie und Praxis die Meditation bekannt gemacht haben.

Zunächst zum Bereich der evangelischen Kirche: Der Darmstädter Arzt Carl Happich (1877–1947) führte in den 30er-Jahren die leitenden Vertreter der Michaelsbruderschaft in die von ihm in seiner ärztlichen Therapie erprobte Meditationsweise ein. Charakteristika seiner Meditationspraxis waren die Begleitung durch den Meister und die Verwendung von Bildern und

---

[81] Severus, Das Wort „Meditari" im Sprachgebrauch der Heiligen Schrift, 368, zit. nach Ruhbach, Theologie und Spiritualität, 143f.
[82] So auch a.a.O., 168.
[83] S.o. Kap. 3.1.2.

Symbolen als bevorzugte Gegenstände der Meditation (vor allem die grüne Wiese, der Berg, die Kapelle). Happich ging davon aus, dass das Bildbewusstsein die für das religiöse Erleben wesentliche, das Denkbewusstsein umgreifende Seelenschicht im Menschen sei. Die Meditation gewann auch dadurch in der Kirche an Akzeptanz, dass die Tiefenpsychologie die Bedeutung des Unbewussten für den Menschen entdeckt hatte. Umgekehrt machten verschiedene therapeutische Praktiken Anleihen bei der Meditation: das Autogene Training nach J. H. Schultz und das Katathyme Bilderleben nach Hanscarl Leuner. Zu den großen Erneuerern der Meditationspraxis in der evangelischen Kirche gehört auch Dietrich Bonhoeffer. Während seiner Zeit als Predigerseminardirektor in Finkenwalde bei Stettin führte er seine Vikare in Theorie und Praxis der Schriftmeditation ein. Er hatte dazu Anregungen aus dem angelsächsischen Raum aufgenommen.[84]

Nach dem Zweiten Weltkrieg war Friso Melzer einer der Ersten, der sich im Bereich der evangelischen Kirche aufgrund eigener Erfahrungen in Indien mit der Meditation theologisch auseinander setzte und sie gleichzeitig in Kursen lehrte.[85] Lebenslang setzte er sich dafür ein, anstelle des unklaren Begriffs „Meditation" für die christliche Meditationspraxis den der „Innerung" zu verwenden. Trotz vereinzelter Zustimmung konnte er sich mit diesem Vorschlag im Ganzen nicht durchsetzen. Melzers Anliegen war, die Erkenntnis der Unterschiedenheit von östlicher und westlicher Meditation zu fördern. Dazu stellte er beide im Sinne von „Versenkung" und „Begegnung" einander gegenüber. Auch hierin ist ihm die Ende der 60er-Jahre einsetzende christliche Meditationsbewegung nicht gefolgt. Zu pauschal erschien vielen christlichen Meditationslehrern diese Entgegensetzung.[86]

Vor allem zwei Meditationslehrer trugen dazu bei, die Meditation in den Kirchen und darüber hinaus in der Gesellschaft insgesamt bekannt zu machen: Karlfried Graf Dürckheim (1896–1988) und Hugo M. Enomiya-Lassalle (1898–1990). Graf Dürckheim war Philosoph und Psychologe und begegnete in Japan dem Zen-Buddhismus. Ab 1951 baute er in Todtmoos-Rütte im Schwarzwald eine Bildungsstätte auf, um das in Japan Erkannte und Erfahrene weiterzugeben. Dabei entwickelte er die sog. „initiatische Therapie", durch die Menschen vom säkularen Sinnverlust geheilt und den Weg zum überweltlichen, göttlichen Leben finden sollten. Das Bildungszentrum besaß zwar keine organisatorische Verbindung mit den Amtskirchen. Dafür stand Dürckheim mit Theologien und Amtsträgern in regelmäßigem Austausch über spirituelle Erfahrungen. Zudem wies er die Christenheit auf das spirituelle Erbe ihrer eigenen Tradition hin, wie es für ihn besonders in der Mystik gegeben war. Über seine Schüler hat er auf die sich im Rahmen der Kirchen bildenden Meditationsbewegungen einge-

---

[84] Eine komprimierte Form seiner Überlegungen zur Meditation findet sich in der „Anleitung zur täglichen Meditation", in: DBW, Bd. 14, 945–950.
[85] Vgl. dazu bes. Melzer, Innerung; ders., Versenkung oder Begegnung.
[86] Melzer, Begegnung oder Versenkung?, 136–139.

wirkt. Zu diesen Schülern gehörte Pater Beda Müller, der die Benediktinerabtei Neresheim seit 1968 zu einem Zentrum der Meditationsbewegung machte, das von Anfang an ökumenische Ausstrahlung besaß.[87]

Der Jesuit Enomiya-Lassalle lebte seit 1929 in Japan und trat sehr früh für die Zen-Meditation als Erneuerungskraft der christlichen Spiritualität ein. Ihm vornehmlich ist zu verdanken, dass im 2. Vatikanischen Konzil die Möglichkeiten außerchristlicher Spiritualität positiv aufgenommen wurden. Vor allem aber entwickelte sich unter seinem Einfluss eine Reihe von deutschen Klöstern (besonders aus dem Benediktinertum) zu Zentren der Meditation. Dabei ging Lassalle von der ungegenständlichen Zen-Meditation aus.

Inzwischen besitzt die Meditationsbewegung ihren festen Platz in den großen Kirchen. Eine Reihe von katholischen Klöstern und Einkehrhäusern bietet Übungsveranstaltungen zur Meditationspraxis an. Auf evangelischer Seite haben sich viele Kommunitäten, genauso wie die in den vergangenen Jahren entstandenen Einkehrhäuser der Landeskirchen zu Zentren der Meditation entwickelt. Darüber hinaus gibt es inzwischen zahlreiche Kirchengemeinden, die unterschiedliche Meditationsangebote in ihrem Wochenprogramm aufweisen. Schließlich ist an dieser Stelle auch die Fülle an Meditationsliteratur aus christlichen Verlagen zu nennen. Hinweisen möchte ich vor allem auf die Arbeiten von Gerhard Ruhbach und Josef Sudbrack, die sich beide darum bemühten, die Besonderheiten christlicher Meditation herauszuarbeiten.[88]

3.3.3. Meditation im Verlauf der Kirchengeschichte

Viele Zeitgenossen werden erstaunt sein, wenn sie erfahren, dass die Meditation in beinahe allen Jahrhunderten für die kirchliche Spiritualität große Bedeutung besaß. Sie ist also keineswegs bloß in den fernöstlichen Religionen zu Hause. Ein methodisches Meditieren wird zunächst im frühen Mönchtum greifbar (3./4. Jahrhundert).[89] Im Zentrum der Meditation der Wüstenväter stand die Bibel. Gemäß Ps 1, 2 bemühten sich die ersten Mönche, unablässig das Wort der Schrift zu meditieren. Es ging ihnen darum, im Sinne der allegorisch verstandenen Schriftstellen 3. Mose 11, 3 und 5. Mose 14, 6, biblische Texte „wiederzukäuen" und dadurch in den Magen des Gedächtnisses aufzunehmen. Dazu rezitierte man diese Texte kontinuierlich mit halblauter Stimme. Mund und Herz, Körper und Geist, sollten gleichzeitig beteiligt sein.

---

[87] Vgl. dazu im Einzelnen Beda Müller, Komm in mir wohnen. Erfahrungen mit Meditation, 16 ff.

[88] Ruhbach, Theologie und Spiritualität, 131–186; Sudbrack, Was heißt christlich meditieren?.

[89] Vgl. hier und im Folgenden neben dem schon erwähnten Artikel von Nicol, Meditation, 338 ff., vor allem Ruhbach, Theologie und Spiritualität, 140–154, der in seinen Ausführungen vor allem der Bedeutung der Schriftmeditation im Verlauf der Kirchengeschichte nachgeht; dort auch Belege aus dem altkirchlich-monastischen Schrifttum.

In der abendländischen Benediktregel (6. Jahrhundert) lassen sich zwei charakteristische Veränderungen gegenüber den Wüstenvätern beobachten. *Zum einen* werden der Meditation feste Zeiten im Tagesablauf zugewiesen; sie darf also während der Arbeitszeit unterbrochen werden. *Zum anderen* findet eine Erweiterung des Meditationsverständnisses statt. „Meditation bedeutet nun, besonders für den Novizen, sowohl Einübung in die monastische Lebensweise als ganze, wie Übung des angemessenen Psalmengesanges im Stundengebet als auch das von Herzen kommende und in die Tiefe der Person hinabreichende Verständnis Christi und seines Heilswerkes."[90]

Anders als im Abendland blieb in der ostkirchlichen Tradition die Kunst der *immer währenden* Meditation erhalten. Sie kristallisierte sich mehr und mehr um die Übung des sog. Herzensgebetes. Es lautet in seiner verbreitetsten Form: „Herr Jesus Christus, erbarme dich meiner" und geht auf die in den Evangelien überlieferten Stoßgebete zurück (Mt 15, 22; 20, 31). Dabei wird vor allem das Zöllnergebet aus Lk 18, 13 zum Vorbild. Während des ersten Teils des Gebets findet das Einatmen, während des zweiten Teils das Ausatmen statt. Als Methode des immer währenden Gebets wird das Jesusgebet erstmals bei den Athosmönchen im 13./14. Jahrhundert erkennbar. Vor allem Gregor Palamas (1296–1359), Bischof von Thessaloniki und der wichtigste Vertreter des Hesychasmus, der ostkirchlichen Mystik, verteidigte die Praxis des Herzensgebets gegen seine Kritiker, die sich besonders an der psychosomatischen Prägung des Gebets störten. Verbreitet wurde die Praxis des Jesusgebets in der Ostkirche nicht zuletzt durch die sog. Philokalie, auf Griechisch 1782 in Venedig erschienen, der bald eine russische Übersetzung folgte.[91] Für die jüngere Zeit noch bedeutsamer wurden die Ende des 19. Jahrhunderts ursprünglich auf Russisch erschienenen „Aufrichtigen Erzählungen eines russischen Pilgers". Sie sind der Bestseller des Jesusgebets und liegen heute in vielen Übersetzungen und Auflagen vor. Vor allem über die „Aufrichtigen Erzählungen" hat das Jesusgebet auch in den westlichen Kirchen in unserem Jahrhundert eine zunehmende Anzahl von Freunden gefunden.[92]

Aber auch in der abendländischen Tradition nach Benedikt ist die Praxis der Meditation nicht verschwunden. Ihren Sitz hatte sie weiterhin vor allem in den Klöstern. Kennzeichnend für die Meditationspraxis im Mittelalter war ihre Methodisierung und theologische Systematisierung. Primärer Gegenstand blieb die Heilige Schrift, wobei die Themenbereiche Buße und vita Christi (seit Bernhard von Clairvaux) im Vordergrund standen. Daneben spielte die Meditation im Rahmen der ars moriendi, der Herz-Jesu-Verehrung und des Rosenkranzgebets eine Rolle.

---

[90] A.a.O., 146.
[91] Die Philokalie stellt eine Sammlung von Auszügen aus 38 asketischen griechischen Schriftstellern dar, die zumeist dem Hesychasmus zugerechnet werden.
[92] Einer der wichtigsten Lehrer des Jesus-Gebets im Westen ist Altabt Emmanuel Jungclaussen von der Benediktinerabtei Niederaltaich.

Im Gefolge der theologischen Systematisierung der Meditationspraxis entwickelte sich im Mittelalter ein vierstufiges Schema: lectio, meditatio, oratio, contemplatio. Was in der Alten Kirche noch eine Einheit bildete, wurde zu einem mehrstufigen Vorgang, der methodisch lehrbar war. Eine Konsequenz der Systematisierung war, dass die Meditation zu einer Stufe neben anderen wurde. Die drei ersten Stufen – unter Einschluss der Meditation – sah man als menschliche Vorbereitung auf die vierte Stufe an. Im Gegensatz zu den vorausgehenden Stufen wurde diese Stufe, die Einung mit Gott, die sog. unio mystica, als Geschenk der Gnade Gottes betrachtet.

Den Weg über die Mauern der Klöster hinaus fand die mittelalterliche Meditationspraxis durch die deutsche Mystik Taulers (ca. 1300–1360) und Seuses (1295–1366) und vor allem durch die sog. Devotio moderna des späten Mittelalters, die auch Ignatius von Loyola (1491–1556) und Teresa von Avila (1515–1582) beeinflusste. Insgesamt kann für die Meditation des Mittelalters festgehalten werden, dass sie im wesentlichen Meditation der Schrift war.[93]

Seit der Reformation gehen die Konfessionen auch im Hinblick auf die Meditation unterschiedliche Wege. Im Bereich des Katholizismus gewannen die Ignatianischen Exerzitien (Exercitia spiritualia – Geistliche Übungen) eine schlechthin einzigartige Bedeutung. Kern der Ignatianischen Übungen ist die Meditation mit den drei Seelenkräften, bei der es darum geht, den meditierten Gegenstand gleichermaßen mit Gedächtnis, Verstand und Willen zu erfassen. Ihre Praxis reichte und reicht weit über die Ordensmitglieder hinaus. Heute ziehen sich viele praktizierende Katholiken einmal im Jahr zu Ignatianischen Einzelexerzitien in ein Kloster oder Einkehrhaus zurück.

Wichtig für die Verbreitung der Meditation im katholischen Raum war schließlich die französische Mystik. Ihre Hauptvertreter waren François Fénelon (1651–1715) und Madame Guyon (1648–1717). Im Zentrum der Meditation stand bei Madame Guyon die sog. Übung der Gegenwart Gottes. Von hier liefen wichtige Verbindungslinien zum älteren Pietismus, vor allem zu Gerhard Tersteegen (1697–1769), der Person und Werk von Madame Guyon in Deutschland bekannt machte.[94] Von Seiten der eigenen Kirche sah sich die französische Mystik mit dem Vorwurf des Quietismus, der ausschließlichen Konzentration auf die Innerlichkeit konfrontiert.

Bemerkenswert ist, dass die Meditation auch im Bereich des Protestantismus zunächst keineswegs verschwand. Luther empfahl sie auch nach seiner reformatorischen Wende. Ein Lehrbeispiel für seine Meditationspraxis stellt die Gebetsanleitung für seinen Barbier Meister Peter dar.[95] Allerdings nahm er gegenüber der mittelalterlichen Meditationsübung eine bemerkenswerte Änderung vor: Luther bevorzugte die Trias oratio, meditatio,

---

[93] Ruhbach, Theologie und Spiritualität, 147.
[94] Vgl. seine „Auserlesenen Lebensbeschreibungen Heiliger Seelen", 1733–1754.
[95] Eine einfältige Weise zu beten, 1535 (WA 38, 358–373); in vielen Auflagen verbreitet.

tentatio, ersetzte also die contemplatio durch die tentatio. Damit wurde die Meditation auf die Bewährung des Glaubens im Alltag hin ausgerichtet. Am Ende des 16. Jahrhunderts trat jedoch die Erfahrungsdimension des Glaubens einschließlich der Meditation im orthodoxen Luthertum zurück.

Mit Johann Arnds „Vier Büchern vom wahren Christentum" (1605 ff.) erwuchs dem Schriftgebrauch der Orthodoxie, soweit er betont intellektualistisch ausgerichtet war, ein Gegengewicht. Arnd betonte eine auf die persönliche Glaubenserfahrung ausgerichtete Meditationspraxis. An dieser Stelle knüpfte dann der Pietismus an der Wende zwischen dem 17. und 18. Jahrhundert an. Besonders August Herman Francke (1663–1727) versuchte, der existenziellen Aneignung der Schrift im Rahmen des Theologiestudiums wieder den Weg zu ebnen.[96] Gerhard Tersteegen entwickelte – beeinflusst von der französischen Mystik – ein Meditationsprogramm für Laien. Es umfasste drei Formen der Meditation: die Liedmeditation, die Meditation der Gegenwart Gottes und die Meditation der Heiligen Schrift. Tersteegen ging es darum, nicht bei der Meditation des Schriftwortes stehen zu bleiben, sondern durch das Wort der Schrift zu einer Begegnung mit dem dreieinigen Gott selbst zu kommen. Im Gefolge der Aufklärung und des theologischen Rationalismus scheint die Meditation dann aus dem kirchlichen Bewusstsein verschwunden zu sein. Erst im 20. Jahrhundert erfolgte ihre Wiederentdeckung.

3.3.4. Charakteristika christlicher Meditationspraxis heute

Heute gibt es eine große Palette von Angeboten christlicher Meditation. Sie reichen von der aus der orthodoxen Tradition stammenden Meditation des Jesus-Gebets bis zu Meditationsformen, die vom buddhistischen Zen inspiriert sind. Trotz der Unterschiedlichkeit der Meditationsmethoden lässt sich eine Reihe von Gemeinsamkeiten feststellen.

1. Meditation hat weniger mit Belehrung als mit Erfahrung zu tun: Ziel der Meditation ist die ganzheitliche Erfahrung des dreieinigen Gottes.

2. Voraussetzung, um das Ziel christlicher Meditation zu erreichen, ist die Wiederholung, die Regelmäßigkeit, das Dran-Bleiben.[97] „Regelmäßigkeit hinsichtlich der Zeit und des Ortes, die Nähe zum Erdboden und die Wiederholung" sind für Meditationsübungen hilfreich.

3. Es geht deshalb darum, sich auf einen der unterschiedlichen Meditationswege einzulassen und nicht ständig zwischen den verschiedenen Wegen hin und her zu springen – nach dem Motto des Ignatius von Loyola: „Nicht das Vielwissen, sondern das Verkosten sättigt den inneren Menschen."

---

[96] Francke, Manducatio ad lectionem Scripturae Sacrae; ders., Einfältiger Unterricht, wie man die H. Schrift zu seiner wahren Erbauung lesen solle; ders., Einleitung zur Lesung der H. Schrift, insonderheit des Neuen Testaments (die beiden letztgenannten Schriften wieder abgedruckt in: Francke, Werke in Auswahl, 216–231).

[97] Vgl. hier und im Folgenden Beda Müller, Komm in mir wohnen, 14ff.; ebenso Ruhbach, Theologie und Spiritualität, 131ff.

4. Wichtig ist für alle Meditationsarten der Körper. Körperhaltung und Atmung sind eine wesentliche Voraussetzung gelingender Meditation. Gerade an dieser Stelle hat die neue Meditationsbewegung Entscheidendes von der Meditationspraxis der fernöstlichen Religionen gelernt. Auch das Ziel der Gedankenstille bzw. -konzentration stammt von dort.

5. Da der Mensch eine Einheit von Geist, Seele und Leib darstellt, sind zwei wesentliche Voraussetzungen gelingender Meditation ein entsprechend gestalteter Raum (vgl. die sog. „schöne Ecke" in den Räumen orthodoxer Christen) und ein geeigneter Zeitpunkt für die regelmäßige Übung.

6. Unerlässlich scheint ein Lehrer zu sein, der auf dem Weg der Meditation begleitet. Für christliche Meditation ist selbstverständlich, dass dieser keine absolute Bedeutung für den Meditierenden besitzt, sondern als Begleiter auf dem Weg zu Christus hin zu verstehen ist.

7. Zur Unterstützung ist auch eine Gruppe hilfreich, mit der zusammen Meditierende ihren Weg gehen.

3.3.5. Christliche Meditation im Spannungsfeld von westlicher Mediengesellschaft und östlicher Religiosität: Thesen

Regelmäßige Praxis der Meditation kann zu einer Stärkung und Gesundung der Persönlichkeit beitragen. Diese im Bereich des ersten Glaubensartikels anzusiedelnden Auswirkungen der Meditation sind ein Grund dafür, warum viele säkulare Menschen aus verantwortlichen Berufspositionen die Meditation in den vergangenen Jahren für sich entdeckt haben. Meditation stellt z.B. ein Gegengewicht zur alltäglichen Reizüberflutung durch die audiovisuellen Medien dar. Sie kann helfen, dass Menschen ihre Probleme offen und angstfrei wahrzunehmen beginnen, sie aussprechen und verarbeiten lernen. Ebenso setzt sie Menschen instand, von einem blinden Aktionismus Abstand zu nehmen und stattdessen planvoll zu handeln. Überdies kann sie die emotionale Reifung der Persönlichkeit unterstützen.

1. Die Wiedergewinnung der Stille ist angesichts der pausenlosen Reizüberflutung in der Mediengesellschaft eine unerlässliche Voraussetzung für die Begegnung des Menschen mit Gott. „Der Herr ist in seinem heiligen Tempel. Es sei vor ihm stille alle Welt!" (Hab 2, 20). Dazu leistet die moderne Meditationsbewegung einen wesentlichen Beitrag.

2. Die Meditation ruft der modernen Industriegesellschaft ins Gedächtnis, dass das Leben nicht im Materialismus aufgeht. Es gibt Bereiche der Wirklichkeit, die über die sichtbare Welt hinausreichen.

3. Christliche Meditation eröffnet einen Raum, in dem die Begegnung mit dem dreieinigen Gott möglich ist.

4. Als Mittel dazu bedient sie sich primär des Wortes: Christliche Meditation ist zuerst Meditation der Heiligen Schrift. Das zeigt ihre Geschichte von den Anfängen bei den Wüstenvätern über den Barockpietismus bis hin zu Dietrich Bonhoeffer. Immer ging es darum, „zu vertiefter Glaubenser-

fahrung durch die Heilige Schrift zu gelangen, und mit ihrer Hilfe den Glauben in den Anfechtungen des Alltags zu bewähren".[98]

5. Die Praxis der Meditation stellt einen nicht zu unterschätzenden Beitrag zur Überwindung der einseitigen Ausrichtung des Glaubens auf das intellektuelle Verstehen dar. Sie hilft, die Erfahrung als legitimen Aspekt des Glaubens wieder zu entdecken.

6. Die Meditation stellt ein notwendiges Gegengewicht zum historisch-kritischen Umgang mit der Bibel dar. Sie vermag einen Zugang zur Bibel zu eröffnen, der ihre eigene Stimme auf neue Weise zum Klingen bringt. An die Stelle des rationalen Zergliederns treten das Staunen und die Erwartung, Neues und Unbekanntes zu vernehmen.[99]

7. Zu begrüßen ist auch die Einbeziehung des Körpers und der Affekte in den Glaubensvollzug, wie er im Rahmen der Meditationsbewegung beispielhaft deutlich wird.

8. Christliche Meditation geschieht im Horizont der christlichen Gemeinde und der Gesellschaft, führt also letztlich nicht zur Konzentration auf den geistlichen Zustand des Meditierenden und damit zum Rückzug aus der Welt, sondern zum Engagement für Gott und den Nächsten.

9. Problematisch erscheint mir, dass sich häufig zusammen mit bestimmten Methoden eine Übernahme von religiösen Vorstellungen aus dem Hinduismus und Buddhismus in die Meditationspraxis beobachten lässt: Dazu gehört die Vorstellung, dass der Mensch seine Erlösung selbst – etwa durch Meditation – bewerkstelligen könne.

10. Überdies wird das christliche Gottesbild, das als „du", also personhaft zu verstehen ist, häufig durch ein Neutrum ersetzt. So ist im Buddhismus z. B. Gott das Absolute, das All-Eine, das überweltliche Sein.

11. Auch darf der bleibende Unterschied zwischen Gott und Mensch, zwischen Schöpfer und Geschöpf in der christlichen Meditation nicht verwischt werden. In der Begegnung zwischen Gott und Mensch, in der Mystik auch Versenkung genannt, kommt es nicht zur Auflösung der menschlichen Persönlichkeit. Im Bild gesprochen: Ziel der Meditation ist nicht die Auflösung des Wassertropfens im Ozean.[100] Vielmehr wird der Mensch nach christlicher Anschauung in der Begegnung mit Gott gerade zur Persönlichkeit. Noch einmal mit einem Bild gesprochen, das die griechischen Kirchenväter verwendeten: Es geht darum, dass das Eisen ins Feuer gelegt wird. Dabei nimmt es die Natur des Feuers an, wird heiß, glühend und leuchtend, aber hört nicht auf, Eisen zu bleiben. Das merkt man, wenn es aus dem Feuer herausgenommen wird.

12. Auch die Konsequenz der christlichen Meditation ist eine andere als in den östlichen Religionen: Geht es dort um die Erleuchtung eines isoliert gedachten religiösen Subjektes, also um die religiöse Vervollkommnung

---

[98] A.a.O., 155.
[99] So auch Klaus Berger, Was ist biblische Spiritualität?, 226f.
[100] Vgl. dazu Melzer, Begegnung oder Versenkung, 42.

des Meditierenden, steht hier die Hinwendung zum Nächsten, also die Liebe im Vordergrund.

13. Schließlich wird im Osten die Bedeutung des Meisters in anderer Weise aufgefasst als im Westen. Trotz aller Autorität des Meditationslehrers muss im Rahmen der christlichen Meditation deutlich bleiben, dass jeder Meditierende unmittelbar zu Gott steht. Christus ist der Lehrer jedes Christen. „Und ihr sollt euch nicht Lehrer nennen lassen; denn einer ist euer Lehrer: Christus" (Mt 23, 10).

14. Vor einer Überschätzung der Meditation bewahrt schließlich die Erkenntnis, dass christliche Meditation ein Mittel der Glaubensübung unter anderen ist – nicht mehr, aber auch nicht weniger.[101]

Lesehinweise

Ausführliche Literaturhinweise zum ganzen Gebiet der christlichen Meditation bei Martin Nicol, Art. Meditation II. Historisch/Praktisch-theologisch, in: TRE, Bd. 22, 337–353.
Philipp Dessauer, Die naturale Meditation, München 1961.
Johannes Lotz, Meditation im Alltag, 3. Auflage, Frankfurt a.M. 1963.
Klemens Tilmann, Die Führung zur Meditation I, 4. Auflage, Zürich 1972.
Friso Melzer, Innerung. Wege und Stufen der Meditation, 2. Auflage, Kassel 1968.
Friso Melzer, Versenkung oder Begegnung. Entscheidungshilfe zur Frage der Meditation, Stuttgart 1987.
Martin Nicol, Meditation bei Luther (Forschungen zur Kirchen- und Dogmengeschichte 34), Göttingen 1984.
Gerhard Ruhbach u.a. (Hg.), Meditation und Gottesdienst (Meditative Zugänge zu Gottesdienst und Predigt. Einführungsband), Göttingen 1989.
Ders., Theologie und Spiritualität. Beiträge zur Gestaltwerdung des christlichen Glaubens, Göttingen 1987, bes. 131–186.
Manfred Seitz, Praxis des Glaubens. Gottesdienst, Seelsorge und Spiritualität, 2. Auflage, Göttingen 1979, 199–205.
Josef Sudbrack, Was heißt christlich meditieren? Wege zu sich selbst und zu Gottes Du (Topos-Taschenbücher 263), Mainz 1996.

3.4. Die Spiritualität evangelischer Kommunitäten

Zu den verschiedenen Erscheinungsformen der Spiritualität im gegenwärtigen deutschen Protestantismus gehört die Spiritualität der Kommunitäten.[102] Seit dem Ende des Zweiten Weltkriegs wurden im Bereich der evangelischen Kirchen eine Vielzahl von geistlichen Gemeinschaften mit gemeinsamem Leben gegründet – ein Novum im Protestantismus, wenn

---
[101] So auch Ruhbach, Theologie und Spiritualität, 168.
[102] Die folgenden Überlegungen habe ich erstmals vorgetragen in meinem Artikel „Die Spiritualität evangelischer Kommunitäten und ihre Bedeutung für die Gesamtkirche".

man einmal von Vorläufern im Raum des Pietismus absieht.[103] Kirchengeschichtlich gesehen bedeutet die Spiritualität der Kommunitäten eine *Wiederkehr monastisch geprägter Frömmigkeit* im Raum der evangelischen Kirchen. Kein Wunder, dass Skepsis und Vorbehalte zunächst groß waren[104] und die Anerkennung der Kommunitäten vonseiten der offiziellen Kirche erst spät erfolgte. Da die neuen geistlichen Gemeinschaften ein äußerst vielschichtiges Phänomen darstellen, möchte ich im Folgenden den Schwerpunkt auf die Spiritualität von Gemeinschaften mit gemeinsamem Leben legen. Das Gesagte gilt aufgrund vieler Ähnlichkeiten allerdings mutatis mutandis auch für die Spiritualität von Bruder- und Schwesternschaften ohne gemeinsames Leben.

3.4.1. Zum Begriff „Kommunität"

Da auch der Begriff „Kommunität" an inhaltlicher Präzisionsschwäche leidet,[105] ist eine Begriffsklärung unerlässlich. Mit Kommunität bezeichne ich solche evangelischen Gemeinschaften, die nach der – entsprechend dem jeweiligen Aufgabenschwerpunkt der Gemeinschaft – modifizierten Regel der drei monastischen Gelübde zusammenleben: des Gehorsams gegen eine Leitungsinstanz, des Verzichts auf Privatbesitz und z.T. auch auf die Ehe.[106] Die Gemeinschaften können zölibatär lebende Männer und Frauen und Familien zusammen oder nur einzelne dieser Gruppen oder verschiedene Kombinationen von ihnen umfassen.

Es gab drei Entstehungswellen gemeinschaftlichen Lebens in unserem Jahrhundert. Zunächst schlossen sich vor und nach dem Ersten Weltkrieg im Zusammenhang mit dem Aufbruch der Jugendbewegung, angesichts der Erschütterungen des Ersten Weltkriegs, der Neuordnung des kirchlichen Lebens in der Weimarer Republik und der Neuorientierung der Theologie in den Zwanzigerjahren einzelne Bruderschaften *ohne* vita communis zusammen. Das waren Zusammenschlüsse unter einer gemeinsamen geistlichen Lebensregel mit bestimmten Verbindlichkeiten, wie z B. der

---

[103] Zu den historischen Wurzeln vgl. Halkenhäuser, Kirche und Kommunität, 112ff.

[104] Die wissenschaftliche Auseinandersetzung mit kommunitärem Christsein wird im Rahmen der evangelischen Theologie bis heute weithin von Insidern geführt – wenn sie denn überhaupt erfolgt. Zu den Insidern gehören z.B. Johannes Halkenhäuser, langjähriger Pfarrer der „Communität Casteller Ring" (s.u.), Christoph Joest (Mitglied der „Jesusbruderschaft" in Gnadenthal) und auch Ingrid Reimer (seit einigen Jahren Mitarbeit in der „Lebensgemeinschaft für die Einheit der Christen" auf Schloss Craheim). Von meiner früheren Tätigkeit als Pfarrer der „Offensive Junger Christen" (s.u.) her verfüge ich über ein gutes Maß an Insider-Wissen; gleichzeitig verschaffte mir die Arbeit an der Universität den nötigen Abstand.

[105] So auch Hage/Finckenstein/Krause, Art. Bruderschaften/Schwesternschaften/Kommunitäten, 207: „Noch schwieriger lässt sich ein präziser Begriff von Bruderschaft und Kommunität gewinnen. Die sehr verschiedenen Selbstbezeichnungen bringen die innere Struktur nicht klar zum Ausdruck: Bruder- und Schwesternschaft, Familie, Kommunität, Konvent, Gilde, Orden, Foyer, Oratorium, Ring."

[106] Vgl. hier und im Folgenden a.a.O., 207; Zimmerling, Art. Bruder- und Schwesternschaften, 310–312.

Verpflichtung zu gegenseitiger Fürbitte. Am bekanntesten und größten wurde die 1931 gegründete Michaelsbruderschaft. Abgesehen von Bonhoeffers Bruderhaus in Finkenwalde entstanden die ersten Kommunitäten *mit* gemeinsamem Leben erst unmittelbar nach dem Zweiten Weltkrieg. Damals bildeten sich evangelische Orden in der Traditionslinie vorreformatorischer Regeln. Die 1950 entstandene Communität Casteller Ring gehört mit der schon 1940 gegründeten Bruderschaft in Taizé und der 1947 in Darmstadt gebildeten Evangelischen Marienschwesternschaft zu den ältesten. Schließlich formierten sich in den 60er-Jahren Familiengemeinschaften als Erneuerungsnischen in einer Zeit tiefgreifender gesellschaftlicher Umbrüche. Zu ihren bedeutendsten zählen die Familienkommunität der Jesusbruderschaft Gnadenthal und die Offensive Junger Christen in Reichelsheim i. Odw., die beide 1968 entstanden sind.

Mit der Ende der 70er-Jahre erschienenen EKD-Studie „Evangelische Spiritualität" wurden die Kommunitäten endgültig kirchlich anerkannt.[107] Mit ihr vollzog die evangelische Kirche einen Paradigmenwechsel: Sie brach – vorbehaltlos – mit ihrer aus der Reformationszeit herrührenden Ablehnung monastischer Lebensformen.[108] Die Studie geht davon aus, dass Kommunitäten eine legitime Ausprägung biblisch-reformatorischen Christseins darstellen[109] und würdigt sie als Orte spiritueller Übung und Erfahrung, als evangelische „Gnadenorte".[110]

3.4.2. Grundzüge kommunitärer Spiritualität

a) Die liturgisch geprägte Spiritualität der „Communität Casteller Ring"

Da viele Aspekte kommunitären Christseins wenig bekannt sind, möchte ich exemplarisch an zwei evangelischen Lebensgemeinschaften einen Einblick in kommunitäre Spiritualität vermitteln: in die Spiritualität der Communität Casteller Ring und der Offensive Junger Christen. Die Communität Casteller Ring (CCR) hat ihren Sitz auf Schloss Schwanberg/Unterfranken. Sie versteht sich bewusst als im Raum der Bayerischen lutherische Kirche beheimatete geistliche Gemeinschaft.[111] Die Kommunität entstand 1950 im Gefolge von persönlichen Erschütterungen aufgrund von Krieg und Gestapo-Verfolgung durch Zusammenschluss junger

---

[107] Vgl. dazu Evangelische Spiritualität, 54. Die Bischofskonferenz der VELKD hatte diesen Schritt schon Mitte der 70er Jahre getan. Ihre Stellungnahme ist abgedruckt in: Mohaupt, Modelle gelebten Glaubens, 142ff.

[108] Vgl. zu Luthers kritischen Überlegungen zum Mönchtum im einzelnen Halkenhäuser, Kirche und Kommunität, 13ff.

[109] Den gleichen Nachweis wollen die Untersuchungen von Halkenhäuser, Kirche und Kommunität, bes. 60ff.241ff. und von Wenzelmann, Nachfolge und Gemeinschaft, bes. 15ff. 103ff. führen.

[110] „In neuerer Zeit sind Kommunitäten und Einkehrhäuser für viele zu ‚Gnadenorten' geworden. Diese Entwicklung sollte gefördert werden" (Evangelische Spiritualität, 54).

[111] Vgl. hier und im Folgenden Halkenhäuser/Pfister, Die Communität Casteller Ring, 94.

Mädchen aus dem Bund Christlicher Pfadfinderinnen unter der Leitung von Christel Schmid (gest. 1970).[112] Zusammen mit Maria Pfister (als Priorin deren Nachfolgerin von 1968–1990) praktizierte sie seit 1950 in Castell/Unterfranken das monastische Stundengebet.[113] 1957 zog ein Teil der inzwischen entstandenen Schwesternschaft in das leer stehende Schloss auf dem in der Nähe gelegenen Schwanberg.[114] 1959 legten die ersten Schwestern die Profess ab und verpflichteten sich zu einem monastischen Leben nach den evangelischen Räten.[115] Ende 1999 zählten zur Gemeinschaft 42 Schwestern, von denen eine Reihe in den in der Zwischenzeit eröffneten Stadtstationen der Kommunität in Nürnberg, Augsburg und Erfurt lebten.[116]

Proprium der Spiritualität der CCR ist das *gottesdienstliche Gebet*. Die Kommunität versteht sich als „Zelle des Gebets"[117] und sieht ihre Berufung primär im stellvertretenden Gebet für die Welt, das sich in der regelmäßig geübten Fürbitte konkretisiert.[118] Entscheidende Impulse für die liturgische Gestaltung ihrer Gottesdienste und Stundengebete empfing die Kommunität durch die Benediktiner.[119] Entsprechend der Anweisung aus der Benediktinischen Regel (RB 43, 3), dass dem Gottesdienst nichts vorgezogen werden soll, ist das Stundengebet das entscheidende Strukturelement des Tagesablaufs der Schwestern der CCR – sowohl auf dem Schwan-

---

[112] Maria Pfister, die Nachfolgerin von Christel Schmid, berichtet: „Damals, als alles zusammenbrach, fragten wir uns: Wofür lohnt es sich noch zu leben? Wir erfuhren die Kraft gemeinsamen Betens, erlebten, dass man die Schwester neben sich braucht, um Kirche Christi zu leben. Die Dinge überfielen uns einfach" (zit. nach Rosenkranz, Die Communität Casteller Ring, 35).

[113] So Decker, Gruß an Castell, 16.

[114] Vgl. hier und im Folgenden Joest, Spiritualität evangelischer Kommunitäten, 239f. 1962/63 ist aufgrund weiterer Schwesterneintritte in unmittelbarer Nähe des Schlosses ein eigenes Ordenshaus erbaut worden, das – wieder zu klein geworden – durch einen 1980 fertiggestellten Neubau ersetzt wurde.

[115] Rosenkranz, Die Communität Casteller Ring, 35; vgl. auch Deck, Anregungen aus der Regel Benediktis für die Evang.-Luth. Gemeinschaft Communität Casteller Ring, 215.

[116] Herkunft ist Zukunft.

[117] Decker, Unser Platz innerhalb der Kirche, 59; vgl. auch: Schweitzer, Das Monastische und die Zukunft der Kirche, 63f.

[118] „Wir sind eine Zelle des Gebets. Auch eine Arbeitsgruppe, aber in erster Linie eine betende Gruppe ... Und wir sind zutiefst davon überzeugt, dass das der uns aufgetragene Platz ist ... Und wir glauben, dass der Lobpreis und die Anbetung Gottes etwas ist, was wir nicht für uns allein tun, sondern stellvertretend für viele, die Gott, aus was für einem Grund auch, diese Ehre versagen ..." (Decker, Unser Platz innerhalb der Kirche, 59f.); vgl. auch Deck, Anregungen aus der Regel Benedikts für die Evang.-Luth. Gemeinschaft Communität Casteller Ring, 218.221.

[119] So Maria Pfister in: Halkenhäuser/Pfister, Die Communität Casteller Ring, 94. Christoph Joest hat in seiner Untersuchung den Aspekt, dass die Spiritualität der CCR vom Benediktinertum inspiriert worden ist, m.E. zu einseitig in den Vordergrund gestellt (vgl. ders., Spritualität evangelischer Kommunitäten, 235ff.). Neben dem Benediktinertum haben Löhe, die Hochkirchliche Vereinigung, die Michaelsbruderschaft und die Jugendbewegung nach dem Selbstzeugnis der Kommunität auf ihre Spiritualität eingewirkt. Zudem übersieht Joest, dass gerade das Gebet in seiner primären Ausrichtung auf Gott – deutlich „protestantisch" – zur Nächstenliebe befreien soll. Das beinhaltet zumindest einen anderen Ton gegenüber dem „ora et labora" Benedikts.

berg als auch in den Stadtstationen.[120] Die Gebetszeiten sollen Gott im Alltag verherrlichen, worin Ziel des Lebens der einzelnen Schwester wie auch der Kommunität insgesamt gesehen wird.[121] Auch die vielfältigen Gästegruppen und Einzelgäste sollen durch die Teilnahme an den Tagzeitengebeten zur Anbetung Gottes inspiriert werden.[122] Architektonisch wird die Orientierung auf Gebet und Gottesdienst als zentrales Merkmal der Spiritualität der CCR an der 1987 erbauten St. Michaelskirche sichtbar, die sich im Zentrum des Schwanbergs erhebt.[123]

Der langjährige Schwanbergpfarrer und Kommunitätenexperte Johannes Halkenhäuser war maßgeblich an der liturgischen Ausgestaltung des Alltags der CCR beteiligt. Er hat in einem von der Kommunität herausgegebenen Faltblatt fünf Gründe für die spirituelle Bedeutung des Stundengebets – so etwas wie Grundzüge der liturgischen Spiritualität des Schwan-

Schwestern der Communität Casteller Ring beim Stundengebet, © CCR.

---

[120] In einer Selbstdarstellung der Kommunität heißt es: „Das viermalige Stundengebet und die persönliche stille Zeit ordnen den Tag in Lob und Anbetung Gottes; daneben steht der regelmäßige Dienst der Fürbitte für Kirche und Welt" (Faltblatt).
[121] Vgl. dazu Maria Pfister in: Halkenhäuser/Pfister, Die Communität Casteller Ring, 94f.
[122] A.a.O., 97.
[123] Vgl. dazu den Bericht von der Einweihung der Kirche, in: Schwanbergbrief, Sondernummer, April 1990, 20ff.

berg – formuliert:[124] 1. Die regelmäßige Übung des Gebets trägt dazu bei, Gott zu ehren. 2. Eine feste Gebetsordnung fördert die persönliche Spiritualität. 3. Das Tagzeitengebet hilft, die Zeit im Horizont von Gottes Ewigkeit zu sehen. 4. Das regelmäßige Gebet reißt immer wieder aus drohender Gottvergessenheit heraus und ermutigt so, die Alltagsarbeit als Gottesdienst zu tun. 5. Das Stundengebet führt den Beter in die Gemeinschaft mit der betenden Kirche, die sein persönliches Gebet trägt.

Die fünf Gründe für das Stundengebet zeigen, dass die CCR unter dem Gebet keine selbstzentrierte und selbstgenügsame Frömmigkeitsübung versteht. Vielmehr wird ihm von Halkenhäuser die Aufgabe zugewiesen, den Menschen über sich selbst hinauszuführen: Das Stundengebet stellt den Beter in die Gemeinschaft mit Gott, dem Nächsten und der Kirche. Es ist gottes-, nächsten- und gemeindeorientiert. Indem das Gebet den Menschen in die Gemeinschaft mit Gott stellt, hilft es dem Beter, aus seiner vermeintlichen Mittelpunktsstellung in der Welt herauszutreten, und gibt Gott als dem Schöpfer die Ehre.[125] Indem das Gebet den Einzelnen an den Nächsten weist, kommt es zur Humanisierung des menschlichen Zusammenlebens.[126] Indem das Stundengebet den Beter mit der Kirche verbindet, lässt es ihn Anteil gewinnen an der alle Zeiten und Weltgegenden umfassenden Gemeinde Jesu Christi.[127]

b) Die gesellschaftsbezogene Spiritualität der „Offensive Junger Christen"

Die Offensive Junger Christen (OJC) entstand 1968 während der Studentenunruhen. Damals lud das Gründerehepaar Horst-Klaus und Irmela Hofmann unter dem Motto: „Alle reden von Revolution – wir auch!" zu Tagungen für Schüler und Studenten ein. Aus der Tagungsarbeit erwuchs das pädagogische Experiment einer „Großfamilie" genannten Lebensgemeinschaft in Bensheim a.d. Bergstraße (heute: Reichelsheim i. Odw.). Im Gefolge davon entstand eine Kommunität mit verschiedenen Arbeitszweigen.

Dass dieses Experiment des gemeinsamen Lebens in einer Großfamilie beginnen konnte, wurde ermöglicht durch eine Inspiration des Gründers und durch eine Anfrage von zwei Tagungsteilnehmerinnen. Horst-Klaus Hofmann notierte – im etwas pathetischen Stil der damaligen Zeit – während seiner Meditationszeit am 1. Januar 1968: „Schafft und schult eine ge-

---

[124] Das Faltblatt trägt die Überschrift: „Miteinander Christsein – Miteinander beten. Was das Stundengebet für uns bedeutet."
[125] Unter der Überschrift „Zellen des Gebetes" schreibt Birgit Kyrilla Schweitzer: „Monastisches Leben bezeugt, dass nicht der planende, wissende, machende, manipulierende Mensch die Mitte der Welt ist, sondern der gnädige Gott, dem allein Ehre und Dank gebührt" (dies., Das Monastische und die Zukunft der Kirche, 63).
[126] Maria Pfister in: Halkenhäuser/Pfister, Die Communität Casteller Ring, 95.
[127] Vgl. dazu auch Decker, Unser Platz innerhalb der Kirche, 59: „Das Stundengebet verbindet uns mit der Gesamtkirche über die Jahrhunderte hinweg und damit haben wir auch unseren Platz in der Ökumene."

einte, revolutionäre Mannschaft, eine Streitmacht, die Menschen von Gott abhängig macht und in dieser Welt die brennenden Probleme wirksam anpackt... Wer heute zu Regierungen des Staates, der Kirche und der Wirtschaft sprechen will, muss eine entschlossene, intelligente und selbstlose Gruppe junger Menschen in wirksamer Aktion für die Modernisierung und Rettung unserer Welt vorzeigen können. Konstruktive Realitäten lassen aufhorchen."[128] Aus dieser Inspiration entnahm Hofmann die Idee zur Gründung einer Schulungs- und Tagungsarbeit für junge Erwachsene. Zu einer Lebensgemeinschaft auf Zeit entwickelte sich die Arbeit, als zwei Studentinnen darum baten, „offensives Christsein"[129] im Alltag von Horst-Klaus und Irmela Hofmann und deren fünf Kindern praktisch miterleben zu können. Heute leben rund 100 Personen in der Kommunität: Familien mit Kindern, unverheiratete Mitarbeiter und für jeweils ein Jahr eine Reihe junger Männer und Frauen zwischen 18 und 28 Jahren.

Die Spiritualität der Kommunität ist stark durch persönliche Erfahrungen des Leiterehepaares geprägt worden. Dazu gehörte die Arbeit Hofmanns als Generalsekretär in einem missionarischen Großstadt-CVJM, die Begegnung mit der sozialethisch ausgerichteten Moralischen Aufrüstung Frank Buchmans und mit der kommunitären Frömmigkeit der Evangelischen Marienschwesternschaft in Darmstadt. Charakteristisch für die Spiritualität der Offensive Junger Christen wurde der Versuch, *persönlichen Glauben* und *politische Verantwortung* miteinander zu verbinden. Herausgefordert durch die Studentenunruhen kamen Horst-Klaus und Irmela Hofmann zu der Überzeugung, dass Christsein Auswirkungen im gesellschaftlichen Kontext haben müsste, Glaube und Kirche „das Getto der bloß persönlichen Frömmigkeit" zu verlassen hätten.[130]

Dabei legte die OJC von Anfang an Wert darauf, dass die „Dynamik" des Glaubens aus „der Stille vor Gott" gespeist wurde.[131] Die durch Frank Buchman in weiten christlichen Kreisen bekannt gewordene Meditationszeit am Morgen, gehalten zwischen 6 und 7 Uhr, ist bis heute der Ort, an dem jeder in der Gemeinschaft sich darum bemüht, sein Leben im Licht Gottes zu sehen. Die Meditationszeit wird als eine Antwort des Glaubens auf die besonderen Lebensbedingungen der Moderne verstanden. Sie hat die Aufgabe, angesichts des Lärms des Alltags zu Ruhe und Besinnung zu führen. In einer Austauschphase nach der Meditationszeit hat jedes Mitglied der Gemeinschaft in verschiedenen Kleingruppen die Möglichkeit, das weiterzugeben, was ihm zuvor klar geworden ist. Die Mitarbeiter der Kommunität wollen sich im Austausch tiefer kennen- und besser füreinander sorgen lernen. Die anderen dürfen nichts kom-

---

[128] Zit. nach Irmela Hofmann, Kein Tag wir jeder andere, 21.
[129] So der Titel eines Rechenschaftsberichts von Irmela Hofmann von 1971.
[130] So im 1975 von der OJC veröffentlichten symbolträchtig grünen Taschenbuch „Konsequenzen aus der Zukunft. Ein Handbuch der Hoffnung" (Wuppertal).
[131] Vgl. Geister, Die Quelle, aus der Qualität fließt, 50–55.

mentieren, sodass persönliche Verletzungen ausgeschlossen sind. Um 12 und um 18 Uhr wird in den verschiedenen Kapellen der Kommunität ein Tagzeitengebet angeboten. Das sog. politische Mittagsgebet ist entstanden angesichts der Verantwortung, die Christen für die Gesellschaft tragen. Hier werden die am Morgen gemeinsam gehörten Nachrichten in politische Fürbitte umgesetzt.[132]

Wesentlicher Bestandteil der Spiritualität der OJC ist außerdem ihr sozial-diakonisches Engagement in der Dritten Welt. Mehr als 100 Projekte in Afrika, Asien und Lateinamerika wurden bisher unterstützt. Dazu sind seit dem Zerfall der Sowjetunion Hungerhilfe und Aufbaulager gekommen, vor allem im Rahmen der orthodoxen Kirche Russlands. Die jährliche sog. „Weihnachtsaktion" unter dem Motto „Kritischer Konsumverzicht" mit einem Spendenaufkommen von bis zu einer halben Million DM erbringt jeweils die für die genannten Projekte nötigen Mittel.[133] Das Bezogensein der OJC-Spiritualität auf gesellschaftliche und kirchliche Herausforderungen zeigt sich auch in der 1969 erfolgten Gründung des „Deutschen Instituts für Jugend und Gesellschaft" und in der Einrichtung eines Seminars für Biblische Seelsorge 1979 im Gefolge der Auseinandersetzungen um die Gruppendynamik in der kirchlichen Seelsorgeausbildung.[134] Die neuesten Arbeitszweige der Kommunität bilden eine europäische Jugend- und Begegnungsstätte und eine OJC-Zelle in den neuen Bundesländern: Seit 1992 hat die OJC im Reichelsheimer Ortskern mit dem Aufbau eines Tagungszentrums begonnen, das durch Begegnungen von Jugendgruppen aus West- und Osteuropa einen Beitrag zum gemeinsamen europäischen Haus leisten soll. Seit 1997 entsteht eine neue OJC-Zelle in Greifswald im Rahmen der Pommerschen Landeskirche, die zur kirchlichen Erneuerung und zum besseren Verständnis zwischen alten und neuen Bundesländern beitragen will.[135]

c) Charakteristika kommunitärer Spiritualität

Der Vergleich von CCR und OJC zeigt, dass die Spiritualität von Kommunitäten unterschiedliche Ausprägungen besitzt. Trotzdem gibt es eine Reihe von Gemeinsamkeiten, sodass auch von einer *gemeinsamen* kommunitären Spiritualität gesprochen werden kann. Ihre Charakteristika sollen im Folgenden zusammengefasst werden.

Ein wesentliches Merkmal kommunitärer Spiritualität besteht in der *Verbindlichkeit* bestimmter Formen. Dazu gehören neben Zeiten des per-

---

[132] Vgl. dazu im einzelnen: Zimmerling, Beten im Alltag, 52–55.
[133] Vgl. dazu im einzelnen Horst-Klaus und Irmela Hofmann, Anstiftungen, 825ff. Wie die Idee zur Weihnachtsaktion entstand, berichtet Irmela Hofmann in: dies., Kein Tag wie jeder andere, 49ff.
[134] Vgl. dazu Horst-Klaus und Irmela Hofmann, Anstiftungen, 114ff.118ff.810ff.
[135] Irmela Hofmann, Ausbruch, 138ff.

sönlichen Gebets und der Schriftmeditation der regelmäßige Besuch der gemeinsamen Tagzeitengebete und der Gottesdienste.[136]

Ein weiteres Charakteristikum der Spiritualität von Kommunitäten besteht darin, dass sie im Rahmen *gemeinsamen Lebens* praktiziert wird.[137] Dem gemeinsamen Leben korrespondiert die ekklesiologische Verortung des Glaubens. Kommunitäten verstehen sich bewusst als Teil der jeweiligen Landeskirche.

Kommunitäre Spiritualität ist außerdem „*charismatisch*".[138] Kommunitäten bilden Räume, in denen die unterschiedlichen Charismen ihrer Mitglieder gewollt, entdeckt und gebraucht werden. Als Konsequenz daraus haben geistliche Gemeinschaften den Laien als gleichberechtigt mit dem Amtsträger entdeckt.[139]

Ein anderes Charakteristikum kommunitärer Spiritualität besteht im Streben nach *ganzheitlicher* Verwirklichung des Glaubens.[140] Kommunitäten plädieren für ein Christentum mit Leib und Seele. Z.B. wird ihre Spiritualität wesentlich durch Symbole und Rituale geprägt. Die Wiederentdeckung des Symbols wirkt sich bis in die Gestaltung der Wohnräume unter Einbeziehung geistlicher Gesichtspunkte aus: Eine „schöne Ecke" mit Kruzifix gehört zur Einrichtung vieler Zimmer in Kommunitäten. Die Hochschätzung des Rituals als Glaubenshilfe zeigt sich z.B. in der Praxis der Beichte.

Charakteristisch für die von evangelischen Kommunitäten gelebte Spiritualität ist auch der Zweiklang von *Kontemplation und Aktion* bzw. von Gottes- und Weltbezogenheit.[141] Kommunitäten wollen auf diese Weise sowohl der Gefahr der Weltvergessenheit als auch der des Aktionismus entgehen. Die Ausrichtung kommunitärer Spiritualität auf den Gottesdienst hält das Bewusstsein des „eschatologischen Mehrwerts der Gnade"[142] fest. Fest und Freude gehören zu den prägenden Merkmalen des kommunitären Lebens.[143]

Ein weiteres Merkmal kommunitärer Spiritualität besteht in ihrer *Ökumenizität*. Kommunitäten haben das reiche spirituelle Erbe der katholischen und orthodoxen Konfession wieder entdeckt.[144] Ihre Spiritualität ist von katholischen und orthodoxen Frömmigkeitselementen und -formen

---

[136] Vgl. dazu im einzelnen Ingrid Reimer, Im Kraftfeld geistlicher Gemeinschaft, 87.

[137] So Wendland, Bruderschaften in Kirche und Welt, 27; Wenzelmann, Nachfolge und Gemeinschaft, 253.

[138] Wendland, Bruderschaften in Kirche und Welt, 15; Wenzelmann, Nachfolge und Gemeinschaft, 250.

[139] Vgl. dazu im einzelnen Heinz-Mohr, Christsein in Kommunitäten, 111.

[140] Wenzelmann, Nachfolge und Gemeinschaft, 246; vgl. auch Heinz-Mohr, Christsein in Kommunitäten, 121.

[141] Z.B. a.a.O., 115.

[142] So Möller, Gottesdienst als Gemeindeaufbau, 55f.

[143] Heinz-Mohr, Christsein in Kommunitäten, 102.

[144] So auch Ingrid Reimer, Im Kraftfeld geistlicher Gemeinschaft, 91.

mitgeprägt. An kommunitärer Spiritualität wird sichtbar, dass gelebtem Glauben eine ökumenische Potenz innewohnt.[145]

Schließlich besitzt kommunitäre Spiritualität eine *eschatologische* Ausrichtung, wofür Kommunitäten sich auf das Neue Testament berufen, nach dem zum Christsein die unmittelbare Erwartung des Reiches Gottes gehört.[146] Die freiwillige Verpflichtung zu einem Leben nach den Evangelischen Räten soll das Bewusstsein für die eschatologische Dimension des Glaubens wach halten.

Tiefsitzende protestantische Vorbehalte gegenüber jeder Form von monastischer Spiritualität erschweren immer noch eine sachliche Kritik.[147] Trotzdem darf nicht verschwiegen werden, dass kommunitärer Spiritualität neben diesen positiven Merkmalen auch eine Reihe von Gefährdungen innewohnen. Hier sind vor allem drei Problemkreise zu nennen.[148] *Erstens* besteht die Gefahr, dass in Kommunitäten ein Idealbild von spirituellem Leben kultiviert wird. Hervorgerufen durch die Besonderheit kommunitärer Spiritualität und ihre starke Außenwirkung werden Alltagsprobleme durch die Kommunitätsmitglieder leicht nicht mehr offen wahrgenommen. Das erstrebte Ideal macht dann blind für die Realität mit ihren Problemen. *Zweitens* steht kommunitäre Frömmigkeit in Gefahr, in Abhängigkeit vom Leiter bzw. der Leiterin der Gemeinschaft zu geraten. Durch seelsorgerliche Abhängigkeiten wird diese Prägung sogar noch verstärkt. Damit ist die neutestamentliche Demokratisierung des Geistes zurückgenommen, wie sie etwa in Apg 2; 1. Kor 12–14 und auch Mt 23, 8–10 zum Ausdruck kommt. *Drittens* droht kommunitärer Frömmigkeit eine Überbetonung der Gemeinschaft.[149] Die Konsequenz ist Zwang zur Einmütigkeit, fehlendes Eigenprofil der persönlichen Spiritualität und angesichts Abgeschlossenheit und fehlender Transparenz mancher Kommunitäten die Entstehung von Sonderlehren.

---

[145] Vgl. Halkenhäuser, Kirche und Kommunität, 423; Wenzelmann, Nachfolge und Gemeinschaft, 257. Einen Beitrag zur Ökumene stellt die Existenz von Kommunitäten auch deswegen dar, weil der kommunitäre Aufbruch in allen Konfessionen zu beobachten ist (vgl. dazu im Hinblick auf die katholische Kirche die folgende Aussage von Papst Johannes Paul II in einer Ansprache vor Vertretern aus neuen Bewegungen und Gemeinschaften am 30.5.1998 auf dem Petersplatz in Rom: „Sie [die Bewegungen und neuen kirchlichen Gemeinschaften] sind die vom Heiligen Geist bewirkte Antwort auf diese dramatische Herausforderung gegen Ende des Jahrtausends" (abgedruckt in: CE-Infodienst. Charismatische Erneuerung in der Katholischen Kirche in Deutschland 3/98, 4); im Hinblick auf die evangelischen Kirchen Halkenhäuser, Das Evangelium in Gemeinschaft leben, 492).

[146] Heinz-Mohr, Christsein in Kommunitäten, 104.

[147] Dasselbe gilt im Hinblick auf die Kritik von Seiten ausgetretener Kommunitätsmitglieder: vgl. etwa die Publikationen von zwei aus der „Evangelischen Marienschwesternschaft" in Darmstadt-Eberstadt ausgetretenen Schwestern: Jansson/Lemmetyinen, Wenn Mauern fallen; dies., Christliche Existenz zwischen Evangelium und Gesetzlichkeit.

[148] Ähnlich auch Ingrid Reimer, Verbindliches Leben in Bruderschaften, Kommunitäten, Lebensgemeinschaften, 25ff. Reimer formuliert m.E. zu vorsichtig in der stark überarbeiteten Neuauflage dieses Buches: Verbindliches Leben in evangelischen Bruderschaften und kommunitären Gemeinschaften, 27ff.

[149] Vgl. dazu im einzelnen Dietrich Bonhoeffer, DBW, Bd. 5 (Gemeinsames Leben), bes. 65ff.

3.4.3. Die Bedeutung kommunitärer Spiritualität für die Gesamtkirche. Chancen und Gefahren

Im Folgenden soll die Bedeutung kommunitärer Spiritualität für die Gesamtkirche kritisch gewürdigt werden. Angesichts der gegenwärtigen Krise der Volkskirche kann sie unter bestimmten Voraussetzungen einen nicht zu unterschätzenden *Beitrag zur kirchlichen Erneuerung* leisten.[150]

Die grundlegende Voraussetzung dafür, dass das Erneuerungspotenzial kommunitärer Frömmigkeit überhaupt zur Geltung kommen kann, besteht darin, dass Christsein nicht länger allein mit dem traditionellen bürgerlichen Leben in Familie und Beruf identifiziert wird und die Parochie nicht länger die einzig anerkannte Sozialgestalt von Kirche im Protestantismus bleibt.[151] Dieses Potenzial wird außerdem nur dann zur Geltung kommen, wenn kommunitäre Spiritualität nicht als Hochform evangelischer Frömmigkeit missverstanden wird, die allein von einigen wenigen religiösen Virtuosen gelebt werden kann. Eine solche Interpretation entspricht zwar dem Trend modernen Lebens mit seinem zunehmenden Spezialistentum, das konsequenterweise auch religiöse Spezialisten verlangt, bedeutet aber einen Rückfall in ein vorreformatorisches Zwei-Stufen-Christsein, nämlich von Christen erster Klasse, die kommunitär leben, und von Christen zweiter Klasse, die in Familie und Beruf verbleiben. Diese Gefahr kann nur gebannt werden, wenn Kirche und Kommunität sich der *Unterschiedlichkeit* ihres spirituellen Lebens bewusst sind, an der *Gleichwertigkeit* von traditioneller volkskirchlicher und kommunitärer Spiritualität festhalten und ihr bleibendes *Aufeinanderangewiesensein* erkennen. Der Dienst der Kommunitäten für die Erneuerung der Gesamtkirche ist schließlich nicht in dem Sinn zu verstehen, dass kommunitäre Frömmigkeit unmittelbar in den Alltag einer Kirchengemeinde übertragen werden könnte. Kein in Familie und Beruf engagierter Christ vermag auf Dauer eine kommunitär geprägte Frömmigkeit zu leben. Z.B. ist es im normalen Alltag kaum möglich, Zeit für regelmäßige Stundengebete einzuräumen. Ebenso wenig ist es für einen im Berufsleben Stehenden denkbar, sich spontan für sozial-diakonische Aktionen zur Verfügung zu stellen, die einen größeren Zeit- und Kraftaufwand erfordern. Die besondere Gestalt kommunitären Christseins bedarf der durch die Strukturen einer Kommunität gegebenen Freiräume, um gelebt werden zu können. Dazu gehört vor allem die weitgehende Freiheit von bürgerlichen Familien-

---

[150] So auch Mallinkrodt-Neidhardt, Gottes letzte Abenteurer, 14: „Kommunitäten sind ein Stück ‚Kirche auf dem Weg'. So gesehen stellen alle verbindlichen Gemeinschaften – wenn die Kirche sie integriert – nicht nur eine Bereicherung des geistlichen Lebens innerhalb der Gemeinden dar, sondern können auch deren Erneuerung bewirken und so zu ihrem Fortbestehen beitragen."

[151] Dafür plädieren z.B. Johannes Halkenhäuser mit dem Hinweis auf die Verschiedenheit der neutestamentlichen Nachfolgegestalt (Das Evangelium in Gemeinschaft leben, 494ff.) und Christoph Joest aus mehr systematisch-theologischen Gründen mit dem Hinweis auf die Selbstunterschiedenheit des trinitarischen Gottes (ders., Der Protestantismus und die evangelischen Kommunitäten, 278).

und Berufspflichten. Mir schwebt also keine „Verklösterlichung" der Kirche vor. Es geht vielmehr um eine Bereicherung und Herausforderung traditioneller protestantischer Frömmigkeit durch theoretische und praktische *Impulse* vonseiten kommunitärer Spiritualität.

Die folgenden Charakteristika kommunitärer Spiritualität scheinen mir vorbildlich für eine zukünftige evangelische Frömmigkeit: Beim Vergleich der unterschiedlichen Kommunitäten zeigt sich, dass ihre Spiritualität *pluralistisch* ist, *ohne* deshalb in unverbundene Spiritualitäten *zu zersplittern*. Die unterschiedlichen kommunitären Spiritualitäten besitzen eine *gemeinsame Mitte* im christozentrisch geprägten Glauben, in der Liebe zur Bibel, in der Hochschätzung des Gottesdienstes einschließlich der Sakramente und in der Ausrichtung auf Gemeinschaft, Kirche und Gesellschaft. Der Pluralismus der kommunitären Spiritualitäten wirkt dadurch bereichernd und nicht dissoziierend.[152] Auf diese Weise können Kommunitäten dazu beitragen, in der Gesamtkirche die Bedeutung eines *schöpferischen Pluralismus*[153] zu entdecken – eine auf dem Hintergrund der oft zerstörerischen Flügelkämpfe zwischen den Anhängern verschiedener theologischer Richtungen in den Parochialgemeinden besonders dringliche Aufgabe. Weiter bildet die in Kommunitäten gelebte *verbindliche Spiritualität* angesichts der bei der überwiegenden Mehrzahl der evangelischen Kirchenmitglieder zu beobachtenden Unverbindlichkeit des Glaubens, die sich z.B. an fehlender Teilnahme am Gottesdienst und dem übrigen Gemeindeleben und an der Unkenntnis der Gebote Gottes zeigt, ein wichtiges Gegengewicht. Auch gegenüber dem gegenwärtig vorherrschenden protestantischen Frömmigkeitstypus, der seit dem 19. Jahrhundert zunehmend von Individualismus, Subjektivismus und Innerlichkeit geprägt wurde, stellt die Neuentdeckung der *ekklesiologischen Ausrichtung* des Glaubens durch die Kommunitäten ein notwendiges Korrektiv dar. Indem die geistlichen Gemeinschaften die Bedeutung der *Charismen* für den Gemeindeaufbau entdeckt haben, tragen sie zur Überwindung der Konzentration des Charismas auf den Amtsträger bei, die für die Gesamtkirche immer noch typisch ist, und helfen so, die reformatorische Forderung nach dem *„allgemeinen Priestertum"* praktisch umzusetzen.[154] Das Zentrum kommunitärer Spiritualität bildet die Feier des *Gottesdienstes*. Kommunitäten wenden sich gegen die „Herabsetzung des liturgischen Gottesdienstes zu einem bloßen Mittel zur Verwirklichung

---

[152] Christoph Joest versucht das Ineinander von Einheit und Unterschiedenheit der christlichen Spiritualität mit dem dreieinigen Leben Gottes zu begründen: „Letztlich ist die ‚Dialektik' zwischen der *einen* Spiritualität und den *vielen* Spiritualitäten, ihre spannungsvolle Einheit und wechselseitige Bedingtheit, implizit im dreifaltig-einen Leben Gottes enthalten, dessen Geist unsere Spiritualität begründet" (a.a.O.; Hervorhebungen im Text).

[153] Vgl. zum Begriff im einzelnen: Welker, Kirche im Pluralismus, 8 u.ö.

[154] Zum Begriff vgl. Härle, Allgemeines Priestertum und Kirchenleitung nach evangelischem Verständnis, 66f. Eine weitere Voraussetzung dafür stellt die Möglichkeit der Kommunitätsmitglieder dar, sich innerhalb und außerhalb der eigenen Kommunität ständig theologisch weiterzubilden.

des vernünftigen Gottesdienstes"[155]. Für die primär an den Früchten des Glaubens orientierte volkskirchliche Spiritualität bildet kommunitäre Spiritualität auch aus diesem Grund ein unverzichtbares Korrektiv. Schließlich stellt die *eschatologische Ausrichtung* kommunitärer Spiritualität eine unverzichtbare Herausforderung gegenüber einer die volkskirchliche Frömmigkeit dominierenden Diesseitsorientierung dar.

Aber auch in praktischer Hinsicht stellt kommunitäre Spiritualität eine Bereicherung für die Gesamtkirche dar. Die Kommunitäten bieten als „evangelische Gnadenorte" Besuchern und Besucherinnen die Möglichkeit, *geistlich aufzutanken*. Diesem Zweck dienen spirituelle Tagungsangebote vonseiten der Kommunitäten und die Einladung, für kürzere oder längere Zeit in den Kommunitäten mitzuleben („Kommunität auf Zeit"). In Kommunitäten erfahren Menschen in einer sonst von Lärm und Leistungsdruck geprägten Gesellschaft innere Entspannung:[156] Die von Stundengebeten und Gottesdiensten getragene Spiritualität hilft, zur Stille zu kommen.[157] Ein weiterer praktischer Beitrag kommunitärer Spiritualität für die Gesamtkirche besteht in *seelsorgerlichen Angeboten*. Kommunitätsmitglieder sind als Fachleute für Seelsorge bekannt geworden und werden von vielen Gemeindegliedern regelmäßig aufgesucht. Die Situation des Abstands vom normalen Alltagsleben während des Aufenthalts in einer Kommunität fördert die Bereitschaft zu existenzieller Veränderung.[158] Mit ihrer Spiritualität geben Kommunitäten außerdem eine Antwort auf die in den vergangenen Jahren immer wieder gestellte Frage, wo es im Rahmen der traditionellen Kirche Angebote für – gerade auch junge – religiös suchende Menschen gibt.[159] Kommunitäten bilden *Experimentierfelder für Glaubenserfahrungen*.[160] Das Moment der Übung ist konstitutiver Bestandteil ihrer Frömmigkeit. Dadurch tragen geistliche Gemeinschaften dazu bei, dass dieser von der traditionellen evangelischen Frömmigkeit weithin vergessene Aspekt in die evangelische Spiritualität reintegriert werden kann.[161] Gerade für die Glaubensvermittlung ist das Moment der Übung unerlässlich. Kommunitäten betonen in diesem Zusammenhang auch den Aspekt des gelebten *Vorbilds* in seiner Bedeutung für die Weiter-

---

[155] So Jüngel, Der evangelisch verstandene Gottesdienst, 305.
[156] Reimer, Alternativ leben in verbindlicher Gemeinschaft, 7.
[157] Vgl. Heinz-Mohr, Christsein in Kommunitäten, 97f.
[158] Vgl. ders., Die Kunst des geöffneten Lebens, 44f.
[159] Diese Frage formuliert z.B. Ingrid Reimer im Vorwort des von ihr herausgegebenen Buches: Alternativ leben in verbindlicher Gemeinschaft, 9.
[160] Kortzfleisch, Strukturen und Ziele der Gemeinschaften, 18f.; Wenzelmann, Nachfolge und Gemeinschaft, 256. Vgl. dazu Überlegungen von Ulrich Wilckens, dem früheren Beauftragten des Rates der EKD für den Kontakt zu den evangelischen Kommunitäten (sein Bericht in: EKD-Texte 1997; vgl. auch Mallinkrodt-Neidhardt, Gottes letzte Abenteurer, 134–136).
[161] Vgl. dazu im einzelnen Seitz, Evangelische Askese, 7ff.; Seitz, Praxis des Glaubens, bes. 155ff.; ders., Erneuerung der Gemeinde, bes. 57ff.; vgl. auch Heinz-Mohr, Die Kunst des geöffneten Lebens, 85.

gabe des Glaubens.¹⁶² Ohne Existenzmitteilung scheint heute kaum noch die Vermittlung des Glaubens möglich zu sein.¹⁶³ Konsequenterweise wurde in Kommunitäten die Bedeutung von geistlicher Vater- und Mutterschaft für die Glaubensweitergabe wieder entdeckt.¹⁶⁴ Schließlich sind Kommunitäten inzwischen ein beliebtes Ziel für Ausflüge von Gemeindekreisen und Gesamtgemeinden, wobei Einblicke in kommunitäre Spiritualität und *Impulse für die eigene Frömmigkeitsgestaltung* vermittelt werden. Der gleiche Effekt tritt ein, wenn Gemeindekreise Referenten aus Kommunitäten zu spirituellen und seelsorgerlichen Themen einladen.

Das Erneuerungspotenzial der Spiritualität von Kommunitäten wird allerdings auf Dauer nur dann gesamtkirchlich zur Wirkung kommen, wenn es gelingt, die in Kommunitäten und herkömmlichen Kirchengemeinden gelebte Spiritualität *wechselseitig* aufeinander zu beziehen, und zwar im Sinne einer *gegenseitigen* Ergänzung und Korrektur.¹⁶⁵ So ist und bleibt die normale Ortsgemeinde die Nagelprobe für die in Kommunitäten gewonnenen spirituellen Erkenntnisse. Erst im normalen Alltag in Beruf und Familie zeigt sich ihre Tragfähigkeit. Eine Tür zu gegenseitiger Ergänzung und Korrektur ist durch die Berufung eines Vertreters der Kommunitäten in die Synode der EKD und durch die Berufung eines EKD-Beauftragten für die evangelischen Kommunitäten geöffnet worden. Hier liegen noch unausgeschöpfte Möglichkeiten der gegenseitigen Hilfe. Z.B. wäre zu überlegen, ob dem EKD-Beauftragten – bisher jeweils ein im Ruhestand befindlicher Bischof – nicht von den Kommunitäten ein Visitationsmandat übertragen werden könnte. Das würde zur Transparenz der geistlichen Gemeinschaften in der kirchlichen und gesellschaftlichen Öffentlichkeit beitragen. Vielleicht könnte mit diesem Mandat eines Tages auch die Mitwirkung bei der Neuwahl der Kommunitätsleitung verbunden werden und auf diese Weise die häufig die Existenz der Gemeinschaft gefährdenden Turbulenzen beim Leitungsübergang begrenzt werden. Ich denke hier an eine Regelung entsprechend der eingeschränkten Mitwirkung des Abtpräses bei der Neuwahl eines Abtes bzw. einer Äbtissin in einer Benediktinerabtei.¹⁶⁶

---

¹⁶² Vgl. hierzu Dietrich Bonhoeffer, der im „Entwurf einer Arbeit" dem menschlichen Vorbild im Hinblick auf die Erneuerung der Kirche eine wesentliche Bedeutung zuweist: „Sie [die Kirche] wird die Bedeutung des menschlichen ‚Vorbildes' (das in der Menschheit Jesu seinen Ursprung hat und bei Paulus so wichtig ist!) nicht unterschätzen dürfen; nicht durch Begriffe, sondern durch ‚Vorbild' bekommt ihr Wort Nachdruck und Kraft" (WE 560f.). Veranschaulichungsinstanzen des Glaubens sind nötig, weil der Glaube sonst leicht welt- und ortlos wird, d.h. auf der einen Seite in die religiöse Innerlichkeit, auf der anderen Seite ins Jenseits verdrängt werden kann.

¹⁶³ In gleicher Richtung argumentiert die 1994 erschienene EKD-Denkschrift zum Religionsunterricht: „Weil die subjektive Glaubwürdigkeit immer mehr zählt, müssen sich auch die Lehrenden ihrer Vorbildwirkung bewusst sein. Wenn die Plausibilität der Inhalte nicht mehr durch religiöse Sitte und Erfahrung außerhalb der Schule gestützt wird, werden die Personen, wird das gelebte christliche Vorbild besonders wichtig" (Identität und Verständigung, 29).

¹⁶⁴ Vgl. Kap. 4.5.2.b).

¹⁶⁵ Vgl. Halkenhäuser, Kirche und Kommunität, 436.

¹⁶⁶ Vgl. dazu z.B. Die Satzungen der Bayerischen Benediktinerkongregation, bes. 88f.

Lesehinweise

Johannes Halkenhäuser, Kirche und Kommunität. Ein Beitrag zur Geschichte und zum Auftrag der kommunitären Bewegung in den Kirchen der Reformation (Konfessionskundliche und kontroverstheologische Studien 42), 2. Auflage, Paderborn 1985.
Herkunft ist Zukunft. 50 Jahre Communität Casteller Ring, Münsterschwarzach 2000.
Irmela Hofmann (Hg.), Ausbruch. Abenteuer einer Großfamilie, Gießen 1998.
Marianne Jansson/Riitta Lemmetyinen, Christliche Existenz zwischen Evangelium und Gesetzlichkeit. Darstellung und Beurteilung von Lehre und Leben der „Evangelischen Marienschwesternschaft" in Darmstadt (Europäische Hochschulschriften, Reihe 23, Bd. 605), Frankfurt a.M. u.a. 1997.
Christoph Joest, Spiritualität evangelischer Kommunitäten. Altkirchlich-monastische Tradition in evangelischen Kommunitäten von heute, Göttingen 1995.
Sylvia Mallinkrodt-Neidhardt, Gottes letzte Abenteurer. Anders leben in christlichen Gemeinschaften und Kommunitäten (GTB 1321), Gütersloh 1998.
Ingrid Reimer, Verbindliches Leben in evangelischen Bruderschaften und kommunitären Gemeinschaften (Studienbücher der Stiftung Geistliches Leben), Gießen 1999.
Gottfried Wenzelmann, Nachfolge und Gemeinschaft. Eine theologische Grundlegung des kommunitären Lebens (Calwer Theologische Monographien, Reihe C, Bd. 21), Stuttgart 1994.
www.kommunitaeten.de: Hervorragend aufbereitete Site der Kommunitäten und Gemeinschaften, die auf dem Kirchentag 1999 das Evangelische Kloster geplant und durchgeführt haben.

3.5. *Die Spiritualität charismatischer Bewegungen der Gegenwart. Chancen und Grenzen*

3.5.1. *Eine Vielzahl von Kirchen, Gruppen und Bewegungen*

Kaum ein Zweig der Weltchristenheit hat in den vergangenen Jahren so viel von sich reden gemacht wie die charismatischen Bewegungen.[167] In einer Reihe von Veröffentlichungen wird sie als die am schnellsten wachsende Frömmigkeitsbewegung der Gegenwart bezeichnet.[168] Zu ihr gehört eine fast unüberschaubare Vielzahl von Kirchen, Gruppierungen, Bewegungen und sozial-diakonischen Einrichtungen in allen Erdteilen.[169] Um der Vielschichtigkeit des Phänomens Rechnung zu tragen, spreche ich durchweg von charismatischen Bewegungen im Plural. Dabei lassen sich drei bzw. vier Hauptströmungen ausmachen.

1. die traditionellen selbstständigen Pfingstkirchen, hervorgegangen aus dem Aufbruch der modernen Pfingstbewegung 1906 in Los Ange-

---

[167] Vgl. hier und im Folgenden Zimmerling, Die charismatischen Bewegungen, 44ff.
[168] Vgl. dazu Barrett, World Christian Encyclopedia.
[169] Vgl. Hollenweger, Handbuch der Pfingstbewegung; Burgess, Dictionary of Pentecostal and Charismatic Movements.

les.[170] Diese Pfingstkirchen müssen heute als vierte Denomination neben Orthodoxie, Katholizismus, und den reformatorischen Kirchen betrachtet werden.

2. die neuere am Beginn der 60er-Jahre in den USA entstandene charismatische Bewegung, die im Rahmen der traditionellen Kirchen verblieb.[171] Die Initiatoren und viele führende Mitglieder erlebten ihre charismatische Grunderfahrung im Zusammenhang mit den traditionellen Pfingstkirchen. Das gilt sowohl für den episkopalen Pfarrer Dennis Bennett, durch den die innerkirchliche charismatische Bewegung in den USA 1959/60 ausgelöst wurde, als auch für Pastor Larry Christenson, den leitenden Theologen der charismatischen Bewegung innerhalb der lutherischen Kirchen.

3. die sog. „Dritte Welle", die vor allem mit den Namen von C. Peter Wagner, John Wimber und P. Yonggi Cho verbunden ist. Wagner z.B. bezeichnet sich trotz eigener charismatischer Erfahrungen nicht als Charismatiker, sondern weiterhin als Evangelikaler. Die Anhänger der „Dritten Welle" haben bestimmte Aspekte charismatischer Frömmigkeit kennen gelernt, wozu vor allem die Betonung der Charismen einschließlich des Gebets für Kranke gehört, die sie in ihre Theologie und Spiritualität integriert haben.[172]

4. ein schnell wachsendes, aber schwer zu fassendes Neupfingstlertum, das lehrmäßig den traditionellen Pfingstkirchen nähersteht, sich aber in unabhängigen Zentren und Gemeinden organisiert. Die neupfingstlerischen Gruppen legen großen Wert auf die Zungenrede als äußerlich sichtbares Zeichen des Erfülltseins mit dem Heiligen Geist und vertreten ein stark fundamentalistisch geprägtes Bibelverständnis.

Trotz der unterschiedlichen Strömungen lassen sich bestimmte Wesenszüge charismatischen Christentums ausmachen, die es erlauben, die verschiedenen Bewegungen als ein zusammengehörendes Phänomen zu betrachten. Den Anfang eines neuen charismatischen Aufbruchs bestimmten jeweils ungewöhnliche Geisterfahrungen. Sie zeigen, dass es sich primär um eine Frömmigkeitsbewegung handelt. Daran hat sich bis heute nichts geändert. Die charismatischen Charakteristika liegen vor allem im Bereich der Spiritualität: Man erwartet eine persönliche Erfahrung mit dem Heiligen Geist, betont die neutestamentlichen Charismen und pflegt Anbetung und Lobpreis als wesentliche Bestandteile des Gottesdienstes. Damit einher gehen gemeinsame theoretische Überzeugungen: die Entdeckung eines besonderen Wirkens des Heiligen Geistes neben Jesus Christus, die Kritik an einem geschlossenen rationalistischen Wirklichkeitsverständnis und ihr Selbstverständnis, Teil eines geistlichen Aufbruchs zu sein, der weltweit und ökumenisch ist. Insgesamt zeichnen sich charismatische Bewegungen

---

[170] Vgl. im einzelnen Hollenweger, Enthusiastisches Christentum, bes. 20ff.
[171] Vgl. Hans-Diether Reimer, Wenn der Geist in der Kirche wirken will.
[172] Vgl. Wagner, Der gesunde Aufbruch; ders., Die Gaben des Geistes für den Gemeindeaufbau; Wimber/Springer, Vollmächtige Evangelisation.

weniger durch theologische Neuentwürfe als durch eine Fülle von reflektierten Glaubenserfahrungen aus.

Ich möchte im Folgenden Grundzüge charismatischer Spiritualität aufgreifen, die mir in der Auseinandersetzung mit ihr wesentlich erscheinen. Dabei sollen die in ihnen enthaltenen Herausforderungen an die evangelische Theologie und Kirche beschrieben und jeweils weiterer theologischer Klärungsbedarf formuliert werden. Ich gehe jeweils so vor, dass ich zunächst die Auffassung der traditionellen Pfingstbewegung behandle, um danach die der innerkirchlichen Bewegungen bzw. der sog. „Dritten Welle" zu thematisieren.

3.5.2. Geistestaufe als Ursprungserfahrung

Die *Ersterfahrung* des Geistes stellt die conditio sine qua non charismatischer Spiritualität dar.[173] Allerdings wird sie von den einzelnen Bewegungen theologisch sehr *verschieden* interpretiert, was schon am Gebrauch unterschiedlicher *Begriffe* erkennbar ist. Traditionelle Pfingstler sprechen meist von „Geistestaufe" als einem punktuellen und damit datierbaren Ereignis, das als zweites fundamentales Glaubenserlebnis von Bekehrung und Wiedergeburt unterscheidbar ist. Begleitet vom „initial sign" der Glossolalie ist die „Geistestaufe" von außen wahrnehmbar und kann prinzipiell von jedem Christen erfahren werden, vorausgesetzt er ist offen dafür. Indem die „Geistestaufe" in Parallele zur Wassertaufe gesetzt wird, bekommt sie sakramentalen Rang und eine *Sonderstellung* für den Glaubensvollzug.

Die innerkirchlichen charismatischen Bewegungen, aber auch Vertreter der „Dritten Welle", haben von Anfang an sowohl die pfingstlerische Verknüpfung der Geisterfahrung mit einer scharfen Zwei-Stufen-Lehre als auch deren Normierung durch die Zungenrede *relativiert*. Besonders die katholische charismatische Bewegung hat darauf hingewiesen, dass außerordentliche Durchbruchserfahrungen nicht für alle Christen verbindlich gemacht werden dürfen. Darüber hinaus waren innerkirchliche Gruppen gezwungen, die charismatische Geisterfahrung zu Wassertaufe bzw. Firmung, die als Ort des Geistempfangs in ihren Konfessionen theologisch feststanden, in Beziehung zu setzen. Lutherische und katholische Charismatiker sind gemeinsam der Überzeugung, dass der Geist *nicht* durch die Geistestaufe verliehen wird, sondern bereits vorher im Getauften bzw. Gefirmten anwesend ist. Die charismatische Grunderfahrung stellt als Tauf- bzw. Firmerneuerung ein *Bewusst- und Wirksamwerden* des Geistes auf der Erfahrungsebene dar.

Was ist von der charismatischen Forderung einer Geisterfahrung zu halten? Den neutestamentlichen Texten sind Geisterfahrungen nicht fremd. Im Gegenteil, sie lassen eine Fülle von sehr unterschiedlich geprägten entsprechenden Erfahrungen erkennen. Allerdings wird nirgends, auch in der

---

[173] Vgl. im Folgenden Zimmerling, Die charismatischen Bewegungen, 76 ff. (mit Belegen).

Apg nicht, eine allgemeine Lehre von der Geistestaufe entwickelt. Insgesamt *überwiegen* im Neuen Testament Begriffe, die auf einen *nicht-spektakulären* Geistempfang deuten. Selbst Lukas nennt in der Apg mannigfaltige – natürliche und übernatürliche – Kennzeichen des Geistempfangs. Sie werden gleichberechtigt nebeneinander gestellt: Reden in neuen Zungen, Lob Gottes, Weissagen, Heilung von Blindheit, Eingliederung in die Gemeinde, Beben des Versammlungsorts, Freimut zur Verkündigung, Übernahme von sozialer Verantwortung. Wo spektakuläre Formen des Geistempfangs erkennbar werden, scheinen sie mit *besonderen Umständen* zusammenzuhängen. So findet an Pfingsten der im Alten Testament für das Eschaton verheißene allgemeine Geistempfang statt: Unabhängig von Geschlecht, Stand und Alter erhalten Menschen den Geist Gottes. Für die Berichte über den Geistempfang mit spektakulären Begleiterscheinungen gilt genauso wie für diejenigen ohne spektakuläre Erscheinungen, dass in ihnen der Glaube an Jesus als den Auferstandenen, Wassertaufe, Geistempfang und Gemeindezugehörigkeit unmittelbar aufeinander bezogen sind. Nach dem Zeugnis der Apg können Wassertaufe und Geistempfang auch zusammenfallen.[174] *Exegetische Einsichten* bestätigen somit die Forderung innerkirchlicher Charismatiker nach einer Überwindung der pfingstlerischen Normierung und Schablonisierung des Geistempfangs zugunsten der Integration der Geistestaufe in den Glaubensvollzug und ihrer Öffnung für unterschiedliche Formen. Soweit der exegetische Befund.

Zweifellos bleiben aber nicht nur traditionelle Pfingstler, sondern auch die Großkirchen hinter den neutestamentlichen Erkenntnissen zurück. Luthers radikale Ablehnung jedes Geisteswirkens außerhalb von Wort und Sakrament im Kampf mit den sog. Schwärmern verhinderte gerade in den lutherischen Kirchen die Entwicklung einer positiven Lehre von enthusiastisch-charismatischen Erlebnissen. Diese Entwicklung wurde noch dadurch verstärkt, dass sich in der Auseinandersetzung mit der Gegenreformation das ganze Interesse der reformatorisch geprägten systematischen Theologie auf die im Glauben gewährte Rechtfertigung des Sünders richtete. Erst neuere pneumatologische Entwürfe lassen hier ein Umdenken erkennen.[175] Sie haben den Weg freigemacht, die charismatische Erfahrung des Geistempfangs unter Einschluss spektakulärer Formen als wichtigen Kontrapunkt gegenüber der Geistvergessenheit weiter Teile der westlichen Christenheit angemessen zu würdigen.

Unerlässlich erscheint mir dabei die Integration der charismatischen Geisterfahrung in den Glaubensvollzug, um die Gefahr eines Zwei-Stufen-Christseins zu bannen. Die Geisterfahrung ist nicht mehr, aber auch nicht weniger als *ein* Aspekt des christlichen Glaubens, der eine Reihe von weiteren Aspekten umfasst. Neben dem Geistempfang z. B. Umkehr („Buße"), Taufe und Eingliederung in die Gemeinde. Kein Aspekt darf isoliert von

---

[174] Was Apg 2, 38 und 41 andeuten; vgl. auch Apg 8, 38f.
[175] Moltmann, Der Geist des Lebens; Welker, Gottes Geist.

den anderen gedacht werden. Die Geisterfahrung ist an den Christusglauben zurückzubinden. Dann ist es auch nicht länger nötig, dass jeder einzelne Aspekt des Glaubens jedem Christen zur *bewussten* Erfahrung wird.

3.5.3. Wiederentdeckung der Charismen

Charismatische Bewegungen haben die Bedeutung der *Charismen*, einschließlich der spektakulären Gnadengaben wie Zungenrede, Heilung und Prophetie, für die Spiritualität wieder entdeckt.[176] Für sämtliche Gruppen ist eine grundsätzliche Offenheit für die Praktizierung aller im Neuen Testament genannten Charismen charakteristisch. Unterschiede werden in der Bedeutung der einzelnen Gaben für den Frömmigkeitsvollzug und in ihrer theologischen Bewertung sichtbar.

Die *traditionelle Pfingstbewegung* hat mit der Wiederentdeckung von transrationalen Geistphänomenen wie Zungenrede, Heilung und Prophetie in Vergessenheit geratene *biblische* Erfahrungsbereiche in die Spiritualität eingeholt. Vor allem am Beginn ihres Auftretens am Anfang des 20. Jahrhunderts stellte sie damit in der Weltchristenheit einen Fremdkörper dar. Mit ihrer Erwartung des „Übernatürlichen in der Gegenwart" stand sie im Gegensatz sowohl zur stark intellektuell bzw. ethisch geprägten volkskirchlichen Religiosität als auch zum vom Glauben an das „Übernatürliche in der Vergangenheit" geprägten christlichen Fundamentalismus.[177] Traditionelle Pfingstler verstehen den Geist nach dem Pfingstbericht in Apg 2 – dem Basistext der Bewegung – als „Kraft aus der Höhe".[178] Entsprechend werden die Charismen von ihrer Bedeutung für die Steigerung der Frömmigkeit des einzelnen her – als Ausweis der Geisterfülltheit – interpretiert. Die nicht-spektakulären Charismen treten zurück, ebenso ihre ekklesiologische und sozialethische Dimension.

Ein anders akzentuiertes Charismenverständnis als die traditionellen Pfingstler lassen die *innerkirchlichen charismatischen Bewegungen* erkennen. Zwar stand auch hier am Anfang die Erfahrung spektakulärer Charismen. In deren Gefolge haben die Bewegungen jedoch die *ekklesiologische* Ausrichtung der Charismen bei Paulus entdeckt. Zum Basistext wurde 1. Kor 12–14, zum Ziel des Charismengebrauchs die Verwirklichung der charismatischen Gemeinde. Die Bemühungen der innerkirchlichen Charismatiker um eine charismatische Erneuerung der Kirchen und Gemeinden seit Anfang der 70er-Jahre entsprachen etwa zeitgleichen Entwicklungen in Theologie, Kirche und Gesellschaft, die in Richtung von mehr Partizipation führten.

Theologisch ist die Entdeckung der charismatischen Dimension der Spiritualität durch die charismatischen Bewegungen zuerst einmal zu begrü-

---
[176] Vgl. im Folgenden Zimmerling, Die charismatischen Bewegungen, 118ff. (mit Belegen).
[177] Hutten, Seher, Grübler, Enthusiasten, 354.
[178] So Hans-Diether Reimer in einem Brief an Lorenz Hein vom 14.12.1989.

ßen. Die Verwirklichung der charismatischen Gemeinde kann zu einer praktischen Einlösung der reformatorischen Erkenntnis des *„allgemeinen Priestertum"* beitragen. Problematisch am Charismenverständnis der traditionellen Pfingstbewegung ist allerdings die Definition des Charismas primär als Durchbrechung der Naturgesetze. Dadurch wird das biblische Verständnis des Geisteswirkens in Richtung auf das *Mirakulöse* verschoben. Innerkirchliche charismatische Bewegungen haben hier weitreichende Korrekturen vorgenommen, indem sie das Charisma von seinem Gemeindebezug her definieren. Das Charisma wird dadurch aus seiner Fixierung auf das Übernatürliche gelöst: Im Horizont der Gemeinde werden auch die *nicht-spektakulären* Gnadengaben wichtig. Nicht das Mirakulöse, sondern die Orientierung auf den Nächsten macht eine Fähigkeit zum Charisma. Damit ist auch die pfingstlerische *Normierung* der Charismen zugunsten individueller *Mannigfaltigkeit* aufgebrochen. Durch die Erkenntnis der ekklesiologischen Dimension der Charismen, ihrer Funktion als „Dienstgaben zum Aufbau des Leibes Christi", haben innerkirchliche Charismatiker auch das Missverständnis überwunden, die Charismen dienten zur Steigerung der *individuellen Frömmigkeit*.[179] Sie haben überdies erkannt, dass auf dem Weg zum „allgemeinen Priestertum" die Gnadengaben des *Interesses*, der *Planung* und der *Pflege* bedürfen. Sonst bleiben sie unentdeckt, ungenutzt und unentwickelt.[180] Am differenziertesten von allen deutschen Charismatikern hat bisher der baptistische Theologe Siegfried Großmann den Zugang zu den Charismen beschrieben, als Prozess in vier Schritten: Er nennt das Gebet um Weckung der Gaben, die Gott einem Menschen zugedacht hat; die Suche nach den Gaben, die in jedem angelegt sind; die Entfaltung der entdeckten Gaben; die Integration der Gaben in die Gesamtpersönlichkeit.[181] Noch besser wäre es, von einem einheitlichen Geschehen zu sprechen, das unter mehreren Aspekten betrachtet werden kann. Der Prozesscharakter des Zugangs zu den Charismen und die Notwendigkeit ihrer Integration in die Persönlichkeit des Gabenträgers werden in charismatischen Gruppen meist übersehen. Vor allem katholische Charismatiker weisen schließlich auf die *gesellschaftliche* Relevanz der Charismen hin, indem sie betonen, dass die Charismen auch zum Dienst in der Gesellschaft gegeben sind.

Trotz der genannten wichtigen Korrekturen am Charismenverständnis der traditionellen Pfingstler bleibt für mich auch bei den innerkirchlichen Charismatikern eine Frage offen: Wie lässt sich ihre auf die Charismen konzentrierte Spiritualität mit der neutestamentlichen Nachordnung der Charismen gegenüber Christusbekenntnis und Taufe in Einklang bringen? Es kann – auch exegetisch betrachtet – kein Zweifel daran bestehen, dass im Mittelpunkt der neutestamentlichen Verkündigung der Ruf zum Glau-

---

[179] Kopfermann, Charismatische Gemeindeerneuerung, 21f.38f.
[180] Vgl. Bohren, Dass Gott schön werde, 148f.
[181] Großmann, Der Geist ist Leben, 148ff.

ben an Christus steht. Grundlegend für das Wirken des Geistes ist das Bekenntnis zu Jesus Christus (1. Kor 12, 3.13). Die Frage der Charismen gehört systematisch-theologisch zum Bereich der Heiligung: Welches Charisma ein an Christus Glaubender erhält, hat – anders als die Annahme bzw. Ablehnung der Christusbotschaft – nichts mit seinem Heil zu tun. Um dieser Erkenntnis Rechnung zu tragen, müsste die pneumatisch konzipierte Charismenlehre der charismatischen Bewegungen durch eine trinitarisch konzipierte ersetzt werden.[182] Vom Ansatz her würde dadurch deutlich, dass die Charismen nicht unabhängig von der Erlösung gedacht werden können: Sie sind *Folge* der Christuszugehörigkeit.

3.5.4. Orientierung am Geist

In der *pneumatischen* Orientierung ihrer Spiritualität besteht das eigentlich *Neue* charismatischer Bewegungen gegenüber den traditionellen westlichen Kirchen.[183] Diese Orientierung zeigt sich im Wunsch nach einem *bewussten* und *persönlichen* Glaubensbezug zum Geist Gottes. Dafür verantwortlich ist *zum einen* die besondere Erfahrung des Geistes in der Geistestaufe, die zu einer *neuen Sicht* des Heiligen Geistes führt: Für den Geistgetauften ist er aus seiner Verborgenheit hinter Christus hervorgetreten. Dass der Geist bei der Geistestaufe *einmal* seine Anonymität verlassen hat, lässt den Geistgetauften auf *weitere* bewusste Geisterfahrungen hoffen. *Zum anderen* hängt die Konzentration charismatischer Frömmigkeit auf den Geist mit einer bestimmten *heilsgeschichtlichen Sicht* der Gegenwart zusammen. Charismatiker sind der Überzeugung, dass in der Zeit nach Pfingsten die anderen trinitarischen Personen hinter den Heiligen Geist zurückgetreten sind. Das gelte insbesondere seit dem Beginn der Pfingstbewegung am Anfang des vergangenen Jahrhunderts. Damals sei der Heilige Geist zum letzten Mal vor der unmittelbar bevorstehenden Wiederkunft Jesu Christi in überwältigender Weise auf die Gläubigen ausgegossen worden.[184]

In der Praxis zeigt sich die pneumatische Prägung charismatischer Spiritualität in der Erwartung *unmittelbaren* Geistesredens im Herzen. Im Gegensatz zu traditioneller evangelischer Theologie und Frömmigkeit wird diese Form des Geisteswirkens nicht misstrauisch beargwöhnt, sondern kraftvoll ersehnt. Daneben eröffnet eine vom Geist geprägte Frömmigkeit nach der Überzeugung weiter charismatischer Kreise den Weg zum *Wohlstand*. Daraus resultiert die Lehre vom Wohlstandsevangelium, eine Besonderheit des charismatischen Heiligungsverständnisses. Im Mittelpunkt dieser Lehre steht die Überzeugung, dass Christus den Menschen

---

[182] S. im einzelnen Zimmerling, Die charismatischen Bewegungen, 186 ff.
[183] S. im Folgenden a.a.O., 247 ff. (mit weiteren Belegen).
[184] „... early Pentecostals believed that they were participating in the latest movement of the Holy Spirit which would ultimately sweep the entire church" (Robeck, Jr., Pentecostals and the Apostolic Faith, 63).

auch vom Fluch der Armut befreit habe, als er ihn vom Fluch des Gesetzes erlöste.[185] Vertreter der Lehre berufen sich dabei auf Gal 3, 13f. und 29. Ihrer praktischen Umsetzung dienen das *positive Denken* und das *Programm der Visualisierung*.[186]

Was ist theologisch zur pneumatischen Orientierung charismatischer Spiritualität zu sagen? Problematisch ist nicht die – in den traditionellen Kirchen vernachlässigte – pneumatische Ausrichtung als solche, sondern die damit verbundene Auflösung des gleichzeitigen Wirkens der drei göttlichen Personen in ein Nacheinander ihrer Werke, was an die Zeitalterlehre des Joachim de Fiore (ca. 1130–1202) erinnert. Dieser ging davon aus, dass das Zeitalter des Vaters (das Judentum) vom Zeitalter des Sohnes (die Kirche) und dieses durch das Zeitalter des Geistes abgelöst würde. In Bezug auf die ökonomische Trinität kommt für Charismatiker seit Pfingsten offenbar allein der Heilige Geist und sein Werk in den Blick. Die Folge der Vernachlässigung des Ersten und Zweiten Artikels ist die immer wieder zu beobachtende Tendenz charismatischer Spiritualität zu *subjektivistischer Verengung* und zum *Triumphalismus*. Eine stärkere christologische bzw. trinitarische Ausrichtung von Theologie und Spiritualität wäre hier zur Korrektur dringend notwendig.

Beide Gefährdungen sind an den beiden genannten Konkretionen charismatischer Spiritualität deutlich erkennbar. Die Erwartung eines *unmittelbaren Redens* des Geistes im Herzen müsste klarer zum Reden des Geistes durch die Bibel in Beziehung gesetzt werden, um von dort her inspiriert, relativiert, korrigiert und vor subjektivistischen Verengungen bewahrt werden zu können. Allein die *christologische Mitte* der biblischen Überlieferungen stellt das Kriterium dar, von dem her die Relativität und Korrekturbedürftigkeit des unmittelbaren Geistesredens im Herzen erkennbar wird.

Bei der Lehre vom Wohlstandsevangelium wird der Geist als „spiritual power" missverstanden, die Wohlstand und Gesundheit garantiert. Dahinter stehen aus dem Raum des Kalvinismus stammende Vorstellungen, nach denen sich am Wohlstand das eigene Erwähltsein ablesen lässt. Diese knüpfen an Aussagen des Heidelberger Katechismus in Frage 86 an, nach denen die Früchte des Glaubens der eigenen Glaubensvergewisserung dienen. Es war nur ein kleiner Schritt, die Glaubensfrüchte mit materiellem Wohlstand zu identifizieren. Entsprechende Vorstellungen haben, worauf Max Weber hinwies,[187] die von calvinistisch-puritanischer Frömmigkeit geprägte amerikanische Gemütslage mit ihrem Recht auf Glück und dem Streben nach materiellem Wohlstand mitbeeinflusst. In diesem geistigen Klima ist die charismatische Lehre vom Wohlstandsevangelium entstanden. Auch wenn die Lehre,

---

[185] „Ich wusste, dass es wahr war, aber kein anderer predigte, dass Gott uns vom Fluch der Armut befreit hatte ... (Hagin, Erlöst von Armut, Krankheit und Tod, 10).
[186] S. im Einzelnen Zimmerling, Die charismatischen Bewegungen, 262ff.
[187] Weber, Die protestantische Ethik, 27ff.

gerade in einer von wirtschaftlicher Armut gezeichneten Situation vieler Charismatiker in der Dritten Welt, einen berechtigten Gegenakzent zu einer vorschnellen Spiritualisierung des göttlichen Segens setzt, darf nicht übersehen werden, dass gerade sie es ist, die einem triumphalistischen Geistverständnis Tor und Tür öffnet: Die Lehre vom Wohlstandsevangelium ignoriert die *wohlstandskritischen* Aussagen des Neuen Testament (wie z.B. Lk 12, 13ff.). Aus dem Blick gerät, dass der Geist als Geist des Gekreuzigten auch in Entbehrungen wirkt (2 Kor 8, 2; 11, 21ff.). Ebenso wird die *soziale* bzw. *diakonische* Dimension des Geisteswirkens übersehen, die nach dem Zeugnis der Apg für die Urchristenheit charakteristisch war (vgl. z.B. Apg 6, 1ff.).

3.5.5. Betonung von Lobpreis und Anbetung

Lob und Anbetung Gottes spielen für die charismatisch geprägte Spiritualität eine herausragende Rolle.[188] Das gilt gleichermaßen im Hinblick auf die private Frömmigkeit wie den Gottesdienst.[189] Auch in der *Außenwahrnehmung* stellen Lobpreis und Anbetung ein wichtiges Kennzeichen charismatischer Bewegungen dar: Als typisches Bild von charismatischen Zusammenkünften werden in den Medien Menschen mit zur Anbetung erhobenen Händen gezeigt. Konkret sehen Lob und Anbetung im charismatischen Gottesdienst so aus, dass die Gottesdienstteilnehmer entweder sitzen, knien, stehen oder tanzen, die Hände falten oder erheben, in einem längeren Zeitraum zwischen 30 und 60 Minuten vor allem in jüngster Zeit entstandene, meist einstrophige Chorusse singen, die durch einen Overheadprojektor für alle sichtbar an die Wand geworfen werden.[190] Das Singen wird immer wieder unterbrochen von Zeiten der Stille oder Gebeten in freier Form. Neben dem eigentlichen Lobpreisteil kann es auch an anderen Stellen im Gottesdienst spontan zu weiteren kurzen Lobpreiszeiten kommen.

Vergleicht man die charismatischen Lobpreiszeiten mit dem Lob Gottes in der traditionellen Liturgie, so werden die Charakteristika charismatischen Lobpreises erkennbar. Im Gegensatz zum traditionellen evangelischen Gottesdienst, aber auch zur katholischen Messe ist bei den Teilnehmerinnen und Teilnehmern eine Vielfalt von körperlichen Ausdrucksmöglichkeiten zu beobachten. Während das Lob Gottes die ganze traditionelle Liturgie durchzieht, ist es im charismatischen Gottesdienst in einer einzigen Anbetungsphase konzentriert, was de facto einer *Aufwertung* von Lobpreis und Anbetung gleichkommt. Am auffälligsten ist das Bemühen, im Lobpreisteil dem spontanen Wirken des Geistes Raum zu geben, indem keine ein für alle Mal festgelegt Ordnung für die Lieder und anderen Beiträge vorgesehen ist.

---

[188] Vgl. im Folgenden Zimmerling, Die charismatischen Bewegungen, 209ff.
[189] Die Bedeutung von Lob und Anbetung Gottes für die charismatischen Bewegungen wird an einer Fülle von Literatur sichtbar, die inzwischen zu diesem Thema erschienen ist. Ich nenne eine kleine Auswahl: Arne Kopfermann, Das Lobpreis-ABC; Schmieder, Lobpreis Gottes – gelebte Hoffnung: Aschoff, Werkstattheft Lobpreis; Kendrick, Anbetung.
[190] Vgl. hier und im Folgenden Aschoff, Werkstattheft Lobpreis, 7.

Jeder Gottesdienstteilnehmer soll die Möglichkeit haben, das einzubringen, wozu der Geist ihn unmittelbar bewegt.

In der charismatischen Lobpreisliteratur, in Lobpreisseminaren und im gottesdienstlichen Lobpreisteil wird häufig auf bestimmte biblische Aussagen Bezug genommen, um damit die eigene Lobpreispraxis zu legitimieren. Dazu gehört Ps 22, 4, wo es heißt: „Du aber bist heilig, der du thronst über den Lobgesängen Israels." Charismatiker begründen mit diesem Vers die *epikletische* und *offenbarungstheologische* Funktion von Lobpreis und Anbetung. Indem Gott gelobt und angebetet wird, entsteht ein Raum seiner Gegenwart, in dem er sich im Geist offenbart.[191] Ähnlich häufig wird Ps 50, 23 zitiert: „Wer Dank opfert, der preiset mich, und da ist der Weg, dass ich ihm zeige das Heil Gottes."[192] Charismatiker sind überzeugt, dass durch Loben und Danken göttliche Kräfte in das Leben des Betenden hineinströmen. Gebet ist für Charismatiker ein *pneumatisches Geschehen*, ein Charisma.[193] Es ist für sie nicht nur Bitte des Menschen an Gott (wovon unser Wort „Gebet" etymologisch abgeleitet ist), sondern ein *pneumatisch* gewirktes Gespräch zwischen dem Betenden und Gott, in dem Reden mit Gott und Hören auf Gott zusammengehören.[194]

Ein weiteres wichtiges Kennzeichen charismatischer Anbetung ist ihre Ganzheitlichkeit. Charismatiker berufen sich dabei auf Vorbilder des Alten Testaments, wo Gott mit Flehen (1. Kön 8, 33), unter Tränen (Jer 31, 9), unter Schreien (Esr 3, 11–13), lachend (Ps 126, 2), im Geist (Sach 12, 10), fastend (Ps 35, 13), unter Handauflegung (Ps 63, 5; 134, 2), im Stehen (Ps 134, 1; 135, 2), im Knien (Jes 45, 23), auf dem Boden liegend (Dan 9, 18), mit erhobenen Augen (Ps 121, 1) und mit ausgebreiteten Händen (1. Kön 8, 22) angebetet wird.[195] Charismatische Theologen haben für die Anbetungspraxis die Erkenntnis fruchtbar gemacht, dass die hebräische Kultur im Gegensatz zur griechischen eine Trennung zwischen Geistigem und Körperlichem nicht kennt. Die Körpersprache wurde für die Anbetung neu entdeckt.[196] Dahinter steht ein *Plädoyer für ein Christentum mit Leib und Seele*: „Der Betende soll auch in seiner Gestik zum Ausdruck bringen dürfen, was ihn innerlich bewegt."[197] Charismatiker weisen in diesem Zusammenhang auf Claus Wes-

---

[191] Das hat Hans-Diether Reimer richtig beobachtet: „Wir sehen, dass bei den ‚Charismatikern' Gebet in besonderem Maße Anbetung ist: lobpreisende Anbetung Gottes. Hierbei bildet sich nicht nur ein Bezug zu Gott, sondern eröffnet sich auch erfahrbar ein Raum seiner Gegenwart. Das Zungengebet, das hingebenden und anbetenden Charakter hat, weist in dieselbe Richtung" (ders., Wenn der Geist, 86).
[192] Vgl. etwa Schönemann, Loben und Danken öffnet dem Segen die Tür, 7.
[193] „Auch christliches Gebet ist nicht natürliche Möglichkeit – das wäre das Plappern der Heiden –, sondern Geschenk des Geistes, das im Glauben aufgenommen wird ... Wir bleiben während unserer Gebete immer vom Geist Gottes abhängig" (Christenson, Komm Heiliger Geist!, 299).
[194] Vgl. Hans-Diether Reimer, Wenn der Geist, 78; Großmann, Beten aus dem Hören, 48–50.
[195] Aschoff, Werkstattheft Lobpreis, 31.
[196] Christenson, Komm Heiliger Geist, 293.
[197] Reimer, Wenn der Geist, 79.

termann hin, der schon vor Jahren im Hinblick auf das alttestamentliche Gotteslob festgestellt hat: „Schroff ausgedrückt: der Intellekt kann nicht Gott loben, nur der atmende, sich freuende, singende Mensch."[198]

Die charismatischen Lobpreis- und Anbetungslieder haben ein deutlich *theozentrisches Gefälle*. Der Lobpreisgottesdienst soll nach charismatischer Auffassung zur Anbetung Gottes um *seiner selbst* willen führen.[199] Diesem Ziel entspricht der Charakter des überwiegenden Teils des genuin charismatischen Liedgutes. Die Lieder sind geprägt von der Freude an Gott, der Dankbarkeit über sein Heilshandeln und dem Aussprechen seiner Größe.[200]

Lob und Anbetung Gottes verleihen der charismatischen Spiritualität eine *österlich-pfingstliche Grundstimmung*. Schon häufig sind die *Freude* und ein damit verbundener *Festcharakter* als deren Merkmale hervorgehoben worden.[201] Charismatiker interpretieren das Pfingstereignis als Intensivierung der Gemeinschaft mit Gott. Diese hätte sich für die Jünger „in der Kraft, die ihre Gebete belebte", gezeigt.[202] Eine andere Ursache für die österlich-pfingstliche Grundstimmung liegt in einer Eigenart des charismatischen Gebetsverständnisses, das mit der Religionspsychologie als „*affirmatives Gebet*" bezeichnet werden kann.[203] Charismatiker wollen durch das Gebet die charismatischen Kräfte des Geistes Gottes für sich in Anspruch nehmen. Indem sie auf die großen Möglichkeiten des Geistes verweisen, tritt der Gedanke an Schuld und Versagen zurück.

Wie sind die skizzierten charismatischen Überlegungen zu Lobpreis und Anbetung zu beurteilen? Das *Programm einer ganzheitlichen Lobpreispraxis* stellt einen wichtigen Schritt auf dem Weg zur Überwindung der Intellektualisierung des herkömmlichen evangelischen Gottesdienstes und damit der Spiritualität insgesamt dar.[204] Das entspricht biblischen Überzeugungen, die davon ausgehen, dass der Mensch von seinem Schöpfer mit unterschiedlichen Sinnen und Ausdrucksmöglichkeiten begabt ist.[205] Die Lobpreiskultur charismatischer Bewegungen betont zu Recht die Bedeutung

---

[198] Westermann, Art. hll pi. loben, 495 f.; zit. bei Christenson, Komm Heiliger Geist, 293.

[199] Vgl. Bially, Tips für Anbetungsleiter, 43: „Im Allerheiligsten [dem Ziel der Anbetung] fällst du vor ihm nieder und kannst nur noch von ihm singen, Jesus, Jesus, Jesus."

[200] Eine repräsentative Auswahl charismatischen Liedguts bietet: Martha und Helmut Trömel, Du bist Herr - Selection; vgl. hier und im Folgenden die Untersuchung von Aumann, Das Liedgut der Charismatischen Erneuerung, 12–14.

[201] So etwa von der katholischen charismatischen Bewegung: Blatter, Charismen und Liturgie, 31.

[202] Christenson, Komm Heiliger Geist, 299.

[203] Mit Hans-Diether Reimer, Wenn der Geist, 90.

[204] Zu einer zunehmenden Intellektualisierung war es nach dem Krieg durch eine Fehlinterpretation der Dialektischen Theologie gekommen: Man meinte, dass das Wort Gottes sich allein an den Verstand richtete und begriff nicht mehr, dass es den Menschen im Herzen, d.h. in seinem Personzentrum, also ganzheitlich ansprechen will.

[205] Vgl. dazu Grethlein, Abriss der Liturgik, 76, der eine Berücksichtigung dieser Erkenntnisse in der Geschichte der evangelischen Liturgik seit der Aufklärung bis heute vermisst. Die Forderung nach einer ganzheitlichen Anbetungspraxis entspricht auch neueren Erkenntnissen der Hirnforschung, die die enge Vernetzung der einzelnen Sinne untereinander aufweisen.

von *Gesang* und *Musik* für den Glauben. Dabei stellt sie vor allem die pneumatische Dimension des Singens heraus, die in der evangelischen Tradition lange übersehen worden ist.[206] Indem sich im Singen Erkenntnisse auf eine Weise erschließen, in der die Emotionen integriert sind, erfolgt eine Vergewisserung des Glaubens.[207] Charismatiker weisen schließlich zu Recht auf die Bedeutung von Lob und Anbetung Gottes als Quelle von *Ermutigung*, *Lebenskraft* und *Heilung* hin.[208] Dass diese Erkenntnisse längst überfällig waren, wird durch eine Reihe von Überlegungen von nicht-charismatischen Theologen der Gegenwart bestätigt. *Claus Westermann* hat herausgefunden, dass das Loben Gottes für den alttestamentlichen Frommen „eine Weise des Daseins" ist, „nicht etwas, was es im Leben geben kann oder nicht": „Wie der Tod charakterisiert ist dadurch, dass es in ihm nicht mehr das Loben gibt, so gehört zum Leben das Loben."[209] Die Erfüllung findet das Lob des Alten Testaments in der neutestamentlichen Gemeinde: In der Nachfolge Jesu Christi soll der Mensch mit seiner *ganzen* Existenz Gott loben, wobei das gesungene Lob nur *eine* Weise des Gotteslobs ist.[210]

Problematisch an der charismatischen Anbetungspraxis scheint vor allem eines: Die *Klage* kommt darin nicht vor. Das hat zwei Gründe: Die Konzentration auf das spontane Wirken des Geistes in der Gegenwart lässt nicht nur die Dankbarkeit für sein vergangenes Wirken zurücktreten; auch die Hoffnung auf sein *zukünftiges Wirken* wird unwichtig. Weil aber die Klage von der Hoffnung auf das eschatologische Wirken des Geistes lebt, hat sie in der charismatischen Anbetungskultur keinen Raum. Zudem erlaubt das ausschließlich österlich-pfingstliche Verständnis des Geisteswirkens in charismatischen Bewegungen keine *theologische Begründung* der Klage: Die fehlende Berücksichtigung des Geisteswirkens im Leiden und Sterben Jesu Christi führt zu einem triumphalistisch eingefärbten Geistverständnis. Die Konzentration auf das machtvolle, spektakuläre Geisteswirken, die klassisch in den spezifisch charismatischen Lobpreis- und Anbetungsliedern sichtbar wird, verhindert, dass charismatische Bewegungen einen positiven Sinn des Leids erkennen und in das Geistverständnis integrieren können. Weil in der charismatischen Anbetung das Leid nur als zu überwindendes oder bereits überwundenes, nicht aber in Form der Klage zur Sprache kommt, muten viele charismatischen Lieder auffallend *wirklichkeitsfern*, regelrecht erd- und weltlos an. Das Fehlen der Klage führt zu einem weiteren Problem cha-

---

[206] Die für Calvin eine wichtige Rolle gespielt hat (so Möller, „Ein neues Lied wir heben an", 20–22), bei Luther eher unausgesprochen vorausgesetzt ist. Luthers Interesse liegt mehr an der Bedeutung der Musik als Schöpfungsgabe Gottes (a.a.O., 25).
[207] Vgl. Heymel, Singen als Gabe des Heiligen Geistes, 301. Christian Möller sprach auf dem gleichen Seminar davon, dass das Singen „in die Tiefenschichten der Seele eindringt" (in: ders., „Ein neues Lied wir heben an", 29).
[208] Rolf Gürich, in: Keller, Gott loben macht die Seele hell, 24; Ibarra, A Protest Music Born from Christian Faith, 154f.
[209] Westermann, Das Loben Gottes in den Psalmen, 121.
[210] A.a.O., 123f.

rismatischer Gottesdienstkultur: Alle Gottesdienste sind geprägt von einer emotional erhöhten Stimmungslage. Auch wenn diese Grundstimmung von Charismatikern mit der freudigen Erwartung des spontanen Wirkens des Geistes begründet wird, kann man sich des Eindrucks nicht erwehren, dass sie weniger inhaltlich begründet als vielmehr durch ständige Wiederholung der gleichen Anbetungslieder und durch Lautstärke auf *manipulativem* und *suggestivem* Wege erzeugt wird.[211]

Im Gegensatz zur charismatischen Gottesdienstkultur hebt Claus Westermann die große *Bedeutung* hervor, die der *gottesdienstlichen Klage* nach den *biblischen Texten* zukommt: „Im Alten wie im Neuen Testament gehört die Klage ganz selbstverständlich zur menschlichen Existenz; im Psalter ist die Klage ein wichtiger, gar nicht wegzudenkender Bestandteil des Gottesdienstes und der gottesdienstlichen Sprache."[212] Westermann betont darüber hinaus, dass die Klage sowohl im Alten als auch im Neuen Testament integrativer Bestandteil gerade auch der *gelingenden* Beziehung zu Gott ist.[213] Inzwischen haben verschiedene Theologen, die zur traditionellen amerikanischen Pfingstbewegung zählen, selbstkritisch soziologische Kategorien zur Erklärung der Dominanz von „happy songs" in charismatischen Gottesdiensten herangezogen.[214] Die Pfingstbewegung stellt diesen Untersuchungen zufolge ein getreues Spiegelbild der amerikanischen Gesellschaft dar und liefere mit der Ausblendung der Klage aus dem Gottesdienst die *religiöse Legitimation* der in dieser Gesellschaft vorherrschenden Lebensphilosophie.[215] Deshalb fordern die Autoren, dass die charismatische Anbetungskultur das Leid nicht verdrängt, sondern ihm in der Klage eine Stimme verleiht.[216] Weil in Jesus Christus Gott selbst gelitten hat, muss im christlichen Gottesdienst das menschliche Leiden zur Sprache kommen.

---

[211] Meine Bedenken beziehen sich vor allem auf die traditionelle Pfingstbewegung und auf Gruppen der „Dritten Welle", obwohl ich entsprechende Gefahren auch in innerkirchlichen Gruppen sehe. Auch Hans-Diether Reimer stellt im Hinblick auf die innerkirchlichen Bewegungen fest, ohne allerdings die Gefahr einer möglichen Manipulation anzusprechen: „Die Lieder, die besonders dem Neuling als ‚typisch charismatisch' anmuten, dienen der Bildung dieser empfangsbereiten gottesdienstlichen Gemeinschaft" (ders., Wenn der Geist, 77).

[212] Westermann, Die Rolle der Klage in der Theologie des Alten Testaments, 254. Vgl. auch Martin Luthers Vorrede zum Psalter: „Wiederum, wo findest du tiefere, kläglichere, jämmerlichere Worte von Traurigkeit, als die Klagepsalmen haben? Da siehest du abermals allen Heiligen ins Herz, wie in den Tod, ja wie in die Hölle. Wie finster und dunkel ist's da von allerlei betrübtem Anblick des Zornes Gottes" (Dr. Martin Luthers Vorreden zur Heiligen Schrift, 19).

[213] Westermann, Die Rolle der Klage in der Theologie des Alten Testaments, 254.

[214] So Adams, Music That Makes Sense, 1–11.

[215] Vgl. a.a.O., 3ff.

[216] „Therefore, the song/worship leaders who continually choose songs that image a society where there is no pain, no sorrow, no hurt (and that is what most of the contemporary choruses imagine), must take the appropriate measures to be inclusive of the realities of the cross ... When the community gathers on Sunday, and we prefer to rehearse (whether in word or song), only the memory of blessing and the grandeur of majesty in our liturgy we negate the power of compassion, justice, mercy, etc." (a.a.O., 6).

Insgesamt zeigt die kritische Auseinandersetzung mit der Spiritualität der charismatischen Bewegungen der Gegenwart, dass sich eine Reihe von Impulsen in die kirchliche Frömmigkeit integrieren lassen. Dabei erweisen sich die Überlegungen von Mitgliedern der innerkirchlichen Bewegungen am fruchtbarsten.

Lesehinweise

Peter Aschoff/Peter Dippl/Swen Schönheit, Werkstattheft Lobpreis, hg. vom Arbeitskreis für Geistliche Gemeinde-Erneuerung in der Evangelischen Kirche, Hamburg 1994.
Stanley M. Burgess u.a., Dictionary of Pentecostal and Charismatic Movements, 3. Auflage, Grand Rapids 1989.
Siegfried Großmann, Der Geist ist Leben. Hoffnung und Wagnis der charismatischen Erneuerung, Wuppertal/Kassel 1990.
Walter J. Hollenweger, Enthusiastisches Christentum. Die Pfingstbewegung in Geschichte und Gegenwart, Wuppertal/Zürich 1969 (immer noch das Standardwerk zur Pfingstbewegung).
Graham Kendrick, Anbetung. Grundlagen – Modelle – praktische Tipps, 4. Auflage, Wiesbaden 1992.
Heribert Mühlen u.a., Einübung in die christliche Grunderfahrung, Teil 1: Lehre und Zuspruch (Topos-Taschenbücher 40), 12. Auflage, Mainz 1984.
Ders., Einübung in die christliche Grunderfahrung, Teil 2: Gebet und Erwartung, unter Mitarbeit von Arnold Bittlinger, Erhard Griese, Manfred Kießig (Topos-Taschenbücher 49), 12. Auflage, Mainz 1982.
Hans-Diether Reimer, Wenn der Geist in der Kirche wirken will. Ein Vierteljahrhundert charismatische Bewegung, Stuttgart 1987.
Lucida Schmieder, Lobpreis Gottes – gelebte Hoffnung. Auf dem Weg zur Erneuerung der Kirche, mit einem Vorwort von Heribert Mühlen (Topos-Taschenbücher 134), Mainz 1983.
C. Peter Wagner, Die Gaben des Geistes für den Gemeindeaufbau. Wie Sie Ihre Gaben entdecken und einsetzen können, 4. Auflage, Neukirchen-Vluyn 1990.
Claus Westermann, Das Loben Gottes in den Psalmen, 3. Auflage, Göttingen 1963.
Ders., Die Rolle der Klage in der Theologie des Alten Testaments. Gesammelte Studien, Bd. 2 (Theologische Bücherei 55), München 1974.
John Wimber/Kevin Springer, Vollmächtige Evangelisation, Zeichen und Wunder heute, mit einem Vorwort von Wolfram Kopfermann, 2. Auflage, Hochheim 1987.
Peter Zimmerling, Die charismatischen Bewegungen. Theologie, Spiritualität, Anstöße zum Gespräch, 2. Auflage, Göttingen 2002.

3.6. *Fundamentalistisch geprägte Spiritualität*

Im Zusammenhang mit den Ereignissen des 11. September 2001 ist der islamische Fundamentalismus verstärkt in den Blickpunkt des öffentlichen Interesses getreten. Seit einigen Jahrzehnten gibt es in unserem Land auch evangelische und katholische Gruppen und Gemeinden mit fundamentalistisch geprägter Spiritualität. Das hat in der Öffentlichkeit zu manchen Irritationen und Verwirrungen über das, was Fundamentalismus eigentlich bedeutet, geführt. Darum ist eine Kenntnis und nüchterne Beurteilung der entsprechenden Phänomene dringend geboten. Das gilt umso mehr, da es gerade evangelischer Theologie und Kirche nicht leicht fällt, fundamentalistisch geprägter Spiritualität gerecht zu werden.

Die folgenden Überlegungen beziehen sich primär auf den Fundamentalismus im Raum des Protestantismus, wobei sich ähnliche Züge auch in katholischen Bewegungen und darüber hinaus in den fundamentalistischen Gruppen anderer Religionen finden lassen. Einer Begriffsklärung schließt sich der Versuch an, fundamentalistisch geprägte Spiritualität aus der Postmoderne heraus zu erklären und sie zugleich als Teil der Wiederkehr der Religion in unserer Zeit zu verstehen. Danach sollen an drei exemplarischen Themen Einblicke in gelebte fundamentalistische Spiritualität vermittelt werden. Den Abschluss bildet eine kritische Würdigung des Phänomens.

3.6.1. Begriffsklärung und Definitionsprobleme

Der Begriff Fundamentalismus hat in den letzten Jahren eine regelrechte *Bedeutungsinflation* in der Umgangssprache erlebt.[217] Das dazugehörige Adjektiv „fundamentalistisch" wurde zu einem Etikett für alles, was politisch und religiös militant, engstirnig, rechthaberisch auftritt – und damit auf Widerstand von Seiten der Majorität der westlichen Gesellschaften stößt. Es ist damit vielfach zu einem *Schlagwort* geworden, mit dem man unliebsame – meist konservative – Gegner k.o. schlägt. Der Gebrauch des Wortes als *Kampfbegriff* wird etwa in folgendem Zitat sichtbar: „Ein Gespenst geht um in der modernen Welt – das Gespenst des Fundamentalismus. Wer auf das Erbe von Aufklärung und Modernisierung pocht, hat sich verbündet, um das Gespenst zu verjagen."[218]

Woher stammt das Wort ursprünglich? Der *Ursprung des Fundamentalismus* liegt im Amerika des ausgehenden 19. Jahrhunderts. Im Kampf gegen den theologischen Liberalismus schlossen sich Mitglieder verschiedener protestantischer Kirchen zusammen, um in ihren Augen unverzichtbare Bestandteile des Glaubens zu schützen. Fünf Programmpunkte, so genannte *fundamentals*, wurden für sie in der Folgezeit bestimmend: 1. die Irrtumslosigkeit der Bibel; 2. die Gottheit Jesu Christi und die Jungfrauengeburt; 3. sein stellvertretendes Sühneopfer; 4. die leibliche Auferstehung und 5. die persönliche Wiederkunft Christi. Im Verlauf seiner Geschichte hat sich der Begriff Fundamentalismus jedoch außerordentlich *gewandelt* und *geweitet*. Die Umsetzung des „fundamentalistischen" Programms in Politik, Wissenschaft und Alltag in den USA, vor allem in der Zeit zwischen den Weltkriegen, prägte mehr und mehr den Wortsinn. *Politik, Wis-*

---

[217] Wesentliche der in diesem Abschnitt vorgetragenen Einsichten verdanke ich Hansjörg Hemminger, Baiersbronn. Vgl. ders., Fundamentalismus, ein vielschichtiger Begriff, 5–16.
[218] Meyer, Fundamentalismus in der modernen Welt, 2.

senschaft und *Alltagsmoral* sollten allein von biblischen Geboten her geprägt werden. Damit wurde die *Irrtumslosigkeit der Bibel* mehr und mehr zum entscheidenden *fundamental*. Aus ihr meinte man, direkte Handlungsanweisungen für Politik, Wissenschaft und Alltagsmoral entnehmen zu können.

Im Sinne eines *Zusammenfallens* von Politik und Religion ist der christliche Fundamentalismus ein auf Amerika konzentriertes Phänomen. Denn nur dort hat er in der sog. moral majority (moralisch orientierten Mehrheit) echten politischen Einfluss gewonnen (z.B. vor dem Zweiten Weltkrieg durch die Durchsetzung der Prohibition in den USA). Merkmale der protestantisch-fundamentalistischen Bewegung in den USA traten aber auch in anderen Zusammenhängen auf, und zwar immer dann, wenn *innerhalb der modernen Kultur* und *gleichzeitig gegen sie* absolute religiöse Geltungsansprüche erhoben wurden. So übertrug man den Begriff auf die schiitische Revolution im Iran oder auf die Versuche zur Reislamisierung säkularer Staaten des Vorderen Orients.

Entscheidend für das Verständnis des Fundamentalismus ist, dass es sich um eine *moderne* Bewegung handelt. Er nimmt in der Auseinandersetzung mit der modernen Welt deren Denkmuster auf und ist deshalb keineswegs nur eine Bewegung zur Bewahrung religiöser Traditionen. Z.B. nimmt er Teil am modernen politischen Leben und vertritt seine Anliegen unter Einsatz modernster technischer Mittel. Am deutlichsten wird seine Modernität daran, dass er *traditionelle religiöse Überzeugungen ideologisiert*. Dadurch wird die jeweilige vom Fundamentalismus geprägte Religion zur Ideologie mit technisch-wissenschaftlichem Wahrheitsansprüchen. Wo diese Ideologisierung nicht vorliegt, sollte man, um einer Begriffsinflation vorzubeugen, nicht von fundamentalistischer, sondern besser von *traditionalistischer* oder *konservativer* Spiritualität sprechen.

3.6.2. Verlockung der Postmoderne

„Keine Gruppe kann ihre Wirklichkeit durch ihr Denken und Handeln allein bestimmen, sie ist immer auch Resultat interreligiöser und interkultureller Wechselbeziehungen."[219] Mindestens in vierfacher Hinsicht lässt sich fundamentalistische Spiritualität als Reaktion auf die Postmoderne erklären:

1. Die fundamentalistische Spiritualität muss vom postmodernen *Pluralismus* her verstanden werden. Ursache für die Anziehungskraft von Bewegungen mit fundamentalistischer Frömmigkeit ist dabei die mit der postmodernen Unübersichtlichkeit einhergehende Orientierungslosigkeit. Fundamentalistische Gruppen stellen ein von vielen verunsicherten Zeitgenossen ersehntes *Kontrastprogramm* zur durch den Pluralismus geprägten Postmoderne dar. Angesichts der postmodernen Risikogesellschaft erscheint die fundamentalistisch geprägte Spiritualität als eine *religiöse und*

---

[219] Hemminger, Religiöses Erlebnis – Religiöse Erfahrung – Religiöse Wahrheit, 10.

anthropozentrische Sicherungsbewegung. Ein nicht hinterfragbarer Kanon religiöser Wahrheiten, unterstützt von einer fest gefügten Gruppenstruktur und unkritisch anerkannten Führungspersönlichkeiten vermittelt ein Hochmaß an *Halt und Geborgenheit*.[220] Der moderne religiöse Fundamentalismus bildet eine hochorganisierte, in den Glaubensbeständen festgelegte und auf abrufbares „objektives" Heilswissen angelegte Form gegenwärtiger Spiritualität.[221] Er stellt damit eine scheinbare Antwort auf die postmoderne Vergewisserungssehnsucht angesichts zunehmender Pluralisierung und Individualisierung dar.

2. Die Sehnsucht der postmodernen Gesellschaft nach *Erlebnissen* wird in fundamentalistisch geprägter Frömmigkeit über *Erfahrungen aus zweiter Hand* gestillt, an die zu glauben ist: z.B. die in den neutestamentlichen Schriften bezeugten Zeichen und Wunder, die Jesus und die Apostel vollbracht haben.

3. Der rasanten postmodernen *Veraltungsgeschwindigkeit* setzt fundamentalistische Spiritualität einen Kanon *ewig gültiger Wahrheiten* entgegen. Paradoxerweise besitzt daneben auch der postmoderne *Traditionsabbruch* ein Pendant in fundamentalistischer Spiritualität. Das wird besonders im islamischen Fundamentalismus deutlich: Dieser meint, vollkommen auf die in den einzelnen islamischen Ländern gewachsenen Traditionen verzichten zu können und ist bestrebt, direkt an den im Koran bezeugten ursprünglichen Erfahrungen anzuknüpfen und versteht sich darum als „Urislam". Dabei übersehen islamische Fundamentalisten, dass auch ihre Islaminterpretation – zugegebenermaßen ungewollt – von der Reaktion auf die Moderne geprägt ist.

4. Auch von seiner *globalen Verbreitung* her erscheint der christliche Fundamentalismus ganz postmodern: Inzwischen existieren in allen Ländern der Erde, in denen es Christen gibt, Gruppen mit einer fundamentalistisch geprägten Spiritualität. Folge dieser Globalisierung ist der Verlust der lokalen Prägung des Glaubens und der damit verbundenen christlichen Differenzkultur. Die fundamentalistisch geprägte protestantische Frömmigkeit wirkt auf dem ganzen Globus sehr *amerikanisch*.

3.6.3. Wiederkehr der Religion

In welchem Verhältnis steht die fundamentalistische Spiritualität zur sog. neuen Religiösität? Ein Anwachsen fundamentalistischer Gruppen lässt sich ungefähr zeitgleich mit der Hippie- und Avantgarde-Kultur, mit sozialistischen Kommunen, den Neo-Esoterica und New Age Anfang der 60er-Jahre beobachten. Der neuere Fundamentalismus *teilt* also mit diesen *den gleichen soziokulturellen und geistigen Wurzelboden Nordamerikas.*

---

[220] A.a.O.
[221] Küenzlen, Kirche und die geistigen Strömungen der Zeit – Grundaufgaben heutiger Apologetik, 19.

Die oben skizzierte „postreligiöse Gemengelage" ist der Nährboden genauso für die „neue Religiosität" wie für die fundamentalistische Spiritualität der Gegenwart.[222] Beide wären ohne diese besondere Gemengelage wahrscheinlich nicht entstanden bzw. hätten keine solche Breitenwirkung erzielt.[223] Auch die Einsicht, dass *Wunderbares und Unerklärliches* zum Handeln Gottes gehören, teilt der Fundamentalismus mit der „neuen Religiosität".[224] Allerdings richtet er den Blick dabei anders als diese nicht auf die Gegenwart, sondern auf die in der Vergangenheit geschehenen Wunder und Zeichen.

Grundsätzlich *unterscheidet* sich die fundamentalistisch geprägte Spiritualität von der „neuen Religiosität" jedoch dadurch, dass sie *klare theologische Wahrheitsansprüche* vertritt, die sich nicht auf subjektive religiöse Überzeugungen reduzieren lassen. Ein weiterer Unterschied besteht im fundamentalistischen *Kampf gegen die Privatisierung* der Religion und gegen ihr Abdrängen in gesellschaftliche Nischen. Der Fundamentalismus hat im Gegensatz zur „neuen Religiosität" eine starke *sozial-ethische, d.h. politische Ausrichtung*.

3.6.4. Einblicke in protestantischen Fundamentalismus[225]

a) Gottesvorstellung

Fundamentalistisch geprägte Spiritualität neigt dazu, Gott als *„Polizisten in uns"*[226] zu verstehen. Sie ist damit weit entfernt vom Gottesverständnis des Neuen Testaments, wie es Jesus Christus gelehrt und seinen Zeitgenossen vor Augen gestellt hat. Gerade im Gleichnis vom Verlorenen Sohn (Lk 15) zeigt Jesus, dass Gott nicht mit einem himmlischen Polizisten oder Patriarchen zu verwechseln ist. Im Gegenteil: der Vater im Gleichnis entlässt seinen Sohn ohne Drohgebärden und Gegenrede in die Unabhängigkeit. Er reist ihm auch nicht nach. Bei der Rückkehr des Sohnes schließlich vergisst er jegliche Würde eines orientalischen Patriarchen und setzt den verlorenen Sohn nicht gönnerhaft, sondern großmütig und voll Liebe wieder in seine Sohnesrechte ein.

Das Gottesbild fundamentalistischer Gruppen wirkt sich auf die Spiritualität aus. Die *Liebe des erbarmenden Gottes*, wie sie an Jesus Christus sichtbar geworden ist, wird in solchen Gruppen häufig mehr theoretisch geglaubt und verkündigt als im Alltag praktisch verwirklicht. Ursache dafür ist ein mangelhaftes Verständnis der Rechtfertigungslehre und ein daraus folgender theologisch fragwürdiger *Heiligungsbegriff*. Die meisten

---

[222] S. Kap. 3.1.
[223] So auch Hans-Diether Reimer, Wenn der Geist, 14.
[224] So auch Hemminger, Religiöses Erlebnis, 27.
[225] Eine Vorform der folgenden Gedanken habe ich veröffentlicht in meinem Aufsatz: Protestantischer Fundamentalismus als gelebter Glaube, 97–130.
[226] Phillips, Dein Gott ist zu klein, 13.

fundamentalistischen Gruppen kennzeichnet ein *Hang zum Perfektionismus*. Viele ihrer Mitglieder haben *Angst vor Freiheit*. Diese Angst kommt von dem zwanghaften Streben, *es Gott recht machen zu wollen*, weil man meint, nur dann von ihm angenommen zu sein. Mit großer Radikalität wird eine bestimmte Glaubenspraxis, verbunden mit einem entsprechenden moralischen Verhalten vertreten und auch von anderen Christen eingeklagt. Dadurch, dass eine bestimmte Form der Spiritualität mit der Konsequenz einer *gesetzlichen* Alltagsgestaltung in das Zentrum des Glaubens rückt, bekommt der Glaube ideologische Züge und verhindert echte Lebendigkeit, die aus der Freude der Hingabe des Lebens an Gott kommt. Ein befreiender Glaube wird ersetzt durch Selbstkontrolle und durch soziale Kontrolle der Mitglieder untereinander. Folge der inneren Selbstkontrolle sind ständige Selbstvorwürfe. Sie prägen ein Lebensgefühl, das kaum zulässt, auch die täglichen Freuden wahrzunehmen und dafür dankbar zu sein. Fundamentalistische Spiritualität tendiert zur *Weltverneinung*. Die Doppelheit von Mühsal und Freude, die das menschliche Leben sonst auszeichnet, tritt in den Hintergrund. Solche Gruppen vermögen kaum, mit den Worten von Huub Osterhuis zu beten: „Wir danken dir, weil wir leben hier und jetzt, mühsam und voller Freude." Äußere Lebensform und Lebensgestaltung lassen sich viel leichter von einer Gruppe kontrollieren als echtes geistliches Leben. Die Hosen, die eine Frau trägt, die Haarfrisur, die sie bevorzugt, und der Fernsehapparat im Wohnzimmer, sind sichtbar. Dies alles führt zu einer *geschlossenen Gruppenstruktur*, in der zwischen Zugehörigen und Außenstehenden streng unterschieden wird.[227] Weitere Folgen liegen auf der Hand: Brüchigkeit in der inneren Motivation – letztlich also fehlende echte Spiritualität – lässt ein inhaltliches Vakuum entstehen, das durch äußere Frömmigkeitsformen gefüllt wird. Die festgelegte Form verleiht *Stabilität und Sicherheit*. Diese gingen verloren, wenn die ideologisierte Sicht des Glaubens und Lebens in Frage gestellt würde. Darum scheut man sich, die eigene Wirklichkeit ungeschminkt wahrzunehmen und sich mit ihr offen auseinander zu setzen. Dadurch müsste man sich ja dem Bösen im eigenen Herzen stellen und zu einer echten Auseinandersetzung mit ihm kommen.

Das Gottesbild fundamentalistisch geprägter Gruppen wirkt sich bis in ihre Leitungsstruktur hinein aus. Die meisten Gruppen werden von einem *Über-Vater* geleitet, dessen Ansicht für die Gruppe verbindlich ist. Dessen Verhalten ist häufig patriarchalisch. Für die Mitglieder einer solchen Gruppe ist es deshalb besonders schwierig, zur *Mündigkeit* unter Einschluss einer *eigenständigen Gottesbeziehung* zu finden, wie sie dem Neuen Testament entspricht. Vielen fällt es schwer, gruppenspezifische Vorstellungen von menschlicher Vaterschaft durch biblische Aussagen über göttliche Vaterschaft in Frage zu stellen. Sie vergessen, dass das Wesen menschlicher

---

[227] Vgl. Barr, Fundamentalismus, bes. 38 ff., der darin ein Hauptmerkmal fundamentalistischer Weltauffassung sieht.

Vaterschaft allein von *Gottes* Vatersein her erkannt werden kann und dass patriarchalische Traditionen von daher kritisiert werden müssen.

b) Infragestellung des modernen Toleranzgedankens

Viele fundamentalistische Gruppen gehen davon aus, dass die göttliche Wahrheit *allein von der eigenen Gemeinschaft* vollständig erkannt wird. Die eigene Identität wird durch *Abgrenzung* vom theologischen Gegner gewonnen. Dies verleiht der Gruppe zwar eine äußere Sicherheit, macht sie jedoch zum *Dialog* mit anderen Überzeugungen *unfähig*. Dadurch wird es unmöglich, Wahrheitsmomente in der Ansicht des Gegners anzuerkennen. Folge dieser Haltung ist die Tendenz zum *Fanatismus*, zur *Gesprächsunfähigkeit*, ja zur *Spaltung* bis hin zur *Sektiererei*. Hier wird missachtet, dass unser aller Erkenntnis Stückwerk ist (1. Kor 13, 9). Nie wird deshalb ein Zustand erreicht werden, in dem alle „gleich" denken. Wir sind vielmehr herausgefordert, aus der Erkenntnis und Einsicht des anderen das zu entnehmen, was wir selbst bisher noch nicht erkannt haben. Ebenso sollte uns das Wissen um die *Bruchstückhaftigkeit* unseres Erkennens *bescheidener* werden lassen. Bescheidenheit hängt mit Liebe zusammen; einer von Jesus und den Aposteln gelebten Liebe, die den anderen höher achtet als sich selbst. Genauso bewahrt das Wissen, dass im theologischen Vollzug zur *intellektuellen Erkenntnis* die *praktische Umsetzung* des Erkannten gehört, davor, das als richtig Erkannte dem theologischen Gegner um die Ohren zu schlagen.

Viele Gruppen mit fundamentalistischer Spiritualität sind geprägt von fortdauernden *Streitereien und Spaltungen*, die in der Missachtung der Liebe im Engagement für die Wahrheit ihre Wurzeln haben. Sehr schnell wird ein mit der Auffassung der eigenen Gruppe oder Gemeinde nicht Konformer ausgeschlossen und der Kontakt mit dem „Gegner" abgebrochen. Anders Denkende in den eigenen Reihen fühlen sich dadurch bei jeder Meinungsverschiedenheit existenziell bedroht. Die Vorurteile über die Meinung des Gegners wuchern und verfestigen sich. Die eigene Erkenntnis absolut zu setzen, verhindert die Entstehung einer positiven Streitkultur. Notwendig ist das Einüben von Toleranz, die nicht mit Indifferenz zu verwechseln ist. Toleranz beinhaltet ein aktives „Aushalten" der Erkenntnis des Gegenübers im Wissen, dass die eigene Erkenntnis immer Stückwerk bleibt.

c) Skepsis gegenüber der akademischen Theologie

Viele Gruppen mit fundamentalistischer Spiritualität zeichnen sich durch *Skepsis gegenüber der Universitätstheologie* aus, was oft zu deren grundsätzlicher Ablehnung führt.[228] Seit der Vorherrschaft der historisch-kritischen Methode in der Exegese hat die theologische Wissenschaft in den

---

[228] A.a.O., 160ff.

Gemeinden viel Vertrauen eingebüßt. Dies gilt nahezu ausnahmslos für fundamentalistische Gruppen. Diese gehen davon aus, dass die wissenschaftliche Theologie dem Auftrag, die christliche Botschaft in die jeweilige Zeit hinein auszulegen, um Menschen den Weg zum Glauben zu bahnen, *nicht gerecht wird*, sondern im Gegenteil *glaubenzersetzend* wirkt. Die Ursache hierfür sieht der theologische Fundamentalismus in der bibelkritischen Haltung der akademischen Theologie. Dadurch ist die *Stellung zur historisch-kritischen Auslegungsmethode* für viele zum *Schibboleth des Glaubens* überhaupt geworden.

Der Fundamentalismus betont im Gegensatz zur historisch-kritischen Auslegung, dass die biblischen Aussagen irrtumslos sind und zwar nicht nur in theologischen, sondern auch in naturwissenschaftlichen und geschichtlichen Fragen. Alle biblischen Texte sind gleich wichtig. Darum wird jede Art von Sachkritik an der Bibel abgelehnt.[229]

Es ist das Verdienst fundamentalistischer Spiritualität, im Namen der Autorität der Schrift gegen ihre Domestizierung durch die historische Kritik zu protestieren. Die Bibel muss mit ihrer eigenen Stimme zu Wort kommen dürfen. Auf der anderen Seite ist jedoch auch das fundamentalistische Bibelverständnis hochproblematisch, wenn es auf rationale Art zu beweisen sucht, dass die Schrift Gottes Wort ist. An die Stelle des Vertrauens auf die aktuelle Wirkmächtigkeit des Geistes Gottes durch die Schrift tritt in der fundamentalistischen Spiritualität – paradoxerweise in Analogie zur historisch-kritischen Auslegungsweise – die Vernunft als Verbürgungsinstanz für die Gültigkeit von Schriftaussagen. Der rationale Beweis hebt – hier wie dort – das Verwiesensein auf den Glauben auf.

Die Bibel ist auch keine *uniforme Urkunde* von Gottes Offenbarung. Gerade in ihrer Polyphonie, in der Vielheit des geschichtlichen Zeugnisses, liegt ihre Eigenheit. Ihr Zusammenklingen ist eher mit einer *Sinfonie* zu vergleichen. Gott hat auf *mancherlei* Weise geredet (Hebr 1, 1). Es ist wohl der *eine* Geist Gottes, aber er hat zu unterschiedlichen Zeiten durch unterschiedliche Menschen geredet. Die häufig paradoxen Aussagen der Schrift beschreiben einen Raum, der der Wirklichkeit der Welt allein angemessen ist. Diese Polyphonie und Paradoxie der biblischen Aussagen bekommt der Fundamentalismus mit seiner rationalistischen Sicht von der Einheit und Autorität der Schrift nicht in den Blick.

Das fundamentalistische Schriftverständnis hat weitreichende Konsequenzen für den Umgang mit der Bibel im Alltag fundamentalistischer Gruppen. Sie ist hier häufig zu einem *dogmatischen Lehrbuch* bzw. zu einem *ethischen Gesetzesbuch* geworden. Sie ist jedoch weder das eine noch das andere, sondern ein Buch der Geschichte Gottes mit den Menschen. Ihr

---

[229] Vgl. hierzu die „Chicago-Erklärung zur Irrtumslosigkeit der Bibel" von 1978 und „Die Chicago-Erklärung zur biblischen Hermeneutik" von 1982, beide abgedruckt in: Cochlovius/Zimmerling, Evangelische Schriftauslegung, 314–327, dort auch weiterführende Literaturhinweise.

Ziel ist, dass der Leser und die Leserin selbst Teil dieser Geschichte wird. Jeder Leser soll in den Linien der Heiligen Schrift denken und leben lernen. Das hat nichts mit steriler Akzeptanz dogmatischer Richtigkeiten bzw. der Unterwerfung unter einen ethischen Normenkatalog zu tun. Ganz im Gegenteil geht es darum, im ständigen Gespräch mit der Bibel den Willen Gottes für die Lebensgestaltung im individuellen und gesellschaftlichen Bereich immer wieder neu zu erkennen und praktisch umzusetzen.

Darüber hinaus fördert das fundamentalistische Schriftverständnis *autoritäre Abhängigkeiten*. Im Gegensatz dazu sollte evangelische Spiritualität den einzelnen Christen dazu ermutigen, sich selbst auf Entdeckungsreise in der Bibel zu begeben. Dadurch entsteht eine Dynamik, die zur Verwirklichung des von den Reformatoren geforderten mündigen Christseins beiträgt: „Aber ihr sollt euch nicht Rabbi nennen lassen; denn einer ist euer Meister; ihr aber seid alle Brüder ... Und ihr sollt euch nicht Lehrer nennen lassen; denn einer ist euer Lehrer: Christus" (vgl. Mt 23, 8.10).

3.6.5. Herausforderung an Kirche und Gesellschaft

Zunächst sollte festgehalten werden: Fundamentalistische Spiritualität stellt eine *Herausforderung* an die traditionelle Kirchlichkeit dar. In einer Welt, die durch alle Leeren und Nüchternheiten sinken muss und für die Wunder des Himmels kein Fassungsvermögen mehr hat,[230] horcht man auf, wenn christlicher Glaube mit der *Hingabekraft* fundamentalistischer Gruppen vertreten wird. Diese Gruppen betonen zu Recht, dass christlicher Glaube es zunächst und vor allem mit *Gott* und der Beziehung von Gott und Mensch zu tun hat. Evangelische Spiritualität, die nicht mehr deutlich vom dreieinigen Gott als Grund und Zentrum des Glaubens spricht, ist defizitär. Der christliche Glaube betrifft den Menschen in der *Mitte seines Lebens*, wie Dietrich Bonhoeffer in „Widerstand und Ergebung" formuliert hat.[231] Der Glaube ist anspruchsvoll und fordernd. Die Unbedingtheit von Gottes Anspruch an den Menschen steht quer zu allen Versuchen, die Großkirchen zu modernen Dienstleistungsbetrieben umzufunktionieren.

Der postmoderne Mensch hat kaum Zugang zu den Dimensionen von *Geist* und *Seele*, die doch unverzichtbar zum Menschsein gehören und dieses erst zur Erfüllung bringen. „Die Lebenswelt des postmodernen Menschen ist weit gespannt, wenn man sie am Verbrauch von Raum, Zeit und materiellen Gütern misst. Aber sie ist eine enge Welt, misst man sie an den Bedürfnissen von Geist und Seele."[232] Immer noch ist nur eine Minderheit der Einwohner westlicher Industrienationen in den Räumen des Geistes und der Seele zu Hause und bereit, Zeit und Kraft für diese Berei-

---

[230] Wittig, Roman mit Gott, 190.
[231] WE 407.455.
[232] Hemminger, Baiersbronn, unveröffentlichtes Vortragsmanuskript.

che des Menschseins zu investieren. Die Sehnsucht nach ständig neuen äußeren Erlebnissen lässt den weiten Raum übersehen, den gerade die Gottesbeziehung dem Geist und der Seele eröffnen kann. Das Ergebnis ist eine „öffentliche Realitätsschrumpfung" (Hansjörg Hemminger). Fundamentalistische Spiritualität versucht, durch die Betonung der Gottesfrage dieser Realitätsschrumpfung Einhalt zu gebieten. Dabei führt sie Menschen allerdings häufig nicht aus der Enge des postmodernen säkularen Lebens in die Weite eines Lebens im Glauben, sondern in die Enge einer fundamentalistischen Gruppe.

Im Recht ist fundamentalistische Spiritualität auch dort, wo sie sich gegen die Privatisierung der Religion wehrt. *Privatisierte* Religion ist immer bereits *relativierte* Religion (Hansjörg Hemminger). Sie ist auf dem Weg zur *Beliebigkeit*. Auch der Kampf fundamentalistisch geprägter Gruppen für die Geltung christlicher Grundwerte in der Gesellschaft sollte nicht von vornherein abgelehnt werden. Christsein schließt das Engagement für die Geltung von Gottes Geboten ein. Abzulehnen sind selbstverständlich Mittel wie Intoleranz oder gar Gewalt und Terror im Einsatz für dieses Ziel.

Problematisch erscheint fundamentalistische Spiritualität vor allem dort, wo sie für alles die richtige Antwort bereit hat und sich nicht mehr hinterfragen lässt. Dadurch gerät sie unter *Ideologieverdacht*. Fragwürdig ist auch die *Selbstgettoisierung* fundamentalistischer Gruppen. Ursache dafür ist zum einen die *Kommunikationsunfähigkeit* von Menschen, die zu fundamentalistischen Gruppierungen gehören. Zum anderen lässt die Fixierung auf den Gegner in der *Reaktion* verharren: Man weiß häufig besser, wogegen man ist, als wofür man sich einsetzen möchte. Dabei wird übersehen, dass Kirche ihr Existenzrecht aus dem Dasein für andere gewinnt.[233] Anstelle des *Wagnisses* einer christlichen Existenz im Offenen[234] ist die trügerische *Sicherheit* eines unbezweifelbaren und unerschütterlichen Glaubenswissens getreten.

Lesehinweise

James Barr, Fundamentalismus, mit einer Einführung in die deutsche Ausgabe von Gerhard Sauter, München 1981.
Uwe Birnstein (Hg.), „Gottes einzige Antwort ...". Christlicher Fundamentalismus als Herausforderung an Kirche und Gesellschaft, Wuppertal 1990.
Hansjörg Hemminger (Hg.), Fundamentalismus in der verweltlichten Kultur, Stuttgart 1991.
Hermann Kochanek (Hg.), Die verdrängte Freiheit, Fundamentalismus in den Kirchen, Freiburg/Basel/Wien 1991.

---

[233] WE 560.
[234] Schütz, Freiheit, Hoffnung, Prophetie, 641 ff.

4. Praxisversuche: Ausgewählte Gestaltungsformen einer erneuerten evangelischen Spiritualität

4.1. Unterwegs zu alten und neuen Gestaltungsformen

Überlegungen zur Gestaltwerdung einer künftigen evangelischen Spiritualität sind nicht unumstritten. Zum Ersten: Im Raum der evangelischen Kirchen existieren bis heute starke Vorbehalte gegenüber sämtlichen Gestaltungsformen der Spiritualität. „Zwischen Glaube und Liebe bleibt sozusagen kein Platz für die Frömmigkeit. Glaube und Liebe können sich nur gelegentlich auf eine Weise verwirklichen, die ... als ‚fromm' oder ‚spirituell' erscheinen kann. Es gibt letztlich gar kein Subjekt von ‚Frömmigkeit', denn gerade das fromm sein wollende Subjekt wird immer wieder in die Buße geführt, das Streben nach Frömmigkeit wird als ichbezogen entlarvt."[1] Zwar gab es in der Geschichte der evangelischen Kirchen vom älteren Pietismus angefangen immer wieder Versuche, deren Spiritualität, deren praxis pietatis zu erneuern. Sie haben jedoch nie die Kirche als Ganzes erfasst. Dadurch bekamen solche Versuche von Beginn an einen eher privaten Charakter, der höchstens für bestimmte Gruppen innerhalb der Kirche Verbindlichkeit gewann. Mit der Aufklärung und ihrer Betonung der Autonomie des Einzelnen wurde diese Tendenz noch verstärkt. „Protestantische Frömmigkeit hat sich seitdem – gegen die Intention der Reformatoren – in, neben und außerhalb der Kirche entfaltet und ihre ekklesiale Zentrierung weithin verloren."[2]

Auch an dieser Stelle war Dietrich Bonhoeffer einer der Ersten, der versucht hat, die genannten Vorbehalte zu durchbrechen: „Man braucht nur ... an die Unfähigkeit weitester evangelischer Kreise, die Bedeutung von Zuchtübungen – also etwa geistlicher Exerzitien, Askese, Meditation, Kontemplation – überhaupt zu verstehen ... zu denken und zu erinnern, um alsbald zu empfinden, wo der Mangel der evangelischen Kirche liegt."[3] Im Predigerseminar in Finkenwalde bei Stettin gestaltete er deswegen die bis dahin übliche Vikarsausbildung völlig um.[4] Der Einübung in geistliche Lebensvollzüge dienten die Einführung von feststehenden Meditationszeiten und Tagzeitengebeten und die Einladung, die persönliche Beichte in Anspruch zu nehmen. Dabei betrachtete Bonhoeffer die Pflege spirituellen Lebens als Aufgabe der

---

[1] Barth, Spiritualität, 56, wobei Barth selbst sich in seinem Buch darum bemüht, der Spiritualität dennoch einen legitimen Ort im Leben des evangelischen Christen zuzuweisen.
[2] Ruhbach, Theologie und Spiritualität, 123.
[3] DBW, Bd. 6, 411 f.
[4] Vgl. hierzu bes. Bonhoeffers Brief an Karl Barth vom 19.9.1936 (DBW, Bd.14, 234 ff.).

gesamten Kirche. Das belegt besonders deutlich Bonhoeffers Buch „Gemeinsames Leben". Nach langer Zeit wurde darin von einem evangelischen akademischen Theologen erstmals wieder der Gemeinschaftsaspekt christlicher Existenz und die Gestaltung des geistlichen Lebens thematisiert. Das alles war damals völliges Neuland im Raum der evangelischen Kirche.

Zum Zweiten: Bereits in der Reformationszeit unterlagen die Gestaltungsformen der Spiritualität einem starken Auswahl- und Konzentrationsprozess. Nur was der Bibel – im Einklang mit der neugewonnenen Erkenntnis von der Rechtfertigung allein aus Gnaden – standhielt, wurde beibehalten. Das führte z.B. zur Reduktion der Sakramente auf Taufe und Abendmahl. Im Lauf der Jahrhunderte traten zusätzlich viele der in der Reformationszeit beibehaltenen Spiritualitätsformen in den Hintergrund bzw. fielen ganz fort. Dazu gehörte auch die Einzelbeichte, die im Raum der evangelischen Kirchen nach dem Berliner Beichtstuhlstreit am Ende des 17. Jahrhunderts weitgehend verschwand.[5] Es geht also für die zukünftige evangelische Spiritualität zunächst darum, ihren ursprünglichen Reichtum an Gestaltungsformen – sowohl in qualitativer als auch in quantitativer Hinsicht – im Rahmen der Gesamtkirche wiederzugewinnen.

Zum Dritten: Darüber hinaus sollte der Schatz an spirituellen Mitteln im Bereich der anderen Konfessionen zur Kenntnis genommen und erprobt werden, um aus ihm weitere Formen zu gewinnen, die geeignet sind, die evangelische Spiritualität zu bereichern. Inwieweit auch spirituelle Formen aus anderen Religionen mit herangezogen werden können, muss von Fall zu Fall behutsam entschieden werden. Bonhoeffer ließ sich z.B. im Hinblick auf die Finkenwalder Meditationspraxis von verschiedenen anglikanischen und freikirchlichen Seminaren und Kommunitäten anregen und plante eine Studienreise zu Gandhi nach Indien, um dort dessen Meditationsmethoden kennenzulernen, zu der es nur aufgrund seines Engagements im Kirchenkampf nicht gekommen ist.[6] Heute ist z.B. an die Integration von Ignatianischen Exerzitien in die evangelische Spiritualität zu denken, wobei sie im Einklang zu den Erkenntnissen reformatorischer Theologie zu rekonstruieren sind.

4.2. Das persönliche Gebet

Das Beten ist ein Grundbestandteil evangelischer Frömmigkeit. Das zeigt sich z.B. daran, dass Martin Luther als bedeutender Lehrer des Gebets in die Kirchengeschichte eingegangen ist.[7] Aber nicht nur an Luther wird die

---

[5] Obst, Der Berliner Beichtstuhlstreit; Breithaupt, A. H. Franckes Bemühungen, 55–65.
[6] Bethge, Dietrich Bonhoeffer, 468ff.474f.
[7] In diesem Zusammenhang sei besonders auf eine thematische Sammlung von Luthergebeten hingewiesen (Martin Luther, Das Handwerkszeug des Christen). Die Sammlung ist ein bemerkenswertes ökumenisches Zeichen, da sie die Koproduktion eines katholischen und eines evangelischen Verlags ist.

Bedeutung des Gebets für die evangelische Spiritualität deutlich, auch der Begründer des Neuprotestantismus, Friedrich Schleiermacher, hebt die Bedeutung des Gebets für den Glauben hervor, wenn er schreibt: „Fromm sein und beten, das ist eigentlich eins und dasselbige."[8] Einmal mehr zeigt sich in diesem Zusammenhang überdies die Ökumenizität der gelebten christlichen Spiritualität: Das Gebet besitzt in sämtlichen Konfessionen eine herausragende Bedeutung. Dass auch Menschen nichtchristlicher Religionen beten, sei nur am Rande vermerkt. Durch die Beschäftigung mit dem christlichen Gebet wird indirekt deutlich, worin dessen Proprium gegenüber dem Gebet in anderen Religionen besteht.

Die Überschrift „persönliches Gebet" ist bewusst gewählt. Es gibt daneben auch das Gebet in Gemeinschaft als Gebetsgemeinschaft und das Gebet im Gottesdienst. Im Folgenden geht es nur um das persönliche Gebet. Meine Ausführungen gliedern sich wie folgt: Zunächst sollen ausgewählte biblische Texte Einblicke in die Gebetspraxis der Männer und Frauen der Bibel eröffnen. Danach möchte ich einige theologische Probleme skizzieren, die sich im Zusammenhang mit dem Gebet aufdrängen. Schließlich gebe ich Hinweise zur praktischen Gestaltung des persönlichen Gebets und Lesehinweise.

4.2.1. Ausgewählte biblische Texte

a) 2. Mose 32, 7–14

Häufig sind uns die biblischen Geschichten so vertraut, dass wir gar nicht mehr ihre Provokation wahrnehmen. Wir haben ihnen die Zähne gezogen – durch eine vorschnell vergeistigende Auslegung oder durch die andächtige Atmosphäre in der Kirche. Gerade als Christen stehen wir dauernd in der Gefahr, die Bibel zu entmächtigen. Die biblischen Erzählungen wollen unsere gewohnten Gedanken über Gott und den Glauben jedoch stören. Das gilt auch für die in 2. Mose 32, 7–14 wiedergegebene Erzählung. Das darin wiedergegebene Gespräch zwischen Gott und Mose korrigiert eine Reihe von selbstverständlich gewordenen Vorstellungen über das Gebet.

1. Es ist kein distanziertes Reden in liturgischen Formeln.

Sowohl Gott als auch Mose sprechen so, wie ihnen zumute ist. Dabei schonen sie sich nicht. Wie zwei miteinander vertraute Freunde muten sie sich auch unangenehme Dinge zu. Sie haben offensichtlich keine Angst, dass darüber ihre Beziehung zerbrechen könnte. Gott und Mose kommen sich im Gespräch auf dem Berg Sinai unheimlich nahe. Ein Kapitel später heißt es: „Der Herr aber redete mit Mose von Angesicht zu Angesicht, wie ein Mann mit seinem Freunde redet" (2. Mose 33, 11). Die Nähe zwischen Gott und Mensch ist die Voraussetzung für die Art des Gebets, wie sie von den alttestamentlichen Glaubensvätern praktiziert wurde. Sie waren sich

---

[8] Schleiermacher, Kleine Schriften und Predigten, 167.

Gottes beständiger – wenn auch unsichtbarer – Gegenwart bewusst. Daraus erwuchs ihr Gebet. Die Erkenntnis von Gottes Nähe war ihr Lebenselexier.

2. Nicht der Mensch spricht Gott an, sondern Gott kommt auf Mose zu.

Im Gebet hört nicht bloß Gott dem Menschen zu, sondern Mose hat zuerst auf Gott zu hören: Gott macht Mose indirekt verantwortlich für den Tanz ums goldene Kalb, der gerade unten am Berg Sinai in vollem Gange ist.

3. Nicht der Mensch bittet in diesem Gespräch Gott darum, etwas tun zu dürfen; vielmehr erbittet Gott von Mose die Einwilligung für die geplante Vernichtung Israels.

„Und nun lass mich, dass mein Zorn über sie entbrenne und sie vertilge" – bittet Gott Mose. Eine grauenhafte Vorstellung: Gott selbst plant hier den Holocaust seines Volkes. Gleichzeitig macht die Bitte aber Gottes Schwachstelle gegenüber den Menschen sichtbar: seine Liebe zu den Menschen. Die Liebe macht Gott seinen Geschöpfen gegenüber verletzlich. Sie ist letztlich der Grund, warum sich Beten lohnt.

4. Beten ist nichts Andächtiges und Leichtes, sondern hat bisweilen mit harter Arbeit zu tun.

Mose geht in seiner Fürbitte für Israel sehr geschickt vor: Kein Wort von Israels Versagen, vom Tanz ums goldene Kalb. Entsprechend auch kein Versuch, Israels Fehlverhalten zu erklären. Stattdessen erinnert er Gott zunächst an dessen eigenes Verhalten gegenüber Israel. „Mose aber flehte vor dem Herrn, seinem Gott, und sprach: Ach, Herr, warum will dein Zorn entbrennen über dein Volk, das du mit großer Kraft und starker Hand aus Ägyptenland herausgeführt hast?" So als wollte Mose sagen: Soll das alles umsonst gewesen sein? Er erinnert Gott an dessen Pläne und Zusagen für das Volk. Sollen die plötzlich alle vergessen sein, nur weil Israel ungehorsam geworden ist? Die Sünde Israels darf sich nicht als mächtiger erweisen als Gottes gute Pläne. Das würde ja bedeuten, dass Gott nicht genug Kraft und Geduld hätte, um seine Pläne zu Ende zu führen.

Als Nächstes spricht Mose Gott bei der Ehre seines Namens an: Wie wird er bei den Ägyptern dastehen, wenn Israel vernichtet ist? Werden die Ägypter ihn nicht zu Recht für einen heimtückischen und blutrünstigen Gott halten? „Warum sollen die Ägypter sagen: Er hat sie zu ihrem Unglück herausgeführt, dass er sie umbrächte im Gebirge und vertilgte sie vom Erdboden?" Die Ehre seines Namens gehört zu Gottes empfindlichen Stellen. Nicht ohne Grund hat die allererste Bitte des Vaterunsers die Heiligung von Gottes Namen zum Inhalt: „Geheiligt werde dein Name!" Dabei steht der Name für Gottes Wesen überhaupt. Es geht darum, dass Gott als Person geehrt und geheiligt wird; dass Gott als der geehrt und geliebt wird, der er ist. Wie jeder psychisch gesunde Mensch möchte auch Gott nicht anders erscheinen, als er wirklich ist. Da Gott ein gerechter Gott ist, hat er ein großes Interesse daran, dass Menschen ihn als solchen erkennen. Mose weist klug darauf hin: Dies wäre durch eine Vernichtung Israels in der Sinai-Wüste in Frage gestellt.

Mose führt im Ringen mit Gott noch ein letztes Argument an. Er erinnert Gott an sein Versprechen gegenüber Abraham, Isaak und Jakob. Gott hat ihnen verheißen, dass sie ein großes Volk werden und das Land Kanaan als Heimat erhalten sollen. Viele Stellen der Bibel sprechen davon, dass Gott eine gegenwärtig aus der Mode gekommene Eigenschaft besitzt: Er ist treu (z.B. 2. Mose 34, 6). Er steht zu seinem Wort. Das haben nicht zuletzt die Erzväter Abraham, Isaak und Jakob erlebt. Daran knüpft Mose jetzt an. Gott will auf seine Zusagen angesprochen und festgelegt werden. Man soll – nach Luther – Gott mit seinen Verheißungen sogar die Ohren reiben. Wir sind von Gott ermächtigt, ihn auf die Zusage seines Erbarmens anzusprechen – für uns selbst und für andere Menschen (Mal 3, 10–12).

Mose spricht Gott auf seine Macht, auf die Ehre seines Namens und auf seine Treue hin an. Das Ergebnis seiner Fürbitte für Israel ist: „Da gereute den Herrn das Unheil, das er seinem Volk zugedacht hatte."

b) 1. Sam 1, 9–18

Das Gebet der Hanna, der Mutter Samuels, des Propheten und letzten Richters über Israel, lässt weitere Eigenschaften der Gebetspraxis der biblischen Männer und Frauen erkennen. Hanna betet im Tempel, also am heiligen Ort. Sie klagt Gott ihre Not, keine Kinder bekommen zu können und deshalb von der zweiten Frau ihres Mannes gequält zu werden. Dabei verbirgt sie ihre Emotionen nicht, sondern schüttet ihr Herz im Gebet vor Gott aus (Ps 62, 9): „Und sie war von Herzen betrübt und betete zum Herrn und weinte sehr" (V. 10). Sie lässt sich für ihr Gebet Zeit: „Und als sie lange betete vor dem Herrn" (V. 12). Vor allem aber ist sie der Hoffnung, dass Gott ihr Gebet erhört. Die Zusage des Priesters Eli, dass Gott ihre Bitte erfüllen wird, lässt sie denn auch neue Zuversicht gewinnen: „Da ging die Frau ihres Weges und aß und sah nicht mehr so traurig drein" (V. 18). Noch eine Anmerkung zum Schluss: Aus der Geschichte geht hervor, dass im alten Israel laut gebetet wurde. Denn Eli glaubt zunächst, dass Hanna betrunken ist, weil sie zwar die Lippen bewegt, aber kein Laut zu hören ist (V. 13).

c) Mt 6, 5–15

Jesus sagt seinen Jüngern nicht nur, *was* sie beten sollen (die Worte des Vaterunsers), er sagt ihnen auch, *wie* sie beten sollen. Dabei unterzieht er die Gebetspraxis seiner Zeit – vor allem die des Pharisäismus – einer vierfachen Kritik. Er kritisiert 1. den Missbrauch des Gebets als äußerliches Markenzeichen von Frömmigkeit; er kritisiert 2. die Unterwerfung des Gebets unter das Gesetz des Quantums; er kritisiert 3. die Ablösung des Gebets vom übrigen Verhalten des Beters; er kritisiert schließlich 4. die Reduzierung des Gebets auf die persönlichen Anliegen des Beters.

1. Für Jesus ist das Gebet in keiner Weise ein äußerliches Werk. Es ist darum auch keine Leistung des Menschen für Gott, sondern Gabe Gottes

an den Menschen. Es ist eine Freude. „Es ist das Atemholen der Seele auf den Bergen Gottes."[9] Es ist das Reden des Kindes mit dem Vater und damit das höchste Vorrecht der Söhne und Töchter Gottes. Als derart persönlicher, ja intimer Vorgang gehört zum Gebet die Verborgenheit. Jesus fordert dazu auf, es „im Kämmerlein" zu verrichten, wie Luther übersetzt, in der Mehlkammer, dem einzigen Raum des jüdischen Hauses, der abgeschlossen werden konnte.

Das Wesen des Gebets wird missverstanden, wenn es zur äußerlichen Demonstration der Frömmigkeit missbraucht wird: „Oft ist Gebet bloß Pflichtwerk: Darum muss es sich *zeigen*. Es muss überall dabei sein. Es muss die *Form* sein, durch die markiert wird, dass eine Sache ‚religiös' sei. Wo es fehlt, da scheint sie ‚profan' zu sein, rein weltlich; da ist ‚Gott nicht dabei'. Das Gebet verfällt einer argen *Veräußerlichung*, es wird religiöses Formwesen, es wird Maske und damit ein Hauptbestandteil des ganzen religiösen Formalismus, der im Sinne Jesu ‚Heuchelei', das heißt Schauspielerei ist."[10]

2. Ein Gebet, das aus dem Glauben heraus geschieht, dass Gott weiß, was der Beter bedarf (V. 8), ist frei vom Gesetz des Quantums. Nicht die Menge oder Ausführlichkeit des Gebets garantiert seine Erhörung. Ein klassisch gewordenes Beispiel für das von Jesus abgelehnte „Plappern der Heiden" beim Gebet enthält die alttestamentliche Erzählung vom Kampf Elias mit den Baalspriestern auf dem Berg Karmel (1. Kön 18). Diese schreien stundenlang: „Baal, erhöre uns! Baal, erhöre uns!" (Besonders eindrucksvoll ist die Vertonung dieser Worte im „Elias" von Felix Mendelssohn-Bartholdy.) Die Baalspriester bringen sich zur Unterstützung ihres Schreiens blutige Einschnitte an ihrem Körper bei, „aber da war keine Stimme noch Antwort". Elias jedoch, der Prophet Jahwes, spricht nur einige Worte, und das Feuer der Erhörung fällt vom Himmel.

3. Ein Missbrauch des Gebetes liegt auch dann vor, wenn es vom übrigen Verhalten des Beters losgelöst wird. Jesus will damit verhindern, dass das Gebet zum religiösen Formalismus entartet. Darum die Drohung, dass Gott dem Beter nicht vergeben wird, wenn dieser nicht bereit ist, auch seinen Mitmenschen zu vergeben.

4. Noch einen letzten Missbrauch des Gebets beseitigt Jesus durch die Reihenfolge, in die er die Bitten des Vaterunsers bringt. Häufig besteht das Gebet nur aus Bitten, die unser persönliches Wohlergehen oder das uns nahe stehender Menschen zum Inhalt haben. Als Ich-Gebet droht es zum Hauptorgan des religiösen Egoismus zu werden.[11] Das Vaterunser zeigt demgegenüber, dass die Hauptbestimmung des Gebets in der Mitarbeit des Menschen am Bau des Reiches Gottes liegt. Entsprechend geht es in den ersten drei Bitten des Vaterunsers um Gott und dessen Ergehen: *„Dein*

---

[9] Ragaz, Die Bergpredigt, 118.
[10] A.a.O.
[11] A.a.O., 121f.

Name werde geheiligt. *Dein* Reich komme. *Dein* Wille geschehe wie im Himmel so auf Erden." Erst im Anschluss daran kommen die Angelegenheiten des Menschen zur Sprache.

d) Mt 26, 36–46

Das Gethsemane-Gebet Jesu ist neben dem Vaterunser eines der bekanntesten Gebete der Bibel. Es erlaubt einen Einblick in die persönliche Gebetspraxis Jesu. Dabei fällt auf, dass Jesus seine Jünger zur Fürbitte für ihn selber auffordert. Bemerkenswert ist weiter, dass Jesus in seinem Gebet Gott nicht verhehlt, dass er der bevorstehenden Passion gerne ausweichen würde. Ein Beleg dafür ist die Tatsache, dass er dreimal hintereinander Gott die Bitte vorträgt, den Kelch des Leidens an ihm vorübergehen zu lassen. Theologisch am bedeutsamsten ist die gleichermaßen dreimal wiederholte Schlussaussage des Gebets: „Doch nicht wie ich will, sondern wie du willst!" (V. 39.42.44). Christliches Gebet ist Gebet unter dem Vorbehalt des Willens Gottes. Daher schließt das Gebet immer den Willen zum Gehorsam gegenüber dem Gebot Gottes ein. Ein Gebet, das Gottes Gebot widerspricht, desavouiert sich selbst. Gebet erwächst aus dem Vertrauensverhältnis des Menschen zu Gott. Gott lässt sich im Gebet nicht als Erfüllungsgehilfe unserer Wünsche missbrauchen. Seine Antwort auf unser Gebet bleibt ein Akt seiner Liebe zum Menschen.

e) Joh 14, 13f.; 16, 23–28

Christliches Gebet ist Gebet im Namen Jesu Christi. Das meint nicht, dass jedes Gebet expressis verbis im Namen Jesu erfolgen müsste. Auch das Gebet allein zum Vater bzw. zum Geist kann ein Gebet im Namen Jesu Christi sein, nämlich dann, wenn es im Bewusstsein geschieht, dass Jesus Christus den Menschen mit Gott versöhnt hat. „Denn es ist ... ein Mittler zwischen Gott und den Menschen, nämlich der Mensch Christus Jesus" (1. Tim 2, 5).

4.2.2. Kleine Theologie des Gebets

1. Wenn wir beten, entsprechen wir der Bestimmung, zu der Gott uns geschaffen hat.
Nach der Schöpfungsgeschichte am Anfang der Bibel hat Gott uns als sprechendes Gegenüber geschaffen: „Und Gott sprach: Lasset uns Menschen machen, ein Bild das uns gleich sei ... Und Gott schuf den Menschen zu seinem Bilde, zum Bilde Gottes schuf er ihn ..." (1. Mose 1, 26f.).[12] Darum haben Theologen wie Karl Heim zu Recht betont, dass das ganze menschliche Leben ein Sprechen ist: „Das Ich, diese geheimnisvolle letzte Wirklichkeit, tut sich kund in einem Sprechen. Sein Leben ist ein Sprechen,

---

[12] Vgl. hierzu bes. die Auslegung von Karl Barth in KD, Bd. III/1, 204ff.

ein ununterbrochenes Sprechen, das niemals aufhört, auch im Traum nicht, das unser ganzes Dasein, auch unsere vegetativen Funktionen und tierischen Regungen, unser ganzes Handeln und Leiden, wie eine fortwährende hohe Musik begleitet."[13] Dieses fortwährende Sprechen findet seine Erfüllung, wenn ein Mensch betet. Denn dann spricht er mit demjenigen, zu dessen sprechendem Gegenüber er erschaffen worden ist. Indem er mit seinem Schöpfer spricht, ent-spricht der Mensch seinem Geschöpfsein, nimmt er wahr, was er ist. Noch einmal Karl Heim: „Das Sprechen ist aber immer, wenigstens in Gedanken, auf einen bezogen, der zuhört und versteht. Sonst verliert es seinen Sinn. Nun kann uns aber nur Gott verstehen ... Das Gebet ist die Urfunktion unseres Geistes ... Wir beten unser Leben. Wir beten unsere Gedanken. Wir beten unsere Gedichte und Kunstschöpfungen. Wir tun das auch, wenn wir uns dessen noch gar nicht bewusst geworden sind."[14] Ein Beispiel dafür ist Augustinus, der in seinen berühmten Konfessionen sein ganzes Leben in ein einziges großes Gebet, einen einzigen langen Psalm gefasst hat. Indem er seine gesamte Autobiografie betete, brachte er zum Ausdruck, dass sein Leben nur im Bezug zu Gott Orientierung und Sinn bekommen hatte. Ähnlich verstand Johann Sebastian Bach seine Musikwerke als Gebet. Dies lässt sich an der Widmung erkennen, mit der Bach alle Kompositionen versah: soli deo gloria.[15]

2. Gebet besitzt dialogischen Charakter.
Mit der Aussage, dass im Sprechen mit Gott der Mensch zu seiner schöpfungsgemäßen Bestimmung findet, ist nur die eine Seite des Gebets beschrieben. Zugegebenermaßen ist das die Seite des Gebets, die gewöhnlich in erster Linie mit dem Gebet in Zusammenhang gebracht wird: „Das Gebet ist in der Vielfalt seiner Formen und Inhalte in erster Linie *menschliches Reden zu Gott*."[16] Neben der expressiven Seite des Gebets besitzt dieses aber auch ein rezeptives Moment. Darauf haben vor allem die großen Meister des Gebets im Verlauf der Geschichte des Christentums immer wieder hingewiesen. Mystiker und Mystikerinnen bezeichnen die rezeptive Seite des Gebets als kontemplatives Beten. Sören Kierkegaard formulierte: „Als mein Gebet immer andächtiger und innerlicher wurde, da hatte ich immer weniger und weniger zu sagen. Zuletzt wurde ich ganz still. Ich wurde – was womöglich noch ein größerer Gegensatz zum Reden ist – ein Hörer. Ich meinte erst, Beten sei Reden. Ich lernte aber, dass Beten nicht bloß Schweigen ist, sondern Hören."[17] Im Gebet geht es letztlich darum, dass der Beter still wird und sich für Gottes Wirken öffnet. Dadurch werden die eigenen Bitten um Nahrung, Arbeit, Gesundheit etc. zwar nicht verdrängt, sie geraten aber in eine neue Perspektive und verlieren dadurch

---

[13] Heim, Leben aus dem Glauben, 108.
[14] A.a.O., 108f.
[15] S. Kap. 4.6.
[16] Härle, Dogmatik, 301.
[17] Zit. nach Ruhbach, Theologie und Spiritualität, 182.

ihren alles dominierenden Charakter. Die Konsequenz ist, dass der Beter aus seiner Selbstumkreisung – Luther sprach von der Selbstverkrümmung des Menschen – befreit und für Gott und den Nächsten geöffnet wird.

Im Zusammenhang mit dem dialogischen Charakter des Gebets muss noch ein mögliches Missverständnis ausgeschlossen werden. Im Gebet begegnen sich keine gleichartigen Partner. Bei aller Nähe, die gerade das Verhältnis der alttestamentlichen Beter zu Gott erkennen lässt, ist deren Beziehung zu Gott doch immer von einem deutlichen Abstandsbewusstsein geprägt. Der Unterschied zwischen Geschöpf und Schöpfer bleibt konstitutiv für das Gebet. Selbst das Verhältnis des irdischen Jesus zum göttlichen Vater kennt diesen Unterschied. Vielleicht am eindrücklichsten kommt der Grund für das Abstandsgefühl zwischen Gott und Mensch im Ruf der Seraphim, die um Gottes Thron stehen, aus Jes 6, 3 zum Ausdruck: „Heilig, heilig, heilig ist der Herr Zebaoth." Indem der Mensch sich im Gebet Gott zuwendet, wird er sich seines Geschaffenseins und damit auch seiner Schuld, seiner Heillosigkeit und Unheiligkeit bewusst.

3. Im Gebet darf alles zur Sprache kommen, was den Beter bewegt.
Es ist eine weit verbreitete, aber dennoch verkehrte Überzeugung, im Gebet nur wohlgesetzte Worte aussprechen zu dürfen. Die Gebetspraxis der biblischen Männer und Frauen belehrt uns eines besseren. Denken wir nur an das Gebet Jesu im Garten Gethsemane. Und im Todeskampf am Kreuz betete er: „Mein Gott, mein Gott, warum hast du mich verlassen?" (Mt 27, 46). Das sind die ersten Worte von Ps 22. Wahrscheinlich betete Jesus den gesamten Psalm.

Die Psalmen, das Gebetbuch der Juden und damit auch Jesu, bilden eine wunderbare Anleitung für ehrliches Beten. In ihnen wird geklagt, verflucht, geschrieen, gelobt, gedankt, sich gefreut. Sie bringen zum Ausdruck, wie es den Betern ums Herz war. Dietrich Bonhoeffer stellt in Anlehnung an Worte Martin Luthers fest: „Wer aber den Psalter ernstlich und regelmäßig zu beten angefangen hat, der wird den anderen, leichten, eigenen, ‚andächtigen Gebetlein bald Urlaub geben und sagen: Ach, es ist nicht der Saft, Kraft, Brunst und Feuer, die ich im Psalter finde, es schmeckt mir zu kalt und zu hart'".[18] Wie wir bereits sahen, können wir uns aber auch die anderen Beter und Beterinnen des Alten Testaments für das Beten „wie einem zumute ist" zum Vorbild nehmen.

Hermann Bezzel, Bischof der lutherischen Kirche Bayerns um die Wende vom 19. zum 20. Jahrhundert, hat das, worum es beim Beten „wie einem zumute ist" geht, folgendermaßen ausgedrückt: „Vergiss es nie: Bete, wie dir zumute ist! Bete Verkehrtes und Gutes, bete, was dich bewegt; sprich es nur aus vor deinem Gott! Auch deinen Unmut darfst du ihm sagen! Auch deinen Kleinmut sollst du ihm bekennen! Auch deinen Zweifel darfst du vor ihn bringen! Sprich es nur aus, dass nicht dein Leben beschwert und die

---

[18] Bonhoeffer, Das Gebetbuch der Bibel, in: DBW, Bd. 5, 115.

Heimat dir verloren werde! – Bete! Die meisten unter uns meinen, das Gebet sei eine Sammlung von wohlgesetzten Worten, bei denen man abwägt, ob man das sagen dürfe und jenes unterlassen müsse. Und schließlich wird aus dem freien Kindesrecht ein gekünsteltes Wesen, das besser unterbliebe.- Bete, wie dir's ums Herz ist! Bete mit all deinen Anliegen, auch mit Dingen, die der Mensch neben dir für klein und unbedeutend hält. Bringe die ganze verkehrte und zerrissene Art deines Lebens deinem Gott zu Gehör! Er weiß es ja doch, sage es ihm ganz! Es wird dir leichter werden, schon wenn dein Inneres zu Klang und Wesen kommt. Schon dadurch wirst du freier, dass du dich ihm gegenüber ausprichst mit allem, was dich ängstet und quält. Bete! Und der Herr antwortet: ‚Ich habe dein Gebet gehört.'"[19] Das Gebet muss ein „Ort völliger Offenheit und Aufrichtigkeit, letzter Ernsthaftigkeit und vorbehaltlosen Sich-Anvertrauens"[20] sein. Sonst verdient es seinen Namen nicht.

4. Die Grundformen des Gebets sind Klage, Bitte, Fürbitte, Dank und Lob. Weil im Gebet grundsätzlich alles zur Sprache kommen darf, was den Menschen bewegt, sind die möglichen Formen des Gebets so vielfältig wie das Leben selbst. Bitte und Dank sind wahrscheinlich die am weitesten verbreiteten Gebetsformen. Sie drängen sich jedem, der schon einmal gebetet hat, von selbst auf. Weil dem so ist, möchte ich im Folgenden nur auf die heute weniger gebräuchlichen Gebetsformen eingehen: auf Klage, Fürbitte und Lob.

Gerade die Klage ist in den vergangenen Jahrzehnten als Gebetsform wieder entdeckt worden. Weil sich der Mensch mit allem, was ihn bedrückt, vor Gott aussprechen darf, schließt das Gebet die Klage ein, in der eigene und fremde Not unverstellt zur Sprache kommt. Bei den Betern der Bibel wird die Klage bisweilen sogar zur Anklage gegen Gott (Hiob 16, 7–17; 30, 20f.; Ps 22, 2f.; Jer 20,7).[21] Der Alttestamentler Claus Westermann hat die große *Bedeutung* hervorgehoben, die der *Klage* nach den *biblischen Texten* zukommt: „Im Alten wie im Neuen Testament gehört die Klage ganz selbstverständlich zur menschlichen Existenz; im Psalter ist die Klage ein wichtiger, gar nicht wegzudenkender Bestandteil des Gottesdienstes und der gottesdienstlichen Sprache."[22] Westermann betont darüber hinaus, dass die Klage sowohl im Alten als auch im Neuen Testament integrativer Bestandteil gerade auch der *gelingenden* Beziehung zu Gott ist: „Es gibt im Alten Testament nicht einen einzigen Satz, der dem Menschen die Klage

---

[19] Zit. nach Brennpunkt Seelsorge, Nr. 43 (1987), 25.
[20] Härle, Dogmatik, 301.
[21] A.a.O.
[22] Westermann, Die Rolle der Klage in der Theologie des Alten Testaments, Bd. 2, 254. Vgl. auch Martin Luthers Vorrede zum Psalter: „Wiederum, wo findest du tiefere, kläglichere, jämmerlichere Worte von Traurigkeit, als die Klagepsalmen haben? Da siehest du abermals allen Heiligen ins Herz, wie in den Tod, ja wie in die Hölle. Wie finster und dunkel ist's da von allerlei betrübtem Anblick des Zornes Gottes" (Dr. Martin Luthers Vorreden zur Heiligen Schrift, 19).

verwehrte oder der zum Ausdruck brächte, dass die Klage im rechten, heilen Gottesverhältnis keinen Raum hätte. Aber auch im Neuen Testament wüsste ich keinen Zusammenhang, der dem Christen die Klage verwehrte oder der zum Ausdruck brächte, dass der Glaube an Christus die Klage aus dem Gottesverhältnis ausschlösse."[23] Die Klage ist einer der Wege, auf dem von Leid und Trauer betroffene Menschen eine neue und tiefere Beziehung zu Gott finden können.

Ein weiterer, in früheren Zeiten ganz selbstverständlicher Bestandteil christlicher Spiritualität war die gegenseitige Fürbitte. Das gilt zunächst für die biblischen Männer und Frauen: Wir hörten schon von Jesu Bitte an seine Jünger im Garten Gethsemane, für ihn Fürbitte zu üben. Aber auch Paulus fordert in seinen Briefen die von ihm gegründeten Gemeinden immer wieder zur Fürbitte auf (z. B. 1. Thess 5, 25). Umgekehrt versichert der Apostel die Gemeinden seiner eigenen Fürbitte (z. B. Phil 1, 4.9f.). Auch Luther ist Zeit seines Lebens von der Bedeutung der Fürbitte überzeugt gewesen. Er schreibt, dass aufgrund seiner Fürbitte der todkranke Melanchthon wieder gesund geworden sei.[24] In den dreißiger Jahren meinte er sogar in den Tischreden, dass Gott wegen seines Gebets zu seinen Lebzeiten Deutschland den Frieden erhalten werde: „Ich bin's gewiss, bei meinem lieben Gott [das] zu erhalten: Solange ich lebe, soll Deutschland durch Krieg keine Not haben oder leiden. Aber wenn ich nun tot bin, so betet ihr auch! Dann wird es angehen, denn die Welt ist zu böse!"[25] Auch ein wesentlicher Teil von Bonhoeffers Gebetspraxis besteht in der Fürbitte. Im Gefängnis hält er morgens und abends Fürbitte (WE 59). Er verspricht, sie täglich für Eberhard Bethge zu üben (WE 190) und erbittet sie für seine Verlobte Maria von Wedemeyer (WE 193), er freut sich auch über die namentliche Fürbitte für ihn auf der Bekenntnissynode in Breslau 1943 (WE 199) und fühlt sich durch die Fürbitte mit seiner Verlobten täglich verbunden (Brautbriefe 103). Immer wieder ermahnt er seinen Freund Bethge, die Fürbitte nicht zu vergessen (WE 191.576). Für die Betonung der Fürbitte gerade in Bonhoeffers Gefängniszeit sind zwei Dinge wichtig. Einmal ist er überzeugt, dass sie in seinem Leben häufig positiv wirksam geworden ist: „Ich glaube, dass ich viel Bewahrung in meinem Leben der Fürbitte Bekannter und Unbekannter zu danken habe" (WE 573). Zum anderen ist sie im Gefängnis weithin das Einzige, was er für andere tun kann (WE 158). Angesichts der gravierenden Einschränkung seines Handlungsspielraumes für andere richtet sich sein Augenmerk auf die Fürbitte. Das Wesen der Fürbitte lässt sich mit folgendem Bild zum Ausdruck bringen: In ihr blasen wir dem Nächsten frischen Sauerstoff aus der ewigen Welt Gottes zu, damit er neuen Mut und neue Kraft zum Leben gewinnt.

---

[23] Westermann, Die Rolle der Klage in der Theologie des Alten Testaments, 254.
[24] Briefe vom 2.7.1540; 10.7.1540; 26.7.1540, in: Martin Luther Briefe, 258ff.
[25] WA Tr 3, 3429.

Schließlich noch einige Überlegungen zum Lob als einer Form des Gebets. *Claus Westermann* hat herausgefunden, dass das Loben Gottes für den alttestamentlichen Frommen „eine Weise des Daseins" ist, „nicht etwas, was es im Leben geben kann oder nicht": „Wie der Tod charakterisiert ist dadurch, dass es in ihm nicht mehr das Loben gibt, so gehört zum Leben das Loben."[26] Die Erfüllung findet das Lob des Alten Testaments in der neutestamentlichen Gemeinde: In der Nachfolge Jesu Christi soll der Mensch mit seiner *ganzen* Existenz Gott loben, wobei das gesprochene Lob nur *eine* Weise des Gotteslobs ist.[27] Auch systematisch-theologische Überlegungen lassen eine Hochschätzung von Lob und Anbetung Gottes erkennen.[28] *Edmund Schlink* beginnt „Die Lehre von Gott" in seiner Ökumenischen Dogmatik mit dem Kapitel „Der Lobpreis Gottes":[29] „Wir haben Gott für seine großen Taten zu danken."[30] Zum Lobpreis Gottes gehöre nach den biblischen Schriften aber nicht nur der Dank für seine Taten, sondern auch das Rühmen von Gott selbst, der sie vollbracht hat, in der Doxologie.[31] Diese Form des Lobpreises Gottes werde dadurch zum Lobopfer, dass „das anbetende Ich und der Akt des Anbetens im Wortlaut der Doxologie im Allgemeinen fehlt":[32] „Der Mensch schweigt hier von sich, wenngleich er redet, weil er sich in der Doxologie Gott zum Opfer darbringt." Gott werde „objektiv" als Er angeredet und als der gepriesen, der er in Ewigkeit ist, ohne dass von ihm etwas erbeten werde.[33] Schließlich hebt Schlink die besondere Bedeutung des *Vaternamens* für den neutestamentlichen Lobpreis des göttlichen Namens hervor.[34] Durch die Offenbarung dieses Gottesnamens habe die Christenheit – wie schon das alttestamentliche Gottesvolk – „eine Spontaneität empfangen, Gott auch in eigenen Worten zu preisen".[35] Weil die Unerschöpflichkeit der göttlichen Vollkommenheit von keiner menschlichen Aussage eingeholt werden könne, komme sie im Lobpreis „in einer immer neuen Plerophorie zum Ausdruck". Sie „drängt zum Überschwang der Aussagen". Schlink hält es deshalb auch für keine Entartung, wenn der Lobpreis „vom wortlosen Jubel und Tanz umgeben ist", also auch den leib-seelischen Bereich einbezieht. In einem letzten Gedankengang thematisiert Schlink den Ort des Lobpreises: Er komme

---

[26] Westermann, Das Loben Gottes in den Psalmen, 121.
[27] A.a.O., 123f.
[28] Ich denke hier an Oswald Bayer (Schöpfung als Anrede. Zu einer Hermeneutik der Schöpfung, bes. 113–117), Eberhard Jüngel (vgl. z.B. Nihil divinitatis, ubi non fides, 204–235), Wolfhart Pannenberg (Systematische Theologie, Bd.3, 228ff.), Jürgen Moltmann („Die eigentliche Theologie, d.h. die Gotteserkenntnis, wird in Dank, Lobpreis und Anbetung zum Ausdruck gebracht", in: ders., Trinität und Reich Gottes, 169) und bes. Edmund Schlink (s.u.).
[29] Schlink, Ökumenische Dogmatik, 725–742.
[30] A.a.O., 725.
[31] A.a.O., 726f.
[32] Vgl. hier und im Folgenden a.a.O., 727–730.
[33] Schlink, Wandlungen im protestantischen Verständnis der Ostkirche, 4.
[34] Schlink, Ökumenische Dogmatik, 730–732.
[35] Vgl. hier und im Folgenden a.a.O., 731f.

immer „aus der Tiefe", weil er sich vom Bewusstsein menschlicher Schuld nie emanzipieren könne. Die Bedeutung des Lobes wird nicht nur in systematisch-theologischen, sondern auch in neueren praktisch-theologischen Überlegungen hervorgehoben:[36] „Im Lob Gottes finden die Christen das Leben, das durch Hunger, Ungerechtigkeit, ökologische Katastrophen bedroht ist."[37]

5. Das Gebet geschieht in der Hoffnung auf Erhörung.

Die Frage nach der Erhörung ist eines der schwierigsten Probleme, das mit dem Gebet verbunden ist: Viele Menschen haben aufgehört zu beten, weil ihrer Überzeugung nach Gott einen Gebetswunsch nicht erhört hat. Demgegenüber ist die Gewissheit des Erhörtwerdens durch den Vater ein wesentliches Charakteristikum des Gebetes Jesu. Darüber hinaus kann kein Zweifel daran bestehen, dass Jesus auch seinen Nachfolgern und Nachfolgerinnen die ihm eigene Erhörungsgewissheit vermitteln wollte. In Mk 11, 24 steht der anstößige Satz: „Alles, was ihr bittet in eurem Gebet, glaubt nur, daß ihr's empfangt, so wird's euch zuteil werden." Alle Versuche, diese Aussage in irgendeiner Weise abzuschwächen – und sie sind bis zum heutigen Tag auch bei systematischen Theologen Legion –, gehen m.E. an der Intention Jesu vorbei. Jesus Christus möchte seine Jünger und Jüngerinnen zu einem sorgenfreien Leben in der Nachfolge einladen, wie es besonders eindrücklich in der Bergpredigt zum Ausdruck kommt.[38] Diese Hochgemutheit des Vertrauens auf Gott zeichnet nach dem Zeugnis des Neuen Testaments die gesamte Urchristenheit aus. Damit soll in keiner Weise die Anfangszeit der Kirche idealisiert werden. Es geht mir vielmehr darum, um mit Klaus Berger zu sprechen, „das Außergewöhnliche als Maß des Christlichen" wiederzugewinnen.[39] In die gleiche Richtung gehen auch neuere Gedanken von Manfred Josuttis, der dafür plädiert, in Zukunft wieder verstärkt „mit der eigenständigen Wirklichkeit und der selbsttätigen Macht des Heiligen" zu rechnen.[40]

Hinter solchen Überlegungen steckt ein Unbehagen gegenüber der modernen Reduzierung der christlichen Botschaft auf das menschlich Machbare. Auf dem Weg der Nachfolge soll der Mensch jedoch gerade in Gottes Wirklichkeit, in den Bereich seiner Heiligkeit, hineingezogen werden. Dabei können Menschen einen Frühling des Geistes erleben, der all ihre Vorstellungen von Gott weit in den Schatten stellt.

Genau an dieser Stelle liegt nun die eigentliche Schwierigkeit. Das Problem stellt nicht die Verheißung der Gebetserhörung durch Jesus dar; es

---

[36] Vgl. z.B. Seim/Steiger, Lobet Gott; darin bes.: Smolík, Die Unfähigkeit zum Lob, 16–21; ebenso: Seim, Lobet Gott, 22–33; Heinz-Mohr, Plädoyer für den Hymnus, XI–XXIV.
[37] Smolík, Die Unfähigkeit zum Lob, 21.
[38] Vgl. dazu Heim, Leben aus dem Glauben, 21.
[39] Klaus Berger, Darf man an Wunder glauben?, 166ff.
[40] Josuttis, Die Einführung in das Leben. Pastoraltheologie zwischen Phänomenologie und Spiritualität, 9.

liegt vielmehr in unserer mangelhaften – entweder völlig fehlenden oder abgekühlten – Gemeinschaft mit Gott. Die Verheißung der Erhörungsgewissheit ist nicht unabhängig von der Lebensgemeinschaft mit Gott zu haben. Sie gilt dem im Dienst Gottes stehenden Menschen. „Der Mitwirkende aber, der Gefährte oder (darf man sagen?) der Partner Gottes ist in manchen Augenblicken so eins mit Ihm, dass etwas vom göttlichen Vorauswissen in seinen Geist eingeht."[41] Unter der Voraussetzung eines solchen Vertrauens zwischen Gott und Mensch wird die Verheißung der Gebetserhörung verständlich.

6. Im Gebet erhält der Beter Anteil am Leben Gottes.
Das gilt zunächst in *noetischer* Hinsicht: Im Gebet hebt sich für den Beter ein Stückweit der Vorhang, der die sichtbare und vergängliche Welt von der unsichtbaren und ewigen Welt trennt. Dem Beter geht eine neue Perspektive auf: Er beginnt, die vergängliche Welt mehr und mehr im Licht der Ewigkeit zu sehen. Dadurch kommt es zu einer Umgewichtung der bisherigen Prioritäten. „Denn unsre Trübsal, die zeitlich und leicht ist, schafft eine ewige und über alle Maßen gewichtige Herrlichkeit, uns, die wir nicht sehen auf das Sichtbare, sondern auf das Unsichtbare. Denn was sichtbar ist, das ist zeitlich; was aber unsichtbar ist, das ist ewig" (2. Kor 4, 17f.).

Die Anteilhabe am ewigen Leben Gottes wirkt sich aber nicht nur in einer neuen Einstellung zum irdischen Leben aus. Sie hat auch *ontische* Auswirkungen. „Fürbitte heißt Teilnahme an der Weltregierung Gottes" formulierte der Hallenser Erweckungstheologe August Tholuck pointiert. Mit Bonhoeffer gesprochen: Im Beten lerne ich, nicht länger die eigenen Leiden, sondern die Leiden Gottes an der Welt ernst zu nehmen. „Christen stehen bei Gott in seinem Leiden" (WEN 395).

7. Ort des Gebets ist und bleibt der Raum des Glaubens.
Beten setzt nicht voraus, das göttliche Gegenüber schon zu kennen. Vielmehr kann durch das Gebet ein Prozess ausgelöst werden, in dessen Verlauf der Beter Gott erst kennen lernt.

Jede noch so überwältigende persönliche Gebetserfahrung bleibt eine Aussage des Glaubens. Der Satz, dass Gott mir aufgrund meines Gebetes geholfen hat, ist ein Glaubensurteil über ein irdisches Geschehen. Diese Tatsache hängt zusammen mit der Gestalt von Gottes Wirken in dieser Weltzeit. Seine Liebe zum Menschen ist im Kreuzestod Jesu unter seinem Gegenteil sichtbar geworden. Das Wirken Gottes im Geist nach Pfingsten entspricht Gottes Wirken in seinem Sohn Jesus Christus. Was Gott tut, ist verborgen und nur in seiner Verhüllung offenbar und kann darum auch nur im Glauben erfasst werden. Für jeden Beter und jede Beterin gilt der Satz aus Röm 8, 26: „Wir wissen nicht, was wir beten sollen". Über kurz oder lang wird jeder die Wahrheit dieser paulinischen Aussage notvoll erleben.

---

[41] Lewis, Du fragst mich wie ich bete, 71.

Als Betende sprechen wir in das Schweigen Gottes hinein. Gott wird nicht immer sofort antworten. Bisweilen wird sich sogar der Eindruck aufdrängen, dass er sich von uns zurückzieht. Dann gilt es, Vertrauen einzuüben, dass Gott da ist und uns hört, auch wenn wir es nicht spüren. „Denn darin liegt ein großes Übel, dass der Mensch sich Gott in die Ferne rückt; ob nämlich der Mensch in der Ferne oder in der Nähe wandelt, Gott geht nimmer in der Ferne, er bleibt ständig in der Nähe, und kann er nicht drinnen bleiben, so entfernt er sich doch nicht weiter als bis vor die Tür."[42]

4.2.3. Zur praktischen Gestaltung

Entgegen einem weit verbreiteten protestantischen Vorurteil will Beten gelernt sein. Darum möchte ich abschließend noch einige praktische Hinweise zur Gestaltung des persönlichen Gebets geben. Besonders zu empfehlen ist in diesem Zusammenhang die kurze Schrift Martin Luthers mit dem Titel „Eine einfältige Weise zu beten", in der er für seinen Wittenberger Barbier Meister Peter praktische Tipps zum Gebet aufgeschrieben hat.

Entscheidend für das Beten ist, dafür nach Möglichkeit täglich einen Zeitraum zu reservieren.[43] Im Büchlein für Meister Peter schreibt Luther: „Darum ist's gut, dass man frühmorgens lasse das Gebet das erste, und des Abends das letzte Werk sein und hüte sich mit Fleiß vor diesen falschen, betrüglichen Gedanken, die da sagen: Harre ein wenig, über eine Stunde will ich beten, ich muss dies oder das zuvor fertigen; denn mit solchen Gedanken kommt man vom Gebet in die Geschäfte; die halten und umfangen denn einen, dass aus dem Gebet des Tages nichts wird."[44]

Als Hilfe, um in das eigene, frei formulierte Gebet hineinzufinden, hat sich für viele Beterinnen und Beter der Gebrauch eines vorformulierten Gebets – z.B. eines Psalms, eines Kirchenlieds oder von Luthers Morgen- bzw. Abendsegen – erwiesen. Immer wieder inspirierte das vorformulierte Gebet Menschen in ihrer eigenen Gebetspraxis. Dazu kommt, dass das vorformulierte Gebet als Armenrecht der Kinder Gottes (Kurt Ihlenfeld) durch dürre Phasen des Glaubens hindurchtragen und neu zum Glauben befreien kann, indem es die Beter im Laufe der Zeit seinem Inhalt anverwandelt.

Wichtig ist außerdem, dass das persönliche Gebet nicht auf die eigenen Bitten beschränkt bleibt; sonst führt es unter der Hand schnell zur Selbstumkreisung. Der Reichtum des Gebets besteht in seinen unterschiedlichen Dimensionen, zu denen gleichermaßen Klage, Bitte, Fürbitte, Dank, Lob und Anbetung gehören. Luther schlägt deshalb vor, das Gebet um die einzelnen Bitten des Vaterunsers oder die verschiedenen Stücke des Glaubensbekenntnisses kreisen zu lassen. Hilfreich kann auch sein, mit Dank, Lob und Anbetung zu beginnen, und danach die persönlichen Bitten anzuschließen.

---

[42] Zit. nach Ruh, Meister Eckhart, 40.
[43] Vgl. dazu auch Kap. 4.3.4.
[44] Luther, Eine einfältige Weise zu beten, 6.

Johann Christoph Blumhardt, einer der großen Lehrer des Gebets, schreibt in diesem Zusammenhang: „Das ist aber eine böse Sache, wenn der Herr nie hören darf, er habe einem auch schon viel Gutes getan und wunderbar geholfen. Wenn die Wohltaten Gottes übersehen werden vor lauter Bitten und Seufzen und Schreien, so gefällt das dem Heiland nicht. Es ist gerade so, wie wenn jemand, dem ich schon oft geholfen habe, mich immer wieder so verzweifelt anbettelt, als hätte ich ihm noch nie etwas Gutes getan; das tut einem weh; und so dürfen wir uns auch wohl dessen dankbar erinnern, was der Herr uns schon Gutes getan hat. Unter dem Danken wird es einem leicht, unter dem Danken kann man erst recht bitten. Es gibt einfältige Leute, besonders Kinder, an denen kann man viel lernen, wie man bitten und wie man danken soll."[45]

Kein Gebet sollte ohne Fürbitte beendet werden, die allerdings ein ganz eigenes Problem darstellt. Wie schnell sagen wir jemandem unsere Fürbitte zu, ohne ihr nachzukommen, oder wir beten nur ein-, zweimal für ein Anliegen. Eine Hilfe stellt ein Fürbittezettel bzw. ein Fürbitte-Wochenplan dar, auf dem wir eintragen, wann wir für wen oder was beten wollen.

Ein letztes: Gerade Anfänger sind häufig beim Beten äußerst unkonzentriert. Da kann es helfen, „schriftlich" zu beten, während man betet, das freie Gebet einfach aufzuschreiben.

Lesehinweise

Einführungen ins Gebet:
Anhang des neuen Evangelischen Gesangbuchs, Ausgabe für die Evangelische Landeskirche in Baden, Karlsruhe 1995, 805.
Martin Luther, Eine einfältige Weise zu beten. Für einen guten Freund, 1535 (viele Neuauflagen).
Hans Urs von Balthasar, Beten. Eine Grundlegung (Antwort des Glaubens 20), Informationszentrum Berufe der Kirche (Hg.), 2. Auflage, Freiburg 1989.
C. S. Lewis, Du fragst mich, wie ich bete. Briefe an Malcolm (Beten heute 7), 4. Auflage, Freiburg 1996.
Anselm Grün, Gebet und Selbsterkenntnis (Münsterschwarzacher Kleinschriften 1), 2., neu bearbeitete Auflage, Münsterschwarzach 1984.
Fidelis Ruppert/Anselm Grün, Bete und arbeite. Eine christliche Lebensregel (Münsterschwarzacher Kleinschriften 17), Münsterschwarzach 1982.
Ulrich Willers (Hg.), Beten: Sprache des Glaubens – Seele des Gottesdienstes. Fundamentaltheologische und liturgiewissenschaftliche Aspekte (Pietas Liturgica 15), Tübingen/Basel 2000.

Zu den Psalmen:
Dietrich Bonhoeffer, Die Psalmen. Das Gebetbuch der Bibel, 15. Auflage, Gießen/Bad Salzuflen 2001.

---

[45] Zit. nach Brennpunkt Seelsorge, Nr. 41 (1986) 102.

Gebetbücher:
Anhang des neuen Evangelischen Gesangbuchs, z.B. Ausgabe für die Evangelische Landeskirche in Baden, Karlsruhe 1995, 806ff.
Manfred Seitz/Friedrich Thiele, Wir beten. Gebete für Menschen von heute, 9. Auflage, Neukirchen-Vluyn 1984.
Taizé, Gemeinsame Gebete für das ganze Jahr, 2. Auflage, Freiburg/Basel/Wien 1998.
Ökumenische Gebete, hg. von Reinhard Mumm, bearbeitet von Karl Schlemmer, Regensburg/Stuttgart 1991.
Gebete der Christenheit, hg. von Walter Nigg, Wuppertal 1980 (mehrere Auflagen).
Du bist bei uns alle Tage. Neue und alte Jesus-Gebete, Informationszentrum Berufe der Kirche (Hg.), 7. Auflage, Freiburg 1985.
Die verschiedenen Gebetbücher von Huub Oosterhuis und Michel Quoist.

4.3. Die persönliche Bibellese

Der Mannheimer Islamwissenschaftler Ludwig Hagemann sprach vor einiger Zeit im Hinblick auf die islamischen Gesellschaften von deren „Koranisierung". Von Kindheit an werden Moslems gelehrt, in den Bahnen des Korans zu denken und zu leben – einfach indem sie die Koransuren auswendig lernen. Im Hinblick auf die US-amerikanische Gesellschaft stellten Literaturwissenschaftler ein vergleichbares Phänomen fest: Sie konstatierten, dass es in ihr zu einer Übertragung des Denkstils eines biblischen Literalismus in das alltägliche Verhalten käme.[46] Hierin scheint die offensichtlich christliche Grundprägung der USA einschließlich ihres öffentlichen Lebens bei gleichzeitiger klarer Trennung von Staat und Kirche ihre Ursache zu haben. In den evangelischen Teilen Deutschlands kam es in der Reformationszeit zu einer ähnlich umfassenden Prägung des öffentlichen Gedächtnisses durch die Bibel. Seit längerer Zeit schwindet dieses Gedächtnis jedoch mehr und mehr. Gegenwärtig hat der biblische Gedächtnisschwund eine rasante Geschwindigkeit erreicht. Das biblische Wort ist mehr und mehr in den Hintergrund des öffentlichen Lebens getreten. In abgeschwächter Form gilt das auch für das interne Leben der Kirche: sowohl für den Religionsunterricht als auch für den Konfirmandenunterricht. Vor allem die persönliche Bibellese ist für die meisten Protestanten keine Selbstverständlichkeit mehr. Damit einher geht eine innere und äußere Erosion der evangelischen Landeskirchen, die sich an konstant hohen Austrittszahlen und an ihrer „Selbstsäkularisierung" (Wolfgang Huber) zeigt. Aufgrund dieser Beobachtung drängt sich die Schlussfolgerung auf, dass es zu einer Erneuerung der Kirche – und damit der evangelischen Spiritualität – nur kommen kann, wenn ihr kollektives Gedächtnis wieder ungleich stärker als bisher durch die Bibel geprägt wird. Dazu wollen die folgenden praktischen Vorschläge einen Beitrag leisten.

---
[46] So z.B. der New Yorker Literaturwissenschaftler Vincent Crapanzano (vgl. dazu Meier, Die Zukunft ist die Bibel der Freien, 22).

4.3.1. Motivation und Intention

Wenn ich hier für die persönliche Bibellese als Grundbestandteil evangelischer Spiritualität plädiere, setze ich dabei ein bestimmtes Bibelverständnis voraus und trete für die Kontemplation als legitimen Bestandteil evangelischer Frömmigkeit ein[47]. Ausgangspunkt ist die Überzeugung, dass Gott durch die Bibel zum Menschen reden will. Daran hängt schlechterdings alles. Dieser Überzeugung liegt ein offenbarungstheologischer Ansatz zugrunde. Die Bibel ist das Wort Gottes, das der Mensch sich nicht selbst sagen kann.[48] Sie muss gegenüber dem Leser und der Leserin zu einer Größe mit eigenem Gewicht werden.[49] Voraussetzung aufseiten des Menschen, um Gottes Stimme in der Schrift zu hören, ist eine bestimmte Einstellung beim Lesen. Sie muss mit der Erwartung gelesen werden, dass Gott durch sie die existenziellen Fragen des Lesers auch wirklich beantworten will. Hilfreich ist in diesem Zusammenhang Luthers Unterscheidung zwischen der claritas externa (äußere Klarheit) und der claritas interna (innere Klarheit) der Schrift. Zugang zur claritas externa hat jeder Mensch, der sie als ein Buch wie jedes andere liest. Das Wesen der Bibel, ihre claritas interna, erschließt sich jedoch nur demjenigen, der es wagt, sich so auf sie einzulassen, „als redete hier wirklich der Gott zu uns, der uns liebt und uns mit unsern Fragen nicht allein lassen will."[50] Nur wer bereit ist, der Bibel einen Vertrauensvorschuss zu geben, wird von ihr weiterhelfende Antworten bekommen. In der gleichen Linie liegt Sören Kierkegaard, wenn er dazu auffordert, die Bibel wie einen Liebesbrief Gottes an den Menschen zu lesen: „Denke dir einen Liebenden, der einen Brief von seiner Geliebten erhalten hat; so teuer dieser Brief dem Liebenden ist, so teuer, nehme ich an, ist dir Gottes Wort; wie der Liebende seinen Brief liest, so (nehme ich an) liesest du Gottes Wort und glaubst du, dass du es lesen solltest."[51]

Die zweite Voraussetzung des persönlichen Bibellesens ist die Kontemplation: Es genügt nicht, theologisch überzeugt zu sein, dass Gott durch die Schrift zum Menschen reden will. Vielmehr muss die Bereitschaft hinzutreten, sich vorzubereiten, Raum und Zeit zur Verfügung zu stellen, um auf Gott zu hören. Ohne Ruhe und Sammlung vor Gott, ohne Kontemplation, wird es nur schwer zur Begegnung mit ihm kommen. Weil Gott durch das Wort der Bibel zum Menschen reden will, muss er vor diesem

---

[47] S. Kap. 1.2.5. und 3.3.
[48] Vgl. hier und im Folgenden auch Bonhoeffers Brief an seinen Schwager Rüdiger Schleicher vom 8.4.1936, abgedruckt in: DBW, Bd. 14, 144ff.
[49] Im Hinblick auf die heutige exegetische Situation sei die Frage erlaubt, wie die Bibel dieses eigenständige Gegenüber werden soll, wenn sie durch eine beinahe beliebig anmutende Weise in verschiedene Quellen und Entstehungsphasen aufgeteilt wird.
[50] DBW, Bd. 14, 145.
[51] Kierkegaard, Zur Selbstprüfung der Gegenwart anbefohlen, 19; Bonhoeffer wies mehrfach auf diese Aussage Kierkegaards hin: z.B. DBW, Bd. 14, 486.

Wort schweigen, um Gott vernehmen zu können.[52] Dabei redet Gott nicht zum einzelnen Christen allein, sondern zu diesem als Glied der Gemeinschaft der ganzen Kirche.

4.3.2. Widerstände

Die persönliche Bibellese hat mit einer Reihe von Widerständen zu kämpfen. Viele biblische Aussagen kommen einem beim ersten Lesen seltsam und unverständlich vor, andere reizen zum Widerspruch. Ich kenne Bibelleser, die bei ihren ersten Leseversuchen ein Fragezeichen hinter solchen Stellen notierten. Auf jeden Fall möchte ich Leserinnen und Leser zu großer Ehrlichkeit ermutigen. Niemand versteht alle biblischen Aussagen. Luthers letzte schriftliche Äußerung, auf einem Zettel notiert, den man erst nach seinem Tod fand, gibt genau diese Erfahrung wieder: „Den Vergil kann in seinen Bucolicis und Georgicis (Hirten- und Bauerngesängen) niemand verstehen, er sei denn fünf Jahre Hirte oder Landwirt gewesen; den Cicero in seinen Briefen (so stelle ich mir's vor) versteht niemand, wenn er nicht zwanzig Jahre in einem hervorragenden Staatswesen sich betätigt hat; die Heilige Schrift meine niemand genügend verschmecket zu haben, er habe denn hundert Jahre mit den Propheten Kirchen geleitet. Darum ist es etwas ungeheuer Wunderbares um 1. Johannes den Täufer, 2. Christus, 3. die Apostel. Du lege nicht Hand an diese göttliche Aneis, sondern verehre gebeugt ihre Fußstapfen! Wir sind Bettler: das ist wahr."[53]

Die bleibende Fremdheit des biblischen Wortes scheint mir sogar konstitutiv für die Beschäftigung mit ihr zu sein. Gerade dadurch vermag sie dem Leser neue Horizonte zu eröffnen und ihn in neue Wirklichkeitsräume zu führen, die er sonst nicht kennen lernen würde. Das Wort der Bibel muss die Leserin stören, muss sie aufrütteln. In der persönlichen Bibellese sollte deshalb darauf verzichtet werden, zwischen Gottes- und Menschenwort zu unterscheiden. Vielmehr geht es darum, selbst einer unverständlichen bzw. anstößigen biblischen Textstelle in der Gewissheit zu begegnen, „dass auch sie sich eines Tages als Gottes eigenes Wort offenbaren wird."[54] Sonst droht die Gefahr, Gottes fremdes Wort zum Verstummen zu bringen und in einer theologisch zurechtgestutzten Bibel doch nur wieder einem göttlichen Doppelgänger meiner selbst zu begegnen. Mit Bonhoeffer gesprochen: „Wir suchen [in der Schrift] den Willen Gottes, der uns ganz fremd und zuwider ist, dessen Wege *nicht* unsere Wege und dessen Gedanken *nicht* unsere Gedanken sind, der sich uns verbirgt unter dem Zeichen des Kreuzes, an dem alle unsere Wege und Gedanken ein Ende haben."[55]

---

[52] Vgl. dazu noch einmal Dietrich Bonhoeffer in der Christologievorlesung: „Das Schweigen der Kirche ist Schweigen vor dem Wort" (DBW, Bd. 12, 280).
[53] Zit. nach Fausel, Dr. Martin Luther, Bd. 2, 311.
[54] DBW, Bd. 14, 147.
[55] A.a.O., 146.

Für Theologinnen und Theologen, aber auch für viele ehrenamtliche Gemeindemitarbeiter besteht eine Schwierigkeit beim persönlichen Bibellesen darin, dass sie sich daran gewöhnt haben, die Bibel auf ihre Verwertbarkeit hin zu lesen. Dadurch sind sie gar nicht mehr ohne weiteres in der Lage, sich ihr persönlich, d.h. existenziell auszusetzen. Gerade sie werden Zeit und Übung benötigen, bis sie die Bibel als Wort Gottes an sie persönlich vernehmen.

4.3.3. Lectio continua, Herrnhuter Losung, Meditationstexte

Der persönlichen Bibellese können sehr unterschiedliche Formen von Bibeltexten zugrunde gelegt werden. Drei davon möchte ich im Folgenden kurz betrachten: die lectio continua, die Herrnhuter Losung und den biblischen Meditationstext. Eine mehr traditionelle Form der Bibellese stellt die lectio continua dar. Ihr Ziel ist, die Bibel fortlaufend zu lesen und auf diese Weise in den Gesamtzusammenhang der Schrift hineinzufinden. Die tägliche Bibellese umfasst dabei jeweils einen bestimmten vorgegebenen Textabschnitt. Es gibt eine Reihe von brauchbaren Bibelleseplänen, die z.T. ökumenisch verantwortet werden und z.B. bei den Bibelgesellschaften bestellt werden können.

Die zweite hier zu nennende Textform für die persönliche Bibellese sind die „Herrnhuter Losungen". Sie wurden seit dem Ende des Zweiten Weltkriegs zum am weitesten verbreiteten Andachtsbuch des Protestantismus.

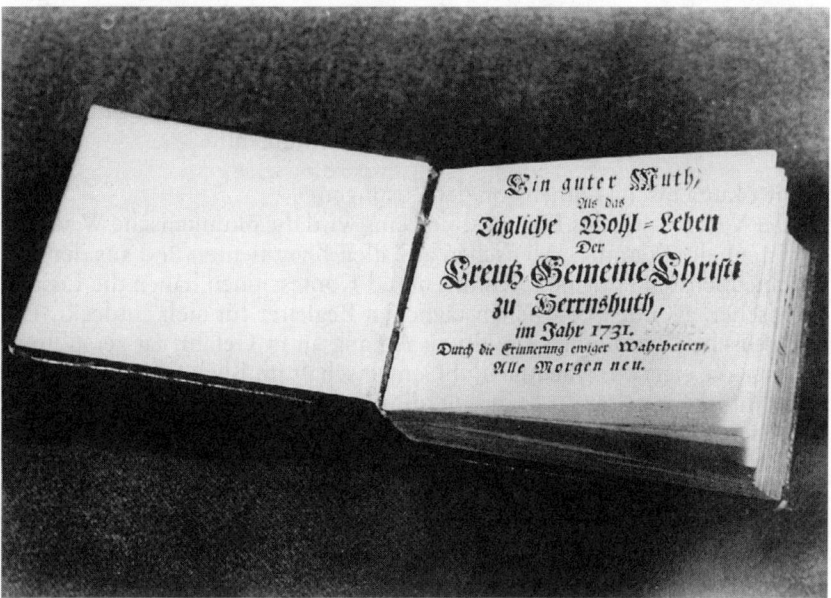

Das erste gedruckte Losungsbuch von 1731 (Archiv der Brüder-Unität, Herrnhut).

Die Bekennende Kirche hatte die Losungen, die bis dahin nur in der Brüdergemeine und ihren Freundeskreisen gelesen wurden, für die Gesamtkirche entdeckt. Im Jahr 2000 erschienen sie in fast 50 Sprachen.[56] Allein im deutschsprachigen Raum hat das Losungsbuch derzeit eine Auflage von ungefähr 800000 gedruckten Exemplaren. Wie sind die Losungen entstanden? Am 3. Mai 1728 gab Zinzendorf der Gemeine in Herrnhut während einer abendlichen Gemeindeversammlung zum ersten Mal ein kurzes Wort für den kommenden Tag mit.[57] Von da an wurde es feste Sitte, allabendlich ein kurzes Wort aus der Bibel oder eine Liedzeile zu erklären, die am folgenden Morgen von einem Bruder durch den ganzen Ort von Haus zu Haus getragen wurde.[58] Bereits 1731 kam das erste gedruckte Losungsbuch heraus – seitdem in ununterbrochener Folge bis heute. Nach Zinzendorfs Tod gab die Leitung der Brüdergemeine dem Buch seine jetzige Gestalt. Zwei Schriftworte bilden seitdem die Losung für jeden Tag. Das erste, die Losung im engeren Sinne, wird für jeden Tag aus einer etwa 1800 alttestamentliche Sprüche umfassenden Sammlung in Herrnhut ausgelost. Das andere Schriftwort, der so genannte Lehrtext, wird dazu aus dem Neuen Testament frei gewählt. Diesen beiden Worten werden Liedverse oder Gebete als Antwort der Gemeinde auf Gottes Wort beigegeben.[59]

Ich sehe eine fünffache Bedeutung der Losungen für die persönliche Bibellese.

1. Die pädagogische Dimension der Losungen
Als „Bibel light" waren die Losungen vielleicht die originellste und folgenreichste Erfindung Nikolaus Ludwig von Zinzendorfs. Sie besitzen eine pädagogische Aufgabe: Die christliche Gemeinde soll mit ihrer Hilfe lernen, die lebendige Stimme Jesu Christi in der ganzen Bibel zu hören. Sie stellen eine Art Hinführung und Einweisungshilfe in die Bibel dar. Menschen sollen dadurch Mut zum Bibellesen bekommen.

2. Die ökumenische Dimension der Losungen
An der Verbreitung des Losungsbüchleins wird die ökumenische Weite der Christenheit erkennbar. Menschen aus allen Kontinenten und aus den unterschiedlichsten Sprachen, Kulturen und Konfessionen haben die Losung inzwischen als unentbehrlichen täglichen Begleiter für sich entdeckt. Die evangelische Christenheit stand von Anfang an in Gefahr, zu zersplittern und nur die eigene Gemeinde und Gemeinschaft im Blick zu haben. Angesichts dieser Situation tut es ihr gut, die ökumenische Weite der Kirche anhand der Verbreitung des Losungsbuches konkret vor Augen zu haben,

---

[56] Gärtner/Motel, Die Entstehung der Losungen, 140.
[57] Beyreuther, Die große Zinzendorf-Trilogie, Bd.2, 208ff.; Hahn/Reichel, Zinzendorf und die Herrnhuter Brüder, 240ff.; Uttendörfer, Die Brüder, 261ff.
[58] Hahn/Reichel, Zinzendorf und die Herrnhuter Brüder, 240.
[59] Vgl. Zimmerling, Nikolaus Ludwig Graf von Zinzendorf, 118f.; Uttendörfer, Die Brüder, 262; Die täglichen Losungen und Lehrtexte der Brüdergemeine für das Jahr 1999.

sich bewusst zu machen, dass Männer und Frauen jeden Alters und jeder Rasse aus allen Weltgegenden jeden Tag die gleichen Bibelworte lesen.

3. Die seelsorgerliche Dimension der Losungen
„Kräftige Ermunterungen" nannte Graf von Zinzendorf die Losungen. „Parakaleo", ein Grundwort des Neuen Testaments für die seelsorgerliche Begleitung, kann man mit „ermutigen" oder auch mit „ermuntern" übersetzen. Viele Christen haben in Vergangenheit und Gegenwart ermutigende Erfahrungen mit den Losungen gemacht. Sie haben erlebt, dass Gott durch das Losungswort zu ihnen redete – eine Erfahrung, die gerade in der heutigen Zeit wichtig ist, in der den Nachfolgern und Nachfolgerinnen Jesu Christi der Glaube täglich weggesogen zu werden droht. „Der Mensch heute muss jeden Augenblick das Christentum neu erringen, jeden Augenblick muss er es für sich selbst neu erschaffen, als ob er es vorher nicht gehabt hätte, weil es ihm in jedem Augenblick von der Zeit, in der wir leben, weggesogen wird" (Max Picard).

4. Das Losungsbuch als Brevier
Das Losungsbuch besitzt schon lange den Charakter eines evangelischen Breviers und wird von vielen Benutzern auch so verwendet. Die Dritt-Texte stellen überwiegend Gebete dar, die aus allen Konfessionen stammen. Das Losungsbüchlein trägt so zur Förderung und Anregung der Gebetspraxis seiner Leser und Leserinnen bei; es vermag auch durch gebetsarme Zeiten, durch Zeiten geistlicher Dürre hindurchzutragen.

5. Die missionarische Dimension der Losungen
Das Losungsbuch ist kein missionarisches Buch im eigentlichen Sinn. Es ist eher ein Brevier. Ich konnte in den vergangenen Jahren jedoch beobachten, dass Menschen, die der christlichen Gemeinde fernstanden, sich durchaus voller Interesse ein Losungswort vorlesen, ja sogar zusprechen ließen. Seine Kürze und Prägnanz erwies sich hierbei als besonderer Vorteil. Soweit die Überlegungen zu den Losungen.

Die persönliche Bibellese kann schließlich auch als Meditation eines Schrifttextes gestaltet werden. Im Rahmen der Überlegungen zur Wiederentdeckung der Meditation für die evangelische Spiritualität wurde deutlich, dass eine Reihe von Menschen diese als Hilfe zur Alltagsbewältigung für sich entdeckt hat.[60] Gerade weil es inzwischen viele Menschen gibt, die Meditationskurse besucht, aber noch keinen Zugang zum regelmäßigen Bibellesen gefunden haben, bietet es sich an, passende biblische Meditationstexte zusammenzustellen, die solchen Menschen im Lauf der Zeit den Zugang zur ganzen Bibel eröffnen können. Die Meditationstexte sollten

---

[60] S. Kap. 3.3.

für einen längeren Zeitraum gleich bleiben (z.B. für eine Woche) und nur einige wenige Bibelverse enthalten.[61]

4.3.4. Gestaltungsvorschlag

Im Folgenden möchte ich zur Veranschaulichung der Überlegungen zur persönlichen Bibellese einen konkreten Gestaltungsvorschlag vortragen.[62] Dabei stellt die tägliche Bibellese das Hochziel dar, auch noch sinnvoll erscheint mir die zweimalige Praxis pro Woche, während das Lesen einmal pro Woche schon das absolute Minimum ist. Man sollte sich mindestens eine halbe Stunde Zeit nehmen, eine Stunde ist optimal. Ausdrücklich möchte ich darauf hinweisen, dass die äußere Gestalt der persönlichen Bibellese dennoch sehr verschieden aussehen kann. Es geht mir hier nur darum, einen Rahmen aufzuzeigen. Normalerweise werden Gebet und eine Zeit der Betrachtung dazugehören. Für viele Christen hat es sich als hilfreich erwiesen, die eigenen Gedanken in einem Heft zu notieren. Für diesen Brauch gibt es in der Kirchengeschichte große Vorbilder: Augustinus, Luther und Bonhoeffer z.B. hielten die Ergebnisse ihrer Bibelbetrachtung schriftlich fest.

Mein Vorschlag knüpft an den Gedanken der „täglichen Morgenwache" an, den der damalige Studentenevangelist und spätere ökumenische Pionier John R. Mott (1865–1955) in die weltweite Christenheit eingebracht hat.[63] Schon die Menschen der Bibel begegneten Gott „vor Tage" (Mk 1, 35). In den Psalmen finden wir an vielen Stellen die Aussage, dass die Beter „frühe" mit Gott geredet haben (Ps 5, 4;63, 2; 88, 14). Die lange Reihe der großen Lehrer der Stillen Zeit in der evangelischen Kirche beginnt mit Martin Luther: „Und wenn auch solche reiche, gute Gedanken kommen, so soll man die andern Gebete fahren lassen und solchen Gedanken Raum geben und mit Stille zuhören und beileibe nicht hindern; denn da predigt der Heilige Geist selber, und seiner Predigt ein Wort ist besser denn unsrer Gebet tausend. Und ich habe auch also oft mehr gelernet in einem Gebet, als ich aus viel Lesen und Dichten hätte kriegen können."[64] Als „Stille Zeit" wurde die „tägliche Morgenwache" durch Frank Buchman (1878–1961) über die sog. Oxfordgruppe und die Moralische Aufrüstung in vielen christlichen Kreisen heimisch.[65]

Die Besinnungszeit am Morgen stellt eine Antwort der evangelischen Spiritualität auf die besonderen Lebensbedingungen der Moderne dar. In

---

[61] Zur von Dietrich Bonhoeffer im Predigerseminar von Finkenwalde praktizierten Schriftmeditation vgl. Bethge, Dietrich Bonhoeffer, 529ff.; ebenso Zimmermann, Wir nannten ihn Bruder Bonhoeffer, 78f.; vor allem auch die „Anleitung zur Schriftmeditation" (DBW, Bd. 14, 945–950).

[62] Vgl. zum Folgenden DBW, Bd. 5; Hammarskjöld, Zeichen am Weg; Schick, Heiliges Schweigen.

[63] Vgl. zum Folgenden Zimmerling, Art. Stille Zeit, 1909.

[64] Luther, Eine einfältige Weise zu beten, 20f.

[65] Vgl. dazu Ingrid Reimer, Art. Moralische Aufrüstung (MRA – Moral Re-Armament), 1374.

früheren Jahrhunderten unterbrach das Glockengeläut um 11.00 Uhr und um 17.00 Uhr die Berufsarbeit und rief zum Gebet auf. Eine solche Unterbrechung des Arbeitsrhythmus ist für den heutigen Menschen undenkbar geworden. Die einzige Chance zur Stille vor Gott stellt für viele die Zeit vor Beginn des Arbeitstages dar.

Theologisch ist die Praxis der Besinnungszeit vor Gott darin begründet, dass die biblische Gottesoffenbarung wesentlich Wort Gottes ist und die Antwort des Menschen im Hören besteht. Altes und Neues Testament sind sich darin einig, dass das *Hören* das Wesen des Gottesverhältnisses in der gegenwärtigen Weltzeit prägt.[66] Ziel der Besinnungszeit am Morgen ist, sich für den bevorstehenden Tag Gott zur Verfügung zu stellen. Entsprechend schlossen die französischen Hugenotten ihr morgendliches Gebet mit dem Ausspruch „A votre disposition, seigneur!" – „Herr, hier bin ich, ganz zu deiner Verfügung!". In der Stillen Zeit am Morgen geht es nicht primär um die eigene spirituelle Erbauung, sondern um die Freisetzung von Liebe für Gott und den Nächsten. Die persönliche Bibellese soll helfen, Spiritualität und Alltag zueinander in Beziehung zu bringen.

Die Zeit der Stille sollte *Aufblick* zu Gott, *Einblick* in das eigene Herz, *Durchblick* zum Evangelium und *Ausblick* in die Zukunft umfassen.[67] Es ist hilfreich, mit einem Gebet zu beginnen und so den Blick auf Gott zu richten, auf dessen Wort man ja hören möchte. Je nachdem bietet sich ein vorformuliertes oder ein freies Gebet an. Als Nächstes sollte man sich einem Bibeltext zuwenden, wobei die Bibellese im Horizont der folgenden Frage erfolgt: Was will Gott mir heute durch sein Wort sagen? Hilfreiche weitere Fragen sind: Will ich etwas tun, was ich nicht tun soll? Will ich etwas nicht zugeben? Will ich etwas haben, was Gott mir nicht geben möchte? Will ich etwas vortäuschen, was ich nicht bin? Will ich etwas jemandem nicht gönnen, weil ich es selber haben will? Will ich einem anderen nicht vergeben, obwohl Gott mir vergab? Gedanken dazu hält man am besten schriftlich fest.

Nach dem Aufblick zu Gott und dem Einblick in das eigene Herz ist Zeit für den Durchblick: die Freude über die Vergebung und die Chance des täglichen Neuanfangs, damit verbunden der Dank an Gott. Schließlich sollte Raum sein für den Ausblick. Hier haben Fürbitte, Planung und Entscheidungen ihren Ort. Auch an dieser Stelle wieder ein paar praktische Fragen: Wer braucht mich heute? Was kann ich ihm geben (Brief, Fürbitte, Zeit)? Wo wird mein Engagement in der Gemeindearbeit gebraucht? Den Abschluss der Stillen Zeit bildet die Bitte um Gottes Segen für den Tag.

Von Zeit zu Zeit ist es hilfreich, mit einem vertrauenswürdigen Austauschpartner über die in der persönlichen Bibellese gewonnenen Erkenntnisse zu sprechen. Ein solcher Austausch dient dazu, erkannte Schritte auch wirklich in die Tat umzusetzen.

---

[66] Vgl. im einzelnen Zimmerling, Art. Hören, 600f.
[67] Vgl. hierzu Geister, Einige Gedanken zum Thema: Stille Zeit, 8ff.

Lesehinweise

Dietrich Bonhoeffer, Gemeinsames Leben, München 1939 (viele Auflagen).
Dag Hammarskjöld, Zeichen am Weg, München 1965 (viele Auflagen).
Cornelia Geister u.a., Beten – find' ich gut! Über Meditation, Beichte und Gebet (Christsein in einer nachchristlichen Gesellschaft 1), Moers 1989.
Romano Guardini, Tugenden. Meditationen über Gestalten sittlichen Lebens (Romano Guardini Werke), 4. Auflage, Mainz/Paderborn 1992 (darin bes. das Kap. „Sammlung", 147–159).
Heinz Renkewitz, Die Losungen. Entstehung und Geschichte eines Andachtsbuches, Hamburg o.J.
Erich Schick, Heiliges Schweigen, 4. Auflage, Gießen 1980.
www.losungen.de: „Willkommen auf der Website der Losungen!"

4.4. Die sakramentale Dimension evangelischer Spiritualität: Taufe, Abendmahl, Beichte

Lange Zeit ist die Frage nach der Bedeutung von Leiblichkeit und Sinnlichkeit für die evangelische Spiritualität vernachlässigt worden. Diese Vernachlässigung entsprach einer weit verbreiteten Skepsis gegenüber *Symbolen* und *Riten*. Von verschiedenen Seiten wird deshalb seit einigen Jahren die einseitige Orientierung evangelischer Spiritualität am Intellekt immer schärfer kritisiert. Gerade geistig beanspruchte Menschen wollen den Glauben nicht nur denken, sondern auch spüren. Von einer vornehmlich auf den Intellekt zielenden Spiritualität fühlen sie sich nicht mehr angesprochen. Viele moderne Menschen sehnen sich nach symbolischer und ritueller Vergewisserung des Glaubens. Ein Grund für diese Sehnsucht liegt in der Orientierung gegenwärtiger Lebensauffassung an Erlebnissen und Erfahrungen.[68] In der Informationsgesellschaft scheint sich das Interesse des Menschen vor allem auf das Erleben der eigenen Körperlichkeit zu konzentrieren. Die verstärkte Sehnsucht nach Selbstvergewisserung durch Selbsterfahrung wird auf dem Hintergrund einer permanenten Reizüberflutung verständlich. Ob Menschen zur christlichen Spiritualität Zugang finden, entscheidet sich nicht zuletzt daran, ob ihre Leiblichkeit in ihr vorkommt.

Die Wiederentdeckung der spirituellen Dimension der Sakramente im evangelischen Raum nimmt die Erkenntnis auf, dass Rituale und Symbole – reflektiert gebraucht – zur Vertiefung und Verlebendigung der Spiritualität beitragen können.[69] Damit soll die Konzentration evangelischer Frömmigkeit auf das Wort keineswegs in Frage gestellt werden. Vielmehr geht es

---

[68] Schulze, Die Erlebnisgesellschaft, 37f.
[69] Eine gute Zusammenfassung der gegenwärtigen Verwendung des Ritualbegriffs bietet: Meyer-Blanck, Inszenierung des Evangeliums, 45f.; vgl. auch Steffensky, Feier des Lebens, 74ff.; ders., Das Haus, das die Träume verwaltet, 95ff.

darum, neben der verbalen Seite die sinnliche Dimension des Evangeliums in den Blick zu bekommen. Christologisch gesprochen drängt der Glaube nach Verleiblichung. *Spiritualität ist nicht nur eine Sache der Innerlichkeit, sondern betrifft das ganze Leben.* Sonst bleibt es beim abstrakten Reden über sie.

4.4.1. Auf dem Weg zu einer Erneuerung der Taufspiritualität

„Kennen Sie Ihren Taufspruch?" Stellte man Gemeindegliedern diese Frage, würde die überwiegende Mehrzahl von ihnen – auch der am Gemeindeleben aktiv teilnehmenden – wahrscheinlich kaum die entsprechende Bibelstelle nennen können. Der in Vergessenheit geratene Taufspruch ist m. E. Symptom für die geringe Bedeutung, die die Taufe für die gelebte Spiritualität besitzt. Selbst die Tatsache, dass in den alten Bundesländern über 80 % aller Neugeborenen getauft werden,[70] kann nicht über die mangelnde Bedeutung der Taufe für die persönliche Spiritualität hinwegtäuschen. Nötig ist angesichts dieser Situation zum einen eine Reflexion über die spirituelle Bedeutung der Taufe – dies soll anhand der entsprechenden Lima-Dokumente geschehen.[71] Sie zeigen, dass in den vergangenen Jahrzehnten eine erstaunliche Konvergenz zwischen den Konfessionen erreicht worden ist.[72] Zum anderen möchte ich einige praktische Vorschläge zur Erneuerung der Taufspiritualität skizzieren.

a) Zur spirituellen Bedeutung der Taufe nach den Lima-Dokumenten

Die Lima-Erklärung betont, dass es eine Reihe von unterschiedlichen Aspekten der Taufspiritualität gibt. Zusammen genommen machen sie erst das Wesen der Taufe aus. Dabei handelt es sich um die Teilhabe an Tod und Auferstehung Jesu Christi, um Bekehrung, Vergebung, Waschung, um die Gabe des Geistes, um die Eingliederung in den Leib Christi und um die Mitgliedschaft im Reich Gottes. Weil die Taufe nicht nur an Tod und Auferstehung Jesu Christi, sondern auch an seinem irdischen Leben Teil gibt, sollte bei der Deutung der Taufe an der Taufe Jesu durch Johannes angeknüpft werden. Die Johannestaufe Jesu stellt dessen ersten Schritt in die Solidarität mit den Sündern und den Beginn seines Weges als leidender Gottesknecht dar. Teilhabe am Leben Jesu schließt von daher für den Täufling Teilhabe am Leiden Jesu ein. Als Begräbnis des alten Adam führt die Taufe aus der Sklaverei der Sünde in die Freiheit des neuen Lebens aus der Macht der Auferstehung Jesu Christi. Indem sie in der Gegenwart Anteil an dessen neuem Leben verleiht, eröffnet sie den Ausblick auf die eigene Auferstehung.

---

[70] Grethlein, Grundfragen, 32f.198ff.
[71] Taufe, Eucharistie und Amt.
[72] Zum reformatorischen Taufverständnis vgl. Kap. 2.1.3.b).

Darüber hinaus schließt die Taufe Sündenbekenntnis und Bekehrung des Herzens ein. Sie wäscht den Körper mit reinem Wasser und unterstreicht so, dass die Reingewaschenen und Geheiligten eine neue ethische Orientierung erhalten. Rettung und Heiligung sind unmittelbar miteinander verbunden, wobei die Heiligung nicht in das menschliche Ermessen gestellt ist, sondern unter der Führung des Heiligen Geistes geschieht.

Der Heilige Geist ist „vor, bei und nach" der Taufe am Werk und ist als der offenbarende Geist und als der Pfingstgeist (Mk 1, 10f.; Apg 2) das Angeld der endgültigen Erlösung.

Die Taufe führt in die Gemeinschaft mit Jesus Christus und gleichzeitig mit der Kirche aller Zeiten und Weltgegenden. Die durch die Taufe geschenkte Verbindung mit Jesus Christus hat wichtige Konsequenzen für die Einheit der Christen. „Wenn die Einheit der Taufe in einer, heiligen, katholischen und apostolischen Kirche realisiert wird, kann ein echtes christliches Zeugnis abgelegt werden für die ... Liebe Gottes." Von daher ist die Taufe auch ein Ruf an die Kirchen, ihre Trennung zu überwinden und ihre Gemeinschaft sichtbar zu gestalten.

Als Taufe „im Heiligen Geist" ist sie schließlich Vorwegnahme des zukünftigen Reiches Gottes. Sie gibt Anteil an der eschatologischen Vollendung, die ihre Dynamik auf das ganze Leben erstreckt und alle Völker erreichen will, aber erst im Reich Gottes sichtbar werden wird.

Weil eine primäre spirituelle Bedeutung der Taufe nach den Lima-Dokumenten darin besteht, dass sie das Einigungsband mit Christus und seinem Volk ist, sollte sie nach Möglichkeit im Gemeindegottesdienst erfolgen. Als Zeichen der Einheit verbindet sie die Getauften miteinander und hebt Trennungen durch Geschlecht, Rasse und sozialen Stand auf – eine angesichts der zunehmenden Ausdifferenzierung von Kirche und Gesellschaft in Subgruppen besonders wichtige Erkenntnis.

Hilfreich auf dem Weg zu einer Erneuerung der Taufspiritualität ist schließlich noch folgender Gedanke der Lima-Dokumente: Die Taufe wird darin zugleich als Gabe Gottes und als menschliche Antwort auf diese Gabe bezeichnet. Damit werden zwei Möglichkeiten miteinander verbunden, die vielfach als ausschließende Gegensätze angesehen wurden. So tendiert die Begründung der Säuglingstaufe mit dem Gedanken der „vorlaufenden Gnade Gottes" dazu, den Akzent ausschließlich auf die Taufe als *Gabe* Gottes zu legen. Umgekehrt haben Befürworter der Erwachsenentaufe oft den *Bekenntnischarakter* der Taufe einseitig betont. Die Lima-Erklärung verbindet beides. Sie hält fest, dass für den Empfang des in der Taufe geschenkten Heils die Notwendigkeit des Glaubens von allen Kirchen anerkannt wird. Gleichzeitig ist die Taufe auf einen lebenslangen Prozess des Hineinwachsens in Christus bezogen, was ständiges Ringen und ständige Erfahrung der Gnade einschließt. Die Taufe ist keine Augenblickserfahrung: Sie weist vielmehr über den Augenblick hinaus und bezieht das ganze Leben des Getauften im Horizont der Hoffnung auf die neue Schöpfung Gottes mit ein.

b) Praktische Vorschläge zur Erneuerung der Tauffrömmigkeit

In den letzten Jahren wurde eine Reihe von Vorschlägen zur Erneuerung der Tauffrömmigkeit in der Praxis der Gemeinden vor Ort erprobt. Sie können hier nur angedeutet werden. Einmal die Bewusstmachung des Tauftags für die Täuflinge (egal ob Jung oder Alt): Bewährt hat sich in den Familien die Feier des Tauftages, z.B. verbunden mit dem Anzünden der Taufkerze und mit Geschenken und Briefen von Paten. In der Gemeinde empfiehlt sich die regelmäßige Durchführung von Taufgedenkgottesdiensten, zu denen speziell die Täuflinge eines Jahrgangs eingeladen werden können. Sinnvoll ist auch die Feier eines allgemeinen Taufgedächtnisses im Osternachtgottesdienst. Eine weitere Möglichkeit zur Wiederbelebung der Tauffrömmigkeit in den Gemeinden stellen schließlich Taufseminare für Eltern dar, deren Kinder während eines bestimmten Zeitraums getauft worden sind.

4.4.2. Die Bedeutung des Abendmahls für die evangelische Spiritualität

Im Folgenden ist zunächst nach der spirituellen Kraft des Abendmahls zu fragen;[73] dann sollen Hindernisse genannt werden, die diesen gegenwärtig nicht zur Entfaltung kommen lassen. Schließlich ist zu fragen, in welcher Form das Abendmahl gefeiert werden sollte, damit es die größte spirituelle Wirksamkeit zu entfalten vermag.

a) Die spirituelle Kraft des Abendmahls

Das Abendmahl will Lebensmittel für die Nachfolgerinnen und Nachfolger Jesu Christi sein (Jörg Zink). Es will Kraft in den Belastungen des Alltags vermitteln, Horizonte der Hoffnung eröffnen, vor allem für diejenigen, die resigniert sind oder vor lauter Problemen und Arbeitsfülle nicht mehr weiter wissen. Das Abendmahl beinhaltet die Hoffnung auf endgültige Überwindung der Nöte und Sorgen in der neuen Welt Gottes, wobei diese Hoffnung die Erwartung einschließt, dass bereits in dieser Welt Veränderungen zum Guten möglich sind. Die orthodoxe Kirche spricht bis heute vom Abendmahl als dem „Unsterblichkeitsmedizin".[74] Als Gemeinschaftsmahl macht das Abendmahl den Feiernden deutlich, dass sie nicht allein sind, sondern mit anderen zusammen den Weg der Nachfolge gehen. Nicht zuletzt schenkt das Abendmahl Versöhnung mit Gott, dadurch dass Jesus Christus jeden Menschen so wie er ist – als wirklichen Sünder – an seinen Tisch einlädt. Der irdische Jesus wurde von seinen Gegnern immer wieder angegriffen, weil er mit Wirtschaftskriminellen und Prostituierten Tischgemeinschaft hatte: „Dieser nimmt die Sünder an und isst mit ihnen" (Lk 15, 2). Jesus hielt dagegen: „Die Gesunden bedürfen des Arztes nicht,

---

[73] Zum reformatorischen Abendmahlsverständnis vgl. Kap. 2.1.3.b).
[74] Ignatius von Antiochien, An die Epheser 20, 2.

sondern die Kranken" (Lk 5, 31). Das Abendmahl stellt die Fortsetzung der Tischgemeinschaft des irdischen Jesus mit Zöllnern und Sündern dar.[75] In den Abendmahlsworten wird den Feiernden im Hinblick auf den Kelch zugesprochen: „Trinket alle daraus; das ist mein Blut des Bundes, das vergossen wird für viele zur Vergebung der Sünden" (Mt 26, 27f.). Indem sie Wein und Brot zu sich nehmen, erfahren sie auf sinnenfällige Weise Gottes Vergebung. Das Abendmahl ist Fleisch gewordenes Evangelium. Wer in Brot und Wein Leib und Blut Jesu Christi zu sich nimmt, kommt in eine tiefere Verbindung mit ihm als allein durch das Hören des Evangeliums. Was hier geschieht, lässt sich mithilfe der Tischgemeinschaft unter Menschen illustrieren: Das gemeinsame Essen und Trinken verbindet stärker als das bloße Miteinander-Reden. Dadurch dass die Kommunizierenden Leib und Blut Jesu Christi zu sich nehmen, erhalten sie Teil an seinem ewigen göttlichen Leben. Sie bekommen Anteil an den Kräften der unsichtbaren Welt.

Anders als die Taufe ist das Abendmahl kein einmaliger Akt, sondern wird regelmäßig gefeiert. Damit kommt zum Ausdruck, dass jeder Christ ständig neu – bis an sein Lebensende – der Vergebung, der Kraft und der Hoffnung bedürftig ist. Das Abendmahl ist ein Mahl für unterwegs.

b) Hindernisse

Vielleicht das Haupthindernis auf dem Weg zu einer Abendmahlsspiritualität ist die unregelmäßige und seltene Feier des Abendmahls. Die spirituelle Kraft des Abendmahls lässt sich nur dann erfahren, wenn es regelmäßig gefeiert wird. Sonst bleibt es zu fern und unvertraut. Für viele Menschen stellt auch die Vorstellung ein Hinderungsgrund dar, dass sie noch nicht würdig genug sind, um das Abendmahl zu empfangen. Ihr Blick bleibt allein auf den eigenen geistlichen Zustand gerichtet. Anstatt von Jesus Christus, gleichermaßen Geber und Gabe des Abendmahls, alle Hilfe zu erwarten, meinen sie, zuerst an sich selber arbeiten zu müssen, um von Christus angenommen zu werden. Unbewusst wollen sie als durch sich selbst Gerechtfertigte das Abendmahl feiern. Dabei übersehen sie, dass das Abendmahl gerade „zur Vergebung der Sünden" eingesetzt ist. Schließlich hängt die häufig zu beobachtende Distanz gegenüber dem Abendmahl auch mit der Furcht zusammen, Gott im Abendmahl zu nahe zu kommen. Zwischen dem eigenen Leben und Gott soll bei aller Kirchlichkeit ein gewisser Abstand gewahrt bleiben. Gegenüber der Predigt kann man noch in relativ gesicherter Distanz verharren. Beim Abendmahl ist das in der Vorstellung vieler evangelischer Kirchenmitglieder anders. Hier wird im sinnlich erfahrenen Zuspruch Jesu Christi auch dessen Anspruch auf das eigene Leben sichtbar.

---

[75] Roloff, Der Gottesdienst, 46 ff.

c) Zur Feier des Abendmahls

Lange Zeit wurde das Abendmahl in der evangelischen Kirche nur sehr selten gefeiert. Der dreimalige Abendmahlsempfang im Jahr – am Gründonnerstag Abend, am Buß- und Bettag und an einem der Hochfeste – war in den meisten Gegenden die Regel. Die Konsequenz war, dass das Abendmahl zum Anhängsel der Predigt verkam. Erst nach dem Zweiten Weltkrieg hat an dieser Stelle in der evangelischen Kirche ein Umdenken eingesetzt.

Aus den neutestamentlichen Aussagen geht nicht nur hervor, dass die Urchristenheit das Abendmahl häufig feierte (mindestens wöchentlich, vgl. dazu Apg 2, 42[76]), sondern dass es in der Regel mit einem Sättigungsmahl verbunden war (vgl. dazu 1. Kor 11, 17–34). Aus verschiedenen Gründen ist in der Alten Kirche im Lauf der Zeit das sakramentale, symbolische Abendmahl vom Sättigungsmahl abgetrennt worden.[77] Seit ungefähr 25 Jahren ist eine Reihe von Versuchen unternommen worden, beides wieder zusammen zu bringen. Dabei spielt der Evangelische Kirchentag mit seinem Feierabendmahl eine wichtige Rolle. Insgesamt sind solche Bestrebungen zu begrüßen, weil sie deutlich machen, dass eine Form des gemeinsamen Essens unverzichtbar zum Abendmahl dazugehört.[78] Problematisch sind diese Versuche allerdings dann, wenn die Elemente von Brot und Wein durch andere Lebensmittel ersetzt werden oder wenn gar an den Einsetzungsworten herumexperimentiert wird und so die stiftungsgemäße Einsetzung des Abendmahls nicht mehr gewährleistet ist.

Im Bereich der lutherischen Kirchen bürgerte sich ein, die Feier des Abendmahls unmittelbar mit einer Beichtfeier zu koppeln. Dadurch erfolgte jedoch eine spirituelle Entwertung des Abendmahls, das als solches bereits Feier „zur Vergebung der Sünden" ist. Martin Luther in der Erklärung zum Abendmahl im Kleinen Katechismus: „Was nützt denn solch Essen und Trinken? Das zeigen uns diese Worte: Für euch gegeben und vergossen zur Vergebung der Sünden; nämlich, dass uns im Sakrament Vergebung der Sünden, Leben und Seligkeit durch solche Worte gegeben wird; denn wo Vergebung der Sünden ist, da ist auch Leben und Seligkeit." Es sollte überlegt werden, wie diese Doppelung der Sündenvergebung wieder beseitigt werden kann.

Wesentlich an der Feier des Abendmahls ist in spiritueller Hinsicht auch der Hinweis des Präfationsgebets, dass die Gemeinde das Abendmahl zusammen mit der himmlischen Welt feiert: „Dafür loben dich alle Engel und Erzengel und das Heer der himmlischen Heerscharen, mit denen auch wir unsere Stimme erheben und singen." Unmittelbar darauf folgt in der Abendmahlsliturgie das Dreimal Heilig und das Hosianna. Damit wird der

---

[76] A.a.O., 49.
[77] A.a.O., 50f.
[78] Welker, Abendmahl, 40ff.

Ereignischarakter der Abendmahlsfeier betont: Die Trennung zwischen sichtbarer und unsichtbarer Welt ist im Abendmahl überwunden.[79]

Schließlich ist auch der Friedensgruß für die Abendmahlsspiritualität wesentlich. Weil Gott dem Menschen vergeben hat, wird auch er aufgefordert, dem Nächsten zu vergeben. Darauf weist gerade die Bergpredigt hin (Mt 5, 23f.; vgl. auch 6, 12, die 5. Bitte des Vaterunsers: „Und vergib uns unsere Schuld, wie auch wir vergeben unsern Schuldigern"). So zeigt auch das Abendmahl, dass die Liebe zum Nächsten integraler Bestandteil evangelischer Spiritualität ist.

4.4.3. Zur Praxis der Beichte

Nachdem bereits im Zusammenhang mit Luthers Spiritualität die theologischen Grundlagen und die Voraussetzungen zur Wiedergewinnung der evangelischen Beichte bedacht wurden,[80] möchte ich im Folgenden einige praktische Hinweise zur Durchführung der evangelischen Beichte geben. Die Gliederung ergibt sich anhand von vier einfachen Fragen: Wann, wem, wo und wie beichten? Im Anschluss daran sollen die Gefährdungen der Beichte thematisiert werden.

a) Wann beichten?

Ziel des Glaubens ist die Befreiung von Lebens- und Todesängsten, damit Freude und Frieden den Alltag prägen. Auf dem Weg dahin stellt die Beichte eine große Hilfe dar, zuweilen sogar ein unerlässliches Mittel. Dabei bewährt sie sich nicht nur bei Menschen mit besonders „groben", sondern auch bei Christen mit „feineren" Sünden. Allerdings besitzt die Beichte im Leben eines Menschen nicht zu allen Zeiten die gleiche Bedeutung. So wie es in der Natur und in der Entwicklung des Menschen Jahreszeiten gibt, lassen sich diese Phasen auch auf dem Weg des Glaubens ausmachen. In einem Lebensabschnitt z.B. wird die Beichte regelmäßig und häufig praktiziert werden, in einem anderen nur sporadisch, bisweilen kann sie sogar ganz in den Hintergrund treten.

Dem Schuldbekenntnis in der Beichte geht gewöhnlich ein längerer Prozess von Erkennen und Anerkennen der Schuld voraus. Häufig entsteht ein Bewusstsein der Sünde durch die Predigt oder die persönliche Bibellese, aber auch durch ein seelsorgerliches Gespräch. Die Beichte in Anspruch nehmen sollte man dann, wenn das Gewissen anhaltend anklagt und man die Vergebung nicht mehr glauben kann, wenn eine oder mehrere konkrete Sünden im persönlichen Leben Macht gewonnen haben oder wenn das geistliche Leben zur lästigen Routine geworden ist. Vor allem in letzterem Fall ist auf dem Weg zur Schulderkenntnis ein sog. Beichtspiegel eine Hilfe.[81] Anhand der

---

[79] A.a.O., 125ff.
[80] Vgl. dazu Kap. 2.1.3.c).
[81] Brauchbare Hilfen finden sich im EG, 796ff.

Zehn Gebote oder anderer Fragen, die das persönliche Handeln beleuchten, lässt sich das Leben vor Gottes Angesicht prüfen. Allerdings sollte ein solcher Beichtspiegel nur unter der Voraussetzung verwendet werden, dass die Durchleuchtung des Lebens nicht zur Zermarterung des Gewissens oder zum Herumwühlen im eigenen oder fremden Schmutz verführt.

b) Wem beichten?

Nach evangelischem Verständnis kann jeder Christ Beichthörer sein und vollgültig die Vergebung der Sünden zusprechen. Hier wirkt sich das von der Reformation neu entdeckte allgemeine Priestertum aus! Gewöhnlich wird derjenige Beichthörer sein, der selbst die Beichte für sich in Anspruch nimmt. Jemand, der selbst beichtet, erwirbt neben Erkenntnis der eigenen Schuldverfallenheit zugleich Barmherzigkeit gegenüber der Sünde und Schwäche des Beichtenden.

Im Raum der evangelischen Kirche ist die Beichte meist kein isoliertes Geschehen, sondern wächst aus einer seelsorgerlichen Beziehung heraus. Von daher ist es das Naheliegende, den Seelsorger auch zum Beichthörer zu wählen. Wichtig ist, dass man einen Menschen zum Beichthörer nimmt, zu dem man rückhaltloses Vertrauen besitzt. Vor allem anderen ist bei der Beichte entscheidend, dass der Beichthörer die Schweigepflicht einhält. Bei Jugendlichen und jungen Erwachsenen sollte der Beichthörer darüber hinaus jemand sein, der einem an geistlicher Erfahrung und allgemeiner Lebenserfahrung voraus ist. Allerdings habe ich selbst in dieser Lebensphase auch gelungene Beichten zwischen Gleichaltrigen erlebt. Nicht geeignet als Beichthörer sind gewöhnlich Familienangehörige – etwa die Ehefrau oder der Ehemann – und Menschen, zu denen man in einem beruflichen oder anderen Abhängigkeitsverhältnis steht, da sich hier unterschiedliche Beziehungskräfte störend auf die Beichte auswirken.

c) Wo beichten?

Klassischer Ort der Beichte ist im Katholizismus bis heute der Beichtstuhl in der Kirche. Nicht anders war es bis in das 18. Jahrhundert hinein auch in der lutherischen Kirche.[82] Was hätte ich manchmal dafür gegeben, als Protestant einen solchen Ort zur Verfügung zu haben. Immer wieder habe ich mir ein dunkles Zimmer zur Beichte gewünscht, um nicht schutzlos den Blicken des Beichthörers ausgeliefert zu sein. Allerdings stellt der Versuch, durch den Beichtstuhl in der Kirche die Anonymität zu wahren und das göttliche Gegenüber als eigentlichen Adressaten der Beichte im Bewusstsein zu halten, ein zweischneidiges Schwert dar. Viele Katholiken empfin-

---

[82] Zum berühmten Berliner Beichtstuhlstreit s. Obst, Der Berliner Beichtstuhlstreit; Breithaupt, A. H. Franckes Bemühungen um Erneuerung der Beichtpraxis im Rahmen einer Gemeindereform.

den den Beichtstuhl heute als zu unpersönlich und meinen, dass damit ein ritualisiertes und routiniertes Verständnis der Beichte gefördert würde.

Hin und wieder wird von evangelischen Pfarrern der Versuch unternommen, die Sakristei als Raum der Beichte zu nutzen und der Gemeinde dafür feste Sprechzeiten bekannt zu geben. Ein Angebot, das anscheinend nicht ohne Resonanz bleibt.[83] Wichtig erscheint mir, dass die Gestaltung jedes Raumes, in dem die Beichte erfolgt, erkennen lässt, dass sie zwar vor einem menschlichen Zeugen, aber letztlich vor Gott abgelegt wird. Dazu haben sich Kerze und Kreuz als hilfreich erwiesen. Um anzudeuten, dass Gott zwischen Beichthörer und Beichtendem steht, liegt das Kreuz am besten auf einem Tisch zwischen beiden. Die brennende Kerze symbolisiert die Gegenwart des Geistes Gottes.

d) Wie beichten?

Nach reformatorischem Verständnis sind die Grundkonstanten der Beichte das Bekenntnis (confessio) und der Zuspruch der Vergebung (absolutio). Da es sich bei der Beichte um ein Gespräch handelt, ist es wie bei jedem anderen seelsorgerlichen Gespräch auch nötig, dass der Beichthörer sich ausreichend Zeit nimmt und zuhören kann.[84] Der Beichtende darf in keiner Weise bedrängt oder manipuliert werden: weder dass er sich möglichst kurz fasst, noch dass er bestimmte Sünden bekennt. Er muss ausreden dürfen. Allerdings kann es vorkommen, dass er ermutigt werden muss, wirklich alles, was ihm Not macht, auszusprechen. Wichtig ist, konkrete Sünden zu bekennen, ohne Einzelheiten auszubreiten. Zwar fällt es leichter, ein allgemeines Sündenbekenntnis abzulegen, dieses ist aber für den Beichtenden viel weniger wertvoll. Gewöhnlich dienen allgemeine Sündenbekenntnisse der Selbstrechtfertigung. Um der Gewissheit der göttlichen Vergebung willen geht es in der Beichte um das Bekenntnis konkreter Sünden. „Die völlige Verlorenheit und Verdorbenheit der menschlichen Natur erfahre ich an meinen bestimmten Sünden, sofern sie überhaupt in meine Erfahrung eingeht ... wir empfangen in der Beichte die Vergebung bestimmter Sünden, die hier ans Licht kommen, und eben darin die Vergebung aller unserer Sünde, der erkannten und der unerkannten."[85] Umgekehrt verleiht das Ausbreiten von Einzelheiten der Sünde eine zu große Bedeutung. Sie kommt in der Beichte als von Jesus Christus bereits besiegte zur Sprache.

Die Beichte kann ohne jede gebundene Form oder anhand einer liturgischen Ordnung durchgeführt werden. *Ohne gebundene Form* legt der Beichtende nach Aufforderung durch den Beichthörer dar, was er als Schuld bekennen möchte. Dann spricht der Beichthörer ihm in frei ge-

---

[83] Z.B. Superintendent Joachim Liebig, Petershagen (Kurhessen-Waldeck).
[84] Vgl. Busch, Stille Gespräche, 39f.
[85] DBW, Bd. 5, 98 (Gemeinsames Leben).

wählten Worten die Vergebung im Namen Jesu zu. Geschieht die Beichte nach einer *liturgischen Ordnung*, ist es vor der erstmaligen Beichte natürlich nötig, den Ablauf zu erklären.[86] Während der Beichte ist dem Beichtenden an der dafür vorgesehenen Stelle die Möglichkeit zu geben, seine Schuld auszusprechen.

Beide Formen haben sowohl Vor- als auch Nachteile. Evangelische Christen, die jedem Ritual von vornherein skeptisch gegenüberstehen, werden eine freie Form der Beichte bevorzugen. Das gilt auch für viele Jugendliche und junge Erwachsene, die es gewohnt und von der Stärke ihrer Persönlichkeit her dazu in der Lage sind, ihre Überzeugungen, Gedanken und Empfindungen offen, frei und unmittelbar zum Ausdruck zu bringen. Andere bevorzugen die geprägte Form der Beichte als eine Art Geländer, das ihnen Sicherheit verleiht. Gerade beim Bekennen besonders demütigender Sünden erweist sich die Beichtordnung als äußere Stütze, an der sich der Beichtende festhalten kann.

e) Gefährdungen

Auch wenn ich für eine Neuentdeckung der Beichte im Raum der evangelischen Kirche plädiere, dürfen doch die Gefährdungen nicht verschwiegen werden, die der Beichte drohen. Dabei ist zwischen Gefährdungen für den Beichtenden und solchen für den Beichthörer zu unterscheiden.

Die größte Gefährdung für den *Beichtenden* besteht darin, die Beichte als gutes Werk zu betrachten, durch das er vor Gott gerecht wird. Damit ist das Wesen evangelischer Beichte vollkommen verkannt. Das Augenmerk liegt in der Beichte gerade nicht auf meinem, sondern auf Gottes Tun. In der Beichte handelt Gott an mir! Ich lasse mir von ihm persönlich, stellvertretend durch den Bruder oder die Schwester, den Dienst der Sündenvergebung leisten. Im Zentrum der Beichte steht nicht mein Bekenntnis der Sünden, sondern Gottes Vergebung.

Eine weitere Gefährdung des Beichtenden besteht darin, dass er seine Schuld aus Scham oder Unaufrichtigkeit zu verkleinern sucht. Zum Wesen der Beichte gehört jedoch, dass ich zu meiner Schuld uneingeschränkt stehen darf und gerade indem ich das tue Gott wohlgefällig bin.

Eine andere Gefährdung des Beichtenden liegt im wiederholten Beichten derselben Sünde. Dadurch tritt er jedoch Gott zu nahe, weil er dessen Wahrhaftigkeit in Zweifel zieht. Gott steht zu seiner Zusage der Vergebung.

Zu den Gefährdungen des Beichtenden gehört schließlich die Auffassung, dass er die Beichte als einen isolierten Akt versteht, der zum übrigen Leben keine Beziehung hat. Nach dem Motto: Habe ich nur erst meine Schuld gebeichtet, ist aller Kampf beendet. Dadurch wird die Beichte einerseits überfordert, andererseits auf einen Heilsautomatismus reduziert. Die Herrschaft der Sünde ist durch Beichte und Vergebung wohl gebro-

---

[86] Eine Ordnung findet sich im EG, 795 unter der Überschrift: „Anleitung zur Einzelbeichte".

chen, aber darum noch nicht endgültig überwunden. Bis ans Lebensende bleibt jeder Christ Sünder und gerecht zugleich. Die Beichte ist nur *ein* Bestandteil des christlichen Lebens. Die Absolution will den Beichtenden in der Nachfolge Jesu Christi bestärken, ihn zu einem Lebensstil der Vergebung befähigen (vgl. dazu Mt 18, 21–35). Das wird nur funktionieren, wenn die Beichte zusammen mit den übrigen spirituellen Formen der christlichen Gemeinde praktiziert wird, wozu z. B. Gottesdienst, Sakramente, Gebet und Bibellese gehören.

Unter den Gefährdungen für den *Beichthörer* steht der Bruch der Schweigepflicht ganz oben. Es gibt leider wenige Orte in einer Gemeinde, an denen die Versuchung zum Klatsch so groß ist wie Pfarrhaus und Gemeindebüro. Ebenso fällt es vielen Beichthörern schwer, das Beichtgeheimnis gegenüber dem Ehepartner zu wahren. Wo der Beichthörer jedoch das Beichtgeheimnis bricht, büßt er über kurz oder lang unweigerlich seine Vertrauenswürdigkeit ein.

Auch das Beichtgespräch selbst ist für den Beichthörer von mancherlei Gefährdungen bedroht. Drei wesentliche Faktoren, die bei einem Menschen zur Sehnsucht nach der Beichte führen, sind Schuld, Gewissen und Anfechtung.[87] Alle drei Faktoren erfordern vom Beichthörer ein genaues Hinhören. Es stellt sich ihm die Aufgabe, zwischen echten und unechten *Schuldgefühlen* zu unterscheiden und dies auch zum Ausdruck zu bringen. Im Hinblick auf jedes unechte Schuldgefühl kommentarlos die Vergebung zuzusprechen, würde die Wirksamkeit der Beichte zerstören. Vor allem Jugendliche und junge Erwachsene leiden unter dem Problem eines überzarten und konfusen *Gewissens*. Auch in diesem Fall reicht es nicht aus, einfach die Vergebung für vermeintliche Sünden zuzusprechen. Über die Beichte hinausführend, besteht die Aufgabe des Beichthörers darin, dem Heranwachsenden zu helfen, sein Gewissen an Gottes Wort zu schulen. Das Gewissen ist ja eine in hohem Maße prägbare Größe, bedarf also der Erleuchtung von außen. Viele Christen leiden schließlich unter *Anfechtungen* im Hinblick auf die Gewissheit ihres Heils. Diese werden dann häufig an vermeintlich begangenen Sünden festgemacht. Der Beichthörer darf auch hier nicht beim Vordergründigen stehen bleiben, sondern hat die Aufgabe, den Beichtenden hinter die von ihm bekannten Sünden zur eigentlichen Ursache seiner Anfechtungen zu führen. Besondere Behutsamkeit ist in diesem Zusammenhang bei Jugendlichen geboten, deren Anfechtungen sich dadurch auszeichnen, „dass sie im Zusammenhang von Entwicklungskrisen als Ineinander von Schuld- und Schicksalserfahrung, angesichts von Scheitern und Scham, als Folge maßloser Erwartungshaltungen und in Form von hemmenden Erwählungszweifeln in Erscheinung … [treten]."[88]

---

[87] Jentsch, Handbuch der Jugendseelsorge, Teil IV/2, 585.
[88] A.a.O.

Gerade in geistlichen Gemeinschaften, aber auch in normalen Gemeinden kommt es immer wieder vor, dass die Beichte vom Beichthörer zur Ausübung geistlicher Gewaltherrschaft über die Seelen missbraucht wird.[89] Das geschieht dann, wenn einer – etwa der Leiter der Gemeinschaft oder Gemeinde – Beichthörer für alle anderen ist. Um diesem Missbrauch zu entgehen, ist es wichtig, dass derjenige, der Beichthörer ist, selbst bei jemandem beichtet und dass nicht einer allein, sondern mehrere in einer Gemeinschaft oder Gemeinde die Beichte hören.

Gefährdet ist ein Beichthörer auch dann, wenn zwischen ihm und dem Beichtenden eine erotische Spannung besteht oder sich einstellt. Dadurch schieben sich im Beichtgeschehen unweigerlich andere Interessen in den Vordergrund als der Auftrag zur Vergebung der Sünde. In diesem Fall ist es dringend geboten, den Beichtenden auf einen anderen Beichthörer zu verweisen.

Schließlich noch ein Wort dazu, wie der Beichthörer mit der bei ihm gebeichteten Schuld umgehen sollte. Gerade Beichten von sexuellen und okkulten Sünden werden seine Gedanken- und Gefühlswelt nicht unbeeinflusst lassen. Das kann in Einzelfällen bis zu Schlafstörungen und Gemütsverstimmungen führen. Da sich solche Reaktionen kaum vermeiden lassen, ist es wichtig, wie der Beichthörer damit umgeht. Er sollte sich klarmachen, dass er in der Beichte nicht in eigener Sache tätig ist. Vielmehr hört er die Beichte an Christi statt. Darum kann er das Gehörte im Gebet auch getrost vor ihm aussprechen und die Verantwortung dafür an diesen abgeben.

Lesehinweise

Wolfgang Böhme, Zeichen der Versöhnung. Beichtlehre für evangelische Christen (Siebenstern Taschenbuch 137), München/Hamburg 1969.
Evangelischer Erwachsenenkatechismus: glauben – erkennen – leben, im Auftrag der Vereinigten Evangelisch-Lutherischen Kirche Deutschlands hg. von Manfred Kießig u. a., 6., völlig neu bearbeitete Auflage, Gütersloh 2000, 541 ff.557 ff.589 ff (zu Taufe, Abendmahl, Beichte).
Bo Giertz, Die Kirche Jesu Christi, 2. Auflage, Erlangen 1985, 166 ff.181 ff. (zu Taufe und Beichte).
Ders., Mit der Kirche leben. Christlicher Glaube in der Praxis, Erlangen 1988, 90 ff. (zum Abendmahl).
Udo Hahn, Abendmahl (Gütersloher Taschenbücher 684), Gütersloh 2001.
Ernst Henze (Hg.), Die Beichte (Dienst am Wort 55), Göttingen 1991.
Manfred Seitz u. a., Die Freude der Beichte, Neukirchen-Vluyn 1985.
Michael Welker, Was geht vor beim Abendmahl?, Stuttgart 1999.
Peter Zimmerling (Hg.), Beichte – Ermutigung zum Neuanfang, Moers 1988.

---

[89] Vgl. DBW, Bd. 5, 100 (Gemeinsames Leben).

4.5. Die Gemeinschaftsdimension evangelischer Spiritualität

Immer wieder ist in der Vergangenheit zu Recht das Zurücktreten der Gemeinschaftsdimension des neuzeitlichen protestantischen Glaubens beklagt worden.[90] Angesichts zunehmender Pluralisierungs- und Individualisierungstendenzen der postmodernen Gegenwart ist die Wiederentdeckung des Gemeinschaftsaspekts auf dem Weg zu einer Erneuerung evangelischer Spiritualität erst recht unverzichtbar geworden. Im Folgenden möchte ich zunächst eine Reihe systematisch- und praktisch-theologischer Gründe entfalten, warum die gelebte Gemeinschaft ein unerlässlicher Bestandteil evangelischer Spiritualität darstellt. Im Anschluss daran sollen exemplarisch zwei Formen christlicher Gemeinschaft dargestellt und kritisch gewürdigt werden, die im Raum des Protestantismus bisher eher vernachlässigt wurden oder unbekannt blieben.

4.5.1. Gemeinschaft als unverzichtbarer Bestandteil evangelischer Spiritualität

a) Sichtbares Zeichen des Reiches Gottes

Nach dem Zweiten Weltkrieg begann die Theologie – nicht zuletzt als Reaktion auf den sog. Holocaust –, sich verstärkt auf die Wurzeln des Christentums im Alten Testament und im Judentum zu besinnen. Dabei fand sie heraus, dass das Ziel des alttestamentlichen Glaubens nicht im Jenseits, d.h. in himmlischer Glückseligkeit liegt, sondern in der Errichtung eines messianischen Reiches des Friedens und der Gerechtigkeit durch Gott auf dieser Erde besteht.[91] Sensibilisiert durch die alttestamentlichen Erkenntnisse, entdeckte die theologische Forschung, dass diese Hoffnung von neutestamentlichen Autoren positiv aufgenommen wird. Ziel der Weltgeschichte ist auch für das Neue Testament das Kommen des Reiches Gottes. Offb 21 z.B. zeigt, dass das Kommen des Reiches Gottes die Erneuerung der gesamten Schöpfung umfasst. Neu ist gegenüber dem Alten Testament die Verbindung der Neuschöpfung mit dem Wirken Jesu Christi. Mit seiner Menschwerdung ist das Reich Gottes bereits angebrochen. Aber erst am Ende der Zeit, bei der Wiederkunft Jesu Christi, findet die Welt endgültig zum Frieden und zur Vollendung.

Die Bedeutung der christlichen Gemeinschaft schließt sich erst dann auf, wenn sie im Horizont des Reiches Gottes betrachtet wird. Sie stellt eine Vorwegnahme, ein sichtbares Zeichen dieses Reiches dar. Nikolaus Ludwig von Zinzendorf schrieb: „Die Gemeine ist der einzige Beweis gegen den Unglauben. Es braucht gar keiner Begründung, wenn nur eine Gemeine

---

[90] S. Kap. 1.2.4.
[91] Vgl. hier und im Folgenden bes. Moltmann, Das Kommen Gottes, 47ff.; ders., Der Weg Jesu Christi, 337ff.

ist."⁹² In der christlichen Gemeinschaft scheint etwas auf von der endgültigen Erlösung der Schöpfung am Ende der Tage und damit auch von der endgültigen Befriedung des menschlichen Miteinanders. Es ist nötig, diesen weiten Horizont am Anfang des Nachdenkens über die spirituelle Bedeutung der christlichen Gemeinschaft in Erinnerung zu bringen. Gerade vom Gedanken des Reiches Gottes her vermag frischer Wind in müde gewordene christliche Gemeinschaften zu wehen.

b) Selbsterkenntnis als Voraussetzung

Leider ist eine Ansammlung von Christen nicht schon automatisch eine christliche Gemeinschaft, in der Vertrauen und Offenheit voreinander herrschen. „Es kann sein, dass Christen trotz gemeinsamer Andacht, gemeinsamen Gebetes, trotz aller Gemeinschaft im Dienst allein gelassen bleiben, dass der letzte Durchbruch zur Gemeinschaft nicht erfolgt, weil sie zwar als Gläubige, als Fromme Gemeinschaft miteinander haben, aber nicht als die Unfrommen, als die Sünder ... Unausdenkbar das Entsetzen vieler Christen, wenn auf einmal ein wirklicher Sünder unter die Frommen geraten wäre. Darum bleiben wir mit unserer Sünde allein, in der Lüge und der Heuchelei; denn wir sind nun einmal Sünder."⁹³ Eine Gemeinschaft begnadigter Sünder lässt sich nicht organisieren. Sie muss wachsen. Das Wachstum lässt sich auch nicht beschleunigen. Man muss warten können, Geduld aufbringen, im Glauben vertrauen und dafür beten.⁹⁴ Diese Gemeinschaft bleibt ein Geschenk Gottes. Immer aber entsteht sie aus dem Erschrecken über die Brüchigkeit und Fragwürdigkeit der menschlichen Existenz, letztlich aus der Erkenntnis und dem Bekenntnis der *eigenen* Unbrüderlichkeit und Lieblosigkeit. Voraussetzung eines solchen Bekenntnisses ist die Erkenntnis, dass Christsein nicht mit moralischer Vollkommenheit zu verwechseln ist. Ein Problem vieler Gemeinschaften besteht darin, dass sie angesichts des christlichen Ideals, das sie sich als Maßstab gesetzt haben, die Augen vor der Wirklichkeit verschließen, weil die Wahrheit zu schmerzhaft wäre. Dennoch besteht die Chance, mit Hilfe der christlichen Gemeinschaft aus den Illusionen über sich selbst herauszufinden. Diese Chance muss nur genutzt werden. Paul Schütz, ein vergessener evangelischer Theologe des vergangenen Jahrhunderts, schrieb: „Der Nächste steht uns in Wahrheit nicht im Wege, sondern er steht am Rand des Abgrundes, als Schutzengel, der uns hindert,

---

⁹² 16.9.1754, zit. nach Uttendörfer, Evangelische Gedanken, 178.
⁹³ DBW, Bd. 5, 93 (Gemeinsames Leben).
⁹⁴ Dietrich Bonhoeffer schreibt in der „Nachfolge", dass die Fürbitte der verheißungsvollste Weg zum Nächsten und damit auch zur Entstehung echter christlicher Gemeinschaft ist: „Es gibt keine seelischen Unmittelbarkeiten. Christus steht dazwischen. Nur durch ihn hindurch geht der Weg zum Nächsten. Darum ist die Fürbitte der verheißungsvollste Weg zum Anderen, und das gemeinsame Gebet im Namen Christi die echteste Gemeinschaft (DBW, Bd. 4, 91).

aus den Realitäten hinaus in die Illusion zu treiben." Oft haben auch Christen sich mit Lieblingsvorstellungen über sich selbst so angefreundet, dass regelrechte Immunbarrieren entstanden sind, die verhindern, diese Vorstellungen durch eine realistische Selbstsicht zu ersetzen. Die anderen Mitglieder einer Gemeinschaft können dabei helfen, diese Immunbarrieren zu überwinden.

Wenn Jesus Christus ein Freund der Wahrheit ist, und es bereits im Alten Testament heißt, dass Gott es den Aufrichtigen gelingen lässt (Spr 2, 7), besteht kein Zweifel, dass der Mut zur Wahrhaftigkeit gegenüber sich selbst immer auch ein Schritt in Richtung auf Gott und den Nächsten ist.

Beeindruckt hat mich, als mir ein junger Mann erzählte, dass ihn folgende Erfahrung von der Wahrheit der christlichen Botschaft überzeugt habe: Er hätte, bevor er Christ wurde, zwischen Menschen nur Kumpelei und Oberflächlichkeit gekannt. In einer christlichen Gemeinschaft sei ihm erstmals echte Offenheit und wirkliches Vertrauen begegnet, die Bereitschaft, auch über unangenehme Dinge zu sprechen.

Wer erkannt hat, dass er immer wieder an Gott und Menschen schuldig wird, kann das kräfteverzehrende Unternehmen einstellen, eine bestimmte Fassade aufrecht erhalten zu müssen, um für andere unnahbar zu sein und sie mit frommen oder unfrommen Phrasen abzuspeisen. Stattdessen kann er lernen, frei auf andere zuzugehen und ihnen Einblick in das eigene Denken und Fühlen zu geben. In seiner Auseinandersetzung mit der Gemeinde von Korinth schreibt Paulus, dass sein Herz ihnen gegenüber weit geworden ist. Im Gegenzug bittet er sie: „Stellt euch doch zu mir auch so, und macht auch ihr euer Herz weit!" (2. Kor 6, 13).

c) Lernfeld für die Würde des anderen

Vertrauen und Offenheit voreinander dürfen nicht die Ehrfurcht vor der unzerstörbaren Würde des anderen und die Achtung vor dem Geheimnis seiner Persönlichkeit beeinträchtigen. Beides ist nicht mit plumper Vertraulichkeit und Kumpanei zu verwechseln. Drei Dinge sind zu beachten, damit die Ehrfurcht vor dem anderen erhalten bleibt.

1. Voraussetzung dafür, dass die Gemeinschaft den Einzelnen respektiert und achtet, ist eine Atmosphäre des Angenommenseins und der Freiheit. Sie entsteht, wo erkannt wird, dass Gott nicht Uniformierung will, sondern Freude hat an der Vielfalt und Unterschiedlichkeit – wie unschwer bereits an der unendlichen Verschiedenheit der menschlichen Gesichter zu erkennen ist. Dies lässt sich aber nicht nur schöpfungstheologisch, sondern auch christologisch begründen. Jesus gehört zu den Entdeckern der Kategorie des Einzelnen (vgl. z. B. die Zachäusgeschichte Lk 19). Der Einzelne ist ihm unendlich wertvoll (vgl. z. B. Lk 15). Beim Umgang Jesu mit seinen Zeitgenossen fällt außerdem ins Auge, dass er jedem anders begegnet ist. Er scheint sich ganz auf ihre individuelle Eigenart eingestellt zu haben. Karl Heim spricht von ihm als dem Seelsorger ohne

Methode.⁹⁵ In der christlichen Gemeinschaft leben, beinhaltet von daher die Pflege der je besonderen, unverwechselbaren Identität.

2. Viele Menschen sind fälschlicherweise der Überzeugung, dass sich die Liebe und der Respekt vor dem Geheimnis eines anderen Menschen ausschließen. Sie wollen nicht wahrhaben, dass auch der nächste und geliebteste Mensch einem in gewissem Maß fremd bleibt. Der Grund dafür liegt in seinem Geschöpfsein. Von Gott geschaffen, übersteigt der Mensch den Menschen unendlich, verweist etwas in seinem Wesen auf den Schöpfer. Die dogmatische Tradition spricht in diesem Zusammenhang von der Gottebenbildlichkeit des Menschen.⁹⁶ Der russische Dichter Fjodor Dostojewski, ein großer Menschenkenner, schrieb: „Ich halte es nicht für das größte Glück, einen Menschen ganz enträtselt zu haben. Ein größeres Glück ist es noch, bei dem, den wir lieben, immer neue Tiefen zu entdecken, die uns immer mehr die Unergründlichkeit seiner Natur in ihrer ewigen Tiefe offenbaren."

3. Die christliche Gemeinschaft ist schließlich keine unmittelbare, seelische Gemeinschaft, sondern besitzt ihren bleibenden Grund in der gemeinsamen Liebe zu Jesus Christus und dem Evangelium.⁹⁷ Jesus Christus steht zwischen mir und dem Nächsten. Diese Tatsache schützt ihn vor mir: vor Vereinnahmung und Manipulation.⁹⁸

d) Motor der Persönlichkeitsentwicklung

Ein Zeichen für die Lebendigkeit einer christlichen Gemeinschaft besteht darin, dass deren Mitglieder ihre Persönlichkeit entfalten und weiterentwickeln. Dabei ist das Gespräch miteinander eine wesentliche Hilfe. Die christliche Gemeinschaft bietet die Chance, sich gegenseitig Einblick zu geben in das persönliche geistliche Leben. Ein derartiger Austausch ist gewöhnlich eine große Ermutigung auf dem Weg der Nachfolge. Außerdem hilft er, sprachfähig zu werden im Hinblick auf Alltagserfahrungen mit Gott und die eigene Spiritualität insgesamt. Besonders wichtig für Kinder, Jugendliche und junge Erwachsene, bietet die Gemeinschaft einen geschützten Raum, wo sie lernen können, alltägliche Nöte und Sorgen und allgemein ihre Emotionen zur Sprache zu bringen. Das kann in einer Zeit, in der die Zahl von intakten Familien im Abnehmen begriffen ist, in seiner Bedeutung für die Persönlichkeitsentwicklung gar nicht hoch genug eingeschätzt werden.

Nicht vergessen werden sollte außerdem, dass eine christliche Gemeinschaft ein hervorragend geeigneter Raum ist, um Begabungen zuzuspre-

---

⁹⁵ „Wenn wir fragen, wie es Jesus mit einer Seele anfing, um sie zum Erwachen zu bringen, wie er ‚das Herz auftat', so vielleicht die bedeutsamste Beobachtung, die wir machen können: er hatte überhaupt keine Methode, sondern die größte individuelle Mannigfaltigkeit" (Heim, Leben aus dem Glauben, 18).
⁹⁶ Barth, Kirchliche Dogmatik, Bd. III/1, 216ff.
⁹⁷ Vgl. dazu im einzelnen DBW, Bd. 5, 26ff. (Gemeinsames Leben).
⁹⁸ A.a.O.

chen und zu fördern. Einer der stärksten Eindrücke während meiner Mitarbeit als Pfarrer einer evangelischen Kommunität bestand darin, dass ich erlebte, wie unsichere und farblose junge Menschen ihre Begabungen entdeckten und in das gemeinsame Leben einbrachten, angeregt durch Herausforderungen der Gemeinschaft und durch Ermutigung von Seiten anderer Mitglieder. Bei der Vorbereitung von Geburtstagsfeiern z.B. war Kreativität im Hinblick auf die Gestaltung des Raumes, aber auch bei der Ausarbeitung des Festprogramms gefragt. Öfter kam es in der Alltagsarbeit zu Engpässen, sodass jüngere Mitglieder der Gemeinschaft plötzlich Aufgaben übernehmen mussten, die sie sich nie zugetraut hätten. Bisweilen konnte ich nur staunen, mit welcher Geschwindigkeit sich manche Mitglieder der Gemeinschaft zu selbstbewussten, engagierten jungen Männern und Frauen entwickelten.

e) Schule der Nächstenliebe

Die christliche Gemeinschaft bietet Menschen – jungen und alten – die Möglichkeit, aus der Einsamkeit herauszutreten und auf dem Weg zu Beziehungsfähigkeit und Nächstenliebe ein Stück voranzukommen.[99] Unsere Gesellschaft wird von zunehmender Versachlichung und Brüchigkeit der zwischenmenschlichen Beziehungen geprägt.[100] Die Errungenschaften der technischen Zivilisation nähren den Glauben an die Machbarkeit aller Dinge. Dieser Machbarkeitswahn hat auch die zwischenmenschlichen Beziehungen erfasst. Der um sich greifende Materialismus führt dazu, andere Menschen – häufig unbewusst – nach ihrem Nutzen zu beurteilen. Eine Folge ist, dass immer weniger Menschen bereit sind, den langen Atem aufzubringen, der nötig ist, eine Beziehung auch dann noch aufrechtzuerhalten, wenn Schwierigkeiten das Miteinander belasten. Eine andere Konsequenz der Versachlichung zwischenmenschlicher Beziehungen besteht in einer zunehmenden Gefühlsarmut. Viele junge Männer leiden darunter, dass sie sich noch nie „so richtig" in eine Frau verliebt hätten. Ein Gespräch ist mir unvergesslich, in dem ein junger Mann sagte – wir hatten bereits einige Stunden bei Wein und Tabakqualm miteinander gesprochen: „Ich bin doch nicht dumm. Wie es wirklich in mir aussieht, lasse ich niemanden wissen." Entsprechend vereinsamt war er. Beziehungsscheu und Gefühlsarmut waren eine unheilvolle Verbindung eingegangen.

Der christlichen Gemeinschaft kommt angesichts dieser wesentlich gesamtgesellschaftlich bedingten Situation eine wichtige Funktion zu. Sehr häufig ist unbewältigte Einsamkeit – man kann inmitten vieler Menschen vollkommen einsam sein – die Ursache für alle möglichen suchtähnlichen Abhängigkeiten, die einem Menschen völlig die Lebensfreude rauben kön-

---

[99] Vgl. dazu im einzelnen Zimmerling, Auf dem Weg zum Erwachsenwerden, 72ff.
[100] Schon vor Jahren lautete die Überschrift eines Artikels von Hans Joachim Schöpfs im „Spiegel": „Dauerhaft ist nur die Trennung".

nen. Junge Erwachsene erzählten mir, dass das offene Gespräch mit Freunden aus der christlichen Jugendgruppe über ihre Sexualität ihnen geholfen habe, sexuelle Zwanghaftigkeiten zu überwinden. Dadurch, dass sie eine Gemeinschaft hatten, in der sie über ihre Erfahrungen sprechen konnten, sei es ihnen schon leichter geworden, weil sie sich nicht mehr allein mit ihren Problemen herumschlagen mussten. Wenn ein vereinsamter Mensch in einem kleinen Kreis ihm wohlgesonnener Menschen Vertrauen und Offenheit erfährt, kann er lernen, langsam aus seiner Isolation herauszutreten und sich auch emotional auf andere einzulassen.

f) Raum der Seelsorge

Seelsorge ist nach meiner Einsicht ein Grundbestandteil evangelischer Spiritualität. Fjodor Dostojewski schreibt in seinem Roman „Schuld und Sühne": „Es müsste doch so sein, dass jeder Mensch irgendwo hingehen könnte; denn es kommen Zeiten, wo man sich unbedingt an irgendjemand wenden muss." Das gilt gerade für Jugendliche in der spannungsreichen Pubertätszeit, von Zeit zu Zeit auch für jeden Erwachsenen. *Dabei stellt die christliche Gemeinschaft den Raum dar, in dem das Wissen um die Möglichkeit zur Seelsorge vermittelt wird, in dem das Bedürfnis nach Seelsorge entsteht und in dem konkrete Seelsorgeangebote gemacht werden können.* Es sind viele unterschiedliche Gemeindegruppen möglich, die seelsorgerlichen Charakter haben. Dazu könnte z.B. der Mitarbeiterkreis einer Kirchengemeinde gehören, wenn seine Mitglieder es lernten, sich offen über persönliche Anliegen auszutauschen. Daneben haben geöffnete Familien auf dem Weg zu einer seelsorgerlichen Gemeinde eine wichtige Aufgabe.[101] Auch in Hauskreisen, in denen aufrichtig über persönliche Probleme gesprochen wird, kann ein Stück seelsorgerliche Gemeinde Wirklichkeit werden. Denkbar ist schließlich auch das Angebot einer zeitlich begrenzten Gesprächsgruppe unter der Leitung eines geeigneten Gemeindeglieds, zu der z.B. die Hinterbliebenen der in einem bestimmten Zeitraum Verstorbenen eingeladen werden könnten.

Eine wichtige Voraussetzung, dass eine solche gemeinschaftliche Seelsorge wieder Grundbestandteil christlicher Spiritualität werden kann, ist die aktive Beteiligung der Laien. Schon Paulus fordert dazu auf, dass die Gemeindeglieder untereinander Seelsorge üben sollen: „Darum ermahnt euch untereinander und einer erbaue den andern, wie ihr auch tut" (1. Thess 5, 11).[102] Kein Seelsorger ist als Ansprechpartner für alle Probleme geeignet. So ist der Laie häufig „Fachmann" für die in der Seelsorge angesprochenen Lebensbereiche. Es leuchtet ohne weiteres ein, dass z.B. ein Chemiker in ethischen Fragen, die seinen Beruf betreffen, einem anderen Chemiker bes-

---

[101] S. Kap. 4.5.2.a).
[102] Auf der gleichen Linie liegt Luthers Aufforderung zum „mutuum colloquium et consolatio fratrum" (Schmalkaldische Artikel, 3. Teil, Vom Evangelio, in: BSLK, 449).

ser beistehen kann als ein Theologe oder Therapeut. Zudem ist eine Pfarrerin schon aus Zeitgründen völlig überfordert, wenn sie in einer Gemeinde als einzige Seelsorge zu üben bereit ist. Ein letztes, vielleicht das wichtigste Argument für die Mitarbeit von Laien: Meist geschieht Seelsorge in der Gemeinde *beiläufig*, durch zufällige Begegnungen im Alltag, also ohne Anmeldung in einer Sprechstunde. Durch ihre Professionalisierung droht diese Form der Seelsorge verdrängt zu werden oder gar verlorenzugehen.

g) Alltag und Fest

Das Teilen des Alltags wird in einer christlichen Gruppe – außer in Lebensgemeinschaften – immer nur ansatzweise möglich sein. Trotzdem ist es wichtig, dass sich eine christliche Gemeinschaft nicht in frommer Erbaulichkeit erschöpft, sondern ein stückweit den Alltag miteinander teilt. Gerade im Alltag hat sich das Frommsein zu bewähren. Eine fromme Fassade lässt sich im alltäglichen Miteinander nicht lange aufrechterhalten. Umgekehrt vermag das Teilen des Alltags die Zeiten gottesdienstlicher Gemeinschaft zu befruchten. Gerade Jugendliche gewinnen in einer lockeren Atmosphäre des Alltags eher Mut, spirituelle Fragen zu stellen, die sie persönlich betreffen. In meiner Zeit als Kommunitätspfarrer ergaben sich seelsorgerliche Gespräche häufig während der gemeinsamen Arbeit bei der Gartenarbeit oder beim Geschirrspülen. Ganz ähnliche Erfahrungen mache ich seit einigen Jahren an der Universität mit Studierenden während der jährlich stattfindenden mehrtägigen Exkursionsfahrten.

Zur christlichen Gemeinschaft gehört neben Gottesdienst und Alltag auch das Fest. Gerade das gemeinsame Feiern stärkt das Zusammengehörigkeitsgefühl. Am festlichen Miteinander ihrer Glieder wird sichtbar, dass eine christliche Gemeinschaft keine bloße Zweckgemeinschaft ist. Theologisch betrachtet, konkretisiert sich im zweckfreien festlichen Miteinander die Erkenntnis, dass der Mensch sich nicht selbst verdankt, sondern Gott, dem Schöpfer. Nicht nur im Gottesdienst und bei der Arbeit kommt der Mensch seiner schöpfungsgemäßen Bestimmung nach, sondern auch wenn er spielt und Spaß hat. Die Weisheit spielte vor Gott, als er die Welt erschuf (Spr 8, 30). Gott selbst hat Freude am Spiel! Am Sabbat vollendete Gott seine Schöpfung (1. Mose 2, 2f.). Auch von hier aus erhält die Schöpfung eine festliche Dimension: „Am Sabbat wird die Erlösung der Welt vorweggefeiert."[103] Franz Rosenzweig bezeichnet den Sabbat als „das Fest der Schöpfung".[104] Schließlich ist seit der Erlösung durch Jesus Christus die Freude ein Grundklang des menschlichen Lebens geworden (vgl. z.B. Phil 4, 4).

---

[103] Moltmann, Gott in der Schöpfung, 279.
[104] Rosenzweig, Der Stern der Erlösung, 65, zit. nach a.a.O., 280.

h) Gefährdungen

Da an dieser Stelle vor allem Mut gemacht werden soll, die christliche Gemeinschaft als wesentlichen Bestandteil evangelischer Spiritualität wieder zu entdecken, möchte ich hier nur kurz vier Gefährdungen skizzieren, die die christliche Gemeinschaft bedrohen.

1. Der Glaube der Gruppe wird zum Ersatz für den eigenen Glauben.

Das Beispiel von fundamentalistischen Gruppen zeigt, dass die christliche Gruppe auch als eine Art Sicherungsinstanz für den eigenen schwachen Glauben fungieren kann.[105] Der in ihr geltende Kanon religiöser Wahrheiten vermittelt ein Hochmaß an Halt und Geborgenheit. Eventuelle persönliche Zweifel bzw. Meinungsunterschiede werden unterdrückt, um die emotionale Sicherung durch die Gruppe nicht aufs Spiel zu setzen. Im Wissen um diese Gefährdung ist es für jede christliche Gemeinschaft wichtig, dass ihren Mitgliedern ein möglichst hohes Maß an Selbstbestimmung, Partizipation und Initiative gerade in Fragen des Glaubens eingeräumt wird. Die Gemeinschaft muss den Einzelnen einen Freiraum eröffnen, in dem sie ihre persönliche Glaubensüberzeugung auch ins Unreine hinein formulieren können. Die Mitglieder müssen von der Mehrheitsmeinung abweichende Überzeugungen äußern dürfen, ohne gleich dafür verurteilt zu werden. Es geht darum, dass sie eine persönliche Spiritualität mit Eigenprofil entwickeln können.

2. Die Gruppe wird zum Persönlichkeitssurrogat, d. h. der Einzelne nimmt seine Identität primär aus der Gruppe.

Eine Gemeinschaft mit einer fest gefügten Gruppenstruktur stellt gerade für psychisch schwache Menschen, für Jugendliche bzw. für Menschen allgemein mit überstarker Persönlichkeitsunsicherheit eine Gefahr dar.[106] Vordergründig gibt die Gruppe Antwort auf die Sehnsucht nach Sicherheit und Zugehörigkeit und deckt damit das Integrationsbedürfnis ab, das Menschen als sozial geprägten Wesen grundsätzlich eigen ist. Tatsächlich ist die Identität der Gruppe jedoch nur eine geliehene. Die Erfahrung, durch die Gemeinschaft von Ängsten, Unsicherheit und innerer Leere befreit zu werden, führt zu Abhängigkeiten, die nur schwer zu überwinden sind. Anstatt im Rahmen einer Gemeinschaft zu einer reifen, selbstständigen Identität zu finden, verbleiben solche Menschen in emotionaler Abhängigkeit von der Gruppe.

3. Die Grundlage der Gemeinschaft bildet die seelische Übereinstimmung ihrer Mitglieder.

Vor allem Dietrich Bonhoeffer hat in seinem Buch „Gemeinsames Leben" auf die Gefahren, die einer christlichen Gemeinschaft von der Konzentrati-

---

[105] Vgl. Kap. 3.6.2.
[106] Im Hinblick auf Chancen und Gefahren der Gruppe speziell für die Jugendseelsorge vgl. Manfred Haustein, in: Handbuch Jugendseelsorge, 265f.

on auf die seelische Übereinstimmung der Mitglieder untereinander drohen, aufmerksam gemacht.[107] Allerdings bin ich der Ansicht, dass er seinerseits – angesichts der Gemeinschaftseuphorie des Nationalsozialismus vielleicht nötig, jedenfalls durchaus verständlich – die seelische Dimension unterbetont hat. Der christliche Glaube betrifft aber alle Dimensionen des Menschseins. Seine Emotionalität darf also nicht ausgeblendet werden, sondern muss in der christlichen Gemeinschaft einen angemessenen Raum finden. Zur Gefahr wird die seelische Übereinstimmung der Mitglieder erst dann, wenn diese zum Fixpunkt der Gemeinschaft wird; wenn darüber in Vergessenheit gerät, dass die Ursache für ihre Kraft und Stabilität darin besteht, dass sie einen Bezugspunkt besitzt, der außerhalb ihrer selbst liegt, den sie letztlich nicht sich selbst verdankt. Dieser Bezugspunkt ist der gemeinsame Glaube an Jesus Christus. Er vermag Kräfte freizusetzen, durch die z.B. eine Versöhnung zwischen den Mitgliedern einer Gemeinschaft immer wieder neu möglich wird.

4. Der oder die Leiter missbrauchen ihre Macht.
Immer wieder lässt sich beobachten, dass in christlichen Gruppen unkritisch anerkannte Führungspersönlichkeiten das Sagen haben. Es mag an dieser Stelle dahin gestellt sein, welche psychischen Grundvoraussetzungen und biographischen Gegebenheiten Menschen zu solchen Persönlichkeiten werden lassen.[108] Zweifellos trägt jedoch auch das Verhalten der Mitglieder einer Gemeinschaft zu deren Machtmissbrauch bei. Viele Menschen unterwerfen sich nur zu gerne einem machtvollen Leiter, um dadurch von der Last der Eigenverantwortung frei zu werden. Christen haben sich überdies daran gewöhnt, eine Art Kirchenpublikum zu sein. Sie wagen nur selten offenen Widerspruch gegenüber dem, was der Pfarrer oder die Pfarrerin sagt. Außerdem kostet es Kraft, sich aus der Abhängigkeit von einem Leiter zu befreien, der seine Macht missbraucht. Wer sich im Lauf der Zeit abgewöhnt hat, selbständig zu denken und die Verantwortung für das Leben in die eigene Hand zu nehmen, wird die neue Freiheit zunächst als angstbesetzt und voller Unsicherheit empfinden. Dennoch ist jede Gemeinschaft dazu verpflichtet, dem Machtmissbrauch von Seiten ihrer Leiter zu wehren. Jeder Einzelne hat dabei die Aufgabe, spirituell erwachsen zu werden, mutig für die eigene Überzeugung einzutreten, Auseinandersetzungen nicht zu scheuen und auch die Konsequenzen auf sich zu nehmen, die durch die Konfrontation mit solchen Leitern auftreten können.

4.5.2. Zwei in Vergessenheit geratene Gemeinschaftsformen

Der Gottesdienst stellt die Grundform christlicher Gemeinschaft dar (vgl. dazu CA 7f.). Dass Theorie und Praxis des evangelischen Gottesdienstes

---

[107] Vgl. dazu noch einmal DBW, Bd. 5, 26ff. (Gemeinsames Leben).
[108] Vgl. hier und im Folgenden Løvas, Die Lust zu herrschen, 15ff. und die christliche Gemeinde; Blue, Geistlichen Missbrauch heilen, 117ff.

seit einigen Jahren wieder in das Zentrum des kirchlichen Interesses gerückt sind, kann deshalb nur begrüßt werden. Es gibt inzwischen sowohl eine unüberschaubare Fülle von Literatur zum Thema als auch eine Vielzahl von Praxisversuchen zur Erneuerung des evangelischen Gottesdienstes.[109] Die Besucherzahlen haben dessen ungeachtet nicht zu-, sondern weiter abgenommen.[110] Aus der Diskussion zum Gemeindeaufbau geht hervor, dass der Weg zum regelmäßigen Gottesdienstbesuch gewöhnlich über zusätzliche Gemeinschaftsangebote führt, die den traditionellen Sonntagsgottesdienst flankieren. Zu diesen Gemeinschaftsangeboten gehören offenere und verbindlichere Formen. Ein herausragendes Beispiel für die erste Gruppe ist der Kirchentag. Auch Kommunitäten stellen für Besucherinnen und Besucher ein offenes Gemeinschaftsangebot dar. Ein in den letzten Jahren häufig thematisiertes verbindliches Gemeinschaftsangebot bilden die Hauskreise.[111] Im Folgenden soll jedoch keine der drei genannten Formen behandelt werden: Vom Kirchentag und den Kommunitäten war weiter oben die Rede, zu den Hauskreisen existiert bereits eine Fülle von Literatur.[112] Dafür sollen zwei im Bereich der evangelischen Spiritualität weniger bekannte Gemeinschaftsformen zur Sprache kommen.

a) Geöffnete Familie und geöffnetes Haus

Eine geöffnete Familie bildet das „Missinglink" zwischen dem weithin unpersönlichen sonntäglichen Gemeindegottesdienst und dem einzelnen Christen. Es gibt in diesen Familien Männer und Frauen, die anderen Menschen mit seelsorgerlichem Rat zur Seite stehen und z.B. Jugendliche und junge Erwachsene in der Ablösungsphase vom Elternhaus begleiten. Oft laden Ehepaare, die sich zusammen mit ihren Kindern als geöffnete Familien verstehen, Menschen zu Hauskreisen ein, um mit ihnen gemeinsam glauben und beten zu lernen. Hier besteht die Möglichkeit, offen und aufrichtig über persönliche Probleme zu sprechen. Auf diese Weise kann auch in Hauskreisen ein Stück geöffnete Familie Wirklichkeit werden. Ich habe beobachtet, dass viele ehrenamtliche Mitarbeiter und Mitarbeiterinnen in Kirchengemeinden im Jugendalter von solchen Familien geprägt wurden.

Wie sieht eine geöffnete Familie konkret aus?[113] Es müsste eine Familie sein, in der es ein verbindliches, lebendiges und frohes Miteinander von Mann und Frau gibt, wo auch Raum ist für Kinder, ohne dass sich alles um

---

[109] Grethlein, Grundfragen der Liturgik, 13f.; Möller, Erbauung durch Geistesgegenwart, 565–570.
[110] Grethlein, Grundfragen der Liturgik, 27f. (mit Belegen).
[111] Z.B. Blohm, „Die Dritte Weise".
[112] Wobei die folgenden Überlegungen zur geöffneten Familie mutatis mutandis auch für Hauskreise gelten können.
[113] Wesentliche Anregungen dazu verdanke ich Friederike Klenk, die ihr Leben in einer geöffneten Familie im Rahmen der Großfamilie der Offensive Junger Christen (OJC) beschrieben hat (dies., Unsere Familien – Baustellen der Hoffnung?, 155–157).

sie dreht, und für Gäste. Ein Raum, in dem jeder seinen Platz findet und sich in einer Atmosphäre von herzlicher Liebe, Humor und Gelassenheit Leben entfalten kann. Wesentlich ist das Sich-Öffnen und Teilen des Familien-Alltags. Wohnungen werden dann nicht mehr so makellos glänzen, aber sie werden Räume der Begegnung, der Freundschaft und der Gemeinschaft – für Eltern, Kinder, Freunde und Fremde. Dabei müssen gar keine besonderen Kraftanstrengungen vollbracht werden, sondern einfach mit anderen das geteilt werden, was da ist. Das gemeinsame Lachen und Spielen ist ebenso wichtig wie das Erzählen und Teilen von Schwierigkeiten. Das alles schließt zusammen. Ebenso können beim Singen, Musizieren und Basteln Gemüt und Fantasie entfaltet werden. Das schafft ein Gefühl der Zugehörigkeit und Geborgenheit und lässt Vertrauen wachsen.

Vier Voraussetzungen sollten beachtet werden, damit eine geöffnete Familie ein Ort der gelebten christlichen Gemeinschaft werden kann.[114]

1. Wer das eigene Haus – auch das Pfarrhaus – für andere Menschen öffnen möchte, sollte sich über seine Motive klarsein. Man sollte es nicht tun, um vor anderen bzw. vor der Gemeinde als besonders sozial dazustehn. Vielmehr sollte das Ausgangsmotiv sein, dass Menschen wichtiger als Dinge sind. Theologisch gesprochen: Seelsorger und Seelsorgerinnen haben das Ziel, Gehilfen der Freude für andere Menschen zu sein, wie Paulus in 2. Kor 1, 24 schreibt.

2. Die Öffnung der eigenen Familie, d.h. das Für-andere-Dasein darf nicht als Fluchtmechanismus vor der nötigen Auseinandersetzung mit familieninternen Problemen und Konflikten missbraucht werden. Es sollten Freiräume für das Kleinfamilienleben reserviert bleiben. Sonst schmoren unaufgearbeitete Konflikte im Untergrund, und das Familien- bzw. Eheklima verschlechtert sich zusehends.

3. Echtheit und Transparenz sind wichtiger als Stärke und Makellosigkeit. Echtheit und Transparenz in einer geöffneten Familie zu leben heißt, zu eigenen Fehlern und Schwächen zu stehen und Einblick zu geben, wie man mit Versagen und Problemen im Glauben umgeht.

4. Eine solche Öffnung der Familie ist nur möglich, wenn man gelernt hat, die eigene Familie nicht als höchstes Lebensglück zu betrachten, sondern sie im Horizont des Reiches Gottes zu sehen. Die geöffnete Familie könnte zu einem gesellschaftlichen Kontrastprogramm werden, indem nicht länger das eigene Wohlergehen im Vordergrund steht, sondern an ihr etwas von der Nächstenorientierung des Lebens Jesu anschaulich wird. Sie könnte zu einer Oase der Freiheit, von Offenheit und Ehrlichkeit gegenüber dem Tragenmüssen von Masken werden. Sie könnte als Oase der Menschlichkeit gegen die zunehmende Versachlichung und Kälte unserer Gesellschaft stehen. Sie könnte als eine Oase der Hoffnung angesichts von Entmutigung Ermutigung und Trost vermitteln. Als Lerngemeinschaft

---

[114] Vgl. dazu Mack, Offene Pfarrhäuser, 38–40.

könnte sie gerade Jugendlichen helfen, in spirituelle Vollzüge hineinzuwachsen. Als Herberge schließlich könnte sie dazu anleiten, was es bedeutet, Zeit und Geld mit anderen zu teilen.

Einige Fallbeispiele mögen das Gemeinte illustrieren: Ein Jugendlicher, der aus einer säkularen, kirchenfernen Familie stammt, wird Christ. Alles, was mit Glauben und Kirche zu tun hat, ist ihm zunächst völlig fremd. Ein Freund lädt ihn zu sich nach Hause ein. Hier erlebt er zum ersten Male, was es heißt, ein vom Glauben geprägtes Familienleben zu führen. Dazu gehört, dass vor dem Essen gebetet und bei Tisch offen über Glaubensfragen zwischen den Generationen, zwischen Eltern und Kindern, gesprochen wird. Vor Weihnachten bekommt der junge Christ mit, dass die Familie seines Freundes sich Gedanken macht, welche ausländischen Mitbürger sie zum Heiligen Abend einladen könnte. Er ist völlig verblüfft, dass dieser Abend nicht ausschließlich dem Zusammensein in der engeren Familie vorbehalten sein muss. Außerdem spürt er, dass hier Menschen zusammenleben, deren Horizont über den Konsum und die nächste Urlaubsreise hinausreicht.

Wie schon angedeutet, arbeitete ich sieben Jahre lang als Pfarrer einer evangelischen Kommunität. Die Kommunität der Offensive Junger Christen in Reichelsheim i. Odw. ist erwachsen aus einer geöffneten Familie.[115] Das Gründerehepaar hat vor über 30 Jahren begonnen, junge Studierende für jeweils ein Jahr in ihre Kleinfamilie mit fünf Kindern aufzunehmen. Bis heute bilden geöffnete Familien die Zellen der Gemeinschaft. In den Wohnungen gibt es – außer bei den Schlafzimmern – Türen aus Glas. Sie sollen zum Ausdruck bringen, dass die Familienmitglieder auf Zeit dazugehören und jederzeit willkommen sind.

Ich erinnere mich gut an zwei ehemalige Jahresmannschaftler, die ich trauen sollte. Jahresmannschaftler wurden diejenigen jungen Männer und Frauen genannt, die für ein Jahr in der Gemeinschaft mitlebten. Im Traugespräch stellte sich heraus, dass beide mit großen Vorbehalten gegenüber Ehe und Familie zur Kommunität gekommen waren. Sie sagten, dass sie sich schließlich doch zur Ehe entschieden hätten, weil sie Einblick in das Leben einzelner Mitarbeiterehepaare bekommen hatten. Ermutigt hatte sie interessanterweise vor allem die Konfliktfreudigkeit eines Ehepaars. Bei den eigenen Eltern hatten sie nie erlebt, wie ein Streit ausgetragen und auch gelöst worden war. Hier erlebten sie dagegen heftige Auseinandersetzungen, aber auch echte Versöhnung. Sie sagten sich: „Wenn die beiden beieinander geblieben sind, dann können wir es auch miteinander wagen."

Solche geöffneten Familien gibt es glücklicherweise nicht nur in Kommunitäten. Durch die Teilnahme am Familienalltag können junge Erwachsene Mut zu einer dauerhaften Partnerschaft gewinnen. Voraussetzung zur Beziehungsfähigkeit ist bei einer Reihe von jungen Erwachsenen ein Nach-

---

[115] S. im einzelnen Kap. 3.4.2.b).

reifen der Persönlichkeit durch Aufarbeitung der unbewältigten Verletzungen aus Kindheit und Jugend. Der Küchentisch in einer geöffneten Familie scheint mir immer noch der beste Ort für eine solche Seelsorge im Alltag zu sein.

Noch ein letztes Fallbeispiel soll meine Vision von einer geöffneten Familie illustrieren. Ein schon älterer Mann erzählte mir, dass in seiner Familie seit zwanzig Jahren jeweils zwei ausländische Studenten mitleben würden. Sie seien durch diese Familienmitglieder auf Zeit sehr bereichert worden. Nicht nur, dass ihre Dauergäste ihnen neue Horizonte erschlossen hätten, mit manchen von ihnen seien Lebensfreundschaften über nationale und rassische Grenzen hinweg entstanden.

b) Geistliche Vater- und Mutterschaft

Angesichts des Gedankens der geistlichen Vater- und Mutterschaft regt sich bei vielen Protestanten eine Reihe von Vorbehalten und Widerstanden. Sie sind in der Geschichte der evangelischen Spiritualität begründet. Dazu gehören vor allem folgende drei Grundüberzeugungen: dass Glaube ein Geschenk ist, man sich folglich nicht auf ihn vorbereiten kann, dass er eine Angelegenheit des inneren Gestimmtseins darstellt, Glaube also mit Übung und Training nichts zu tun hat, dass er schließlich eine private Angelegenheit zwischen dem Glaubenden und Gott ist, ein Dritter in diesem Verhältnis darum nichts zu suchen hat.

Bibel und Kirchengeschichte geben jedoch ein anderes Bild: Vom Urchristentum angefangen, gab es zu allen Zeiten die Gemeinschaft geistlicher Väter und Mütter mit ihren Söhnen und Töchtern. Jesus Christus selbst war der geistliche Vater seiner Nachfolger und Nachfolgerinnen; mit dem engeren Jüngerkreis teilte er das alltägliche Leben.[116] Die Apostel übten später ihrerseits geistliche Vaterschaft aus. Am deutlichsten wird dies bei Paulus, der in 1. Kor 4, 14ff. die Korinther auffordert, in ihrer Lebensführung seinem väterlichen Beispiel zu folgen. Auch die Wüstenmönche in Ägypten, Syrien und Palästina seit dem Ende des 3. Jahrhunderts, die ersten Seelsorger der Kirche, wurden für viele Menschen zu geistlichen Vätern – wobei es unter ihnen auch eine Reihe geistlicher Mütter gab.[117] Sie übten ihre geistliche Vater- bzw. Mutterschaft auf unterschiedliche Weise aus. Von einem Teil ihrer geistlichen Söhne und Töchter wurden sie regelmäßig besucht, zu anderen standen sie im Briefkontakt. Wieder andere wurden durch die Begegnung mit einem Wüstenmönch so berührt, dass sie selbst Mönch wurden und in die Wüste zogen.

Die seelsorgerliche Begleitung durch den geistlichen Vater bzw. die geistliche Mutter erstreckte sich oft über viele Jahre. Der geistliche Begleiter stand seinen geistlichen Söhnen und Töchtern auf dem Weg der Nach-

---

[116] Dazu Riesner, Formen gemeinsamen Lebens im Neuen Testament und heute.
[117] Seitz, Wüstenmönche, 81–111.

folge bei. Z.B. war die Gabe der Unterscheidung der Geister nötig, um die Gebote Gottes richtig verstehen und erfüllen zu können. In den Apophthegmata Patrum, der Sammlung der Aussprüche der Wüstenväter, heißt es: „Wenn möglich, soll der Mönch den Altvätern im Vertrauen sagen, wie viele Schritte er geht und wie viele Tropfen er trinkt im Kellion, um ja nicht daneben zu greifen" (Ap. 38).[118] Täglich hatte der Mönch seinem geistlichen Vater alle Gedanken zu offenbaren. Dieser entschied, welche er als Sünde bekennen musste. Vor allem gehörte der unbedingte Gehorsam gegenüber dem geistlichen Vater zur Aufgabe des Jüngers. Der Gehorsam gegenüber Jesus Christus sollte durch den Gehorsam gegenüber einem Menschen eingeübt werden. Auf diese Weise entstand eine enge Beziehung zwischen dem jungen Mönch und seinem geistlichen Vater. Sie sollte ihm die Sicherheit bieten, die dunklen Seiten seines Wesens wahrzunehmen und sich ihnen zu stellen. Die Wüstenväter waren der Überzeugung, dass man nur auf dem Weg der Selbsterkenntnis zur Gotteserkenntnis gelangen konnte.[119]

Auch in den Anfangsjahren der lutherischen Reformation spielte die Erfahrung geistlicher Vaterschaft eine wichtige Rolle. Die Keimzelle der Reformation waren Martin Luthers Haus und die mit ihm verbundenen geistlichen Schüler und Freunde. Luther wurde für viele seiner Zeitgenossen zum geistlichen Vater. Wir besitzen eine reiche Sammlung der Worte, die er bei Tisch zu seinen geistlichen Schülern, den studentischen Hausgenossen, gesprochen hat. Diese sog. Tischreden sind ein einzigartiges Zeugnis der christlichen Gemeinschaft, in der Luther lebte. Über das eigene Haus hinaus, bildete er zusammen mit den anderen Wittenberger Reformatoren einen geistlichen Freundeskreis, der sich regelmäßig austauschte und dabei die Vision einer neuen Kirche und Gesellschaft entwickelte.[120]

Die im Folgenden genannten Charakteristika sind eine Art Raster, mit dessen Hilfe sich prüfen lässt, ob ein geistliches Vater-Sohn- bzw. Vater-Tochter-Verhältnis gesund und hilfreich ist.

Grundlegend für die Beziehung ist die *Freiwilligkeit*. Normalerweise bat im frühen Mönchtum der geistliche Sohn bzw. die Tochter den Wüstenvater, ihn bzw. sie zu begleiten. Ein zweites Charakteristikum ist das *Vertrauen*. Ziel ist, ganz offen miteinander zu reden, wobei – anders als in therapeutischen Beziehungen –, immer auch ein Stück *gegenseitige* Offenheit intendiert ist. Der geistliche Vater wird auch seinerseits den geistlichen Sohn in sein Leben hineinschauen lassen, was mit einschließt, dass er Schwäche zeigt und eigene Schuld offenbart. Zu geistlicher Vaterschaft gehört auch die *Dauer*. Es geht um eine Weggemeinschaft, die nicht unbedingt mit gemeinsamem Leben verbunden sein muss, aber auf jeden Fall eine gewisse zeitliche Dauer mit einschließt. Der geistliche Vater sollte sich

---

[118] Weisung der Väter.
[119] Grün, Die spirituelle Dimension der Psychotherapie, 87f.
[120] Bornkamm, Martin Luther in der Mitte seines Lebens, 236ff.

nicht als starrer Wegweiser verstehen, sondern als *Wegbegleiter*, der mit dem geistlichen Sohn bzw. der geistlichen Tochter ein Stück des Lebenswegs gemeinsam geht. Dabei ist geistliche Vaterschaft *zielorientiert*. Eines ihrer Ziele ist die Einführung in unbekannte *Lebensräume*. Glauben sollte nicht mit der Reduktion von Wirklichkeit oder gar mit dem Eintrittsverbot in bestimmte Lebensräume verwechselt werden. Viele Lebensbereiche bleiben dem verschlossen, der keinen Menschen hat, der sie ihm aufzuschließen vermag. Eine wesentliche Aufgabe des geistlichen Vaters besteht darin, dem geistlichen Sohn neue Horizonte zu eröffnen. Ein erfahrener Wegbegleiter hilft, auch angstbesetzte Wirklichkeitsbereiche wahrzunehmen und zu betreten. Schließlich gehört zur geistlichen Vaterschaft auch das Ausüben von *Autorität* im Sinne von „augere", d.h. „wachsen lassen". Ein junges Bäumchen darf sich an einem Stab emporranken, der aber weggenommen werden muss, wenn es größer wird und stabil genug ist, allein zu stehen. Geistliche Väter und Mütter üben ihre Autorität nicht als Selbstzweck aus, sondern mit dem Ziel, den geistlichen Sohn bzw. die geistliche Tochter in die Selbstständigkeit und Eigenverantwortlichkeit zu führen.[121]

Lesehinweise

Dietrich Bonhoeffer, Gemeinsames Leben, München 1939 (viele Auflagen, zuletzt Gütersloh 2001).
Jean Vanier, In Gemeinschaft leben. Meine Erfahrungen (Edition Aufatmen), Wuppertal/Witten 1999 (mehrere Auflagen).
Gabriel Bunge, Geistliche Vaterschaft. Christliche Gnosis bei Evagrios Pontikos (23. Beiheft zu den Studia Patristica et Liturgica), Regensburg 1988.
Anselm Grün, Geistliche Begleitung bei den Wüstenvätern (Münsterschwarzacher Kleinschriften 67), Münsterschwarzach 1992.
André Louf/Meinrad Dufner, Geistliche Vaterschaft (Münsterschwarzacher Kleinschriften 26), Münsterschwarzach 1984.
Ken Blue, Geistlichen Missbrauch heilen, Basel 1997.

4.6. Johann Sebastian Bach: Kirchenmusik als Mittel evangelischer Spiritualität

Johann Sebastian Bach (1685–1750) gilt anerkanntermaßen als der größte Kirchenmusiker aller Zeiten, ja, er gehört zu den bedeutendsten Künstlern überhaupt. Erstaunlicherweise war man keineswegs immer dieser Ansicht. Zu seinen Lebzeiten wurde Bach vor allem als virtuoser Organist geschätzt, währenddessen man seine Kompositionskunst als altmodisch und überholt ansah. Einer seiner Söhne nannte ihn sogar eine „alte

---

[121] Neuerdings wird im Zusammenhang von neueren Gemeindeaufbaukonzeptionen häufig von „Mentoring" gesprochen. Es wäre lohnend, einmal zu untersuchen, worin die Gemeinsamkeiten und Unterschiede zur geistlichen Vater- bzw. Mutterschaft liegen.

Perücke".¹²² Zweckbestimmte Musik wie in der Barockzeit – sei es für die Kirche oder den Staat – war aus der Mode gekommen. Die Musik sollte einzig der Selbstdarstellung des menschlichen Gemütes und seiner Empfindungen dienen.

Nach seinem Tode wurde Bach deshalb sehr schnell vergessen. Erst Felix Mendelssohn-Bartholdy befreite ihn mit der Wiederaufführung der Matthäus-Passion in Berlin im Jahre 1829 – also fast genau 80 Jahre nach seinem Tod – aus dieser Vergessenheit. Damals begann der unaufhaltsame Siegeszug Bachs in der modernen Musikgeschichte. Dieser Siegeszug stellte übrigens kein kirchliches, sondern ein gesellschaftliches und künstlerisch-ästhetisches Ereignis dar. Das zeigt sich z.B. daran, dass zu der 1850 gegründeten Bach-Gesellschaft, die sich die Aufgabe gestellt hatte, sämtliche Werke Bachs zu edieren, kein namhafter Theologe gehörte. Dass die ungebrochene Bach-Renaissance bis zum heutigen Tage keine Angelegenheit des kirchlich-theologischen Binnenraums ist, offenbart z.B. die Tatsache, dass

J. S. Bach, nach einem Gemälde von E. G. Haußmann, 1746.

die theologische Bach-Interpretation erst spät eingesetzt hat und zudem nicht unbestritten geblieben ist.

Es gibt heute kaum ein Bach-Konzert, das nicht sehr gut besucht wäre: das gilt genauso für Aufführungen in säkularen Konzertsälen wie in Kirchen. Überzeugte Christen und säkulare Zeitgenossen fühlen sich gleichermaßen von der Musik Bachs unmittelbar angesprochen: sowohl von seiner Instrumental- als auch von seiner kirchlichen Vokalmusik.

Meine eigene Entdeckungsreise mit Bach begann als Abiturient durch den Besuch einer Aufführung der Matthäus-Passion. Eine Lehrerin hatte mich dazu zur Belohnung für das bestandene Abitur eingeladen. Ich hatte keine Ahnung, was mich erwartete. Vor allem empfand ich das Konzert dann als ziemlich lang. Die vielen Arien strapazierten mein Durchhaltevermögen. Aufrecht erhielten mich damals nur die wunderbar einfachen und klaren Choräle. Dennoch hat Bach mich seitdem nicht mehr losgelassen. Ich begegnete Menschen, die seiner Musik wesentliche Impulse für ihren Glauben verdankten. Andere halfen mir durch musikwissenschaftliche und

---

¹²² Zit. nach Maurer, Musik als Klangsymbol des Glaubens, 167.

theologische Erklärungen, einen tieferen Zugang zu seinen Kompositionen zu finden. Seit dem Studium versuchte ich, in jeder Passionszeit entweder die Matthäus- oder die Johannes-Passion zu hören, in der Adventszeit das Weihnachtsoratorium.

In Bachs Musik muss man sich – wie in klassische Musik überhaupt – einhören, damit sie im eigenen Inneren zu klingen beginnt. In den über 25 Jahren seit meinem ersten Bach-Konzert hat sich mein Musikgeschmack dadurch grundlegend gewandelt. Ich konnte bei dieser Verwandlung regelrecht zuschauen. Inzwischen stehen für mich nicht mehr die Chorstücke, sondern die Arien im Vordergrund des Interesses. Ihre vielmals wiederholte Botschaft vermitteln der stressgeplagten Seele eine unvergleichliche Ruhe und Gewissheit. In jedem Jahr eröffneten sich mir andere Dimensionen der Musik Bachs. Sie ist so tief und reich, dass man immer Neues entdecken kann. Je häufiger man sie hört, desto größer wird sie einem. Besonders berührt die in unvergleichlicher Weise gelungene Verbindung von Leben und Glauben, von Alltag und Frömmigkeit, die in ihr zum Ausdruck kommt und der in ihr immer wieder aufscheinende Horizont der Ewigkeit.

Wenn wir uns jetzt im einzelnen Bachs Musik unter dem Aspekt ihrer Bedeutung für die evangelische Spiritualität zuwenden wollen, müssen wir uns zunächst klarmachen, dass auch ein so genialer Musiker wie er in einer Frömmigkeitstradition steht, die ihn geprägt hat. Bach ist ganz und gar verwurzelt im Luthertum seiner Zeit. Die theologische Bachforschung ist sich inzwischen darüber einig, dass er aus der Theologie, Liturgik und Frömmigkeit der lutherischen Orthodoxie heraus interpretiert werden muss. In einem zweiten Abschnitt der folgenden Überlegungen geht es um Biografisches. Der dritte Punkt hat das Werk Bachs zum Thema und abschließend möchte ich Gründe für die ungebrochene Aktualität von Bachs Musik bedenken.

4.6.1. Die Vorgeschichte

Zwei Punkte sind in diesem Zusammenhang entscheidend: die herausragende Bedeutung, die die Musik für Luther besitzt, und die Schaffung des evangelischen Chorals durch die lutherische Reformation, eine ihrer Großtaten.

a) Die spirituelle Bedeutung der Musik für Martin Luther

Für die lutherische Reformation ist die Hochschätzung von Gesang und Musik charakteristisch. Luther gibt der Musik nach der Theologie den zweiten Platz, weil sie der Rechtfertigungserfahrung sowohl im individuellen als auch im gemeinschaftlichen Leben zur Umsetzung verhilft: „Ich liebe die Musik, und es gefallen mir die Schwärmer nicht, die sie verdammen. Weil sie erstens ein Geschenk Gottes und nicht der Menschen ist, zweitens weil sie die Seelen fröhlich macht, drittens weil sie den Teufel verjagt, viertens weil sie unschuldige Freude weckt. Darüber vergehen die

Zornanwandlungen, die Begierden, der Hochmut. Ich gebe der Musik den ersten Platz nach der Theologie. Dass ergibt sich aus dem Beispiel Davids und aller Propheten, weil sie all das ihre in Metren und Gesängen überliefert haben. Fünftens weil sie in der Zeit des Friedens herrscht. Haltet also aus, und es wird bei den Menschen nach uns besser mit dieser Kunst stehen, weil sie im Frieden leben. Ich lobe die Fürsten Bayerns deshalb, weil sie die Musik pflegen. Bei uns Sachsen werden die Waffen und Bombarden gepredigt."[123]

b) Der evangelische Choral und seine Bedeutung für die evangelische Frömmigkeit: Martin Luther und Paul Gerhardt

Schon häufig ist darauf hingewiesen worden, dass die Reformation eine Singebewegung war und ihren Siegeszug nicht zuletzt wegen ihrer neuen Lieder angetreten hat.[124] Christian Möller hat in einer Liedpredigt anlässlich des 800-jährigen Stadtjubiläums von Heidelberg die Bedeutung des Liedes „Es ist das Heil uns kommen her" (EG 342) für die Einführung der Reformation in der Stadt sehr anschaulich dargestellt.[125]

Inspirationsquelle des reformatorischen Liedes ist Luthers Erkenntnis von der voraussetzungslosen Begnadigung des Sünders durch Gott:[126] „Denn Gott hat unser Herz und Gemüt fröhlich gemacht durch seinen lieben Sohn, welchen er für uns hingegeben hat zur Erlösung von Sünden, Tod und Teufel. Wer dies mit Ernst glaubt, der kann's nicht lassen: er muss fröhlich und mit Lust davon singen und sagen, damit es andere auch hören und herzukommen."[127] Singen und Sagen gehören für Luther zusammen: Es sind die beiden Weisen, in denen das Evangelium verbreitet wird, wobei beide aus dem glaubenden Hören der Guten Nachricht erwachsen.[128] Luther gelingt es dabei, über das Singen des neuen Liedes auch den Bereich des ersten Artikels in den Glaubensvollzug hineinzuholen.

Nach Martin Luther ist Paul Gerhardt (1607–1676) der größte und volkstümlichste evangelische Liederdichter.[129] Er steht mit seinen Liedern auch im neuen Evangelischen Gesangbuch zahlenmäßig an der Spitze. Mehrere Gründe sind für die Beliebtheit von Paul Gerhardt verantwortlich. Sein persönliches Leben, das in die Schreckenszeit des 30-jährigen

---

[123] WA 30/2, 696 (Über die Musik, Entwurf Luthers von 1530).
[124] Das gilt vor allem für die von Luther und Calvin geprägte Reformation (vgl. hier und im Folgenden Möller, „Ein neues Lied wir heben an", 18 ff.; vgl. ebenso: Steiger/Steiger, Sehet!, 11 ff.).
[125] In: Möller, Ich singe dir mit Herz und Mund, 184–191.
[126] „Im Erlösungsgeschehen sieht Luther also den entscheidenden Grund dafür, dass es zu einem erlösten, befreiten Singen und Sagen notwendig kommen muss, wenn ein Mensch mit ernsthaftem Glauben in dieses Geschehen einstimmt" (Möller, Ein neues Lied wir heben an, 26).
[127] Luther in der Vorrede zum Bapst'schen Gesangbuch von 1545, zit. nach Jenny, Luther, Zwingli, Calvin in ihren Liedern, 170.
[128] Vgl. Möller, Ein neues Lied wir heben an, 28.
[129] Vgl. hier und im Folgenden Paul Gerhardt, Dichtungen und Schriften, VII ff.

Krieges fiel, war geprägt von großen äußeren und inneren Leiden. Dadurch wurde Paul Gerhardt in seinen Liedern zum großen Prediger des Trostes und der Freude.[130] Ein weiterer Grund für seine Beliebtheit liegt darin, dass es ihm gelingt, in seiner Dichtung Theologie und Alltag zu verknüpfen, theologische Erkenntnisse und Alltagserfahrungen miteinander in Verbindung zu bringen. Seine Botschaft lautet: Der Glaube hilft dem Menschen, das Leben in all seinen Nöten zu bestehen. Paul Gerhardt beschreibt Gott deshalb nie in seinem So- bzw. in seinem Ansichsein. Vielmehr geht es ihm darum, Gottes *Handeln* am Menschen zur Sprache zu bringen. Dreh- und Angelpunkt ist die liebende Zuwendung Gottes zum Menschen in Jesus Christus. Darüber hinaus wird die Schöpfung in seinen Liedern zum Bild für Gottes Ewigkeit. Er vermag den Alltag für Gottes Ewigkeit transparent werden zu lassen. Eine weitere Stärke von Paul Gerhardts Liedern besteht darin, dass sie die subjektive Glaubenserfahrung des Menschen zur Sprache bringen. Im Vergleich zu Luthers Liedern bekommt die subjektive Frömmigkeit einen viel höheren Stellenwert. Immer wieder ist vom Ich des Gläubigen die Rede. Angesichts der Neuentdeckung des menschlichen Individuums in der Barockzeit betont Paul Gerhardt das individuelle Gottesverhältnis. Schließlich ist seine Sprache bei aller Schlichtheit von großer bildhafter Darstellungskraft. Alle überflüssigen Ausmalungen fallen weg. Die verwendeten Bilder stammen vorwiegend aus der Natur und dem ländlichen bzw. handwerklichen Leben. Sie sind damit unmittelbar verständlich.

Als lutherischer Christ und lutherischer Kirchenmusiker stand Bach mit beiden Beinen im Strom der durch Martin Luther und Paul Gerhardt geprägten Tradition des lutherischen Chorals.

4.6.2. Biografisches

a) Zum Selbstverständnis Bachs als Musiker

Es geht hier nicht um die einzelnen Lebensstationen und Wirkungsplätze Bachs. Die sind in jeder Bachbiographie nachzulesen: 1685 als Sohn eines Stadtmusicus in Eisenach geboren, war er als junger Mann zunächst in Weimar, Arnstadt und Mühlhausen tätig, wurde Hoforganist und später Hofkonzertmeister in Weimar, Hofkapellmeister in Köthen und schließlich 1723 Thomaskantor und Kirchenmusikdirektor in Leipzig, wo er auch 1750 starb. Worum es uns jetzt geht, ist das Selbstverständnis Bachs als

---

[130] So auch Dietrich Bonhoeffer, Das innere Leben der evangelischen Kirche (Vortrag über die Geschichte des evangelischen Kirchenliedes), in: DBW, Bd. 14, 716. Ein Grund dafür, warum Paul Gerhardts Lieder heute bei der jüngeren Generation aus der Mode geraten sind, könnte darin bestehen, dass sie eine erstmals in der Geschichte unserer Landes – Gott sei dank – völlig ohne persönliche Kriegserfahrungen aufgewachsene Generation ist. Sie wird daher von einem ganz anderen Lebensgefühl geprägt, als dies die Lieder Paul Gerhardts voraussetzen.

Musiker zu ergründen und inwiefern dieses von seinem Christsein her geprägt war.

Die entscheidende Motivation von Bachs musikalischem Schaffen drückt sich in den Worten „Soli Deo Gloria" (Gott allein die Ehre) aus.[131] Mit diesen Worten hat Bach nicht nur regelmäßig am Schluss seine Kompositionen bezeichnet (häufig abgekürzt: SDG). Auch in Bachs theoretischen Äußerungen über seine Musik bildet das Stichwort „Zur Ehre Gottes" das inhaltliche Zentrum. Das zeigt z.B. Bachs Definition vom Sinn aller Musik: „Der Generalbass ist das vollkommenste Fundament der Music, welcher mit beyden Händen gespielet wird dergestalt, das die linke Hand die vorgeschriebenen Noten spielet, die rechte aber Con- und Dissonantien dazu greift, damit dieses eine wohlklingende Harmonie gebe *zur Ehre Gottes* und zulässiger Ergötzung des Gemüthes, und soll wie aller Music, also auch des General Basses Finis und End Uhrsache anders nicht, als nur *zu Gottes Ehre* und Recreation des Gemüths seyn. Wo dies nicht in Acht genommen wird, da ists keine eigentliche Music, sondern teuflisches Geplerr und Geleyer."[132] Der gleiche Gedanke steckt hinter der handschriftlichen Widmung auf dem Orgelbüchlein für Anna Magdalena Bach von 1720 in Köthen: „dem Höchsten Gott allein zu Ehren, dem Nächsten draus sich zu belehren."[133] Dass die Ehre Gottes Ziel und Zweck von Bachs musikalischem Schaffen war, zeigt schließlich auch folgende bekannte Formulierung: „... den Endzweck, nemlich eine regulirte Kirchenmusik *zu gottes Ehren* ... Erhaltung meines endzweckes wegen der wohlzufassenden Kirchen-music".[134] Mit dem Ziel, Musik „zur Ehre Gottes" zu machen, steht Bach nicht nur ganz in der Tradition lutherischer Kirchenmusik, sondern lutherischer Ethik insgesamt, die die Arbeit in jedem Beruf als zur Ehre Gottes und zum Heil des Menschen dienend definiert hat.[135]

Dass dieses Ziel das Wirken Bachs während seines ganzen Lebens bestimmt hat, wird durch einen sensationellen Fund untermauert, der in den 30er-Jahren in den USA gemacht wurde.[136] Man fand dort Bachs Bibel, die dieser – gemäß handschriftlicher Eintragung – 1733 erworben hat. Dabei handelt es sich um eine dreibändige kommentierte Lutherbibel des orthodox-lutherischen Theologen Abraham Calov (1612–1686).[137] Der Fund beweist einerseits, dass Bach in der Bibel geistlich beheimatet war. Darauf deutet eine Reihe von Eintragungen mit eigener Hand hin. Zum anderen zeigen

---

[131] Vgl. hier und im Folgenden Bouman, Musik zur Ehre Gottes, 24ff.
[132] Zit. nach a.a.O., 24 (aus: Spitta, Johann Sebastian Bach, Bd. 2, 915f. (Gründlicher Unterricht des General-Basses, Col. 1 und 2)); Hervorhebungen von P. Z.
[133] Zit. nach Bouman, Musik zur Ehre Gottes, 24.
[134] Zit. nach a.a.O. (aus: Spitta, Johann Sebastian Bach, Bd. 1, 372f.); Hervorhebung von P. Z.
[135] S. Kap. 2.1.3.d).
[136] Bach und die Bibel, 51f.
[137] Vgl. dazu Bouman, Musik zur Ehre Gottes, 34ff.; ebenso Geck, Bachs Schriftverständnis, 9ff.

verschiedene der Eintragungen, dass Bach seine Musik auch in seinen späteren Wirkungsjahren als Musik zur Ehre Gottes verstanden wissen wollte. Dabei sind drei Eintragungen zu den beiden Chronik-Büchern im Alten Testament besonders aufschlussreich.[138] Zu 1. Chr 25, wo von der Einsetzung der Sänger und Instrumentalisten am Jerusalemer Tempel in ihre Ämter die Rede ist, schreibt Bach: „Dieses Capitel ist das wahre Fundament aller Gott gefälligen Kirchen Music." Zu 1. Chr 28 hält Bach fest: „Ein herrlicher Beweis, dass neben anderen Anstalten des Gottesdienstes besonders auch die Musica von Gottes Geist durch David mit angeordnet worden." In beiden Eintragungen bringt Bach seine Freude darüber zum Ausdruck, dass gottesdienstliche Musik letztlich nicht von Menschen, sondern von Gott selbst angeordnet worden ist. Eine dritte Eintragung findet sich am Rand von 2. Chr 5, 13. In 2. Chr 5f. wird die Einweihung des Jerusalemer Tempels durch König Salomo beschrieben. In 2. Chr 5, 13 heißt es: „Und es war, als wäre es einer, der trompetete und sänge, als hörte man eine Stimme loben und danken dem Herrn. Und als sich die Stimme der Trompeten, Zimbeln und Saitenspiele erhob und man den Herrn lobte: ‚Er ist gütig, und seine Barmherzigkeit währt ewig', da wurde das Haus des Herrn erfüllt mit einer Wolke." Bach notiert: „NB. Bey einer andächtigen Musique ist allezeit Gott mit seiner Gnaden Gegenwart." Das heißt nichts Geringeres, als dass Bach davon überzeugt ist, dass in seiner Musik Gott selbst gegenwärtig ist: Wie beim Abendmahl so auch in der Kirchenmusik Realpräsenz Gottes.

Konsequenz dieser Überlegungen ist, dass die Ehre Gottes aus der Musik Bachs herausgehört werden kann.

b) Bach zwischen lutherischer Orthodoxie, Pietismus, Mystik und Aufklärung

Wir haben gesehen, dass Bach – analog zum lutherischen Berufsgedanken – seine Musik zur Ehre Gottes komponiert hat. Nun ist noch nach der näheren Profilierung seines Glaubens zu fragen. Diese Frage ist darum besonders interessant, weil ja davon auszugehen ist, dass die besondere Prägung seines Glaubens sich auch in seinen Kompositionen ausgewirkt hat. Zumindest liegt es nahe, anzunehmen, dass „ernsthafte Frömmigkeit bei entsprechendem Ingenium das auslösende Moment für besonders exponierte Leistungen sein könnte".[139] Wie bereits erwähnt, herrscht heute in der theologischen Bach-Forschung weitgehende Übereinstimmung darüber, dass Bachs Frömmigkeit wesentlich von der lutherischen Orthodoxie, der traditionellen theologischen Richtung seiner Zeit, geprägt wurde. Neben dem orthodoxen Luthertum lassen sich bei Bach allerdings auch pietistische, mystische und aufklärerische Gedankenansätze erkennen.

---

[138] A.a.O., 10; vgl. auch Bach, Ehre sei dir Gott gesungen.
[139] Geck, Bachs Schriftverständnis, 9.

Dabei hat man sich die lutherische Orthodoxie nicht als monolithischen Block vorzustellen. Es gab in ihr vielmehr eine Reihe recht unterschiedlicher Strömungen.[140] Im Zentrum stand jedoch bei allen eindeutig Luthers Lehre von der Rechtfertigung des Sünders allein aus Gnaden. Damit war eine Christozentrik des Glaubens verbunden. Die Christozentrik von Bachs Glauben zeigt sich z.B. darin, dass er an den Beginn seiner Partituren häufig JJ/Jesus Juva, d.h. Jesu hilf schrieb. Sie zeigt sich auch darin, dass Bach drei Jahre vor seinem Tod dem Theologiestudenten Johann Gottfried Fulde einen Widmungskanon und dazu den Wahlspruch „Christus Coronabit Crucigeros" (Christus wird krönen die Kreuzfahrer) ins Stammbuch schrieb. Bach versteht das irdische Leben als Bewährung in der Nachfolge Jesu Christi. Ziel ist das ewige Leben als Gabe Gottes in Jesus.

Wir wissen, dass Bach bereits während seiner Schulzeit einen gründlichen Unterricht in lutherischer Theologie erhielt: zunächst anhand von Luthers Katechismus, später nach dem compendium locorum theologicorum von Leonhard Hutter, ein Abriss der lutherischen Dogmatik von 1610.[141] Auch die erhalten gebliebene Liste des theologischen Teils seiner Bibliothek bestätigt die lutherische Grundprägung von Bachs Frömmigkeit.[142] Im Vordergrund standen eindeutig Luthers Schriften: von insgesamt 52 Werken allein 19 Bände mit Lutherschriften. Daneben vor allem Werke von lutherischen Theologen aus dem 16. und 17. Jahrhundert, dem Zeitalter der lutherischen Orthodoxie.

Nur wenige Bücher stammen aus dem 18. Jahrhundert: Dazu zählten Werke der Hallenser Pietisten August Hermann Francke und Johann Jakob Rambach sowie des Lutheraners Erdmann Neumeister, wobei sich die beiden letztgenannten mit Gesangbuchfragen beschäftigten und Kantatendichter waren. Das Vorhandensein von pietistischen Autoren deutet darauf hin, dass der in der Bach-Literatur immer wieder hervorgehobene Gegensatz Bachs zum Pietismus seiner Zeit zumindest modifiziert werden muss.[143] Bach teilte offensichtlich mit ihm die Betonung der persönlichen Frömmigkeit als Ausdruck des gelebten Glaubens, wobei sich diese Betonung teilweise bereits bei Paul Gerhardt findet. Viele Arientexte[144] in Bachs Passionen stehen beispielhaft für diese Konzentration des Glaubens auf das Verhältnis des einzelnen Gläubigen zu Gott bzw. zu Jesus Christus: „Ich will dir mein Herze schenken, senke dich, mein Heil, hinein. Ich will mich in dir versenken; ist dir gleich die Welt zu klein, ei, so sollst du mir allein mehr als Welt und Himmel sein" (Matthäus-Passion, Arie Nr. 19).

---

[140] Kantzenbach, Orthodoxie und Pietismus, 11 ff.
[141] Vgl. hier und im Folgenden Werthemann, Johann Sebastian Bach, 38 f.
[142] Vgl. dazu im einzelnen Preuß, Bachs Bibliothek, 105–129; Bouman, Musik zur Ehre Gottes, 34 ff.
[143] Geck, Bachs Schriftverständnis, 12: „Es erscheint mir falsch und unnötig, leugnen zu wollen, dass Ideen des Pietismus Bach als Künstler und frommen Menschen wesentlich beeinflusst haben."; s. auch Werthemann, Johann Sebastian Bach, 40.
[144] Meist vom Weimarer Salomo Franck (1659–1725) gedichtet.

Bach hat Mühlhausen 1708 nach nur einem Jahr wohl deshalb verlassen, weil dort Streit zwischen orthodoxen und pietistischen Lutheranern herrschte. Für die Vertreter der orthodoxen Lehre hatte die Musik einen besonderen Stellenwert im Wirken Gottes: Sie brachte die Menschen Gott näher. Darum die herausragende Stellung der Kirchenmusik im Rahmen des lutherischen Gottesdienstes. Währenddessen war die Musik für die Pietisten nur Mittel persönlicher Andachtsübung. Aufgrund dieser Anschauung drohte durch die pietistische Bewegung eine Auflösung der alten gottesdienstlichen Formen. Es leuchtet unmittelbar ein, dass im Rahmen einer solchen Bewegung Bachs Lebensprogramm einer „regulierten Kirchenmusik" nicht verwirklicht werden konnte. Darum an dieser Stelle seine Ablehnung pietistischer Überlegungen.

Zusammenfassend ist festzuhalten, dass Bach eindeutig in Martin Luther den wichtigsten Theologen gesehen hat, dass er dabei aber durchaus offen war für die orthodoxen und pietistischen Strömungen, die an Fragen der Erfahrbarkeit des Glaubens interessiert waren, für die also neben der fides quae creditur, die fides qua creditur zentral war.

Wie sah Bachs Stellung zur Mystik aus? Spätestens seit Albert Schweitzers großer Bach-Biographie sind die Überlegungen nicht mehr verstummt, die von „Bach als Mystiker" sprechen.[145] Schweitzer schrieb: „Seinem innersten Wesen nach ist Bach eine Erscheinung in der Geschichte der deutschen Mystik."[146] Die Schwierigkeit besteht darin, dass solchen Urteilen kein allgemein anerkannter Mystikbegriff zugrundeliegt. Schweitzer macht seine Aussage an der vor allem in den Kantaten zutagetretenden angeblichen Todessehnsucht Bachs fest. Er „war innerlich der Welt abgestorben. Sein ganzes Denken war von einem wunderbaren, heiteren Todessehnen verklärt. Immer wieder, so oft es der Text nur einigermaßen gestattet, kommt er in seiner Musik auf dieses Sehnen zu reden, und nie ist die Sprache seiner Töne so ergreifend, wie gerade in den Kantaten, in denen er die Erlösung vom Leibe dieses Todes predigt."[147] Sicher ist die Orientierung auf die Ewigkeit ein Charakteristikum mystischer Frömmigkeit. Aber sie allein reicht nicht aus, um die Glaubenserfahrung eines Christen als mystisch zu charakterisieren.

Vor und nach Schweitzer versuchten andere Interpreten, die Mystik Bachs unmittelbar an seinem musikalischen Werk festzumachen. Es mache die mystische Einheit, in der alle Gegensätze zusammenfallen, auf unübertroffene Weise hörbar. Entsprechend schrieb Dilthey schon im 19. Jahrhundert: „Man kann sagen, dass niemand vielleicht seit Luther die einzelnen Stimmungen so anhaltend in sich festgehalten, so intensiv durchlebt hat, wie dies ja die Bedingung für seine Musik war, und dass daher auch nie ihr Ineinanderklingen, die Verhältnisse zwischen ihnen

---

[145] Herchet/Milbradt, Bach als Mystiker, 207ff.
[146] Schweitzer, Johann Sebastian Bach, 155.
[147] A.a.O.

von Verwandtschaft und Gegensatz als Seiten desselben Einheitlichen so erfasst worden sind. Es gehört zu den höchsten Momenten seiner Kunst, wenn er in den Kantaten, zuweilen auch in den Oratorien, durch Stimmen, die den verschiedenen Modifikationen des christlichen Bewusstseins Ausdruck geben, die Gegensätze von sinnlicher Lebendigkeit und religiöser Stille, von Unseligkeit und Erlösung musikalisch so ineinander verschränkt, dass in der Gleichzeitigkeit die Totalität des christlichen Bewusstseins zum Ausdruck kommt. Und tiefer dann noch sind die andern Stellen, in denen er sich in mystische Abgründe verliert, Leid und Göttlichkeit, Begräbnis des Unsterblichen, kurz die letzten Mischungen, die coincidentia oppositorum selbst im christlichen Bewusstsein zum Ausdruck bringt."[148] Auch dieser Erklärungsansatz der mystischen Strömungen in Bachs Werk überzeugt nicht. Die Argumentation Diltheys erscheint zu subjektiv bzw. intuitiv.

Fruchtbarer ist dagegen der Versuch, Bachs Frömmigkeit im Raum der spezifisch lutherischen Ausprägung der Mystik, wie sie in der lutherischen Orthodoxie entwickelt wurde, zu beheimaten. Die lutherische Barockmystik kreist um zwei Pole. Den einen Pol bildet ihre Orientierung am Wort. Lutherische Mystik ist eine Mystik des Wortes. Noch genauer: Sie ist eine Mystik des Hörens, deren Bindung an das Wort gerade in der Musik das adäquate Ausdrucksmittel findet.[149] Den anderen Pol bildet der Gedanke der unio mystica, der mystischen Einung der Seele mit Gott. Dabei wird die wesentliche Einung zugunsten einer willentlichen Einung abgelehnt. Entsprechende Gedanken finden sich schon in den Liedertexten von Paul Gerhardt, vor allem aber bei Johann Arnd.[150]

Dass sich Bachs Mystik in den Rahmen der lutherischen Mystik des Wortes einfügt, wird durch die Beobachtung gestützt, dass sich in Bachs Bibliothek eine Reihe von Erbauungsbüchern findet, die von dieser Form von Mystik beeinflusst sind. Hier sind vor allem Johann Arnds Bücher vom wahren Christentum mit dem Paradiesgärtlein hervorzuheben. Es war das im 17. Jahrhundert am weitesten verbreitete evangelische Andachtsbuch und zeichnet sich einerseits durch die Betonung des gelebten Glaubens und andererseits durch die Aufnahme von mystischen Gedanken aus der mittelalterlichen Tradition aus, die darum kreisen, wie der Mensch Gott begegnen kann. Außerdem gehörte zu Bachs Bibliothek eine Ausgabe von Predigten des mittelalterlichen Mystikers Tauler. Die diesem zugeschriebene „Theologia deutsch" wurde – wie wir sahen – schon von Luther hoch geschätzt.[151]

---

[148] Dilthey, Von deutscher Dichtung und Musik, 245f., zit. Herchet/Milbradt, Bach als Mystiker, 216.
[149] So Adolf M. Ritter nach Hasso Jaeger in dessen Beitrag über protestantische und anglikanische Mystik in dem Sammelband „La Mystique et les Mystiques", hg. von A. Ravier, Paris 1965, 275.
[150] Arnd, Sechs Bücher vom wahren Christentum nebst dessen Paradiesgärtlein.
[151] S. Kap. 1.1.3.

Schließlich ist noch nach Bachs Stellung zur Aufklärung zu fragen.[152] Völlig unbekümmert scheint Bach Gedanken der natürlichen Theologie aufgenommen zu haben: Neben der Schrift sieht er – wie die deutsche Aufklärung, aber auch bereits die lutherische Orthodoxie – in den Gesetzen der Natur eine göttliche Offenbarungsquelle. Man kann deshalb bei Bach – analog zur Philosophie eines Leibniz – von einem „gläubigen Rationalismus" sprechen (107). Er hat seine Werke „aus dem elementaren Gefühl für das naturhaft Geordnete der beginnenden Aufklärung" geschaffen (107). Die Gesetze der Natur zeigen sich auch in der Musik. Die in ihr aufgespürten Gesetze der Schöpfung werden von Bach in seinen Kompositionen zur Ehre Gottes abgebildet. „Weil sie [diese Gesetzmäßigkeit] über sich selbst hinausweist, darum wird sie bei Bach zugleich als Sinnbild für die ewige Wahrheit des Evangeliums verwandt" (109).

Bach war also in seinem Schaffen durchaus mitbeeinflusst von der aufklärerischen Geistesströmung, blieb aber viel stärker im orthodoxen Glauben verwurzelt, als das etwa Händel und Telemann waren. Walter Blankenburg leitet daraus die Erklärung dafür ab, „dass die barocke Klangpracht seiner Musik zugleich mit einem einzigartigen Maß von Vergeistigung verbunden ist".[153]

4.6.3. Zum Werk Bachs

a) Bach als Bibelausleger

Zunächst eine Vorbemerkung: Wenn hier von Bach als Bibelausleger die Rede ist, dann muss zunächst der Begriff der Auslegung der Bibel erweitert werden.[154] Er darf sich nicht nur auf die wissenschaftliche Exegese beziehen, sondern soll im Folgenden auch auf das Gebiet der Künste ausgedehnt werden, die ja von jeher in der Geschichte der Kirche eine wichtige Funktion in der Auslegung biblischer Inhalte besessen haben. Man denke nur an die mittelalterliche Malerei. Im Protestantismus hat – wie wir bereits sahen – demgegenüber die Musik große Bedeutung für die Schriftauslegung gewonnen. In diesen Gesamtzusammenhang gehört auch Johann Sebastian Bach.

Dass Bach seine Musik letztlich – ganz lutherisch – als Schriftauslegung verstanden hat, ist in der Bach-Forschung bestritten worden. Vor allem Friedrich Blume hat versucht, die Rede von Bach als Ausleger der Schrift zu entmythologisieren. „Der Erzkantor Bach, der schöpferische Diener am Wort, der eherne Bekenner des Luthertums ist eine Legende."[155] Blume bemühte sich darum, Bach „auf die realen Grundlagen seines Zeitalters zu-

---
[152] Vgl. hier und im Folgenden Blankenburg, Johann Sebastian Bach und die Aufklärung, 100–110.
[153] Zit. nach Werthemann, Johann Sebastian Bach, 38.
[154] Vgl. Petzoldt, Bach als Ausleger der Bibel, 9.
[155] Friedrich Blume, in: Musica 16 (1962), zit. nach Geck, Schriftverständnis, 9.

rückzuführen, ihm den falschen Nimbus abzustreifen und zu zeigen, dass er, wenn auch ein viel besserer Musiker, in allen Dingen gedacht und gehandelt hat wie seine Zeitgenossen." Bach ist nach Blume als weltanschaulich neutraler, nur seiner Kunst verpflichteter Musiker zu verstehen.

Aber auch die Vorstellung, dass Bach nur aufgrund der Notwendigkeiten des Amtes als Kirchenmusiker und der Gegebenheiten seiner Genialität geistliche Musik komponiert habe, ist nicht unwidersprochen geblieben. Martin Geck hat zeigen können, dass Dreh- und Angelpunkt für Entstehung und Verständnis der Bachschen Kompositionen tatsächlich die Verkündigung des Evangeliums in Wort und Ton ist. Bereits zwei äußerliche Beobachtungen belegen die Richtigkeit dieser Feststellung: Zum einen ist es kein Zufall, dass Bach gerade auf dem Gebiet der Kirchenmusik unübertroffen geblieben ist, während seine ebenso geniale Instrumentalmusik kongeniale und weiter ausgreifende Nachfolger gefunden hat.[156] Zum anderen lässt sich zeigen, dass Bach auch de facto dem Bibelwort in seinen Kirchenkompositionen den ersten Platz vor der freien Dichtung gegeben hat. Ursprünglich komponierten die lutherischen Kirchenmusiker des 17. Jahrhunderts ihre geistlichen *Konzerte* weithin auf biblische Texte. Im 18. Jahrhundert kam die neue Gattung der *Kantate* auf, entstanden als kirchliches Gegenstück zur italienischen Oper. Zunächst verzichtete man vollständig auf Bibelwort und Choral zugunsten neuer gereimter Dichtung. Aufgrund des Protestes vonseiten der Gemeindebasis und der Theologen kam es zu einem Kompromiss, indem man Bibelwort, Choral und freie Dichtung zusammenstellte. Trotzdem gab es weiterhin die Form der Kantate, der ausschließlich die freie Dichtung zugrunde lag. Bei Bach sind jedoch die rein madrigalischen Kantaten weitaus in der Minderzahl. Schon in seiner Weimarer Zeit (Weimarer Kantaten-Frühling) fällt auf, dass Bach bestrebt ist, in die Madrigalkantaten Salomo Francks Symbole lutherischer, stärker wortgebundener Glaubenshaltung einzuschmuggeln.[157] Diese Rolle erfüllen hier Choralzitate. Das wird in Leipzig noch deutlicher sichtbar. Hier kehrt Bach – aus innerster Überzeugung, nicht etwa, weil ihm das von seinem Amt als Thomas-Kantor her aufgetragen war – zum von Bibel und Choral geprägten geistlichen Konzert zurück. Nicht der gerade moderne, von der italienischen Oper geprägte Kantaten-Stil steht für Bach an oberster Stelle. „Bach begreift die Kirchenkantate [vielmehr] ... als musikalische Realisation einer umfassenden, auch nichtmusikalischen, etwa liturgischen, Phänomenen offenen Gattung."[158]

Von hier aus wird verständlich, warum Bach die lutherische Erkenntnis von der gnädigen Annahme des Menschen durch Gott in seiner Musik auch dann zur Geltung bringt, wenn dadurch herkömmliche Kompositionsgepflogenheiten durchbrochen werden. *Ein* besonders anschauliches

---

[156] Geck, Schriftverständnis, 10.
[157] So a.a.O., 13.
[158] A.a.O., 15.

Beispiel muss an dieser Stelle genügen.[159] Viele haben sicher den Eingangschor der Matthäus-Passion im Ohr. Der gedichtete Text verbindet Leidens- und Brautmystik: „Kommt, ihr Töchter, helft mir klagen; sehet – wen? – den Bräutigam; seht ihn – wie? – als wie ein Lamm …" Dieser Eingangschor ist von einer ungeheuer strengen Emotionalität. Er gibt das Karfreitagsthema vor, nach dem der Tod Jesu am Kreuz nicht nur die Menschheit, sondern die ganze Schöpfung im Innersten aufwühlt. Mitten hinein in diese gewaltige vokal-symphonische Komposition hat Bach – in der Original-Partitur mit roter Tinte – den Choral „O Lamm Gottes, unschuldig" hineingeschrieben. Warum hat Bach das getan? Vom rein musikalischen Standpunkt aus betrachtet, wirkt der cantus firmus geradezu störend: Er bringt in die kunstvolle Mehrstimmigkeit liturgische Einstimmigkeit hinein. Aber vom Gesichtspunkt der Bachschen Musik als Evangeliumsverkündigung zeigt er Bach auf der Höhe seines Könnens als Schriftausleger: Indem der Choral die ästhetische Norm sprengt, führt Bach den Hörer über den rein innerweltlichen Horizont hinaus. Während die Menschheit angesichts des furchtbaren Unrechts, das auf Golgatha einem unschuldigen Menschen widerfahren ist, noch in kollektiver Klage verharrt, bricht hier die Botschaft des Evangeliums von der Rettung des Sünders durch das unschuldige Sterben Jesu am Kreuz aus einer anderen Welt in das Geschehen herein. Evangeliumsverkündigung pur könnte man diese Kompositionskunst nennen, auch wenn viele der Hörer und Hörerinnen Bachs mit ihr heute vielleicht nicht mehr unmittelbar etwas anfangen können.

b) Der Verkündigungscharakter von Bachs Kompositionskunst

Der Verkündigungscharakter von Bachs Musik lässt sich nicht nur an den Texten seiner Vokalmusik festmachen. Die Musik selbst – auch die Instrumentalmusik – ist nach lutherischem Verständnis „Sprache des Glaubens".[160] Luther meinte, dass sie „Wortcharakter" besäße, also in den Dienst der Verkündigung gestellt werden könne. In dieser Linie muss Bachs Musik interpretiert werden. Ein Zeitgenosse Bachs, Johann Mattheson (1681–1764) bestätigt diese Annahme: „Bachs Instrumental Music sei nichts anders als eine Tonsprache oder Klangrede."[161] Sie will Glauben wecken bzw. befestigen. Johan Bouman hat vier Mittel herausgestellt, mit denen Bach seine Musik als Tonsprache gestaltet.[162] Es sind dies 1. musikalisch-rhetorische Figuren, 2. der Einsatz der Instrumente, 3. die Auswahl der Tonarten und schließlich 4. die Verwendung einer speziellen Zahlensymbolik. Im Folgenden möchte ich kurz beschreiben, was damit gemeint ist.

---

[159] Vgl. zum Folgenden a.a.O., 11.
[160] Vgl. hier und im Folgenden Bouman, Musik zur Ehre Gottes, 43ff.; dazu auch: Walter, Musik-Sprache des Glaubens.
[161] Zit. nach Bouman, Musik zur Ehre Gottes, 43.
[162] Boumans Überlegungen sind nicht unumstritten geblieben. Sie erscheinen an manchen Stellen zu spekulativ, aber die Grundrichtung leuchtet ein.

1. Zu Bachs Zeit standen ungefähr 100 musikalisch-rhetorische Figuren zur Verfügung. Eine von Bach benutzte Figur ist die des Abstiegs, der Katabasis, also eine absteigende Melodielinie. Eine andere ist die Figur der Abbildung, der Hypotyposis. In Arie 8 der Matthäuspassion „Blute nur" wird die Schlange mit ihrem Kriechen abgebildet.

2. Auch die Stimmen und Instrumente haben in Bachs Musik symbolische Funktion. Z. B. bekommt die Sopranstimme herausragende Bedeutung: sie bringt die Empfindungen der Seele zum Klingen (etwa im Weihnachtsoratorium im Wechselgespräch zwischen der Seele und Christus). Ein Beispiel für die Tonsprache der Instrumente: Wenn Bach die Offenbarung oder die Anbetung der himmlischen Welt thematisiert, lässt er eine oder mehrere Trompeten erklingen, die die Herrlichkeit von Gottes Welt verkündigen sollen.

3. Weiter haben nach der Musiklehre der frühen Barockzeit auch die verschiedenen Tonarten eine je besondere theologische Bedeutung. Im perfekten Dreiklang liegt z. B. ein Symbol für die göttliche Person Christi. Bouman hat versucht nachzuweisen, dass diese Symbolik von Bach besonders in der h-Moll-Messe berücksichtigt worden ist.

4. Schließlich hat die Bach-Forschung in den vergangenen Jahren sich bemüht, zu zeigen, dass die Musiksprache Bachs von einer bestimmten Zahlsymbolik geprägt wird. Entscheidender Grund für die Verwendung der Zahlensymbolik in der Musik Bachs scheint die Bedeutung der Zahlen in der Bibel gewesen zu sein. Sie stehen dort in unmittelbarem Zusammenhang zur Schöpfungsordnung: „Aber du hast alles geordnet mit Maß, Zahl und Gewicht" (Weisheit Salomos 11, 21). Wichtige Glaubensaussagen können mit einer Zahl verdeutlicht werden. Z. B. kann die Zahl drei sowohl die Ewigkeit (Offb 1, 4: „Der da ist und der da war und der da kommt") als auch die Trinität (Mt 28, 19: „Taufet sie im Namen des Vaters, und des Sohnes, und des Heiligen Geistes") bedeuten.

Bei Bach unterstreicht die Zahl die Bedeutung des Textes. Dabei kann es sich um die Zahl der Takte und Themen, Einsätze und Ostinato-Wiederholungen handeln. Dazu ein Beispiel: „In der Matthäuspassion singen in der Aria 27 a Sopran und Alt die Worte ‚So ist mein Jesus nun gefangen'. In der Gegenbewegung tritt der Chor auf; es sind die Stimmen derjenigen, die das Geschehen des Leidens Christi nicht verstehen. Jesus soll nicht leiden, und deswegen rufen sie: ‚Lasst ihn, haltet, bindet nicht!' Genau dasselbe hat auch Petrus bei der Leidensankündigung getan. In Matthäus 16, 22 heißt es: ‚Und Petrus nahm ihn zu sich, fuhr ihn an, und sprach: Herr, schone deiner selbst, das widerfahre dir nur nicht' (Luther-Übersetzung). Es sind genau diese Zahlen, 16 und 22, die in dieser Arie vorkommen. Das Vorspiel des Orchesters hat 16 Takte, und wenn der Chor ruft ‚bindet nicht!' erscheint die Taktzahl 22."[163]

Soweit ein Einblick in die Grammatik von Bachs Musiksprache.

---

[163] A.a.O., 73.

4.6.4. Die ungebrochene Aktualität von Bachs Werk

„Fragt man mich nach einem fünften Evangelium, so nenne ich ohne Zögern die Dolmetschung der Erlösungsgeschichte, die ihren Höhepunkt in Johann Sebastian Bach erreicht hat. Ich hatte früher schon die Matthäus-Passion und die h-Moll-Messe studiert, als ich sie zum ersten Mal würdig aufführen hörte in der Thomas-Kirche in Leipzig, erhielt ich einen tieferen Einblick in das Mysterium des Leidens und der Fleischwerdung (Christi) als je zuvor."[164] So der schwedische Erzbischof Nathan Söderblom (1866–1931). Wie er bin auch ich der Überzeugung, dass die Musik Johann Sebastian Bachs nur von ihrem theologischen Hintergrund her angemessen verstanden werden kann. Das soll natürlich nicht heißen, dass es keinen rein ästhetischen Zugang zu seiner Musik – unter Absehung von ihrer theologischen Verankerung – geben könnte, wodurch Bachs Musik, allerdings gegen seine ausdrückliche Intention, zum Religionsersatz wird.

Ihre ungebrochene Aktualität hat eine Reihe von Ursachen. Dazu gehört die ungeheure Bandbreite der Empfindungen, die in ihr zum Ausdruck gebracht wird. In Bachs Musik wird das menschliche Leben in seiner ganzen Fülle und mit all seinen Empfindungen thematisiert. Geburt und Tod, Erwachsenwerden und Altern, Gesundheit und Krankheit, tiefste Trauer und höchste Freude, bitterer Hass und innigste Liebe, schreckliches Leiden und völliges Glück. Bach ist es in seiner Musik gelungen, den gesamten Kosmos zum Klingen zu bringen. Ludwig van Beethoven formulierte prägnant: „Nicht Bach, Meer sollte er heißen." Im Kosmos von Bachs Musik fühlen sich alle Menschen angesprochen. Darüberhinaus wird auch der säkularste Zeitgenosse von Bachs Botschaft berührt, dass es Hoffnung auf Erlösung aus den Leiden dieses Lebens gibt. Sie lässt den Menschen erahnen, dass es jenseits der Kerkermauern des eigenen Ichs noch eine andere Welt gibt. Die christliche Botschaft von dieser anderen Welt verkündet Bachs Musik in hervorragender Weise. Christen erleben darüber hinaus, dass Bach in seiner geistlichen Vokalmusik den eigenen Glaubenserfahrungen unnachahmlich Ausdruck und Stimme verliehen hat. Dabei besteht die Genialität von Bachs Kompositionskunst darin, dass die Musik mit den gesungenen Worten korrespondiert und dadurch in ihrem Inhalt noch verstärkt wird.

Lesehinweise

Martin Geck, Johann Sebastian Bach, 6. Auflage, Reinbek bei Hamburg 2000 (überarbeitete Neuausgabe).
Friedemann Otterbach, Johann Sebastian Bach. Leben und Werk, 2., durchgesehene und bibliographisch aktualisierte Auflage, Stuttgart 1999.
Johann Sebastian Bach. Ehre sei dir Gott gesungen, Bilder und Texte zu Bachs Leben als Christ und seinem Wirken für die Kirche, 2. Auflage, Berlin 1990.
Die ganze Welt bewundert Bach, hg. von Meinrad Walter, Düsseldorf/Zürich 2000.

---

[164] Zit. nach Schweizer, Bach und (k)ein Ende?, 348.

Bach als Ausleger der Bibel. Theologische und musikwissenschaftliche Studien zum Werk Johann Sebastian Bachs, hg. von Martin Petzoldt im Auftrag des Kirchlichen Komitees Johann Sebastian Bach, Göttingen 1985.
Johan Bouman, Musik zur Ehre Gottes. Die Musik als Gabe Gottes und Verkündigung des Evangeliums bei Johann Sebastian Bach, Gießen 2000.
Wer am Internet interessiert ist, dem sei www.jsbach.org empfohlen, eine englischsprachige Site mit Überblick über Leben und Werk des Musikers.

4.7. Evangelisches Heiligengedächtnis, Pilgern, Fasten

4.7.1. Unterwegs zu einem evangelischen Heiligengedächtnis. Ein Versuch

Im Folgenden möchte ich Grundlinien eines zukünftigen Umgangs mit den Heiligen im Protestantismus herausarbeiten.[165] Ich spreche dabei bewusst von evangelischem Heiligen*gedächtnis*, um damit die Besonderheit gegenüber der katholischen Heiligen*verehrung* zum Ausdruck zu bringen. Dabei ist zunächst die Aktualität der Fragestellung zu begründen. In einem zweiten Schritt sollen, ausgehend vom neutestamentlichen Befund und den reformatorischen Erkenntnissen, Kriterien eines evangelischen Heiligengedächtnisses formuliert werden. Schließlich möchte ich Vorschläge zu einem evangelischen Heiligengedächtnis am Beispiel Dietrich Bonhoeffers skizzieren.

a) Zur Aktualität der Fragestellung

Die mit der „Wiederkehr der Religion" verbundene Sehnsucht vieler Menschen nach geistlichen Erfahrungen, die jüngst im Bereich der Praktischen Theologie erhobene Forderung nach neuen Zugangsmöglichkeiten zur Wirklichkeit „des Heiligen" und die Wiederentdeckung des Vorbilds in seiner Bedeutung für die Gestaltwerdung religiöser Identität lassen die Bandbreite der Gründe ahnen, die eine Beschäftigung mit dem Thema nahe legen.

Die Wiederentdeckung der Heiligen kann zur Reintegration der Erfahrungsdimension in den evangelischen Glauben beitragen. Sie machen exemplarisch sichtbar, wie die gnädige Annahme durch Gott in der gelebten Nachfolge erfahrbar werden kann.

In den vergangenen Jahren wurde verschiedentlich die theologische Leistungsfähigkeit der Kategorie der Heiligkeit bzw. des Heiligen hervorgehoben.[166] Dahinter steht ein Ungenügen an der modernen Reduzierung der christlichen Botschaft auf das menschlich Machbare. Klaus Berger be-

---

[165] Die folgenden Überlegungen habe ich erstmals vorgetragen in: Die Heiligen in evangelischer Sicht, 346–359.
[166] Klaus Berger, Von der notwendigen Unterscheidung das Heilige und das Unheilige, 49ff.; Josuttis, Die Einführung in das Leben. Pastoraltheologie zwischen Phänomenologie und Spiritualität.

tont, dass Heiligkeit bei Paulus eine vormoralische Qualität ist. Sie ist eine in Gottes Erwählung begründete, dem Menschen unverlierbar zugeeignete geistliche Qualität. Auf dem Weg der Nachfolge wird der erwählte Mensch in Gottes Heiligkeit hineingezogen. Damit ist die abstrakte theologische Trennung zwischen Tun Gottes und eigener Leistung überwunden.[167] Manfred Josuttis hat im Rahmen der Praktischen Theologie darauf aufmerksam gemacht, dass die Rolle des Pfarrers nur unzureichend beschrieben ist, wenn er ausschließlich als Zeuge oder Helfer verstanden wird. Darüber hinaus sollte er in Zukunft verstärkt „mit der eigenständigen Wirklichkeit und der selbsttätigen Macht des Heiligen" rechnen.[168] Diese Überlegungen gewinnen im Leben der Heiligen Anschaulichkeit. In einer säkularen, marktförmigen Welt stellen die Heiligen ein unübersehbares Protestphänomen dar. Allein durch ihre Existenz bestreiten sie die Allmacht moderner Nivellierungsprozesse und halten das Wissen um das Außerordentliche wach. Jeder Heilige und jede Heilige ist wie eine geöffnete Tür, die in spirituelle Räume führt.

Schließlich zeigt sich die Aktualität der Heiligen noch in einem ganz anderen Zusammenhang. Es ist in den vergangenen Jahren von unterschiedlicher Seite darauf hingewiesen worden, wie wichtig, ja unverzichtbar Vorbilder für die Identitätsfindung und die damit verbundenen Dimensionen der Biografisierung einschließlich deren sozialer und spiritueller Momente sind.[169] Vor allem junge Menschen suchen nach Leitfiguren und schaffen sich ihre „Heiligen", von denen sie machtvolle Orientierung und innere und äußere Aufrichtung erhoffen. In der Herausbildung ihrer unverwechselbar eigenen Individualität sind sie auf der Suche nach Persönlichkeiten, die ihnen Möglichkeiten für eine glückende Identität geben und sie auf dem schwierigen Weg dahin leiten und begleiten. Dabei ist es die spezifische Situation der vom postmodernen Pluralismus geprägten Gegenwart, die den Ruf nach Vorbildern dringlich werden lässt. Sie hat das Projekt der eigenen Identität[170], wie wohl zu keiner anderen Zeit der Menschheit, in die Verantwortung des Einzelnen gelegt. Es kann hier nicht im Einzelnen auf die Bedeutung des Vorbilds für diesen Prozess eingegangen werden. Soviel scheint jedoch festzustehen: Heutige Biografisierung vollzieht sich zwar autonom,[171] geschieht aber gleichzeitig in einem sozialen und religiösen Kontext. Biografie ist wesentlich Eigenleistung, bezieht jedoch die Wertung der Mitwelt ein. Die Biografisierung hat insofern mit Religion zu tun, als sie implizit davon ausgeht, dass das Leben des Einzelnen einen die

---

[167] Klaus Berger, Von der notwendigen Unterscheidung das Heilige und das Unheilige, 43 ff.
[168] Josuttis, Die Einführung in das Leben. Pastoraltheologie zwischen Phänomenologie und Spiritualität, 9.
[169] Hier und im Folgenden vgl. dazu im Einzelnen Schilson, Neue Heilige in unserer Zeit?, 33–59.
[170] Zum Problem der Identität heute vgl. vor allem die Arbeiten von Peter L. Berger, Th. Luckmann, Odo Marquard.
[171] Schimank, Biographie als Autopoiesis, 58.

einzelnen Erlebnisse transzendierenden Sinn besitzt. „Wenn auch (Auto-) Biografie keine explizit religiösen Antworten zu ihrer Konstruktion benutzt, so zehrt doch das (auto-)biografische Unternehmen als solches von einer religiös vermittelten Vermutung, dass das einzelne Ich eben nicht beliebig sei. Autobiografische Selbstreflexion stellt gleichsam die subjektive Rekonstruktion der dogmatischen Vorgabe einer göttlichen Bestimmung des Menschen dar."[172] Ein letzter Gedanke ist in diesem Zusammenhang für unsere Fragestellung wesentlich: Grundlegend für die Biografisierung ist ihre narrative Struktur.[173]

All diese Überlegungen deuten darauf hin, dass das Vorbild der Heiligen im Rahmen der Ausbildung christlicher Identität gerade heute eine wichtige Funktion erfüllen könnte. Die 1994 erschienene EKD-Denkschrift zum Religionsunterricht bestätigt dies, indem sie an mehreren Stellen auf die Bedeutung biografischen bzw. identifikatorischen Lernens hinweist: „Seit einigen Jahren wird durch die Religionspädagogik in die Schule die Dimension der *Lebensgeschichte* bzw. *Biografie* eingetragen ... In den religiös relevanten Lebenszeugnissen anderer erkennt man sich selbst wieder."[174] „Im Zuge einer Verwissenschaftlichung und Objektivierung von Lernprozessen ist außerdem in den vergangenen zwei bis drei Jahrzehnten Lernen als Bildungsprozess, der stets auch die Gesamtpersönlichkeit im Blick hat, vernachlässigt worden ... Darum ist als nächstes wichtiges Lernprinzip an die Rolle *identifikatorischen Lernens* zu erinnern. Dieses Lernen wird durch die Glaubwürdigkeit eindrucksvoller Vorbilder ausgelöst."[175] Auf diesem Hintergrund erscheint die Wiederentdeckung der Heiligen unerlässlich, um das Hineinwachsen in christliche Spiritualität zu gewährleisten. Durch das Erzählen des Lebens der Heiligen wird „eine (Kontrast) Figur des Lebens sichtbar, welche Reibungsflächen bietet, Identifikation ermöglicht und die eigene Biografie kontrastiv bereichert."[176]

b) Das Wesen der Heiligen. Eine Definition aus evangelischer Sicht

Das Wesen der Heiligen aus evangelischer Sicht kann nicht anders als im Gespräch mit den biblischen Texten und den Einsichten reformatorischer Theologie herausgearbeitet werden. Die Reformation hat zu Recht gegenüber dem mittelalterlichen Zwei-Stufen-Christsein die Berufung *jedes* Christen zur Heiligkeit herausgestellt. Nach neutestamentlichem Verständnis sind *sämtliche* Glieder der Kirche „Heilige" (z.B. 1. Kor 1, 2).[177] Reformatorische Theologie nimmt neutestamentliche Aussagen auf, indem sie die Heiligkeit der Christen nicht in *eigenen* frommen Leistungen, son-

---

[172] Luther, Religion und Alltag, 35.
[173] Sparn, Dichtung und Wahrheit, 13.
[174] Identität und Verständigung, 50 (Hervorhebungen im Text).
[175] A.a.O., 56 (Hervorhebungen im Text).
[176] Schilson, Neue Heilige in unserer Zeit?, 24.
[177] Vgl. auch die anderen Anfänge der Paulusbriefe.

dern in *Gottes* Handeln am Menschen begründet sieht. Der Mensch ist nicht aufgrund eigener Qualitäten heilig, sondern aufgrund seiner Erwählung durch Gott in Jesus Christus.[178]

Mit der reformatorischen Ausweitung der Kategorie der Heiligkeit auf *alle* Christen aufgrund der Rechtfertigung allein aus Gnaden ist die Erwählungsgewissheit unmittelbar verknüpft. Damit wird ein für das katholische Heiligenverständnis wesentliches Moment hinfällig. Nach katholischem Verständnis sind nur die Heiligen *mit Gewissheit* von Gott begnadigt. Diese Gewissheit beruht auf einem strengen juristischen Verfahren – eben dem Kanonisationsprozess –, in dessen Verlauf herausgefunden werden soll, ob der oder die heilig zu Sprechende wirklich in der himmlischen Gegenwart Gottes lebt. Im Gegensatz dazu unterscheiden sich „Heilige" nach evangelischem Verständnis nicht durch das Moment der Gewissheit ihres Begnadetseins von anderen Christen.

Daneben wird ein weiteres konstitutives Moment mittelalterlicher Heiligenverehrung durch den reformatorischen Neuansatz hinfällig. Reformatorische Theologie sichert die Rückkehr zum Urchristentum formal durch das Prinzip „sola scriptura" und material durch die Konzentration des Glaubens auf Jesus Christus („solus Christus"). Da in der Schrift keine Rede von der Fürbitte der Heiligen ist und nirgends die direkte Anrufung einzelner oder der Gesamtheit der Heiligen gelehrt wird, kann nach evangelischem Verständnis nur Jesus Christus als der alleinige Mittler zu Gott im Gebet angerufen werden: „Durch Schrift mag man aber nicht beweisen, dass man die Heiligen anrufen oder Hilf bei ihnen suchen soll. ‚Dann es ist allein ein einiger Versuhner und Mittler gesetzt zwischen Gott und Menschen, Jesus Christus,' 1. Timoth. 2. ..." (CA 21).[179]

Wie bereits erwähnt,[180] hat die lutherische Reformation trotz ihrer Wiederentdeckung der „Heiligkeit aller Christen", des reinen Zugerechnetseins menschlicher Heiligkeit und der Ablehnung der Heiligenanrufung nicht die Heiligenverehrung an sich abgelehnt. Ihr Ziel war es, die Auswahl der Heiligen und die Art der Verehrung nach reformatorischen Grundsätzen umzugestalten. Die Reinterpretation des Heiligengedächtnisses in CA 21 und Apol. 21 stellt geradezu ein Musterbeispiel für die Anwendung der reformatorischen Entdeckungen auf eine theologische Einzelfrage dar. Heilige sind Vorbilder im Glauben und in der Nachfolge im Berufsalltag.[181]

Eine Erneuerung des evangelischen Heiligengedächtnisses in der Gegenwart müsste von dieser Definition ausgehen. Beide Kriterien sichern

---

[178] 1. Kor 1, 30: „Durch ihn aber seid ihr in Christus Jesus, der uns von Gott gemacht ist zur Weisheit und zur Gerechtigkeit und zur Heiligung und zur Erlösung."
[179] Zit. nach: BSLK, 83bf.
[180] Kap. 1.2.2.
[181] „Vom Heiligendienst wird von den Unseren also gelehrt, dass man der Heiligen gedenken soll, auf dass wir unsern Glauben stärken, so wir sehen, wie ihnen Gnad widerfahren, auch wie ihnen durch Glauben geholfen ist; darzu, dass man Exempel nehme von ihren guten Werken, ein jeder nach seinem Beruf ..." (BSLK, 83b).

das Zentrum evangelischer Spiritualität. Allerdings sollten sie heute um die Kategorie des Außerordentlichen *erweitert* werden. Auf diese Weise könnte die Neuentdeckung der Heiligen im Raum der evangelischen Kirchen helfen, neben dem kontinuierlichen Wirken des Geistes durch Wort und Sakrament die Erfahrung seines spontanen Wirkens etwa durch Charismen und neben dem Christsein in Familie und Beruf die Möglichkeit besonderer Berufungen in die evangelische Frömmigkeit zu integrieren. Der Protestantismus hat sich immer schwer getan, einen Raum für das Außergewöhnliche – sei es in Gestalt außergewöhnlicher Wirkungen des Geistes, sei es in Gestalt besonderer Berufungen – offen zu halten. Sofort sah er dadurch die Rechtfertigung allein aus Gnaden bedroht. Unter Berufung auf die reformatorische Erkenntnis, dass allen Gläubigen der gleiche Geist durch die gleiche Gnade verliehen ist und alle zum gleichen geistlichen Priestertum berufen sind, kam es zu einem Nivellierungsprozess, der unterschiedliche Begabungen und außergewöhnliche Berufungen im Raum der Kirche kaum noch zuließ.[182] Damit wurde jedoch das Anliegen der Reformation verfälscht. Die Folge war spätestens im nachaufklärerischen Protestantismus nicht nur eine weitgehende Identifizierung der Nachfolge Jesu Christi mit dem bürgerlichen Lebensstil, sondern auch die Gefahr eines Aufgehens des christlichen Glaubens in einem allgemeinen Humanismus.[183] Gegenüber diesen Gefährdungen bildet die Wiederentdeckung der Heiligen ein notwendiges Gegengewicht. Ihre Aufgabe besteht nicht zuletzt darin, – mit Klaus Berger gesprochen – „das Außergewöhnliche als Maß des Christlichen"[184] wiederzugewinnen. Es ist ja nicht zu übersehen, dass biblische Texte wie Mk 16, 17f.; Röm 15, 19; 1. Kor 12, 10.28; Gal 3, 5; Mk 3, 16ff.; Apg 9, 1ff. wunderhafte Wirkungen des Geistes und außergewöhnliche Berufungen selbstverständlich bezeugen bzw. voraussetzen. Wir sind gewohnt, diese Texte meist vom Blickwinkel volkskirchlicher Erfahrung bzw. besser Nicht-Erfahrung her zu lesen. Das Vorbild der Heiligen hilft, einen Zugang zu bisher fremd gebliebenen Erfahrungsdimensionen biblischer Texte zu finden und geistliche Erfahrungen zu machen, die über ein rationalistisch geprägtes Wirklichkeitsverständnis hinausreichen.

---

[182] Ähnlich Klaus Berger, Von der notwendigen Unterscheidung das Heilige und das Unheilige, 51 f.

[183] Edmund Schlink sieht in dieser Entwicklung sogar eine der Ursachen für den weitgehenden Siegeszug des Nationalsozialismus in Kirche und Gesellschaft: „Schließlich wurde im Kirchenkampf sichtbar, dass die Kirche in Deutschland in einem viel weiteren Umfang verbürgerlicht war, als man bereits vorher wusste ... Die Verkündigung der Kirche war demgemäß weitgehend privatisiert worden. Sie erfasste den Menschen zu einseitig in seiner privaten häuslichen Sphäre und zu wenig in der Totalität seiner Lebensbereiche ... Die Forderung Jesu, um des Evangeliums willen Beruf, Heimat und Familie zu verlassen und in freiem Entschluss um seinetwillen den Weg des Leidens zu wählen, schien dem Christenleben von heute fremd und fern." (ders., Der Ertrag des Kirchenkampfes, 12 f.).

[184] Vgl. dazu Klaus Berger, Darf man an Wunder glauben?, 166 ff.; so zuerst im Hinblick auf die Bedeutung der Heiligen: Planck, Evangelische Heiligenverehrung, 135.

c) Ein Beispiel: Auf den Spuren Dietrich Bonhoeffers

Bonhoeffer ist heute der Heilige des Protestantismus schlechthin. Für unterschiedlichste Menschen auf der ganzen Welt ist er weit über die Mauern der Kirche hinaus Vorbild – m. E. aus gutem Grund, ohne dass an dieser Stelle die Gründe dafür im Einzelnen untersucht werden können. Er ist als Christ und Theologe so glaubwürdig, weil Biografie und Theologie bei ihm zusammenklingen. Dazu kommt, dass er seine Überzeugungen mit dem Martyrium besiegelt hat. An seinem Beispiel möchte ich zeigen, wie das evangelische Heiligengedächtnis heute aussehen könnte. Dabei sollen nur einige Aspekte der Bonhoeffererehrung exemplarisch skizziert werden.[185] Ich bin mir bewusst, dass Bonhoeffers Gedächtnis wie jedes Heiligengedächtnis zeit- und kulturverhaftet ist.

An erster Stelle steht die Kenntnis seiner Vita, die durch hervorragende Biografien, z. T. in Romanform, ermöglicht wird.[186] Daneben existieren inzwischen eine Reihe von Filmen, Theaterstücken und Oratorien, die auf unterschiedlichem Weg einen Zugang zu Bonhoeffers Leben und Werk ermöglichen.[187]

Ein weiterer Aspekt seines Gedächtnisses besteht in der Meditation seiner Texte, Lieder und Gedichte. Als Beispiel sei nur das Bonhoeffer-Brevier genannt, in dem in Andachtsform für jeden Tag des Jahres entsprechende Passagen aus seinem Werk zusammengestellt sind.[188] Natürlich können auch seine übrigen Schriften zur geistlichen Inspirationsquelle werden.[189]

Eine im Protestantismus weniger bekannte Form des Heiligengedächtnisses stellt die Pflege der Wirkungsstätten des Heiligen dar. Dazu dient das Anbringen von Gedenkplaketten und Statuen, evtl. auch die Einrichtung

---

[185] Bemerkenswerterweise hat sich das Gedächtnis an ihn erst gegen den Willen mancher Kirchenleitungen von der Gemeindebasis her durchsetzen müssen.

[186] Schon von Luther selbst ging die Anregung zu einer Hagiographie im reformatorischen Sinne aus. Vgl. Gerhard Ludwig Müller, Die Heiligen – ein altes und neues Thema der Ökumene, 116. Von Luthers Schüler C. Goltwurm führt eine fast ununterbrochene Linie protestantischer Heiligengeschichtsschreibung bis in unsere Tage. Sie reicht von Gerhard Tersteegen über Wilhelm Löhe bis zu Jörg Erb und Walter Nigg. Vgl. auch Apol. 21: „Solch Exempel des Glaubens, da man lernet Gott fürchten, Gott vertrauen, daraus man recht siehet, wie es gottfürchtigen Leuten in der Kirchen, auch in großen Sachen des hohen weltlichen Regiment ergangen, die hätte man fleißig und klar von den Heiligen schreiben und predigen sollen" (BSLK, 325).

[187] Eine Fundgrube stellt hierfür und für die im Folgenden angeführten Möglichkeiten der Ehrung Bonhoeffers der „Bonhoeffer-Rundbrief. Mitteilungen der Internationalen Bonhoeffer-Gesellschaft" dar, hg. von der Internationalen Bonhoeffer-Gesellschaft zur Sicherung des Nachlasses und Förderung der Forschung – Sektion Bundesrepublik Deutschland e. V., Alte Landstraße 179c, 40489 Düsseldorf.

[188] Dudzus, Bonhoeffer Brevier.

[189] Dabei erscheint mir das an sich begrüßenswerte Unternehmen der jetzt abgeschlossenen Gesamtausgabe seiner Werke (DBW, Bd. 1–16 u. Ergänzungsbände) insofern problematisch, als hier mit einem immensen Anmerkungsapparat der Eindruck erweckt wird, als habe Bonhoeffer wie ein wissenschaftlicher Theologe heute gearbeitet. Dabei geht das Bewusstsein verloren, dass er gerade nicht im wissenschaftlichen Raum blieb, sondern seine Theologie außerhalb der Universität im Einsatz für Kirche und Welt bewährt hat.

von Tagungs- und Begegnungszentren an diesen Stätten.[190] Dadurch könnten sie sich zu regelrechten evangelischen Gnadenorten entwickeln.[191] Gerade der besondere Charakter von Bonhoeffers Wirkungsstätten – viele liegen heute in Polen und sind ganz oder teilweise zerstört bzw. lassen deutlich die Folgen des Krieges erkennen – übt auf Besucher eine besondere Anziehungskraft aus.[192] Sie spiegeln das Fragmentarische von Bonhoeffers Leben wider und lassen – anders als weltliche oder kirchliche Heldengedenkstätten – eine Identifikation mit den Unvollkommenheiten des eigenen Lebens zu.

Im Zusammenhang mit dem Heiligengedächtnis ist im Bereich des Protestantismus auch eine Form der Wallfahrt, die Reise zu den Wirkungsstätten der Heiligen, wieder entdeckt worden.[193] Wohl zuerst in Amerika haben kirchliche Organisationen regelrechte Pilgerreisen auf den Spuren Bonhoeffers angeboten. Solche Reisen tragen dazu bei, sein Vorbild mit Leib und Sinnen zu erfassen, sich noch einmal auf anderer Ebene als rein gedanklich mit ihm zu befassen.[194]

Eine nicht zu unterschätzende Bedeutung für das Gedächtnis an Bonhoeffer im Raum der evangelischen Kirche besitzt schließlich die Benennung von Kirchen und Gemeindehäusern, von kirchlichen Einrichtungen, Schulen, Straßen und Plätzen nach ihm. Solche Namensgebungen helfen dazu, ihn im kirchlichen und gesellschaftlichen Bewusstsein zu verankern, zumal sie an Gedenktagen regelmäßig Anlass bieten, sich mit seinem Leben und Werk öffentlich auseinander zu setzen.

Es besteht somit eine Fülle von Möglichkeiten, eine neue Kultur des Heiligengedächtnisses im Raum der evangelischen Kirche zu etablieren.

4.7.2. Pilgern als Form evangelischer Spiritualität?

Unmittelbar mit der Heiligenverehrung verbunden ist im Katholizismus die Wallfahrt.[195] Sie entstand im Verlauf der Alten Kirche aus der Verehrung der Apostel- und Märtyrergräber. Am Wallfahrtsort wurden die

---

[190] Inzwischen befindet sich ein „Internationales Dietrich Bonhoeffer Studien- und Begegnungszentrum" in Stettin im Aufbau (Anschrift des Initiativkreises: Pfarrer Pjotr Gas, Parafia Ewangelicko-Augsburska, u. Energetykow 8, 70 656 Szczecin/Polen).
[191] Evangelische Spiritualität, 54.
[192] Vgl. dazu: „Dietrich Bonhoeffer, Pfarrer, Berlin-Charlottenburg 9 Marienburger Allee 43", Begleitheft zur Ausstellung, hg.vom Vorläufigen Kuratorium Bonhoeffer-Haus, Berlin (West) 1988, Erinnerungs- und Begegnungsstätte Bonhoeffer-Haus, Marienburger Alle 43, 1000 Berlin 19; „Dietrich Bonhoeffer, Pfarrer, Berlin-Charlottenburg 9 Marienburger Allee 43", Textheft zur Dietrich Bonhoeffer-Stadtrundfahrt, hg. vom Kuratorium der Erinnerungs- und Begegnungsstätte Dietrich Bonhoeffer Haus, Marienburger Allee 43, 14055 Berlin, 2. Auflage, März 1993.
[193] S. Kap. 4.7.2.
[194] Vgl. dazu Rabus, Auf den Spuren Dietrich Bonhoeffers, 421f.432f; Zimmerling, Reise nach Pommern, 62–68.
[195] Obwohl beide Begriffe ursprünglich unterschiedliche Bedeutung besaßen, werden „wallfahren" und „pilgern" heute synonym gebraucht (vgl. dazu Mielenbrink, Beten mit den Füßen, 11f., dort auch weiterführende Literaturhinweise).

unterschiedlichsten Reliquien verehrt, wofür genau festgelegte Ablässe gewährt wurden. Zu den Reliquien zählten Körperreliquien, wie die Knochen der Heiligen, aber auch Gegenstände, die Jesus Christus und die Heiligen während ihres Lebens getragen oder in Gebrauch hatten. Dazu gehörten der Rock Jesu Christi, seine Windeln, sein Lendentuch, das Kleid Marias und vieles mehr. Zur Reformationszeit besaß die Wallfahrt im Rahmen der Volksfrömmigkeit eine herausragende Bedeutung.[196] Da im Zuge der Reformation nicht nur eine Reinterpretation der Heiligenverehrung erfolgte, in deren Gefolge die mit dem Wallfahrtswesen verbundene Reliquienverehrung erlosch, sondern auch das mittelalterliche Bußwesen und die damit verbundenen Ablässe einer Total-Korrektur unterzogen wurden, kam das Wallfahrtswesen im Protestantismus völlig zum Erliegen.[197]

Erstaunlicherweise lässt sich in der jüngsten Vergangenheit eine Renaissance des Pilgerns als Form der Spiritualität im evangelischen Raum beobachten, wobei sich zumindest verwandte Erscheinungen schon früher in der Geschichte der evangelischen Kirche nachweisen lassen, an die bewusst oder unbewusst angeknüpft werden konnte. Auf diese soll im Folgenden zunächst kurz eingegangen werden. Dem schließt sich eine kurze Umschau der verschiedenen Formen des Pilgerns an, wie sie sich im gegenwärtigen Protestantismus beobachten lassen. Am Schluss wird nach Gründen für die Wiederentdeckung des Pilgerns gefragt und diese einer kritischen Würdigung unterzogen.

a) Verwandte Erscheinungen in der Geschichte der evangelischen Kirche

Der Wallfahrt verwandte Erscheinungen entwickelten sich in der Geschichte der evangelischen Kirche spätestens seit dem älteren Pietismus an der Wende vom 17. zum 18. Jahrhundert. Damals erfuhr das kirchliche Parochialwesen – mit seinem Monopol für die geistliche Versorgung der Gemeindeglieder – in den reformatorischen Kirchen erstmals eine gewisse Aufweichung – eine wichtige äußere Voraussetzung für Wallfahrten und Pilgerreisen. Die von August Hermann Francke (1663–1727) begründeten, vorwiegend durch Spenden finanzierten und später nach ihm benannten Stiftungen in Halle a.d. Saale wurden für viele Menschen eine Art evangelischer Gnadenort, den man besuchte, um die dort geschehenden Wunder in Augenschein zu nehmen. So machte z.B. der spätere Vater des Württembergischen Pietismus Johann Albrecht Bengel (1697–1752) als Student eine Art Pilgerreise nach Halle. In der Nachfolge Halles wurden vor allem die Gemeinorte der Herrnhuter im 18. und 19. Jahrhundert zu evangelischen Gnadenorten. In Festzeiten wie der Karwoche, den Ostertagen und an Pfingsten kamen zahlreiche Besucher und Besucherinnen, um an den reichen liturgischen Versammlungen teilzunehmen, Seelsorge in Anspruch zu

---

[196] Vgl. dazu im einzelnen a.a.O., 23 ff.
[197] Vgl. Clotz, Unterwegs mit Gott, 10 ff.

nehmen und geistliche Impulse für den Alltag zu empfangen. So suchten z.B. Tausende von jungen Männern aus Süddeutschland und der Schweiz in den 40er-Jahren des 18. Jahrhunderts über Pfingsten den Herrnhaag auf, die Brüdergemeinsiedlung in der Wetterau nördlich von Frankfurt. Es fanden regelrechte Wallfahrten statt. Viele dieser jungen Männer, häufig Handwerkersöhne, kehrten zum Ärger ihrer Eltern nicht mehr nach Hause zurück, sondern stellten sich in der Brüdergemeine diakonischen, evangelistischen und weltmissionarischen Aufgaben zur Verfügung.[198] Ein Vorgang, der an Formen des mittelalterlichen Pilgerwesens erinnert, wo Pilger z.T. auch am Ziel ihrer Wallfahrt sesshaft wurden.

Beginnend mit dem älteren Pietismus wurden neben bestimmten Orten auch einzelne Männer und Frauen zum Ziel von Pilgerreisen evangelischer Christen. Gerhard Tersteegen im 18. und die beiden Blumhardts im 19. Jahrhundert seien stellvertretend für eine ganze Reihe anderer genannt. Von den beiden Blumhardts im württembergischen Bad Boll erwarteten viele Besucher und Besucherinnen körperliche und seelische Heilung. Das Kurhaus in Bad Boll bot die Möglichkeit, für längere Zeit in der geistlich geprägten Hausgemeinschaft der Familie Blumhardt mit zu leben.[199]

Es soll nicht verschwiegen werden, dass diese Beispiele sich alle tiefgreifend vom Wallfahrtswesen der vorreformatorischen Kirchen unterscheiden. Motivation und Ziel des Pilgerns sind deutlich von evangelischer Spiritualität geprägt. Nirgends ist mehr eine Reliquie, ein Gnadenbild oder das Grab eines Heiligen Ziel einer Wallfahrt. Stattdessen stehen der Wunsch nach Erfahrung geistlicher Gemeinschaft mit Gleichgesinnten und die Sehnsucht nach neuen Impulsen für die eigene Spiritualität im Vordergrund der Pilgerreisen. Um dieses Zieles willen sind viele Menschen bereit, für eine Zeit lang aus dem Alltag auszusteigen und weite Anreisewege in Kauf zu nehmen. Ein weiterer Unterschied besteht darin, dass die Hin- und Rückreise selbst noch keine geistliche Bedeutung besitzt wie bei traditionellen Wallfahrten. Der Weg ist kein inhaltlicher Bestandteil der Pilgerfahrt.

b) Unterschiedliche Formen des Pilgerns im gegenwärtigen Protestantismus

Im Zusammenhang mit dem Pilgern im gegenwärtigen Protestantismus kann zwischen mehr zielorientierten und mehr wegorientierten Formen unterschieden werden. Zunächst stehen die zielorientierten Formen im Vordergrund. Erst in jüngster Zeit sind auch die wegorientierten Formen entdeckt worden. Die erste und wichtigste Form der Wallfahrt im gegenwärtigen Protestantismus stellt der Deutsche Evangelische Kirchentag dar. Das gilt sowohl in zeitlicher als auch in zahlenmäßiger Hinsicht. Wir sahen bereits, dass der Kirchentag verschiedentlich als „Wallfahrt ohne Gnaden-

---

[198] Vgl. Beyreuther, Die große Zinzendorf-Trilogie, Bd. 3, 165f.
[199] Bohren, Die Hauskirche J. C. Blumhardts, 17–32.

bild" charakterisiert wurde.[200] Für viele Teilnehmerinnen und -teilnehmer sind Hin- und Rückreise bereits integrativer Bestandteil der „Kirchentagswallfahrt". Auf der Hinreise erfolgt eine Art Einstimmung auf den Kirchentag, häufig gemeinsam mit einer größeren Gruppe weiterer Teilnehmer. Auf der Rückreise findet – wiederum meist gemeinsam – eine erste Bilanzierung der Erfahrungen und die Vorbereitung auf die Reintegration in den Alltag statt.

Als weitere Form des Pilgerns im gegenwärtigen Protestantismus ist die Reise zu den evangelischen Kommunitäten zu nennen.[201] Am bekanntesten und zahlenmäßig bedeutendsten ist diejenige zur Kommunität von Taizé in Burgund. Zum Taizé-Boom hat wesentlich das von Taizé in den 70er-Jahren erstmals veranstaltete sog. Konzil der Jugend beigetragen. Die Pilgerreise wird vor allem von Jugendlichen und jungen Erwachsenen unternommen. Stark von der Tradition katholischer Wallfahrten geprägt sind Taizé-Fahrten, die von katholischen Gemeinden und Pilgerbüros organisiert werden. Zum Ritual der Hin- und Rückfahrt gehören Gebete, gemeinsame Lieder und meditative Andachten.

Neben Taizé haben sich auch viele evangelische Kommunitäten in Deutschland zu Orten entwickelt, die z.T. von vielen tausend Menschen regelmäßig aufgesucht werden. Besonders an den Jahresfesten und anderen besonderen Veranstaltungen machen sich Menschen auf den Weg zu den Kommunitäten.

Seit dem Aufkommen des Massentourismus entwickelte sich für viele evangelische Christen die Reise nach Jerusalem und zu den anderen Stätten des Wirkens Jesu in Israel zu einer modernen Form der Pilgerreise. Die meisten erleben sie als Freizeitgruppe, die gemeinsam ein spirituelles Programm absolviert.

Auf die Pilgerreise zu den Wirkungsstätten Dietrich Bonhoeffers wurde bereits hingewiesen.[202] Dazu sind in den vergangenen Jahren entsprechende Angebote auf den Spuren Martin Luthers, Paul Gerhardts, Johann Sebastian Bachs und Nikolaus Ludwig Graf von Zinzendorfs gekommen. Momente der klassischen Bildungsreise sind mit Elementen der traditionellen Wallfahrt eine Verbindung eingegangen, die für viele Evangelische sehr attraktiv zu sein scheint, weil sich dabei Zugänge zu Person und Werk „evangelischer Heiliger" auf dem Weg von Erfahrungen erschließen, die durch eine rein intellektuelle Wissensvermittlung verschlossen blieben.

Neben diese insgesamt mehr zielorientierten Formen der Pilgerreise sind seit einigen Jahren mehr wegorientierte Formen getreten. Ausgelöst durch katholische Vorbilder wurde im Raum des Protestantismus das Pilgern selbst als geistliche Übung wieder entdeckt. Ein Beispiel dafür sind die von der Evangelischen Kirche in Hessen und Nassau zum zweiten Male im Mai

---

[200] S.o. Kap. 3.2.
[201] S.o. Kap. 3.4.
[202] S.o. Kap. 4.7.1.c).

1997 veranstalteten Hessischen Ökumenischen Pilgerwege.²⁰³ 37 Frauen und Männer waren vier Tage zu Fuß unterwegs auf der Strecke zwischen der Elisabethkirche in Marburg und dem „Haus der Stille" der Evangelischen Kirche in Hessen und Nassau in Elgershausen im Westerwald. Solche Pilgerwege bieten die Möglichkeit, geistliches Leben in Gemeinschaft unterwegs einzuüben. Nicht das Ziel, sondern der Weg steht dabei im Zentrum der Erfahrung des Pilgerns.

Eine letzte Beobachtung: Seit einigen Jahren werden traditionelle katholische Pilgerwege zunehmend auch von evangelischen Christen gegangen. Vor allem der sog. Jakobsweg nach Santiago de Compostela erfreut sich wachsender Beliebtheit.²⁰⁴

c) Gründe für die Wiederentdeckung. Eine kritische Würdigung

Eine Reihe von Gründen wird für die Wiederentdeckung des Pilgerns im Protestantismus angeführt.²⁰⁵ Es fällt auf, dass sie nicht nur theologisch-spiritueller, sondern auch soziologischer und psychologischer Natur sind. Zunächst zu den nicht-theologischen Gründen: Sie zeigen, dass das Pilgern primär eine Antwort auf die Herausforderungen des postmodernen Lebens darstellt. In einer erfahrungsarmen Alltagswelt wächst die Sehnsucht, etwas zu erleben. Viele Menschen wollen den Trott ihres Alltags um jeden Preis von Zeit zu Zeit durchbrechen. Die vorwiegende Beanspruchung des Intellekts führt zum Wunsch nach emotionalen und körperlichen Erfahrungen. Das Verschwinden der Stille aus dem alltäglichen Leben lässt das Bedürfnis nach Schweigen entstehen. Eine weithin technisierte Umwelt macht die Sehnsucht nach Naturerfahrungen verständlich. Die mit der Technik verbundene Entzauberung der Welt drängt als Gegengewicht nach einer Wiederentdeckung des Heiligen. Zunehmende Individualisierung schließlich ruft den Wunsch nach Gemeinschaftserfahrungen hervor. All diese Sehnsüchte des postmodernen Menschen vermag das Pilgern zu beantworten. Hierin liegt eine Hauptursache für seine gegenwärtige Attraktivität – auch bei kirchlich distanzierten Zeitgenossen. Darüber hinaus – und nun wird es spannend – besteht das Faszinierende vor allem darin, dass im Zusammenhang mit dem Pilgern die spirituelle Dimension der genannten postmodernen Sehnsüchte sichtbar wird.

Die Sehnsucht nach Erlebnissen führt zu einer Offenheit für Neues. Dadurch wird auch Raum für die Erfahrung Gottes. Das Wandern entspricht anders als die Beschleunigung des Lebens durch die modernen Verkehrsmittel dem natürlichen Lebensrhythmus des Menschen, nach dem Motto: „Die

---

²⁰³ S. im einzelnen Clotz, Unterwegs mit Gott, 6ff.; ähnliche Pilgerwege sind auch auf Initiative anderer evangelischer Landeskirchen hin angeboten worden: vgl. a.a.O., 58ff.; dazu auch: Von Osten und Westen, von Norden und Süden. Ökumenische Pilgerwege, hg. von missio Aachen u. a., Goethestr. 43, 52064 Aachen.
²⁰⁴ Clotz, Unterwegs mit Gott, 57; Benesch, Santiago de Compostela.
²⁰⁵ Clotz, Unterwegs mit Gott, 14ff.

Seele geht zu Fuß." Es ermöglicht dem Pilgernden, die eigene Körperlichkeit wahrzunehmen und dabei die Grenzen der Belastbarkeit bewusst zu erfahren. Dadurch kann er lernen, sich in seiner Begrenztheit und Bedürftigkeit zu erkennen und eine Ahnung von seiner Geschöpflichkeit bekommen. Damit kann der Pilgernde die Flucht vor sich selbst aufgeben und heilsam bei sich selbst einkehren. Das Pilgern schafft einen Freiraum von den vielen lauten Alltagsverpflichtungen. Dadurch gewinnt der Pilgernde Zeit, sich auch mit spirituellen Fragen zu beschäftigen. In der Stille hat er die Möglichkeit, besser auf Gott zu hören als im Lärm des Alltags. Auch die mit dem Pilgern verbundenen Naturerfahrungen stellen eine Hilfe dar, zur Ruhe zu kommen und das menschliche Maß wieder zu finden. Gleichzeitig bieten sie die Chance, Gottes Schöpferkraft in der Natur wahrzunehmen. Die sichtbare Welt wird durchsichtig für die Realität des Heiligen. Schließlich kann die Erfahrung der Gemeinschaft während des Pilgerns transparent werden für die Bedeutung der christlichen Gemeinschaft: Dass Menschen sich gegenseitig beistehen und unterstützen auf dem Weg der Nachfolge. In der Gemeinschaft der Pilgernden wird es auch möglich, einen geistlichen Lebensrhythmus einzuüben mit regelmäßigen Gottesdiensten, Gebets- und Meditationszeiten.

Über diese Punkte hinaus ermöglicht das Pilgern noch einen weiteren wesentlichen Erkenntnisgewinn. Es lässt leibhaftig erfahren, dass Leben Unterwegssein heißt. Mit Tersteegen gesprochen: „Ein Tag, der sagt dem andern, mein Leben sei ein Wandern zur großen Ewigkeit. O Ewigkeit, so schöne, mein Herz an dich gewöhne, mein Heim ist nicht in dieser Zeit" (EG 481, 5). Sowohl im Alten als auch im Neuen Testament spielt das Motiv des Wanderns eine herausragende Rolle. Für das Alte Testament sei nur an den Auszug Abrahams aus Ur in Chaldäa (1. Mose 12, 1 3) und den des Volkes Israel aus Ägypten (2. Mose 3ff.) erinnert. Im Neuen Testament haben das Johannesevangelium und der Hebräerbrief eine Theologie des Weges entwickelt.[206] Nach dem Johannesevangelium ist Jesus Christus selbst der Weg, und zwar der Weg zum göttlichen Vater (Joh 14, 3–6). Es ist unmöglich, diesen Weg zu gehen, ohne Christus als Begleiter zu haben. Darum beinhaltet jeder spirituelle Weg ein Stück des Kreuzwegs Jesu. Der Hebräerbrief macht seinen Adressaten deutlich, dass das Unterwegssein zum Schicksal der Nachfolger und Nachfolgerinnen Jesu Christi gehört. Trotz aller Anfechtungen sollen sie auf ihrem Weg weitergehen im Vertrauen darauf, dass dieser Weg sein Ziel in der himmlischen Welt Gottes finden wird.

Neben allem, was sich kritisch gegenüber modischen Trends spiritueller Pilgerreisen einwenden lässt, möchte ich festhalten, dass Pilgern die Möglichkeit eröffnet, sich bewusst in die Bestimmung menschlicher Existenz einzuüben. Im Wandern erlebt der Mensch sich als einer, der wesentlich auf dem Weg ist. „Der Tod stellt jede Heimat in Frage."[207] Nur wer weitergeht, kann sich selbst treu bleiben. Niemand ist bei sich selbst zu Hause. Beim

---

[206] Grün, Auf dem Wege, 54ff.
[207] A.a.O., 65.

Pilgern kann jeder mit Leib und Seele erfahren, dass er auf dem Weg nach Hause ist.

4.7.3. Fasten

Wenn hier für die Wiederentdeckung des Fastens als Bestandteil evangelischer Spiritualität plädiert wird, geschieht das nicht, um als Kirche wieder einmal einem Modetrend hinterherzulaufen. Es geht vielmehr auch an dieser Stelle darum, verschüttete spirituelle Erfahrungen und Erkenntnisse freizulegen und für die Gegenwart fruchtbar zu machen. Meine Überlegungen gliedern sich wie folgt: Zunächst ist nach den Ursachen für die unerwartete Aktualität des Fastens zu fragen. Dem schließt sich ein Nachdenken über die Bedeutung des Fastens für die Spiritualität an. Dann fragen wir nach möglichen Formen des Fastens. Schließlich sollen auch die Gefahren des Fastens nicht verschwiegen werden.[208]

a) Ursachen für die Aktualität des Fastens

Erstaunlicherweise ist das Fasten nicht im Raum der Kirche, sondern von der Medizin als sog. Heilfasten seit dem 19. Jahrhundert wieder entdeckt worden.[209] Das ist vor allem darum verwunderlich, weil sowohl das Alte als auch das Neue Testament häufig vom Fasten sprechen und schon die Alte Kirche Regeln für die christliche Übung des Fastens aufgestellt hat. Es waren vor allem zwei Gründe, die eine Wiederentdeckung des Fastens durch die Kirche verhindert haben:[210] *Zum einen* der unterschwellige Dualismus zwischen Leib und Seele, der sich seit der Aufklärung in allen Konfessionen mehr oder weniger durchgesetzt hat. Im Protestantismus führte er zur Abschaffung des Fastens überhaupt. Welchen Wert sollte es noch haben, sich einer solchen Übung zu unterziehen, wenn der Leib den minderwertigen Teil des Menschen bildet und überdies keinerlei Einfluss auf die Seele besitzt? Im Raum der katholischen Kirche wurde das Fasten nach dem Zweiten Weltkrieg zunehmend als Instrument zur Steigerung der Spendenergebnisse der charitativen Hilfswerke missbraucht, indem dazu aufgefordert wurde, das gesparte Essen in Spendengelder umzusetzen. Die spirituelle Bedeutung des Fastens für Leib und Seele blieb auf diese Weise auch hier auf der Strecke. *Zum anderen* wurde das Fasten als Frömmigkeitsübung gesetzlich missverstanden, die ohne tiefere spirituelle Einsicht lediglich zu absolvieren war.

---

[208] Im Hinblick auf die spirituelle Bedeutung des Fastens verdanke ich wesentliche Einsichten Brantschen, Fasten neu erleben; Grün, Fasten. Ein erster Versuch, das Phänomen für den Bereich der evangelischen Kirche zu erschließen, stellt dar: Hohensee, Sieben Wochen für die Seele.
[209] Vgl. zur Geschichte der Wiederentdeckung des Fastens seit dem 19. Jahrhundert im einzelnen Brantschen, Fasten neu erleben, 15ff. Vor allem Buchinger, Das Heilfasten hat hier bahnbrechend gewirkt. Bei Brantschen auch weitere Literaturhinweise.
[210] Vgl. im Folgenden Grün, Fasten, 8f.

Gegenläufig zur Selbstblockade der Kirchen gegenüber ihrer ureigensten Erkenntnis des Fastens als Leib und Seele umfassende spirituelle Übung verlief die gesellschaftliche Entwicklung. Die Überernährung entwickelte sich in den westlichen Industriegesellschaften seit den 60-er Jahren mehr und mehr zu einem gesamtgesellschaftlichen Problem. Diät- und Fastenkuren boten sich als Ausweg an. Dazu kam, dass trotz des fortschreitenden Säkularisierungsprozesses in den westlichen Gesellschaften die Sehnsucht nach geistiger – „spiritueller" – Heilung zunahm, da die traditionelle Schulmedizin viele Zeitgenossen nicht länger befriedigte. Inzwischen hat die medizinische Wissenschaft selbst begonnen, eine neue Sicht des Menschen zu gewinnen. Sie betrachtet ihn längst nicht mehr unter ausschließlich materiellem Aspekt. Vermittelt über die Begründer der Psychoanalyse entwickelte sich z.B. eine *psychosomatische Medizin*, die den Menschen als Einheit von Leib, Seele und Geist zu sehen lehrte.[211] Derartige medizinische Ansätze haben inzwischen zur Entdeckung der heilenden Dimension des spirituell motivierten Fastens geführt.

Warum es höchste Zeit ist, die im Bereich der Medizin gewonnenen Erkenntnisse auch in die Fastenpraxis der Kirche zu reintegrieren, zeigt folgende Beobachtung: Seit den 70er-Jahren lässt sich eine Akzentverschiebung im Glaubensverständnis beobachten. Viele Zeitgenossen erwarten vom christlichen Glauben weniger die Lösung weltanschaulicher Probleme, als vielmehr Hilfe im Diesseits, in ihrer konkreten Existenz, vor allem auch in ihren Krankheiten: „Die Menschen suchen nach Hilfe, nach Heilung. Der heutige Mensch weiß, im Unterschied zu den Menschen früherer Zeiten, sehr wohl, dass er krank ist ..."[212] Die Hoffnung auf „spirituelle" Heilung hat seit einigen Jahren in westlichen Gesellschaften Hochkonjunktur. *Eine* Antwort auf diese Sehnsucht könnte die Wiederentdeckung des Fastens als Übung im Rahmen der evangelischen Spiritualität darstellen.

b) Zur Bedeutung des Fastens für die evangelische Spiritualität

Das Fasten als Übung im Rahmen der evangelischen Spiritualität zu entdecken, bedeutet gerade nicht, dass damit seine nicht-spirituellen Dimensionen ausgeblendet werden müssten. Vielmehr sollte man sich beim Fasten bewusst sein, dass es eine ganzheitliche Übung darstellt, die eine gesundheitliche Dimension, eine spirituelle Dimension und eine sozial-politische Dimension umfasst.[213] Fasten gibt es nur im Dreierpack! Es ist hier nicht der Ort, um die positiven Auswirkungen des Fastens auf den menschlichen Organismus zu entfalten, die weit über das Moment der Entschlackung hi-

---

[211] Vgl. hierzu bes. die Überlegungen Viktor von Weizsäckers (z.B. seinen Aufsatz: Über medizinische Anthropologie, 35–61) und Ludolf Krehl; vgl. auch die Werke von Paul Tournier, bes. Technik und Glaube.

[212] Biser, „Das Christentum ist eine therapeutische Religion", 454.

[213] Die Wechselwirkungen zwischen den einzelnen Dimensionen entfaltet sehr schön Brantschen, Fasten neu erleben, 13ff.

nauszugehen scheinen.²¹⁴ Auch der sozial-politische Aspekt des Fastens soll nur kurz bedacht werden: Schon das Alte Testament warnt davor, das Fasten losgelöst vom Dienst am Nächsten zu betrachten (Jes 58, 1–12). Jesus verschärft diese Kritik am Fasten als selbstzentrierte religiöse Übung noch (Mt 6, 16–18). Zum Fasten gehört vielmehr untrennbar die Ausrichtung auf den Nächsten. Von daher besitzt der Gebrauch des Fastens als politisches Mittel durchaus eine biblische Begründung.²¹⁵ Allerdings verkommt es ohne die Berücksichtigung der spirituellen Dimension zum Druckmittel in der tagespolitischen Auseinandersetzung.

Welche spirituellen Konsequenzen besitzt das Fasten? Schon das Alte Testament, aber auch die Urchristenheit gehen davon aus, dass das Fasten die Ernsthaftigkeit des Gebets unterstützt (Ester 4, 16f.; Mk 9, 29). Die entsprechenden Texte erwecken den Eindruck, als ob es die Wirksamkeit des Gebets erhöht. Viele biblische Erzählungen zeigen außerdem, dass das Fasten die Sensibilität für Gottes Wort und seinen Willen fördert, eine Art Vorbereitung für die Begegnung mit Gott darstellt (5. Mose 9, 9; Dan 10, 1ff.; Mt 4, 1–17 par).

Neben der Bedeutung für die Beziehung zu Gott hat das Fasten auch Folgen für die Selbstsicht des Fastenden. Beim Fasten legt der Mensch die vielen Ersatzbefriedigungen aus der Hand, die ihn betäuben und blind machen gegenüber seiner eigenen Realität. Er wird dadurch in die Lage versetzt, sich so zu sehen, wie er wirklich ist und braucht nicht länger vor sich selbst davonzulaufen. Indem der Fastende seine Wünsche und Begierden aus der Hand gibt, macht er deutlich, dass letztlich nur Gott selbst seinen Hunger und seine Sehnsucht nach Leben zu stillen vermag. „Im Fasten erkennt der Mensch seine Geschöpflichkeit an, den Spalt des Nichts, der in seiner Existenz klafft, und betet Gott als seinen Schöpfer an, der allein seinen Mangel an Sein beheben kann als das unendliche und ewige Sein."²¹⁶ Daneben kann sich noch ein Zweites für die Spiritualität Wesentliches beim Fasten ereignen: Indem der Fastende das Selbstverständliche durchbricht, wird er vor drohender Monotonie und damit verbundenem Lebensüberdruss bewahrt. Im Fasten gewinnt er Raum für Neues. Er wird frei für Buße, für Umdenken und Umkehr als Grundakte des Evangeliums. Das Alte Testament hebt diese Dimension des Fastens besonders hervor: Die Bewohner von Ninive z.B. reagieren auf die Bußpredigt des Jona, indem sie fasten und erleben so Gottes Barmherzigkeit (Jona 3, 5).

Schließlich verändert Fasten auch die Wahrnehmung der Welt. Es stellt einen Protest gegen jede Form von Materialismus und damit gegen die Ty-

---

²¹⁴ Dafür verweise ich auf Fahrner, Fasten als Therapie.
²¹⁵ Das berühmteste Beispiel im christlichen Raum ist wahrscheinlich das Fasten von Niklaus von der Flüe, der 1481 dadurch einen Schweizer Bürgerkrieg verhinderte; im außerchristlichen Bereich ist Gandhi am bekanntesten geworden, dessen Fasten zur Aussöhnung zwischen Hindus und Moslems im indischen Unabhängigkeitskampf gegen die Engländer führte (vgl. dazu Brantschen, Fasten neu erleben, 42.44).
²¹⁶ Kierkegaard, Die Tagebücher, 236f.; zit. nach Grün, Fasten, 51.

rannei des Sichtbaren dar. Indem es in Distanz zum Sichtbaren bringt, verschafft es dem Fastenden den nötigen Freiraum, um sich mit den Dingen der unsichtbaren Welt Gottes zu beschäftigen.

c) Formen des Fastens

In den vergangenen Jahren ist eine Reihe von Formen des spirituellen Fastens erprobt worden. Es bietet sich an, zunächst Erfahrungen der kirchlichen Tradition aufzugreifen.[217] Die traditionelle 40-tätige Fastenzeit vor Ostern hat im evangelischen Raum durch die Aktion „Sieben Wochen ohne" neue Bedeutung gewonnen.[218] Während dieser Zeit kann auf die unterschiedlichsten Gewohnheiten verzichtet werden: auf Alkohol, Fernsehen, Süßigkeiten, Fleischgenuss. Daneben bietet sich die Karwoche für den Verzicht auf Nahrungsaufnahme zur Vorbereitung auf die Osterzeit an. Denkbar ist auch eine Wiederbelebung des Fastens als spirituelle Vorbereitung auf die übrigen wichtigen Feste des Kirchenjahres oder auf besondere Einschnitte des persönlichen Lebens: z.B. in der Adventszeit vor Weihnachten oder vor dem Antritt einer neuen Arbeitsstelle. Dazu können Formen gemeinsamen Fastens von Kirchenvorständen oder Kommunitäten treten, z.B. wenn schwerwiegende Probleme in der Gemeinde auftreten. Schließlich gilt es, auch das Fasten als Form persönlicher spiritueller Übung wieder zu entdecken, unabhängig von der Kirchenjahreszeit oder besonderen Herausforderungen.

Es hat sich als hilfreich erwiesen, zunächst in Gemeinschaft mit anderen im Fasten Erfahrungen zu sammeln, bevor man sich alleine auf den Weg macht. Dabei bietet sich die Teilnahme an einer Fastenwoche mit einem Fastenbegleiter an. Solche Wochen werden inzwischen von vielen kirchlichen Einrichtungen angeboten (Akademien, Kommunitäten, Einkehrhäusern, Kirchengemeinden). Derart geschult, bleiben einem manche unliebsamen Überraschungen erspart, gerade was die medizinischen Implikationen des Fastens betrifft.

d) Gefahren des Fastens

Es soll nicht verschwiegen werden, dass dem Fasten eine Reihe von Gefahren drohen.[219] Von der Gefahr des Legalismus war bereits die Rede. Dazu kommt die Erkenntnis, dass ein *rein medizinisch* verstandenes Fasten häufig das Gegenteil erreicht: Es macht dick, weil es dem Fastenden nicht hilft, aufgrund einer erneuerten Spiritualität zu einer Umorientierung seines Lebensstils zu finden. Dadurch führt die Fastenkur bloß zur Bekämpfung der Symptome des Übergewichts; seine Ursachen bleiben unhinterfragt. Eine weitere Gefahr des Fastens liegt darin, dass die Angst, etwas Giftiges zu es-

---
[217] So auch a.a.O., 72ff.
[218] Vgl. dazu den entsprechenden Fastenvorschlag von Hohensee, Sieben Wochen für die Seele, 55ff.
[219] Vgl. dazu im Folgenden Brantschen, Fasten neu erleben, 99ff.; Grün, Fasten, 67ff.

sen, zum beherrschenden Motiv wird. Das ist angesichts der permanenten Lebensmittelskandale zwar verständlich; dennoch darf dieses Motiv für ein spirituell verstandenes Fasten nicht ausschlaggebend sein. Problematisch ist das Fasten auch dort, wo mit ihm eine Verneinung des Leibes verbunden ist. Hier kann die Grenze zur Boulimie bereits überschritten sein. Schließlich kann das Fasten durch Lebensverneinung motiviert sein. Weil so viele Menschen hungern müssen, gönnt man sich selbst nichts mehr. Auf diese Weise zerstört das Fasten die Dankbarkeit gegenüber Gott für all die Dinge, die er täglich zur Erhaltung des Lebens gibt. Gegenüber all diesen Motiven darf beim spirituell verstandenen Fasten nicht vergessen werden, dass das Neue Testament im Gegensatz zur Abwertung des Körpers in der griechischen Philosophie eine bemerkenswerte Aufwertung des Leibes erkennen lässt (1. Kor. 6, 12–20). Wie jede Form christlicher Askese sollte auch das spirituell verstandene Fasten aus einer positiven Grundmotivation gespeist sein: wieder freier zu werden für Gott und den Nächsten.

Lesehinweise

Hans-Martin Barth, Sehnsucht nach den Heiligen? Verborgene Quellen ökumenischer Spiritualität, Stuttgart 1992.
Gerhard Knodt, Leitbilder des Glaubens. Die Geschichte des Heiligengedenkens in der evangelischen Kirche (Calwer Theologische Monographien, Reihe C, Bd. 27), Stuttgart 1988.
Paul Martin Clotz, Unterwegs mit Gott. Ökumenische Pilgerwege (Geistlich leben 7), Gießen 1998.
Anselm Grün, Auf dem Wege. Zu einer Theologie des Wanderns (Münsterschwarzacher Kleinschriften 22), Münsterschwarzach 1983.
Egon Mielenbrink, Beten mit den Füßen. Über Geschichte und Praxis von Wallfahrten (Topos plus Taschenbücher 368), Neuausgabe, Kevelaer 2001.
Walter Nigg, Des Pilgers Wiederkehr. Drei Variationen über ein Thema, Neuauflage, Zürich 1992.
Niklaus Brantschen, Fasten neu erleben. Warum, wie, wozu? (Herder Spektrum 4058), 5. Auflage, Freiburg/Basel/Wien 1999.
Anselm Grün, Fasten (Münsterschwarzacher Kleinschriften 23), 12. überarbeitete und aktualisierte Auflage, Münsterschwarzach 2001.

4.8. Freizeiten, Exerzitien, Glaubenskurse

4.8.1. Pro und Kontra

Freizeiten, Exerzitien und Glaubenskurse stellen eine Form der Glaubensvermittlung und Glaubensvertiefung dar, die es in der evangelischen Kirche als Ganzes erst seit dem Ende des Zweiten Weltkriegs in größerem Maßstab gibt. *Freizeiten* waren vorher eher eine Domäne der Jugend- und Studentenarbeit. CVJM-Verbände (Christlicher Verein Junger Menschen) und DCSV (Deutsch-Christliche-Studentenvereinigung, der Vorläufer der ESG), boten in der Zeit vor dem Zweiten Weltkrieg Freizeiten, auch Rüstzeiten genannt, an. Heute gibt es eine schier unüberschaubare Vielzahl unterschiedlichster Freizeitenangebote. Charakteristisch ist für alle die Verbindung zwischen der Beschäftigung mit Glaubensinhalten und freier Zeit. Noch jünger als die Freizeiten sind im Raum des Protestantismus die *Exerzitien*. Zwar reichen auch ihre Anfänge bereits in die Zeit vor dem Zweiten Weltkrieg zurück, doch haben sie erst in der jüngsten Vergangenheit unter evangelischen Christen ein breiteres Interesse gefunden. Zum einen existiert inzwischen das Angebot von evangelischen Exerzitien, zum anderen wurden katholische Exerzitienangebote für evangelische Christen geöffnet. Charakteristisch für alle Exerzitienformen ist die Konzentration auf die eigene Spiritualität bei gleichzeitiger methodischer Anleitung spiritueller Prozesse, wobei die Verbindung von denkerischer Durchdringung der eigenen Spiritualität mit der Erfahrungsebene typisch ist.[220] Die jüngste Form der Glaubensvermittlung bzw. -vertiefung im Protestantismus sind die sog. *Glaubenskurse*. In Deutschland gibt es sie seit ungefähr 30 Jahren. Auch hier existiert inzwischen ein höchst unterschiedlich ausgerichtetes Angebot – nahezu aus jeder theologischen Richtung. Glaubenskurse stellen eine Antwort auf die zunehmende Erosion des Christlichen in der Gesellschaft dar und wollen elementare Informationen über den Glauben vermitteln.

Die Attraktivität der genannten spirituellen Angebote hat verschiedene Ursachen. Ein wesentlicher Grund liegt in ihrer begrenzten Dauer:[221] Es handelt sich um offene Angebote. Die Teilnahme erfordert einen niedrigeren Grad an Verbindlichkeit als z.B. die kontinuierliche Zugehörigkeit zu einer Gemeindegruppe. Dazu kommt als weitere Ursache bei vielen Angeboten die Betonung von Glaubenserfahrung und Glaubensübung. Sie entspricht der Erlebnissehnsucht als einem Grundzug der Gegenwart.[222] Die genannten Angebote wollen nicht primär oder wenigstens nicht ausschließlich theologisches Wissen vermitteln, sondern Anleitung geben zu einem Leben im Glauben bzw. zu dessen Vertiefung. Für die Attraktivität mitverantwortlich ist auch die Verbindung von Selbst- und Gotteserfahrung. Diese ist besonders für die Exerzitien charakteristisch. In einer Zeit rapide abnehmenden christlichen Grundwissens darf neben der Erfahrungsdimension das wachsende Interesse an elementaren Informationen über den christlichen Glauben nicht übersehen werden. Auch hierin liegt ein Grund für die Anziehungskraft der Angebote. Schließlich handelt es sich bei diesen Angeboten um eine *soziale* Form der Glaubensvermittlung bzw. Glaubensvertiefung. Eine Gruppe Gleichgesinnter ist essenzieller Bestandteil des Angebots. Selbst die Einzelexerzitien sind nicht denkbar ohne das Gespräch mit dem Exerzitienanleiter.

Vonseiten traditioneller protestantischer Theologie und Kirchlichkeit bestehen eine Reihe von Vorbehalten gegenüber den genannten Formen

---

[220] Vgl. dazu Münderlein, Neue Wege in der evangelischen Spiritualität, 13 ff.
[221] Hans-Diether Reimer, Für eine Erneuerung der Kirche, 220.
[222] S. Kap. 3.1.3.

der Glaubensvermittlung und Glaubensvertiefung. Jede Form der bewussten Vermittlung von Spiritualität wird misstrauisch als neue Form der Gesetzlichkeit beargwöhnt, weil dadurch angeblich die evangelische Freiheit in Frage gestellt wird. Ich versuchte bereits zu zeigen, dass es für eine Erneuerung der evangelischen Spiritualität unerlässlich ist, diese Vorbehalte zu überwinden.[223] Gerade Freizeiten, Exerzitien und Glaubenskurse bieten die Chance, Sozialität und Erfahrung in die evangelische Spiritualität zu reintegrieren.[224] Von Anfang an gehörte zu reformatorischer Spiritualität ein katechetisches Moment. Dieses bezog sich nicht nur auf Kinder und Jugendliche, sondern umfasste auch die Erwachsenen. Die Erwachsenenkatechese ist im Verlauf des 18. und 19. Jahrhunderts jedoch immer mehr verschwunden.[225] Freizeiten, Exerzitien und Glaubenskurse lassen sich deshalb auch als Versuche interpretieren, angesichts veränderter Lebensbedingungen der Moderne bzw. angesichts zunehmender Säkularisierung auch der Mitglieder der Kerngemeinden die Erwachsenenkatechese als Bestandteil evangelischer Spiritualität wiederzugewinnen. Immer wieder ist in der Vergangenheit gegenüber Freizeiten, Exerzitien und Glaubenskursen auch der Vorwurf der Manipulation erhoben worden. Bei der Untersuchung dieser Angebote gewinnt man jedoch den Eindruck, dass sie sich trotz Zentralstellung der Momente von Übung und Sozialität sowohl um Berücksichtigung der unterschiedlichen Bedürfnisse der Teilnehmerinnen und Teilnehmer als auch um Sicherung der Freiheit und Unabhängigkeit jedes Einzelnen bemühen. Schließlich wurde vor allem an den Glaubenskursen kritisiert, dass sie bisweilen übertrieben pragmatisch anmuten und eine tiefergehende theologische Reflexion vermissen lassen. Dieser Vorwurf ist häufig berechtigt. Er hängt damit zusammen, dass eine Reihe von Kursen aus dem angelsächsischen Raum beeinflusst ist.[226] Trotzdem sollte nicht vergessen werden, dass viele Glaubenskurse durch die Integration der Glaubenserfahrung auf ein Defizit im deutschsprachigen Protestantismus antworten.

4.8.2. Freizeiten

Freizeiten werden heute für alle nur denkbaren Zielgruppen angeboten: für Kinder, Jugendliche, Senioren, Männer, Frauen, Familien, Gemeinden, Singles, Geschiedene, Verwitwete.[227] Ebenso finden sie an den verschiedensten

---

[223] S. Kap. 1.2.6.
[224] S. Kap. 1.2.4.
[225] Markus Printz,
[226] Das wird vor allem an den charismatisch geprägten Glaubenskursen sichtbar, die zu einem Großteil im angelsächsischen Raum entstanden und z.T. aus dem Englischen bzw. Amerikanischen übersetzt sind.
[227] Vgl. z.B. den Prospekt der Liebenzeller Mission. Freizeiten & Reisen GmbH, Bad Liebenzell für 2003, der 112 Seiten umfasst; vgl. auch die entsprechenden Prospekte der AR [Anders Reisen] Reisen Reisevertrieb GmbH, Berlin.

Orten statt: in der Nähe und in der Ferne, im In- und im Ausland, im Luxushotel und auf dem Luxusschiff, in der einfachen Blockhütte und im Kanu. Es gibt Badefreizeiten, Wanderfreizeiten, Fastenfreizeiten und Freizeiten mit Wellnessprogramm, um nur einige wenige zu nennen.

Dadurch dass Menschen heute viel mehr Freizeit zur Verfügung steht als in früheren Zeiten, liegt es nahe, diese für spirituelle Angebote zu nutzen. Im Bewusstsein der meisten Menschen ist der Urlaub die wichtigste Zeit des Jahres. Viele sind bereit, einen Teil dieser Zeit zur Beschäftigung mit spirituellen Fragen zu verwenden.[228] Dazu kommt die Erlebnisorientierung der Postmoderne, die eine Verknüpfung des Erlebnismoments mit der Glaubensvermittlung bzw. Glaubensvertiefung nahe legen. Die bei Freizeiten zu beobachtende zunehmende Variationsbreite von Zielgruppenangeboten schließlich stellt eine notwendige Reaktion auf die immer stärkere Ausdifferenzierung der Gesellschaft in Untergruppen dar.

Am Beispiel der Gemeindefreizeit möchte ich exemplarisch die Bedeutung von Freizeiten für die Vermittlung und Vertiefung von Spiritualität aufzeigen. Der Tag wird normalerweise durch verschiedene geistliche Angebote strukturiert. Dazu gehören Andachten und Gebetszeiten. Die Mahlzeiten werden meist mit einem gemeinsamen Gebet begonnen. Gewöhnlich ist ein Teil des Tages für die Beschäftigung mit einem Bibeltext bzw. einem biblischen Thema reserviert. Auf diese Weise ist es möglich, dass die unterschiedlichen Altersgruppen einer Gemeinde sich mit den gleichen geistlichen Inhalten beschäftigen und sich dadurch auf ein gemeinsames geistliches Niveau hinbewegen. Austauschphasen über Entdeckungen in der Bibel und über persönliche spirituelle Erfahrungen vermitteln Einblicke in die Glaubens- und Lebensperspektiven der unterschiedlichen Generationen. Auf diese Weise können sich die verschiedenen Altersgruppen gegenseitig spirituell befruchten.[229] Das Zusammensein der Gemeindeglieder während des ganzen Tages – also anders als im normalen Gemeindeleben über die Gottesdienstzeiten und übrigen Gemeindeveranstaltungen hinaus – führt dazu, ein Stück Alltag miteinander zu teilen. Dadurch wird praktisch erfahrbar, dass Nachfolge Jesu Christi nicht nur die gemeinsame Beschäftigung mit geistlichen Dingen, sondern auch die gegenseitige Fürsorge in alltäglichen Dingen umfasst. Dazu kommt noch das gemeinsame Feiern, woran deutlich wird, dass Christsein eine festliche Angelegenheit ist.

---

[228] Im Vorwort des Prospektes der Liebenzeller Mission. Freizeiten & Reisen GmbH schreiben die Veranstalter: „Damit auch die Seele auftanken kann, gehört zu jeder Freizeit ein geistliches Angebot. Nutzen Sie Ihre Ferien, um besondere Erfahrungen mit dem lebendigen Gott zu machen, um Lasten los zu werden oder Weichenstellungen im Leben vorzunehmen." Dass dieses Angebot auf reges Interesse stößt, zeigt ein regelrechter Boom entsprechender Freizeitangebote.

[229] Zur Wichtigkeit des Gesprächs zwischen den Generationen vgl. bes. Bohren, Mit dem Geist bekommen wir Väter und mit den Vätern einen Geist.

4.8.3. Exerzitien

Bei den folgenden Überlegungen möchte ich mich auf die Form der Einzelexerzitien konzentrieren, die auf den Gründer des Jesuitenordens Ignatius von Loyola (1491–1556) zurückgeht.[230] Ihre Bedeutung für die katholische Spiritualität ist bis heute ungebrochen. Viele Priester, Ordensleute und engagierte Laien absolvieren regelmäßig Ignatianische Exerzitien. Zunächst ist zu umreißen, worum es sich dabei handelt. Dann soll ein kurzer geschichtlicher Abriss gegeben werden, auf welche Weise es in der jüngsten Vergangenheit zu Ansätzen einer Integration der Exerzitien in die evangelische Spiritualität kam. Schließlich sind die Gründe zu benennen, warum es sich für evangelische Christen lohnt, Exerzitien zu absolvieren.

Ignatius von Loyola, J. Marneffe (Südbelgische Provinz der Gesellschaft Jesu, Brüssel).

a) Was versteht man unter „Einzelexerzitien"?

Einzelexerzitien sind eine Zeit der Einsamkeit und des Gebets, die man als einzelner absolviert, um Erfahrungen mit Gott zu machen. Dadurch soll eine Vertiefung des persönlichen Glaubens und eine Veränderung des Lebens zur größeren Ehre Gottes erreicht werden.[231] Den Ignatianischen Exerzitien liegt das Werkbuch des Ignatius für Exerzitienbegleiter „Geistliche Übungen" zugrunde. In dem zwischen 1522–1535 entstandenen Buch hat Ignatius seine persönlichen spirituellen Erfahrungen und die durch die geistliche Begleitung anderer gewonnenen Erkenntnisse zusammengefasst.[232]

Die Exerzitien können von drei Tagen bis vier Wochen dauern. Bewährt hat sich ein Zeitraum von acht Tagen. Der Exerzitant verbringt die ganze Zeit in der Stille, ohne mit anderen zu reden, betet bzw. meditiert täglich mehrere Stunden. Die Zeit zwischen den Gebets- und Meditationszeiten dienen der Erholung und dürfen nicht mit anderen Beschäftigungen gefüllt werden. Zu den Einzelexerzitien gehört ein ungefähr halb- bzw. dreiviertelstündiges Gespräch pro Tag, in denen der Exerzitant dem Begleiter Ein-

---

[230] Zur Gestalt der Exerzitien in der mittelalterlichen Frömmigkeit bis zu Ignatius vgl. Baich, Exerzitien, 100.
[231] Vgl. im Folgenden Falkner, Ignatianische Exerzitien im Leben der evangelischen Kirche, 76ff.
[232] S. auch Kap. 3.3.3.

blick in die gemachten Erfahrungen gibt. Das ermöglicht dem Exerzitienbegleiter, inhaltliche und methodische Hinweise für den nächsten Tag zu geben. Die Gruppe der anderen Exerzitanten bleibt – soweit vorhanden – im Hintergrund.

Eine Voraussetzung, um an Einzelexerzitien teilnehmen zu können, ist ein geregeltes persönliches spirituelles Leben, wozu Erfahrungen mit Gebet und Meditation gehören. Eine weitere Bedingung ist eine normale psychische Belastbarkeit. Den Einzelexerzitien geht ein Vorgespräch zwischen Exerzitant und Exerzitienbegleiter voraus, das der Klärung dient, ob zwischen ihnen ein Vertrauensverhältnis entstehen kann.

b) Zur Geschichte der Exerzitien in der evangelischen Kirche

Die Anfänge der Exerzitienarbeit in der evangelischen Kirche – damals unter dem Namen Retreats – gehen auf die Michaelsbruderschaft in der Zeit nach dem Ersten Weltkrieg zurück.[233] Wilhelm Stählin hat 1954 die in Jahrzehnten erworbenen Erfahrungen in seinem Buch „Die ausgesonderten Tage" zur Diskussion gestellt.[234] Es handelt sich dabei um die erste größere Veröffentlichung zum Thema im Bereich der evangelischen Kirche in Deutschland. Erst später kam die Retreatarbeit sowohl der anglikanischen Kirche als auch der lutherischen Kirchen Skandinaviens in den Blick, obwohl sie zum Zeitpunkt von Stählins Buchveröffentlichung bereits mehrere Jahrzehnte bestand.[235] Schon um die Jahrhundertwende hatte es in der anglikanischen Kirche fünf Retreathäuser gegeben, die bemerkenswerterweise allesamt Ordensgemeinschaften gehörten.[236] Nach dem Zweiten Weltkrieg führte die Entstehung von Kommunitäten im Raum des deutschen Protestantismus zu einer Ausbreitung der Exerzitienarbeit in der evangelischen Kirche. Taizé machte den Anfang, in Deutschland folgte z.B. die Kommunität Imshausen.[237] Inzwischen haben Exerzitien ihren festen Ort sogar im Fortbildungsprogramm von evangelischen Pfarrerinnen und Pfarrern.[238] Längst wurden sie aber auch von evangelischen Laien entdeckt.[239] In der jüngsten Zeit zeichnet sich eine noch weitergehende Entwicklung ab: Verschiedene Kommunitäten bieten unter Beteiligung von auswärtigen Referenten aus Kirche und Universität explizit *evangelische* Exerzitien an. Dabei wird versucht, methodische und spirituelle Erkennt-

---

[233] Vgl. hier und im Folgenden Wolff, Zeiten mit Gott, 11 ff.
[234] Kassel 1954.
[235] Wolff, Zeiten mit Gott, 33 ff. 79 ff.
[236] A.a.O., 37.
[237] A.a.O., 93 ff.
[238] Dazu verschiedene Erfahrungsberichte bei Münderlein, Aufmerksame Wege, 25 ff.; Falkner, Ignatianische Exerzitien im Leben der evangelischen Kirche, 57 ff.
[239] Johne, Geistlicher Übungsweg für den Alltag; für den Bereich der evangelischen Freikirchen vgl. Strauch, Entdeckungen in der Einsamkeit.

nisse aus der katholischen Tradition mit unaufgebbaren Einsichten reformatorischer Theologie zu verbinden.[240]

Was sind die *Gründe*, die zu einer Reintegration der Exerzitien in die evangelische Spiritualität geführt haben? Mit der Entstehung von Bruder- und Schwesternschaften und Kommunitäten nach dem Zweiten Weltkrieg standen in der evangelischen Kirche in Deutschland plötzlich Fachleute für geistliche Übungen zur Verfügung, die es seit dem Wegfall der Orden im Protestantismus nicht mehr gegeben hatte. Eine weitere Ursache für die Integration der Exerzitien in die evangelische Spiritualität stellte die ökumenische Annäherung zwischen den Konfessionen in den 50er und 60er-Jahren dar. Dadurch wurde eine Reihe von gegenseitigen Vorurteilen abgebaut, was zu einer positiven Wahrnehmung des spirituellen Besitzes der jeweils anderen Konfession führte. Das galt – mit Zeitverzögerung – auch für die Ignatianischen Exerzitien.[241] Tief saßen bis dahin bei vielen Protestanten die konfessionellen Vorurteile gegenüber dem „Vater der Gegenreformation".[242] Ein letzter Grund für die Rezeption der katholischen Exerzitienarbeit in der evangelischen Kirche hing schließlich mit der innerkatholischen Entwicklung zusammen. Standen früher die „Vortragsexerzitien" im Vordergrund, sind es seit der Mitte des 20. Jahrhunderts wieder die begleiteten Einzelexerzitien, in der jeder Exerzitant für sich persönlich spirituelle Erfahrungen machen kann.[243]

c) Warum es sich lohnt, Exerzitien in die evangelische Spiritualität zu integrieren

Eine Reihe von Gründen macht Exerzitien zu einer hilfreichen spirituellen Übung auch für evangelische Christen.[244] Zunächst muss nüchtern festgestellt werden, dass es im Rahmen der evangelischen Spiritualität lange Zeit kein Angebot gab, das den Exerzitien entsprochen hätte. Dadurch fehlte der evangelischen Tradition ein wichtiges spirituelles Hilfsmittel. Exerzitien dienen in herausragender Weise der spirituellen Sammlung, der Konzentration auf das Wesentliche. Der traditionelle Gottesdienstbesuch scheint angesichts einer immer lauter und schneller werdenden Welt für diese Sammlung nicht mehr auszureichen.[245] Herkömmliche evangelische Spiri-

---

[240] Als Beispiele seien genannt: Evangelisches Exerzitium – Zentrum für geistliche Theologie und christliche Lebensgestaltung e.V., Kloster Volkenroda, 99998 Körner-Volkenroda (in Zusammenarbeit mit der Jesusbruderschaft); Kurs Geistliche Begleitung, Communität Christusbruderschaft Selbitz, Haus der Begegnung und Einkehr. Im Kursprospekt wird als Ziel angegeben: „Der Kurs hat zum Ziel die Vertiefung des eigenen geistlichen Lebens und die Befähigung, andere auf diesem Weg zu begleiten."
[241] Dazu Henkel, Geistliche Erfahrung und Geistliche Übungen bei Ignatius von Loyola und Martin Luther, 335 ff.
[242] A.a.O., 24 ff.
[243] Baich, Exerzitien, 102.
[244] Vgl. hier und im Folgenden Münderlein, Aspekte therapeutischer Methoden in den Exerzitien, 115–129.
[245] Guardini, Tugenden, 147–159.

tualität steht außerdem in Gefahr, vor lauter Aktionismus gegenüber sich selbst und anderen blind zu werden. Indem der Exerzitant für einige Zeit bewusst die Alltagsarbeit unterbricht, entsteht ein Freiraum für die Entdeckung von Neuem. Es wächst der Mut zum Loslassen von Altem, zur Wahrnehmung neuer Möglichkeiten, zum Betreten unbekannter Wege.

Angesichts zunehmender Individualisierung ist der Exerzitienbegleiter eine wichtige Hilfe zur Entwicklung der eigenen Spiritualität. Er weist einerseits Züge eines Seelsorgers, andererseits – mehr noch – die eines Coachs auf. Er soll sich von Ignatius her nicht etwa als Wegweiser, sondern strikt als Wegbegleiter verstehen. Ziel ist, „dass der Schöpfer und Herr sich selbst seiner [des Exerzitanten] Seele mitteilt" (ExB 15). Damit ist zum einen dem modernen Bedürfnis nach persönlicher Freiheit Rechung getragen, zum anderen entspricht das tägliche Gesprächsangebot des Exerzitienbegleiters der zunehmenden Sehnsucht nach persönlich-seelsorgerlicher Aussprache.

Positiv ist auch, dass der Exerzitant während der Exerzitien ganzheitlich angesprochen wird. Einerseits soll er in den Meditationszeiten über sein bisheriges Leben *nachdenken*. Andererseits soll er biblische Texte *imaginieren*, also nicht bloß mit dem Verstand erfassen. Schließlich geht es darum, den *Affekten, der Emotionalität und der Körperlichkeit Raum zu geben* und ihnen nachzuspüren. Der Exerzitant soll auf diese Weise Zugang zu einer erfahrungsbezogenen Spiritualität finden. Auch das Ziel der Exerzitien, zur Verhaltensänderung anzuleiten, zeigt, dass es sich um spirituelle Übungen handelt, die den Menschen in seiner Ganzheit ansprechen wollen.

4.8.4. *Glaubenskurse*

Glaubenskurse sollen der Glaubensbildung von Erwachsenen dienen, und zwar mithilfe der Elementarisierung des christlichen Zeugnisses.[246] Sie richten sich nicht primär an kirchlich sozialisierte Menschen, sondern haben z.T. dezidiert den Anspruch, Kirchendistanzierte anzusprechen, die sich für Fragen des Glaubens interessieren. In den Großstädten der alten Bundesländer wurden sie mit dem Ziel entwickelt, „getaufte Heiden" zur Lebensübergabe an Jesus Christus zu führen. In den neuen Bundesländern werden sie seit einigen Jahren verstärkt als Taufunterricht angeboten. Die Seminare werden normalerweise von einer Kirchengemeinde veranstaltet und umfassen gewöhnlich höchstens zehn Abende. Das Begleitmaterial zu einem Glaubensseminar liegt in vielen Fällen in gedruckter Form vor.

Bei der Fülle von Glaubenskursen, die inzwischen existieren, fällt es nicht leicht, sie angemessen einzuordnen. Um ihre Verschiedenheit in den Blick zu bekommen, erscheint es mir am sinnvollsten, sie nach ihrer theologischen Ausrichtung zu unterscheiden.[247] Die Differenzierung zwischen

---

[246] So Richter, „Wie kann ich, wenn mich nicht jemand anleitet?", B 57.
[247] So auch a.a.O., B 58ff.

evangelistisch konzipierten und mehr informierenden Kursen trifft die jeweiligen Besonderheiten nicht genügend.

Der von Helmut Thielicke zusammen mit der „Projektgruppe Glaubensinformation" in Hamburg Ende der 60er-Jahre erarbeitete Fernkurs über Glaubensfragen in Briefform gehört zu den frühesten Glaubensseminaren; er stellt eine Art deutsches Pilotprojekt dar. Die Hamburger Projektgruppe wollte mit den Kursen Basisinformationen über das Christentum vermitteln und auf diese Weise interessierte Zeitgenossen zum mündigen Mitsprechen in Kirche und Gemeinde befähigen.[248] In einem weiteren geographischen und zeitlichen Rahmen bekannt geworden sind die Glaubenskurse der innerkirchlichen charismatischen Bewegung: Die „Einübung in die christliche Grunderfahrung", die der katholische Theologe Heribert Mühlen zusammen mit evangelischen Autoren verfasst hat,[249] und Wolfram Kopfermanns „Farbwechsel" von 1990, der zum „Grundkurs des Glaubens" der „Geistlichen Gemeindeerneuerung in der Evangelischen Kirche"[250] weiterentwickelt wurde. Mühlen und Kopfermann engagierten sich damals als führende Mitglieder in der innerkirchlichen charismatischen Bewegung. Ziel der sog. Einführungsseminare ist nach Heribert Mühlen,[251] Interessierten erste charismatische Erfahrungen zu vermitteln.[252] Der von ihnen konzipierte Einführungskurs umfasst *eine Reihe* von Veranstaltungen. Die Teilnehmer und Teilnehmerinnen besuchen die Einführungsseminare mit dem *bewussten Wunsch*, in den christlichen Glauben eingeführt zu werden und Erfahrungen mit dem Geist Gottes zu machen. Dem entspricht der Übungscharakter der Seminare: Sie wollen nicht primär theologisches Wissen vermitteln, sondern „zu einem Leben im Kraftfeld des Heiligen Geistes" anleiten.[253] Dass es in den Einführungsseminaren um ein *sozial vermitteltes* Erleben des Geistes

---

[248] Briefkurs; vgl. darin bes. Scharrer/Westphal, „Projektgruppe Glaubensinformation", 163 ff.

[249] Mühlen, Einübung in die christliche Grunderfahrung, Teil 1 u. 2, 1976 zuerst erschienen.

[250] Birgit Schindler, Grundkurs des Glaubens, zu beziehen über die Geschäftsstelle der GGE, Speersort 10, 20095 Hamburg. Das Heft fußt nach Angaben der Autorin auf einem von Wolfram Kopfermann Anfang der 80er Jahre in Hamburg entwickelten Glaubenskurs.

[251] Vgl. im Folgenden Mühlen, Einübung in die christliche Grunderfahrung, Teil 1 und 2; ders., Gemeinde-Erneuerung aus dem Geist Gottes, Bd. 1; ders., Gemeinde-Erneuerung aus dem Geist Gottes, Bd. 2; ders., Neu mit Gott; auf evangelischer Seite bietet Wolfram Kopfermann eine gute Zusammenfassung zu Inhalt und Zielsetzung der Seminare in: ders., Charismatische Gemeindeerneuerung, 27 ff.

[252] Wohl um entsprechende Vorwürfe abzuwehren, weist Kopfermann darauf hin, dass aufgrund der langen Hinführung zum Abschlussgottesdienst mit Umkehrliturgie eine Manipulation der Teilnehmer an den Einführungskursen ausgeschlossen ist, also keine Rede von „Bekehrungsdruck" sein kann (a.a.O., 30). Das gleiche Anliegen ist in der innerkatholischen charismatischen Bewegung zu erkennen: „Das Ziel dieser Glaubenskurse ist die Hinführung zur christlichen Grundentscheidung und zur Bitte um eine neue Ausgießung des Heiligen Geistes. Dabei muss sich der einzelne in großer Freiheit vor Gott und im Gespräch mit anderen prüfen, zu welchem Zeitpunkt, in welcher Form und in welcher Gemeinschaft er diesen Schritt tun soll" (Der Geist macht lebendig, in: Baumert, Jesus ist der Herr, 53).

[253] Kopfermann, Charismatische Gemeindeernerung, 27.

geht, lässt Mühlens Beschreibung der Geisterfahrung im Rahmen der – meist am Ende eines Einführungskurses gefeierten – sog. Umkehrliturgie erkennen. Die Übereignung an Christus und die damit verbundene Erfahrung des Geistes wird nicht allein, sondern in der Seminargemeinschaft erlebt.[254] Es fällt auf, dass die Rede von besonderen Geisterfahrungen in Mühlens Kurs insgesamt nicht im Vordergrund steht.

Mittlerweile werden auch die innerhalb charismatisch geprägter Gemeinden der anglikanischen Kirche entstandenen „Alpha-Kurse" in Deutschland durchgeführt.[255] Die Kurskonzeption wurde in einer Londoner Großstadtgemeinde entwickelt, der zur anglikanischen Kirche gehörenden Gemeinde Holy Trinity Brompton, um die sich ausbreitende Glaubenserosion zu bekämpfen.[256] Der Kurs will über die Vermittlung von Grundelementen des christlichen Glaubens Menschen, die der Kirche fern stehen, einen Zugang zum Evangelium ermöglichen. *Kernstück* ist ein Wochenende zum Thema „Erfahrungen mit dem Heiligen Geist", an dem den Teilnehmern und Teilnehmerinnen das Wesen des Geistes und seiner Wirkungen nahe gebracht werden soll. In einem Gebetsgottesdienst wird dabei um die Erfüllung mit dem Heiligen Geist gebetet. Nach dem Zeugnis vieler Teilnehmer spielt gerade das damit verbundene *Erlebnismoment* eine Schlüsselrolle für den Erfolg des Kurses.

In der Zwischenzeit ist neben den im Raum der charismatischen Bewegungen entstandenen Kursen eine Vielzahl weiterer Glaubensseminare im evangelisch-landeskirchlichen Kontext entwickelt worden. Eine Vorreiterrolle nehmen dabei die Projektangebote aus dem Gemeindekolleg der VELKD in Celle ein.[257] Hier soll nur das Projekt „neu anfangen – Christen laden ein zum Gespräch" kurz beschrieben werden. In der Vorbereitungsphase schließen sich mehrere Gemeinden auf ökumenischer Basis zur Durchführung des Projektes zusammen. Zur eigentlichen „Aktionsphase" gehört zunächst ein Sendungsgottesdienst und dann eine vierwöchige Telefonaktion, in der alle Einwohner der Region angerufen werden und ein Taschenbuch angeboten bekommen, das Berichte und Zeugnisse von Christen aus der Region enthält. Die am Buch Interessierten erhalten einen zweiten Anruf und werden zu fünf bis sieben Gesprächsabenden über den christlichen Glauben eingeladen, die bei Christen aus der Nachbarschaft

---

[254] Mühlen, Die Erneuerung des christlichen Glaubens, 226f; vgl. auch ders., Umkehrliturgie, bes. 14ff.

[255] Es gibt inzwischen eine Reihe von Büchern vom Initiator der Kurse sowohl auf Englisch als auch auf Deutsch. Ich nenne nur eine Auswahl: Gumbel/Mackesy, Why Jesus?; Gumbel, Questions of Life; ders., Telling Others; ders., Searching Issues; ders., A Life Worth Living; ders., Challenging Lifestyle. Deutsche Übersetzungen: ders., Jesus?!; ders., Fragen an das Leben; ders., Heiße Eisen angepackt; Der Alpha-Kurs, Teilnehmerheft; Der Alpha-Kurs, Trainingsheft für Leiter und Helfer.

[256] Vgl. hier und im Folgenden Ranke, Dem persönlichen Glauben neues Leben geben, 236–239.

[257] Zur Charakterisierung und Würdigung der einzelnen Kurse vgl. Richter, „Wie kann ich, wenn mich nicht jemand anleitet?", B 59ff.

stattfinden. Den Abschluss des Projektes bilden Angebote der spirituellen Weiterführung und Vertiefung.

Sämtliche Glaubenskurse besitzen Vor- und Nachteile. Es gibt nicht den für jede Gemeinde zu jeder Zeit optimalen Kurs. Welcher sich am besten eignet, hängt jeweils ab von der Situation der Gemeinde, in der er angeboten werden soll, von den Fähigkeiten der Mitarbeitenden und nicht zuletzt von den Bedürfnissen und Erwartungen der Teilnehmenden. Es ist deshalb konsequent, dass schon viele Gemeinden im Lauf der Zeit ihren eigenen Glaubenskurs entwickelt haben. Trotzdem gibt es Kriterien, die ein solcher Kurs erfüllen sollte. Dazu gehört die Elementarisierung der christlichen Glaubensinhalte, die Einbindung von Erfahrungsebenen in das Kursangebot und die Möglichkeit für die Teilnehmenden, in einem Raum der Offenheit und des Vertrauens die eigenen Fragen einzubringen.

Lesehinweise

Franz Jalics, Kontemplative Exerzitien. Eine Einführung in die kontemplative Lebenshaltung und in das Jesusgebet, 6. Auflage, Würzburg 1999.
Karin Johne, Geistlicher Übungsweg für den Alltag. Ein Kursangebot, Berlin 1986.
Ignatius von Loyola, Geistliche Übungen (viele Auflagen, zuletzt: aus dem Span. übertr., mit Erkl. von Adolf Haas, Freiburg/Basel/Wien 1999).
Gerhard Münderlein (Hg.), Aufmerksame Wege. Erfahrungen evangelischer Christen mit den Exerzitien des Ignatius von Loyola, München 1999.
Peter Strauch, Entdeckungen in der Einsamkeit, Witten 1982 (mehrere Auflagen).
Markus Printz, Grundlinien einer bibelorientierten Gemeindepädagogik: pädagogische und praktisch-theologische Überlegungen (Monographien und Studienbücher), Wuppertal 1996.
Detlef Puttkammer, Glaubenskurse, Studienbrief A 30, hg. von der Arbeitsgemeinschaft Missionarische Dienste, Stuttgart 1989.

Anstelle eines Resümees:
Gibt es eine spezifisch evangelische Spiritualität?

Immer wieder ist in der Vergangenheit der Einwand vorgebracht worden, dass es im Raum der evangelischen Kirchen legitimerweise so etwas wie Spiritualität gar *nicht* geben dürfe. Konsequenz dieser Überzeugung war, dass die Frage der Spiritualität und entsprechender Erfahrungen in den vergangenen zwei Jahrhunderten mehr und mehr aus dem Blickfeld der akademischen Theologie geriet. Die seit der Aufklärung sich anbahnende Trennung zwischen monastischer und scholastischer Theologie hat im Protestantismus zu einer Abwertung bzw. einem Zurücktreten der monastischen Theologie geführt und die scholastische Theologie zur Alleinherrschaft im akademischen Bereich gebracht.[258] Die dialektische Theologie des

---

[258] So auch Ruhbach, Theologie und Spiritualität, 22.122ff.

frühen Karl Barth nach dem Ersten Weltkrieg und die Theologie Rudolf Bultmanns nach dem Zweiten haben hier zusätzlich als Kahlschlag gewirkt. Sowohl der Rückblick auf die verschiedenen Ausprägungen evangelischer Spiritualität seit der Reformation als auch die Umschau der unterschiedlichen spirituellen Erscheinungen im gegenwärtigen Protestantismus haben jedoch gezeigt, dass es anders als in der Theorie in der Praxis im Raum der evangelischen Kirchen zu allen Zeiten ein reiches spirituelles Leben gegeben hat.

Neben der Infragestellung von Spiritualität wird die Förderung der Spiritualität in der evangelischen Kirche durch die Unsicherheit darüber gehindert, ob es eine *besondere* evangelische Spiritualität gibt. Der Blick in die Vergangenheit, aber auch auf die gegenwärtige Situation legt eine Bejahung auch dieser Frage nahe. Eine Reihe von Charakteristika lässt erkennen, dass die evangelische Spiritualität eine eigenständige Form der Frömmigkeit darstellt – mit besonderen Akzentuierungen gegenüber der Spiritualität anderer Konfessionen. Evangelische Spiritualität zeichnet sich durch eine doppelte, gegenläufige Bewegung aus. Einmal verläuft diese Bewegung in Richtung auf *Konzentration*, zum anderen in Richtung auf *Grenzüberschreitung*. Einerseits konzentriert sie sich auf Jesus Christus, auf die Bibel, auf Gottes Handeln und auf den (persönlichen) Glauben. Andererseits ermutigt die evangelische Spiritualität durch eine Haltung der Weltbejahung und Weltverantwortung zum Überschreiten des binnenkirchlichen Raumes in Richtung auf Familie, Beruf und Gesellschaft, die als Felder gottesdienstlicher Lebensführung von den Reformatoren neu entdeckt wurden.

Wie wir sahen, stellte die reformatorische Spiritualität gegenüber der mittelalterlichen Frömmigkeit in mehrfacher Hinsicht einen qualitativen Fortschritt dar. Vor allem beinhaltete sie deren Demokratisierung, d.h. die Befreiung der Spiritualität aus der Usurpation durch religiöse Eliten. Voraussetzung dafür waren zwei Erkenntnisse, die der evangelischen Spiritualität seitdem nicht mehr verloren gegangen sind: einerseits die *Freiheit des Gewissens* und andererseits die *Hochschätzung des Individuums*. Im Verlauf der Geschichte des Protestantismus zeigte sich aber, dass die Dynamik reformatorischer Spiritualität in Richtung auf Konzentration und Grenzüberschreitung dazu führte, dass wichtige Aspekte der Spiritualität in den Hintergrund traten. So sind manche Erkenntnisse und Formen der Spiritualität heute in Vergessenheit geraten, die über weite Strecken in der evangelischen Kirche eine wichtige Rolle spielten. Drei Beispiele dazu: 1. Die Konzentration auf Jesus Christus ließ die Bedeutung der Dreieinigkeit Gottes für die Spiritualität zurücktreten. Die Folge war, dass die Natur nicht länger als Schöpfung Gottes wahrgenommen wurde. Im Hinblick auf den 3. Artikel konnte man bis vor kurzem sogar von einer regelrechten „Geistvergessenheit" sprechen. 2. Durch die Betonung der subjektiven Seite des Glaubens geriet die grundlegende Bedeutung der christlichen Gemeinde, d.h. die Kategorie der Sozialität, für die Spiritualität aus dem Blick. 3. Die Ausrichtung auf das Handeln in der Welt schließlich trübte die Sicht für die notwendige „Selbstzwecklichkeit der Kirche"[259] und damit für das Eigenrecht der Spiritualität.

Von daher scheint mir auf dem Weg zur zukünftigen Gestalt evangelischer Spiritualität *einerseits* die Rückkehr zu ihren reformatorischen Wurzeln notwendig. Es gilt, Erkenntnisse und Formen in die evangelische Spiritualität zu reintegrieren, die seit der Reformation verloren gegangen sind. Evangelische Spiritualität tut in diesem Zusammenhang gut daran, bei den vorreformatorischen Konfessionen in die Schule zu gehen, um spirituelle Erkenntnisse und Formen wieder zu entdecken, die diese bewahrt haben. *Andererseits* muss die evangelische Spiritualität an den Stellen weiterentwickelt werden, an denen sie sich angesichts der Herausforderungen der postmodernen Gegenwart als defizitär erweist. Dazu ist z.B. die Bedeutung von Emotionalität und Sinnlichkeit, aber auch die Bedeutung einer Formenvielfalt für die zukünftige evangelische Spiritualität im Rückgriff auf die biblischen Quellen und im Gespräch mit den Sehnsüchten der Gegenwart zu bedenken. Menschen wollen den Glauben heute nicht nur denken, sondern auch spüren. Es geht also nicht darum, die reformatorische Spiritualität einfach zu repristinieren, genauso wenig wie die zukünftige evangelische Spiritualität in Abgrenzung von der Spiritualität der anderen Konfessionen entwickelt werden kann. Dadurch würde das zweifellos vorhandene ökumenische Potenzial der Spiritualität ungenutzt bleiben. Denn gerade auf dem Gebiet der Spiritualität vollzog sich schon bald nach der Reformation eine Art ökumenischer Austausch zwischen den getrennten Konfessionen. Es geht darum, dass evangelische Spiritualität selbstgewiss und kraftvoll ihren Beitrag im Rahmen der Weltchristenheit einbringt.

---

[259] DBW, Bd. 6, 410f.

Literaturverzeichnis

Adams, Michael K.: Music That Makes Sense: Inclusiveness of the Lament May Be the Key to Renewal in the Church, in: To The Ends Of The Earth, 23rd Annual Meeting of the Society For Pentecostal Studies, Guadalajara, Mexico, 11.-13. Nov. 1993, 1–11.
Aichelin, Helmut: Das Wiedererwachen des Mythos. Was ist neu an der „Neuen Religiosität"?, Information Evangelische Zentralstelle für Weltanschauungsfragen, Nr. 56, Stuttgart 1974, 24–26.
Alkofer, Aloysius (Hg.): Sämtliche Schriften der hl. Theresia von Jesu, hg. und übersetzt von Aloysius Alkofer, Bd. 1-6, 8. unveränderte Auflage, München 1994.
  Bd. 1: Das Leben der hl. Theresia von Jesu (Vida).
  Bd. 2: Das Buch der Klosterstiftungen der hl. Theresia von Jesu (Buch der Klostergründungen).
  Bd. 3: Briefe der hl. Theresia von Jesu, 1. Teil.
  Bd. 4: Briefe der hl. Theresia von Jesu, 2. Teil.
  Bd. 5: Die Seelenburg der hl. Theresia von Jesu (Innere Burg).
  Bd. 6: Weg der Vollkommenheit mit kleineren Schriften der hl. Theresia von Jesu.
Der Alpha-Kurs, Teilnehmerheft/Trainingsheft für Leiter und Helfer, Wiesbaden 1996.
Althaus, Paul: Die Theologie Martin Luthers, Gütersloh 1962.
Arnd, Johann: Sechs Bücher vom wahren Christentum nebst dessen Paradiesgärtlein, Bielefeld 1993.
Aschoff, Peter/Dippl, Peter/Schönheit, Swen: Werkstattheft Lobpreis, hg. vom Arbeitskreis für Geistliche Gemeinde-Erneuerung in der Evangelischen Kirche, Hamburg 1994.
Aumann, Wolfgang: Das Liedgut der Charismatischen Erneuerung. Eine theologische und religionspädagogische Analyse, in: Erneuerung in Kirche und Gesellschaft, Heft 27 (1986), 12–14.
Bach und die Bibel. Katalog zur gleichnamigen Ausstellung von Martin Petzoldt, Leipzig o.J.
Baich, Christa, Exerzitien, in: Spirituell leben. 111 Inspirationen von Achtsamkeit bis Zufall, hg. von Gabriele Hartlieb u.a., Freiburg/Basel/Wien 2002, 99–102.
Balthasar, Hans Urs von: Beten. Eine Grundlegung (Antwort des Glaubens 20), Informationszentrum Berufe der Kirche (Hg.), 2. Auflage, Freiburg 1989.
Barr, James: Fundamentalismus, mit einer Einführung in die deutsche Ausgabe von Gerhard Sauter, München 1981.
Barrett, David B.: World Christian Encyclopedia. A Comparative Survey of Churches and Religions in the Modern World A. D. 1900–2000, Oxford 1982 (mit regelmäßigen updates).
Barth, Hans-Martin: Der Heilige Gott und seine Heiligen, in: Heilige(s) für Protestanten, 55–75.
–: Gemeinsam im Glauben und in der Liebe wachsen. Kriterien evangelischer Frömmigkeit, in: Im Lichte der Reformation. Evangelische Frömmigkeit (Jahrbuch des Evangelischen Bundes 34), Göttingen 1991, 5–24.

–: Sehnsucht nach den Heiligen? Verborgene Quellen ökumenischer Spiritualität, Stuttgart 1992.
–: Spiritualität (Bensheimer Hefte 74, Ökumenische Studienhefte 2), Göttingen 1993.
Barth, Karl: Die protestantische Theologie im 19. Jahrhundert. Ihre Geschichte und ihre Vorgeschichte, 4. Auflage, Zürich 1981.
–: Kirchliche Dogmatik, Bd. 1 ff., München 1932 und dann Zürich 1938 ff., mehrere Auflagen (KD).
Baumert, Norbert (Hg.): Jesus ist der Herr. Kirchliche Texte zur katholischen charismatischen Erneuerung, Münsterschwarzach 1987.
Bayer, Oswald: Schöpfung als Anrede. Zu einer Hermeneutik der Schöpfung, Tübingen 1986.
–: Theologie (Handbuch Systematischer Theologie, Bd. 1), Gütersloh 1994.
Beck, Hartmut: Brüder in vielen Völkern, Erlangen 1981.
Beck, Ulrich: Risikogesellschaft. Auf dem Weg in eine andere Moderne, 12. Auflage, Frankfurt a.M. 1996.
Begegnung oder Versenkung. Ein Briefwechsel (P. Beda Müller/Friso Melzer), in: Theologische Beiträge 12 (1981), 136–139.
Die Bekenntnisschriften der evangelisch-lutherischen Kirche, hg. im Gedenkjahr der Augsburgischen Konfession 1930, 8. Auflage, Göttingen 1979 (BSLK).
Benesch, Kurt, mit Farbbildern von Rudolf Tießler: Santiago de Compostela. Die Pilgerwege zum Jakobsgrab, Sonderausgabe, Freiburg u.a. 2000.
Berg, Horst Klaus: Ein Wort wie Feuer. Wege lebendiger Bibelauslegung, München/Stuttgart 1991.
Berger, Klaus: Darf man an Wunder glauben?, Stuttgart 1996.
–: Von der notwendigen Unterscheidung das Heilige und das Unheilige, in: Heilige(s) für Protestanten, 33–54.
–: Was ist biblische Spiritualität?, Gütersloh 2000.
Berger, Peter L.: Auf den Spuren der Engel. Die moderne Gesellschaft und die Wiederentdeckung der Transzendenz (Herder spektrum 5193), Freiburg/Basel/Wien 2001 (1. Auflage, Frankfurt a.M. 1969).
–: Pluralistische Angebote. Kirche auf dem Markt?, in: Leben im Angebot – Das Angebot des Lebens. Protestantische Orientierung in der modernen Welt, Synode der Evangelischen Kirche in Deutschland, im Auftrag des Rates der Evangelischen Kirche in Deutschland, hg. vom Kirchenamt der EKD, Gütersloh 1994, 33–48.
Bethge, Eberhard: Der Freund Dietrich Bonhoeffer und seine theologische Konzeption von Freundschaft, in: Gremmels/Huber, Theologie und Freundschaft, 29–50.
–: Dietrich Bonhoeffer, Eine Biographie. Theologe, Christ, Zeitgenosse, München 1967.
–: Mein Freund Dietrich Bonhoeffer, in: Gremmels/Huber, Theologie und Freundschaft, 13–28.
– /u.a. (Hg.): Dietrich Bonhoeffer Werke, Bd. 1–16 (und Ergänzungsbände)), München bzw. Gütersloh 1986 ff. (DBW).
Bettermann, Wilhelm: Grundsätzliches zum Gottesdienst in der Brüdergemeine, in: Monatsschrift für Gottesdienst und kirchliche Kunst 34 (1929), 33–37.67–71.
Beyreuther, Erich: Die große Zinzendorf-Trilogie, Bd. 1–3, Marburg 1988.
–: Ehe – Religion und Eschaton, in: ders., Studien zur Theologie Zinzendorfs, Neukirchen-Vluyn 1962, 35–73.
–: Geschichte des Pietismus, Stuttgart 1978.
–: Kirche in Bewegung. Geschichte der Evangelisation und Volksmission (Studien für Evangelisation und Volksmission 7), Berlin 1968.

–: Nikolaus Ludwig Graf von Zinzendorf. Selbstzeugnisse und Bilddokumente. Eine Biografie, Gießen 2000.
Beyschlag, Karlmann: Grundriss der Dogmengeschichte, Bd. I Gott und Welt (Grundrisse 2), Darmstadt 1982.
–: Grundriss der Dogmengeschichte, Bd. II Gott und Mensch, Teil 2 Die abendländische Epoche (Grundrisse 3/2), Darmstadt 2000.
–: Was heißt mystische Erfahrung? Entwickelt an den Beispielen Euagrios Pontikos und Symeon, dem Neuen Theologen, in: Herausforderung: Religiöse Erfahrung, 169–196.
Bially, Gerhard: Tips für Anbetungsleiter, in: ders./Klaus-Dieter Passon (Hg.), Charisma. Geistliche Erneuerung gestern – heute – morgen, Schorndorf 1985, 42f.
Bieritz, Karl-Heinrich: Anthropologische Grundlegung, in: Schmidt-Lauber/Bieritz, Handbuch der Liturgik, 96–127.
Bintz, Helmut (Hg.): Nikolaus Ludwig von Zinzendorf. Texte zur Mission, Hamburg 1979.
Birnstein, Uwe (Hg.): „Gottes einzige Antwort ...". Christlicher Fundamentalismus als Herausforderung an Kirche und Gesellschaft, Wuppertal 1990.
Biser, Eugen: Auf dem Weg zu einer therapeutischen Theologie. Gedanken zur Wiedergewinnung einer verlorenen Dimension, in: Lebendige Seelsorge 38 (1987), 1–12.
–: „Das Christentum ist eine therapeutische Religion". Fragen zur Situation von Glaube und Christentum an Eugen Biser, Herder Kommentare 48 (1994), 452–458.
–: Die glaubensgeschichtliche Wende. Eine theologische Positionsbestimmung, 2. Auflage, Graz/Wien/Köln 1987.
–: Glaubensprognose. Orientierung in postsäkularistischer Zeit, Graz/Wien/Köln 1991.
Bismarck, Ruth-Alice von/Kabitz, Ulrich (Hg.): Brautbriefe Zelle 92. Dietrich Bonhoeffer, Maria von Wedemeyer 1943–1945, München 1992.
Blankenburg, Walter: Johann Sebastian Bach und die Aufklärung, wieder abgedruckt in: Johann Sebastian Bach, hg. von Walter Blankenburg (Wege der Forschung, Bd. 170), Darmstadt 1970, 100–110.
Blatter, Thomas: Charismen und Liturgie, in: Erneuerung, Heft 24 (1985), 28–31.
Blohm, Johannes: „Die Dritte Weise." Zur Zellenbildung in der Gemeinde. Betrachtungen und Überlegungen zur Hauskreisarbeit unter Zugrundelegung einer empirischen Erhebung (Calwer Theologische Monographien, Reihe C, Bd. 18), Stuttgart 1992.
Blue, Ken: Geistlichen Missbrauch heilen, Basel/Gießen 1997.
Bockmühl, Klaus: Das größte Gebot (Theologie und Dienst 21), Gießen/Basel 1980.
Böhme, Wolfgang (Hg.): Begegnung mit Gott. Über mystischen Glauben, Stuttgart 1989.
– (Hg.): Zu dir hin. Über mystische Lebenserfahrung von Meister Eckhart bis Paul Celan, Frankfurt a.M. 1990.
Bohren, Rudolf: Dass Gott schön werde. Praktische Theologie als theologische Ästhetik, München 1975.
–: Die Hauskirche J. C. Blumhardts. Anmerkungen zur seelsorgerlichen Funktion des Hauses, in: Werner Aebischer/Hans Dürr, Die Kunst gemeinsamer Nachfolge, Basel 1992 (Steppenblüte), wieder abgedruckt in: OJC. Anstiftungen zu gemeinsamem Christenleben. Freundesbrief der ökumenischen Kommunität Offensive Junger Christen, Heft 148 (1994), 17–32.

–: Mit dem Geist bekommen wir Väter und mit den Vätern einen Geist, zuletzt wieder abgedruckt in: Zimmerling, Aufbruch zu den Vätern, 44–65.
Bonhoeffer, Dietrich: Christologie, mit einem Nachwort von Eberhard Bethge und Otto Dudzus, München 1981.
–: Die Psalmen. Das Gebetbuch der Bibel, 15. Auflage, Gießen/Bad Salzuflen 2001.
–: Widerstand und Ergebung. Briefe und Aufzeichnungen aus der Haft, hg. von Eberhard Bethge, Neuausgabe, München 1970.
Bornkamm, Heinrich: Martin Luther in der Mitte seines Lebens. Das Jahrzehnt zwischen dem Wormser und dem Augsburger Reichstag, aus dem Nachlass hg. von Karin Bornkamm, Göttingen 1979.
–: Luthers Übersetzung des NT, in: ders., Luthers geistige Welt, 2. Auflage, Gütersloh 1953, 299–309.
Bouman, Johan: Musik zur Ehre Gottes. Die Musik als Gabe Gottes und Verkündigung des Evangeliums bei Johann Sebastian Bach, Gießen 2000.
Brantschen, Niklaus: Fasten neu erleben. Warum, wie, wozu?, 5. Auflage, Freiburg 1999.
Brecht, Martin: Der Pietismus vom 17. bis zum frühen 18. Jahrhundert, Geschichte des Pietismus Bd. 1, Göttingen 1993.
Breithaupt, Wolfgang, August Hermann Franckes Bemühungen um Erneuerung der Beichtpraxis im Rahmen einer Gemeindereform, in: Zimmerling, Beichte, 55–65.
Wer glaubt, denkt weiter. Briefkurs für fragende Menschen, hg. von der Projektgruppe Glaubensinformation, mit einem Vorwort von Helmut Thielicke, 8. Auflage, Freiburg/Basel/Wien 1986.
Brunner, Emil: Die Mystik und das Wort. Der Gegensatz zwischen moderner Religionsauffassung und christlichem Glauben, dargestellt an der Theologie Schleiermachers, 2., stark veränderte Auflage, Tübingen 1928.
Bubmann, Peter: „Der Deutsche Evangelische Kirchentag – ein Modell für das Gemeindeleben?", in: Deutsches Pfarrerblatt 99 (1999), 267–270.
Buchinger, Otto: Das Heilfasten, Stuttgart 1960.
Bunge, Gabriel: Geistliche Vaterschaft. Christliche Gnosis bei Evagrios Pontikos (23. Beiheft zu den Studia Patristica et Liturgica), Regensburg 1988.
Burgess, Stanley M. u.a. (Hg.): Dictionary of Pentecostal and Charismatic Movements, 3. Auflage, Grand Rapids 1989 (DPCM).
Burkhardt, Helmut: Wiederkehr der Religiosität?, Gießen/Basel 1990.
Busch, Eberhard: Karl Barth und die Pietisten. Die Pietismuskritik des jungen Karl Barth und ihre Erwiderung (Beiträge zur evangelischen Theologie, Bd. 82), München 1978.
–: Karl Barths Lebenslauf. Nach seinen Briefen und autobiographischen Texten, mit einem Nachwort von Walter Feurich, Berlin 1979.
Busch, Johannes: Stille Gespräche, Wuppertal 1959.
Chicago-Erklärung zur Irrtumslosigkeit der Bibel (1978); Die Chicago-Erklärung zur biblischen Hermeneutik (1982), abgedruckt in: Joachim Cochlovius/Peter Zimmerling (Hg.), Evangelische Schriftauslegung. Ein Quellen- und Arbeitsbuch für Studium und Gemeinde, Wuppertal 1987, 314–327.
Christenson, Larry: Komm Heiliger Geist! Informationen, Leitlinien, Perspektiven zur Geistlichen Gemeinde-Erneuerung, Metzingen/Neukirchen-Vluyn 1989.
Clotz, Paul Martin: Unterwegs mit Gott. Ökumenische Pilgerwege (Geistlich Leben 7), Gießen 1998.

Cordes, Paul Josef: Neue geistliche Bewegungen in der Kirche, in: Zeitfragen, Heft 31 (1986), hg. vom Presseamt des Erzbistums Köln.
Dahrendorf, Ralf: Eine große, universelle Sicht. Die Entzauberung der Moderne, in: Spiegel Spezial 4/1993, 7–12.
Deck, Gisa: Anregungen aus der Regel Benediktis für die Evang.-Luth. Gemeinschaft Communität Casteller Ring, in: Regulae Benedicti Studia. Annuarium Internationale 17 (1992), 215–226.
Decker, Elisabeth Agnes: Gruß an Castell, in: Schwanbergbrief, Heft 1 (1992), 14–16.
–: Unser Platz innerhalb der Kirche, in: Halkenhäuser, Abenteuer mit Gott, 56–61.
Dessauer, Philipp: Die naturale Meditation, München 1961.
Dienst, Karl: „So lass mich doch dein Kripplein sein." Mystik als eine Form protestantischer Frömmigkeit, in: Zeitwende 72 (2001), 211–227.
Dilthey, Wilhelm: Von deutscher Dichtung und Musik, 2. Auflage, Stuttgart/Göttingen 1957.
Dobhan, Ulrich: Gott – Mensch – Welt in der Sicht Teresas von Avila (Europäische Hochschulschriften, Reihe 23, Theologie, Bd. 101), Frankfurt a.M. u.a. 1978.
– (Hg.): Teresa von Avila: Freundschaft mit Gott, hg., eingeleitet und übersetzt von Ulrich Dobhan, München/Zürich 1987.
Dudzus, Otto (Hg.): Bonhoeffer Brevier, zusammengestellt u. herausgegeben von Otto Dudzus, 6. Auflage, München 1981.
Ebertz, Michael N.: Erosion der Gnadenanstalt? Zum Wandel der Sozialgestalt der Kirche, Frankfurt a.M. 1998.
Erbe, Hans-Walter: Die Herrnhaag-Kantate von 1739. Ihre Geschichte und ihr Komponist Philipp Heinrich Molther (Beiheft Nr. 5 der Zeitschrift Unitas Fratrum), Hamburg 1982.
–: Herrnhaag. Eine religiöse Kommunität im 18. Jahrhundert, Unitas Fratrum, Heft 23/24 (1988).
Evangelische Spiritualität. Überlegungen und Anstöße zu einer Neuorientierung, vorgelegt von einer Arbeitsgruppe der Evangelischen Kirche in Deutschland, hg. von der Kirchenkanzlei im Auftrag des Rates der Evangelischen Kirche in Deutschland, 2. Auflage, Gütersloh 1980.
Evangelischer Erwachsenenkatechismus: glauben – erkennen – leben, im Auftrag der Vereinigten Evangelisch-Lutherischen Kirche Deutschlands hg. von Manfred Kießig u.a., 6., völlig neu bearbeitete Auflage, Gütersloh 2000.
Evangelisches Gesangbuch, Ausgabe für die Evangelische Landeskirche in Baden u.a., 2. Auflage, Karlsruhe 1996 (EG).
Evangelisches Lexikon für Theologie und Gemeinde, hg. von Helmut Burkhardt u.a., Bd. 1–3, Wuppertal/Zürich 1992ff.
Fahlbusch, Erwin u.a., Art. Spiritualität, in: Evangelisches Kirchenlexikon, hg. von ders. u.a., 3. Auflage, Bd. 4, Göttingen 1996, 402–419.
Fahrner, Heinz: Fasten als Therapie, Stuttgart 1985.
Falkner SJ, Andreas: Ignatianische Exerzitien im Leben der evangelischen Kirche, in: Münderlein, Aufmerksame Wege, 57–81.
Fausel, Heinrich: Dr. Martin Luther, Bd. 1f (Gütersloher Taschenbücher Siebenstern 411f.), 3. Auflage, Stuttgart 1977.
Feil, Ernst: Die Theologie Dietrich Bonhoeffers, Hermeneutik, Christologie, Weltverständnis, München/ Mainz 1971.

Felmy, Karl Christian: Die Heiligen – Leitbilder der Kirche und Zeugnis an die Welt. Deutsch-russische Dialoge über Theologie und Kirche, in: Stimme der Orthodoxie 33 (1993), 22–27.30.
Fiedler, Leslie A.: Überquert die Grenze, schließt den Graben! Über die Postmoderne, in: Welsch, Wege aus der Moderne, 57–74.
Francisco de Osuna: ABC des kontemplativen Betens, ausgewählt, übersetzt und eingeleitet von Erika Lorenz, (Juwelen des Lebens – Weisheit, Spiritualität, Mystik aus Ost und West), Neuausgabe, Freiburg 2002.
Francke, August Hermann: Einfältiger Unterricht, wie man die H. Schrift zu seiner wahren Erbauung lesen solle, 1694, abgedruckt in: Francke, Werke in Auswahl, 216–220.
–: Einleitung zur Lesung der H. Schrift, insonderheit des Neuen Testaments, 1694, abgedruckt in: Francke, Werke in Auswahl, 221–231.
–: Manducatio ad lectionem Scripturae Sacrae, 3. Auflage, 1709.
–: Segensvolle Fußstapfen. Geschichte der Entstehung der Halleschen Anstalten von August Hermann Francke selbst erzählt, bearb. und hg. von Michael Welte, Gießen 1994.
–: Werke in Auswahl, hg. von Erhard Peschke, Berlin 1969.
Fremde Heimat Kirche. Ansichten ihrer Mitglieder, erste Ergebnisse der dritten Umfrage über Kirchenmitgliedschaft, Studien- und Planungsgruppe der EKD, Hannover 1993.
Gärtner, Burkhard/Motel, Hans-Beat: Die Entstehung der Losungen, in: Unitas Fratrum, Heft 44 (1999), 133–141.
Gebete der Christenheit: hg. von Walter Nigg, Wuppertal 1980.
Geck, Martin: Bachs Schriftverständnis, in: Musik und Kirche 40 (1970), 9–17.
Der Geist macht lebendig, in: Norbert Baumert (Hg.), Jesus ist der Herr. Kirchliche Texte zur katholischen charismatischen Erneuerung, Münsterschwarzach 1987, 13–61.
Geister, Cornelia u.a.: Beten – find' ich gut! Über Meditation, Beichte und Gebet (Christsein in einer nachchristlichen Gesellschaft 1), Moers 1989.
–: Einige Gedanken zum Thema: Stille Zeit, in: dies., Beten – find' ich gut!, Moers 1989, 7–11.
–: Die Quelle, aus der Qualität fließt, in: Baustellen der Hoffnung. Architektur – Spiritualität – Pädagogik in der Offensive, hg. von Horst-Klaus Hofmann/Maria Kaißling, Darmstadt 1990, 50–55.
Vom Kampf und Trost der gläubigen Christenheit. Geistliche Betrachtungen von Johann Gerhard, neu dargeboten durch Karl Kindt, Erlangen 1937.
Gerhardt, Paul: Dichtungen und Schriften, hg. und textkritisch durchgesehen von Eberhard von Cranach-Sichart, München 1957.
Giertz, Bo: Die Kirche Jesu Christi, 2. Auflage, Erlangen 1985.
–: Die Kirche leben. Christlicher Glaube in der Praxis, Erlangen 1988.
Glenthøj, Jørgen: Was hat Dietrich Bonhoeffer zur Frage des Gottesdienstes im säkularen Zeitalter gesagt?, Kopenhagen 1968.
Goldner, Colin: Meiser, Fliege & Co.: Ersatztherapeuten ohne Ethik, in: Psychologie heute, Heft 23 (1996), 20–27.
Gremmels, Christian /Huber, Wolfgang (Hg.): Theologie und Freundschaft. Wechselwirkungen „Eberhard Bethge und Dietrich Bonhoeffer", Gütersloh 1994.
Greshake, Gisbert: Der dreieine Gott. Eine trinitarische Theologie, Freiburg/Basel/Wien 1997.

Grethlein, Christian: Abriss der Liturgik. Ein Studienbuch zur Gottesdienstgestaltung, Gütersloh 1989.
–: Grundfragen der Liturgik. Ein Studienbuch zur zeitgemäßen Gottesdienstgestaltung, Gütersloh 2001.
Grözinger, Albrecht: Erzählen und Handeln. Studien zu einer trinitarischen Grundlegung der Praktischen Theologie, München 1989.
Gronemeyer, Marianne: Das Leben als letzte Gelegenheit. Sicherheitsbedürfnisse und Zeitknappheit, 2. Auflage, Darmstadt 1996.
Gross, Peter: Die Multioptionsgesellschaft, 4. Auflage, Frankfurt a.M. 1996.
Großmann, Siegfried: Beten aus dem Hören, in: Erneuerung in Kirche und Gesellschaft, Heft 27 (1986), 48–50.
–: Charismatische Erneuerung und Pfingstbewegung, in: Theologische Beiträge 27 (1996), 69–76.
–: Der Geist ist Leben. Hoffnung und Wagnis der charismatischen Erneuerung, Wuppertal/Kassel 1990.
Grotius, Hugo: De iure belli ac pacis libri tres, 1625.
Grün, Anselm: Auf dem Wege. Zu einer Theologie des Wanderns (Münsterschwarzacher Kleinschriften 22), Münsterschwarzach 1983.
–: Die spirituelle Dimension der Psychotherapie, in: Samuel Pfeifer (Hg.), Psychotherapie und Seelsorge im Spannungsfeld: zwischen Wissenschaft und Intuition, Moers 1996, 77–92.
–: Fasten (Münsterschwarzacher Kleinschriften 23), 12., überarbeitete und aktualisierte Auflage, Münsterschwarzach 2001.
–: Gebet und Selbsterkenntnis (Münsterschwarzacher Kleinschriften 1), 2., neu bearbeitete Auflage, Münsterschwarzach 1984.
–: Geistliche Begleitung bei den Wüstenvätern (Münsterschwarzacher Kleinschriften 67), Münsterschwarzach 1992.
Gründel, Johannes: Art. Sünde V. Theologisch-ethisch, in: Lexikon für Theologie und Kirche, hg. von Walter Kasper, 3. Auflage, Freiburg/Basel/Rom/Wien 2000, Bd. 9, 1129f.
Guardini, Romano: Tugenden. Meditationen über Gestalten sittlichen Lebens (Romano Guardini Werke), 4. Auflage, Mainz/Paderborn 1992.
Gumbel, Nicky: A Life Worth Living, Eastbourne 1994.
–: Challenging Lifestyle, Eastbourne 1996.
–: Fragen an das Leben. Eine praktische Einführung in den christlichen Glauben, Wiesbaden 1993.
–: Heiße Eisen angepackt, Hamburg 1995.
–: Jesus?!, Wiesbaden 1992.
–: Questions of Life. A practical introduction to the Christian Faith, Eastbourne 1993.
–: Searching Issues. Tackling seven common objections to the Christian faith, Eastbourne 1994.
–: Telling Others. The Alphainitiative, Eastbourne 1994.
– /Mackesy, Charlie: Why Jesus?, Eastbourne 1991.
Habermas, Jürgen: Die Moderne – ein unvollendetes Projekt, in: Welsch, Wege aus der Moderne, 177–192.
–: Die Neue Unübersichtlichkeit. Kleine politische Schriften V, Frankfurt a.M. 1985.
Hage, Gerhard/Finckenstein, Joachim Graf/Krause, Gerhard: Art. Bruderschaften/Schwesternschaften/Kommunitäten, in: TRE, Bd. 7, 195–212.

Härle, Wilfried: Dogmatik, Berlin/New York 1995.
–: Allgemeines Priestertum und Kirchenleitung nach evangelischem Verständnis, in: Marburger Jahrbuch Theologie VIII (Marburger Theologische Studien 44), Marburg 1996, 64–70.
Hagin, Kenneth E.: Erlöst von Armut, Krankheit und Tod, 2. Auflage, Feldkirchen bei München/Zürich 1989.
Hahn, Hans-Christoph/Reichel, Hellmut (Hg.): Zinzendorf und die Herrnhuter Brüder. Quellen zur Geschichte der Brüder-Unität von 1722–1760, Hamburg 1977.
Hahn, Udo, Abendmahl (Gütersloher Taschenbücher 684), Gütersloh 2001.
Halkenhäuser, Johannes: (Hg.), Abenteuer mit Gott. 40 Jahre Communität Casteller Ring (Schwanberger Reihe 15), Schloss Schwanberg 1989.
–: Das Evangelium in Gemeinschaft leben. Zur ekklesialen Dimension des Christseins in Kommunitäten, in: J. Schreiner/K. Wittstadt (Hg.), Communio Sanctorum. Einheit der Christen, Einheit der Kirche (FS für P.-W. Scheele), Würzburg 1988, 490–503.
–: Kirche und Kommunität. Ein Beitrag zur Geschichte und zum Auftrag der kommunitären Bewegung in den Kirchen der Reformation (Konfessionskundliche und kontroverstheologische Studien, Bd. 42), 2. Auflage, Paderborn 1985.
– /Pfister, Maria: Die Communität Casteller Ring, in: Modelle gelebten Glaubens, 90–103.
Hammarskjöld, Dag: Zeichen am Weg, München 1965.
Handbuch der Jugendseelsorge: bearbeitet von Ingeborg Becker u.a., 4. Auflage, Berlin 1990.
Harnack, Adolf von: Lehrbuch der Dogmengeschichte, Bd. 3, 3. Auflage, Freiburg u.a. 1894.
Heiler, Friedrich: Art. Kontemplation, in: RGG, Bd. 3, 3. Auflage, Tübingen 1959, 1792f.
Heilige(s) für Protestanten. Zugänge zu einem „anstößigen" Begriff, Evangelische Akademie Baden (Hg.) (Herrenalber Forum, Bd. 7), Karlsruhe 1993.
Heim, Karl: Leben aus dem Glauben. Beiträge zur Frage nach dem Sinn des Lebens, Berlin 1932.
Heinz-Mohr, Gerd: Christsein in Kommunitäten, Stuttgart 1968.
–: Die Kunst des geöffneten Lebens, Stuttgart 1975.
–: Plädoyer für den Hymnus. Ein Anstoß und 224 Beispiele, Kassel 1981.
Hell, Daniel: Die Sprache der Seele verstehen. Die Wüstenväter als Therapeuten (Herder spektrum 5191), 2. Auflage, Freiburg/Basel/Wien 2002.
Hemminger, Hansjörg (Hg.): Fundamentalismus, ein vielschichtiger Begriff, in: ders., Fundamentalismus in der verweltlichten Kultur, 5–16.
– (Hg.): Fundamentalismus in der verweltlichten Kultur, Stuttgart 1991.
–: Religiöses Erlebnis – Religiöse Erfahrung – Religiöse Wahrheit. Überlegungen zur charismatischen Bewegung, zum Fundamentalismus und zur New Age-Religiosität, EZW-Texte, Impulse Nr. 36, 6/1993.
Hempelmann, Reinhard: Der Segen von Toronto, in: Theologische Beiträge 27 (1996), 99–115.
Henkel, Annegret: Geistliche Erfahrung und Geistliche Übungen bei Ignatius von Loyola und Martin Luther. Die ignatianischen Exerzitien in ökumenischer Relevanz (Europäische Hochschulschriften, Reihe 23, Theologie, Bd. 528), Frankfurt a.M. u.a. 1995.
Henze, Ernst (Hg.), Die Beichte (Dienst am Wort 55), Göttingen 1991.

Herchet, Jörg/Milbradt, Jörg: Bach als Mystiker, in: Bach als Ausleger der Bibel. Theologische und musikwissenschaftliche Studien zum Werk Johann Sebastian Bachs, hg. im Auftrag des Kirchlichen Komitees Johann Sebastian Bach 1985 von Martin Petzoldt, Göttingen/Berlin 1985, 207–222.

Herkunft ist Zukunft. 50 Jahre Communität Casteller Ring, hg. von Priorin Edith Therese Krug mit den Schwestern der Communität Casteller Ring, Münsterschwarzach 2000.

Heymel, Michael: Singen als Gabe des Heiligen Geistes. Zweites Seminar Kirchenlied im Kloster Kirchberg, in: Deutsches Pfarrerblatt 95 (1995), 301–303.

Hinricher, Gemma: Teresa von Avila (1515–1582), in: Große Mystiker, 222–236.

Hofmann, Horst-Klaus und Irmela (Hg.): Anstiftungen. Chronik aus 20 Jahren OJC, Moers 1988.

Hofmann, Irmela (Hg.): Ausbruch. Abenteuer einer Großfamilie, Gießen 1998.

–: Kein Tag wie jeder andere. Tagebuch aus zehn Jahren einer Bensheimer Großfamilie, Wuppertal 1978.

Hohensee, Wolfgang: Sieben Wochen für die Seele. Ein spiritueller Fastenbegleiter (Gütersloher Taschenbücher 1169), Gütersloh 2002.

Hollenweger, Walter J.: Enthusiastisches Christentum. Die Pfingstbewegung in Geschichte und Gegenwart, Wuppertal/Zürich 1969.

–: Handbuch der Pfingstbewegung, Genf 1965/67, 10 Bände (vervielf.).

Hubatsch, Walther: Das Zeitalter des Absolutismus 1600–1789 (Geschichte der Neuzeit), 4., ergänzte Auflage, Braunschweig 1975.

Huber, Wolfgang: Im Geist wandeln. Die evangelische Kirche braucht eine Erneuerung ihrer Frömmigkeitskultur, in: Zeitzeichen, Heft 7 (2002), 20f

–: Kirche in der Zeitenwende. Gesellschaftlicher Wandel und Erneuerung der Kirche, Gütersloh 1998.

Hutten, Kurt: Seher, Grübler, Enthusiasten. Das Buch der traditionellen Sekten und religiösen Sonderbewegungen, 12. Auflage, Stuttgart 1982.

Ibarra, Adoniram: A Protest Music Born from Christian Faith, in: Peuma 13 (1991), 151–156.

Identität und Verständigung. Standort und Perspektiven des Religionsunterrichts in der Pluralität, eine Denkschrift der Evangelischen Kirche in Deutschland, im Auftrag des Rates der Evangelischen Kirche in Deutschland hg. vom Kirchenamt der EKD, Gütersloh 1994.

Ignatius von Antiochien: An die Epheser 20, 2, zit. nach: Adolf Martin Ritter, Alte Kirche (Kirchen- und Theologiegeschichte in Quellen, Bd. 1), 18.

Ignatius von Loyola, Geistliche Übungen, aus dem Span. übertr., mit Erkl. von Adolf Haas, Freiburg/Basel/Wien 1999.

Jäger, Willigis: Kontemplatives Beten, Münsterschwarzach 1985.

Jalics, Franz: Kontemplative Exerzitien. Eine Einführung in die kontemplative Lebenshaltung und in das Jesusgebet, 6. Auflage, Würzburg 1999.

Jannasch, Wilhelm: Zinzendorf als Liturg, in: Zinzendorf-Gedenkbuch, 98–117.

Jansson, Marianne/Lemmetyinen, Riitta: Wenn die Mauern fallen. Zwei Marienschwestern entdecken die Freiheit des Evangeliums, Bielefeld 1997.

–: Christliche Existenz zwischen Evangelium und Gesetzlichkeit. Darstellung und Beurteilung von Lehre und Leben der „Evangelischen Marienschwesternschaft" in Darmstadt (Europäische Hochschulschriften, Reihe 23 Theologie, Bd. 605), Frankfurt a.M./Berlin/Bern/New York/Paris/Wien 1997.

Jenny, Markus: Luther, Zwingli, Calvin in ihren Liedern, Zürich 1983.

Jentsch, Werner: Handbuch der Jugendseelsorge, Teil IV/2 Gesprächsseelsorge, Gütersloh 1986.
Du bist bei uns alle Tage, Neue und alte Jesus-Gebete: Informationszentrum Berufe der Kirche (Hg.), 7. Auflage, Freiburg 1985.
Johannes vom Kreuz: Die dunkle Nacht, Sämtliche Werke, Einsiedeln 1983.
Joest, Christoph: Der Protestantismus und die evangelischen Kommunitäten, in: Kerygma und Dogma 42 (1996), 272–284.
–: Spiritualität evangelischer Kommunitäten. Altkirchlich-monastische Tradition in evangelischen Kommunitäten von heute, Göttingen 1995.
Joest, Wilfried: Martin Luther, in: Martin Greschat (Hg.), Gestalten der Kirchengeschichte, Bd. 5 Die Reformationszeit 1, Stuttgart u.a. 1981, 129–185.
Johann Sebastian Bach, Ehre sei dir Gott gesungen. Bilder und Texte zu Bachs Leben als Christ und seinem Wirken für die Kirche, hg. von Martin Petzoldt/Joachim Petri, 2. Auflage, Berlin 1990.
Johne, Karin: Geistlicher Übungsweg für den Alltag. Ein Kursangebot, Berlin 1986.
Josuttis, Manfred: Die Einführung in das Leben. Pastoraltheologie zwischen Phänomenologie und Spiritualität, Gütersloh 1996.
Jüngel, Eberhard: Der evangelisch verstandene Gottesdienst, in: ders., Wertlose Wahrheit. Zur Identität und Relevanz des christlichen Glaubens, Theologische Erörterungen III (Beiträge zur evangelischen Theologie 107), München 1990, 283–310.
–: Gott als Geheimnis der Welt, 5. Auflage (durchgesehen), Tübingen 1986.
–: Leben nach dem Tod?, in: Evangelische Kommentare, Heft 6 (1989), 31f.
–: Nihil divinitatis, ubi non fides, in: ZThK 86 (1989), 204–235.
Käsemann, Ernst: Gottesdienst im Alltag der Welt, in: ders., Exegetische Versuche und Besinnungen, Bd. 2, Göttingen 1964, 198–204.
Kantzenbach, Friedrich Wilhelm: Orthodoxie und Pietismus (Evangelische Enzyklopädie 11f.), Gütersloh 1966.
Kavanaugh, Kieran: Spanien im 16 Jh.: Karmel und andere Bewegungen, in: Geschichte der christlichen Spiritualität, Bd. 3 Die Zeit nach der Reformation bis zur Gegenwart, hg. von Louis Dupré u.a., Würzburg 1997, 93–116.
Keller, Rebecca: Gott loben macht die Seele hell. 10 Jahre Lobpreisgottesdienste in der Johannesgemeinde, in: Evangelische Kirchenzeitung. Das Sonntagsblatt für Hessen und Nassau 7 (1996), 24.
Kelsey, Morton Trippe: Encounter with God. A Theology of Christian Experience, Minneapolis 1972.
Kendrick, Graham: Anbetung. Grundlagen – Modelle – praktische Tips, 4. Auflage, Wiesbaden 1992.
Kierkegaard, Sören: Die Tagebücher, übertragen von Th. Haecker, München 1949.
–: Philosophische Brocken (Gesammelte Werke, Bd. 10), Düsseldorf 1967.
–: Zur Selbstprüfung der Gegenwart anbefohlen (Gesammelte Werke XI), Jena 1922.
Klenk, Friederike: Unsere Familien – Baustellen der Hoffnung?, in: OJC. Anstiftungen zu gemeinsamem Christenleben. Freundesbrief der ökumenischen Kommunität Offensive Junger Christen, Heft 4 (1990), 155–157.
Knodt, Gerhard: Leitbilder des Glaubens. Die Geschichte des Heiligengedenkens in der evangelischen Kirche (Calwer Theologische Monographien, Reihe C, Bd. 27), Stuttgart 1998.
Kochanek, Hermann (Hg.): Die verdrängte Freiheit. Fundamentalismus in den Kirchen, Freiburg/Basel/Wien 1991.

Kodalle, Klaus-Michael: Dietrich Bonhoeffer. Zur Kritik seiner Theologie, Gütersloh 1992.
Art. Kontrapunkt, in: Der Neue Brockhaus, Bd. 3, 4., neu bearbeitete Auflage, Wiesbaden 1968, 181.
Köstlin, Julius: Luthers Theologie in ihrer geschichtlichen Entwicklung und ihrem inneren Zusammenhange dargestellt, Bd. 2, 2. Ausgabe, Stuttgart 1883.
Kopfermann, Arne: Das Lobpreis-ABC. Fundamente für eine ausgewogene Lobpreispraxis, Lüdenscheid 1996.
Kopfermann, Wolfram: Charismatische Gemeindeerneuerung. Eine Zwischenbilanz (Charisma und Kirche 7/8), 2. Auflage, Hochheim 1983.
Kortzfleisch, Siegfried von: Strukturen und Ziele der Gemeinschaften, in: Reimer, Alternativ leben in verbindlicher Gemeinschaft, 13–20.
Krüger, Harald/Müller-Römheld, Walter (Hg.): Bericht aus Nairobi 1975. Ergebnisse–Erlebnisse–Ereignisse. Offizieller Bericht der Fünften Vollversammlung des Ökumenischen Rates der Kirchen. 23. Nov. bis 10. Dez. 1975 in Nairobi/Kenia, 2. Auflage, Frankfurt a.M. 1976.
Küenzlen, Gottfried: Das Unbehagen an der Moderne. Der kulturelle und gesellschaftliche Hintergrund der New Age-Bewegung, in: Hansjörg Hemminger (Hg.), Die Rückkehr der Zauberer. New Age – Eine Kritik (Rororo-Sachbuch 8712), Reinbek bei Hamburg 1990, 187–222.
–: Kirche und die geistigen Strömungen der Zeit – Grundaufgaben heutiger Apologetik, in: EZW-Texte, Impulse Nr. 39, IX/1994, 14–23.
Lange, Ernst: Chancen des Alltags. Überlegungen zur Funktion des christlichen Gottesdienstes in der Gegenwart, hg. und mit einem Nachwort von Peter Cornehl [Edition Ernst Lange, Bd. 4], München 1984.
Leube, Hans: Pietismus, in: ders., Orthodoxie und Pietismus. Gesammelte Studien, hg. von Dietrich Blaufuß (AGP 13), Bielefeld 1975.
Lewis, Clive Staples: Über den Schmerz, Gießen/Basel 1988.
–: Du fragst mich, wie ich bete. Briefe an Malcolm (Beten heute 7), 4. Auflage, Einsiedeln/Freiburg 1996.
Lienhard, Marc: Luther und die Anfänge der Reformation, in: Geschichte der christlichen Spiritualität, Bd. 2 Hochmittelalter und Reformation, hg. von Jill Raitt u.a., Würzburg 1995, 277–307.
Litaneyen = Büchlein, 4. Auflage, Barby 1757 (Litaneienbüchlein).
Løvas, Edin: Die Lust zu herrschen und die christliche Gemeinde, Moers 1990.
Löwenich, Walther von: Von Augustin zu Luther. Beiträge zur Kirchengeschichte, Witten 1959.
Lohse, Bernhard: Martin Luther. Eine Einführung in sein Leben und sein Werk, 2., durchgesehene Auflage, München 1982.
Die täglichen Losungen und Lehrtexte der Brüdergemeine für das Jahr 2002, Holzgerlingen/Lörrach/Basel 2001, Erläuterungen zum Aufbau der Losungen.
Lotz, Johannes: Meditation im Alltag, 3. Auflage, Frankfurt a.M. 1963.
Louf, André/Dufner, Meinrad: Geistliche Vaterschaft (Münsterschwarzacher Kleinschriften 26), Münsterschwarzach 1984.
Lübbe, Hermann: Religion nach der Aufklärung, Graz/Wien/Köln 1986.
Luther, Martin: Ausgewählte Werke. Die Münchener Lutherausgabe, hg. von H. H. Borcherdt und Georg Merz, Bd 1ff., 3. Auflage, München 1962ff.
–: Das Handwerkszeug des Christen. Gebete, München/Zürich/Wien/Stuttgart 1991.
–: Briefe. Eine Auswahl, hg. von Günther Wartenberg, Leipzig 1983.

–: Der Glaube allein. Texte zum Meditieren, ausgewählt und eingeleitet von Otto Hermann Pesch (Reihe Klassiker der Meditation), Zürich/Einsiedeln/Köln 1983.
–: Eine einfältige Weise zu beten, 1535 (in vielen Auflagen verbreitet, z.B. Stuttgart 1955).
–: Vorlesung über den Römerbrief 1515/16, übertragen von Eduard Ellwein, 2. Auflage, München 1928.
–: Martin Luthers Vorreden zur Heiligen Schrift, neu hg. von Friedrich Held, Heilbronn 1934.
–: Werke. Kritische Gesamtausgabe, Weimar 1883 ff. (WA; WA Br; WA Tr).
Luther, Henning: Religion und Alltag. Bausteine zu einer Praktischen Theologie des Subjekts, Stuttgart 1992.
Lyotard, Jean-François: Beantwortung der Frage: Was ist postmodern?, in: Welsch, Wege aus der Moderne, 193–203.
–: Die Moderne redigieren, in: Welsch, Wege aus der Moderne, 204–214.
Mack, Cornelia: Offene Pfarrhäuser, in: Brennpunkt Seelsorge, Nr. 74 (1992), 38–40.
Mallinkrodt-Neidhardt, Sylvia: Gottes letzte Abenteurer. Anders leben in christlichen Gemeinschaften und Kommunitäten (GTB 1321), Gütersloh 1998.
Martin Luther Briefe. Eine Auswahl, hg. von Günther Wartenberg, Leipzig 1983.
Maurer, Bernhard: Martin Luther und die Mystik, in: R. Wunderlich/B. Feininger (Hg.), Zugänge zu Martin Luther. Ringvorlesung an der Pädagogischen Hochschule Freiburg zum Lutherjahr 1996, Frankfurt a.M. u.a. 1997, 251–285.
–: Musik als Klangsymbol des Glaubens. Zum 250. Todestag Johann Sebastian Bachs am 28. Juli 2000, in: Zeitwende 71 (2000), 164–175.
Mayer, Rainer: Brautbriefe aus der Zelle. Maria von Wedemeyer und Dietrich Bonhoeffers Verbindungen zu den Gutsbesitzer-Familien in Pommern, in: ders./Zimmerling, Dietrich Bonhoeffer aktuell, 54–83.
–: Christuswirklichkeit. Grundlagen, Entwicklung und Konsequenzen der Theologie Dietrich Bonhoeffers, Stuttgart 1969.
–: Hat sich Bonhoeffer geirrt? Seine These von der religionslosen Zukunft und das Wiedererwachen der Religion in der Gegenwart, in: ders./Zimmerling, Dietrich Bonhoeffer aktuell, 174–196.
– /Zimmerling, Peter (Hg.), Dietrich Bonhoeffer aktuell. Biografie, Theologie, Spiritualität, Gießen 2001.
Meier, Andreas: Die Zukunft ist die Bibel der Freien. Staat und Kirche sind in den USA getrennt und doch ganz nah beieinander, in: Zeitzeichen, Heft 2 (2002), 20–22.
Meier, Jörg Martin: Weltlichkeit und Arkandisziplin bei Dietrich Bonhoeffer, München 1966 (ThEx 136).
Melanchthon, Philipp: Loci communes, 1521 (Lateinische Edition Horst Georg Pöhlmann, 2. Auflage, Gütersloh, 1997).
Melzer, Friso: Begegnung oder Versenkung? Über den wesenhaften Unterschied (Gegensatz) zwischen christlich-personhafter und nichtchristlich-personloser Meditation asiatischer Hochreligion, in: Theologische Beiträge 11 (1980), 40–44.
–: Innerung. Wege und Stufen der Meditation, 2. Auflage, Kassel 1968.
–: Versenkung oder Begegnung. Entscheidungshilfe zur Frage der Meditation, Stuttgart 1987.
Meuß, Gisela: Arkandisziplin und Weltlichkeit bei Dietrich Bonhoeffer, in: Die mündige Welt, Bd. 3 Weißensee 1959, München 1960, 68–115.
Meyer, Thomas (Hg.): Fundamentalismus in der modernen Welt, Frankfurt 1989.

Meyer-Blanck, Michael: Inszenierung des Evangeliums. Ein kurzer Gang durch den Sonntagsgottesdienst nach der Erneuerten Agende, Göttingen 1997.
Mielenbrink, Egon: Beten mit den Füßen. Über Geschichte und Praxis von Wallfahrten, Neuausgabe, Kevelaer 2001.
Mitscherlich, Alexander: Auf dem Weg zur vaterlosen Gesellschaft. Ideen zur Sozialpsychologie, München 1963 (seitdem viele Auflagen).
Möller, Christian: „Ein neues Lied wir heben an". Der Beginn des reformatorischen Singens im 16. Jh. und die Einführung eines Evangelischen Gesangbuches am Ende des 20. Jh., in: Gemeinsame Arbeitsstelle für Gottesdienstliche Fragen der Evangelischen Kirche in Deutschland, Hannover, Heft 24/95, 15–30.
–: Erbauung durch Geistesgegenwart. Gottesdienst als Einstimmung in die Wirklichkeit des Heiligen Geistes, in: Evangelische Kommentare, Heft 10 (1988), 565–570.
–: Gottesdienst als Gemeindeaufbau. Ein Werkstattbericht, 2., durchgesehene Auflage, Göttingen 1990.
– u.a. (Hg.): Ich singe dir mit Herz und Mund. Liedauslegungen – Liedmeditationen – Liedpredigten. Ein Arbeitsbuch zum Evangelischen Gesangbuch, Heinrich Riehm zum 70. Geburtstag, Stuttgart 1997.
– (Hg.): Kirchenlied und Gesangbuch. Quellen zu ihrer Geschichte. Ein hymnologisches Arbeitsbuch, Tübingen/Basel 2000.
–: Wie geht es in der Seelsorge weiter? Erwägungen zum gegenwärtigen und zukünftigen Weg der Seelsorge, in: Theologische Literaturzeitung 113 (1988), 409–422.
Mohaupt, Lutz (Hg.) im Auftrag der Bischofskonferenz: Modelle gelebten Glaubens – Gespräche der Lutherischen Bischofskonferenz über Kommunitäten und charismatische Bewegungen, Schriftenreihe: Zur Sache – Kirchliche Aspekte heute 10, Hamburg 1976.
Moltmann, Jürgen: Das Kommen Gottes. Christliche Eschatologie, Gütersloh 1995.
–: Der Geist des Lebens. Eine ganzheitliche Pneumatologie, München 1991.
–: Der Weg Jesu Christi. Christologie in messianischen Dimensionen, München 1989.
–: Diakonie im Horizont des Reiches Gottes. Schritte zum Diakonentum aller Gläubigen, 2. Auflage, Neukirchen-Vluyn 1989.
–: Gott in der Schöpfung. Ökologische Schöpfungslehre, München 1985.
–: Kein Monotheismus gleicht dem anderen. Destruktion eines untauglichen Begriffs, in: Evangelische Theologie 62 (2002), 112–122.
–: Trinität und Reich Gottes, Zur Gotteslehre, 3. Auflage, Gütersloh 1994.
Mühlen, Heribert: Die Erneuerung des christlichen Glaubens. Charisma, Geist, Befreiung, München 1974.
–: Einübung in die christliche Grunderfahrung, Teil 1 Lehre und Zuspruch, unter Mitarbeit von Arnold Bittlinger, Erhard Griese und Manfred Kießig (Topos-Taschenbücher 40), 12. Auflage, Mainz 1984.
–: Einübung in die christliche Grunderfahrung, Teil 2 Gebet und Erwartung, unter Mitarbeit von Arnold Bittlinger, Erhard Griese, Manfred Kießig (Topos-Taschenbücher 49), 12. Auflage, Mainz 1982.
–: Gemeinde-Erneuerung aus dem Geist Gottes, Bd. 1 Bericht aus einer Großstadtgemeinde (Topos-Taschenbücher 144), Mainz 1984.
–: Gemeinde-Erneuerung aus dem Geist Gottes, Bd. 2 Zeugnisse und Berichte – Hoffnung für die Ökumene (Topos-Taschenbücher 145), Mainz 1985.
–: Neu mit Gott. Einübung in christliches Leben und Zeugnis, 2. Auflage, Freiburg/Basel/Wien 1991.

–: Umkehrliturgie – Weg zur Erneuerung der Gemeinden und Predigt über Lukas 3, 21–22 (Sexauer Gemeindepreis für Theologie 4), Sexau 1985.
Müller, Gerhard Ludwig: Die Heiligen – ein altes und neues Thema der Ökumene. Überlegungen aus der Sicht der systematischen Theologie, in: ders. (Hg.), Heiligenverehrung – ihr Sitz im Leben des Glaubens und ihre Aktualität im ökumenischen Gespräch (Schriftenreihe der Katholischen Akademie der Erzdiözese Freiburg), München/Zürich 1986, 102–122.
Müller, Hanfried: Von der Kirche zur Welt. Ein Beitrag zu der Beziehung des Wortes Gottes auf die societas in Dietrich Bonhoeffers theologischer Entwicklung, Leipzig 1961.
Müller, Joseph Theodor: Die Singstunde der Brüdergemeine, in: Monatsschrift für Gottesdienst und kirchliche Kunst 8 (1903), 197–202.230–232.
–: Entstehung und Entwicklung der brüderischen Kirchenlitanei, in: Monatsschrift für Gottesdienst und kirchliche Kunst 7 (1902), 152–158.
Münderlein, Gerhard: Aspekte therapeutischer Methoden in den Exerzitien, in: ders., Aufmerksame Wege, 115–129.
– (Hg.): Aufmerksame Wege. Erfahrungen evangelischer Christen mit den Exerzitien des Ignatius von Loyola, München 1999.
–: Neue Wege in der evangelischen Spiritualität, in: ders., Aufmerksame Wege, 11–21.
Neukamm, Karl Heinz: Art. Diakonie, in: Evangelische Lexikon für Theologie und Gemeinde, Bd. 1, 430–431.
Nicol, Martin: Art. Meditation II. Historisch/Praktisch-theologisch, in: TRE, Bd. 22, Berlin/New York 1992, 337–353.
–: Meditation bei Luther (Forschungen zur Kirchen- und Dogmengeschichte 34), Göttingen 1984.
Nigg, Walter: Des Pilgers Wiederkehr. Drei Variationen über ein Thema, Neuauflage, Zürich 1992.
–: Große Heilige, Zürich 1986.
–: Maler des Ewigen. Meditationen über religiöse Kunst, Zürich/Stuttgart 1951.
–: Vom Geheimnis der Mönche, Zürich/Stuttgart 1953.
Nüchtern, Michael: Die (un)heimliche Sehnsucht nach Religiösem, Stuttgart 1998.
–: Kirche bei Gelegenheit. Kasualien, Akademiearbeit, Erwachsenenbildung (Praktische Theologie 4), Stuttgart u.a. 1991.
Oberman, Heiko A.: Die Kirche im Zeitalter der Reformation (Kirchen- und Theologiegeschichte in Quellen, Bd. 3), Neukirchen-Vluyn 1981.
Obst, Helmut: Der Berliner Beichtstuhlstreit. Die Kritik des Pietismus an der Beichtpraxis der lutherischen Orthodoxie (AGP 11), Witten 1972.
Ökumenische Gebete, hg. von Reinhard Mumm, bearbeitet von Karl Schlemmer, Regensburg/Stuttgart 1991.
Oetinger, Friedrich Christoph: Die Lehrtafel der Prinzessin Antonia, hg. von Reinhard Breymayer und Friedrich Häussermann (Texte zur Geschichte des Pietismus, Abt. VII, Bd. 1, Teil 1 u. 2), Berlin/New York 1977.
Pannenberg, Wolfhart: Systematische Theologie, Bd. 3, Göttingen 1993.
Payne, Leanne: Heilende Gegenwart. Heilung des Zerbrochenen durch Gottes Liebe, Neukirchen-Vluyn 1994.
Pernoud, Régine: Die Heiligen im Mittelalter. Frauen und Männer, die ein Jahrtausend prägten. Mit einem Kapitel über die deutschen Heiligen im Mittelalter von Klaus Herbers, Frankfurt a.M. 1994.
Phillips, John B.: Dein Gott ist zu klein, Moers 1991.

Pieper, Josef: Glück und Kontemplation, München 1957.
Planck, Oskar: Evangelische Heiligenverehrung, in: Quatember 20 (1955/56), 129–135.
Polkinghorne, John: Theologie und Naturwissenschaften. Eine Einführung, Gütersloh 2001.
Präger, Lydia (Hg.): Frei für Gott und die Menschen. Evangelische Bruder- und Schwesternschaften in Selbstdarstellungen, Stuttgart 1959.
Preuß, Hans: Bachs Bibliothek, in: Festgabe für Theodor Zahn, Leipzig 1928, 105–129.
Printz, Markus: Grundlinien einer bibelorientierten Gemeindepädagogik. Pädagogische und praktisch-theologische Überlegungen (Monographien und Studienbücher), Wuppertal 1996.
Puttkammer, Deflef, Glaubenskurse, Studienbrief A 30, hg. von der Arbeitsgemeinschaft Missionarische Dienste, Stuttgart 1989.
Rabus, Hans-Frieder: Auf den Spuren Dietrich Bonhoeffers. Gruppenreise der Evangelischen Diakonissenanstalt Stuttgart, in: Deutsches Pfarrerblatt 96 (1996), 421f.432f.
Ragaz, Leonhard: Die Bergpredigt Jesu, 4. Auflage, Gütersloh 1992.
Rahner, Karl: Schriften zur Theologie, Bd. 7 Zur Theologie des geistlichen Lebens, Einsiedeln/Zürich/Köln 1966.
Ranke, Stephan: Dem persönlichen Glauben neues Leben geben. Alpha-Kurse – ein Angebot für Gemeindeglieder und Fernstehende, in: Deutsches Pfarrerblatt 97 (1997), 236–239.
Reich, Christa: Evangelium: klingendes Wort. Zur theologischen Bedeutung des Singens, hg. von Christian Möller in Verbindung mit der Hessischen Kantorei, Stuttgart 1997.
Reichel, Gerhard: Der „Senfkornorden" Zinzendorfs. Ein Beitrag zur Kenntnis seiner Jugendentwicklung und seines Charakters, 1. Teil Bis zu Zinzendorfs Austritt aus dem Pädagogium in Halle 1716 (Berichte des theologischen Seminars der Brüdergemeine in Gnadenfeld 9), Leipzig 1914.
Reimer, Hans-Diether: Für eine Erneuerung der Kirche. Aufsätze, Berichte, Fragmente (Studienbücher der Stiftung Geistliches Leben), Gießen 1996.
–: Wenn der Geist in der Kirche wirken will. Ein Vierteljahrhundert charismatische Bewegung, Stuttgart 1987.
Reimer, Ingrid (Hg.), Alternativ leben in verbindlicher Gemeinschaft. Evangelische Kommunitäten, Lebensgemeinschaften, junge Bewegungen, 3. Auflage, Stuttgart 1986.
–: Im Kraftfeld geistlicher Gemeinschaft, in: Ursula von Mangoldt (Hg.), Wo unsere Zukunft heller wird. Zeichen des Kommenden. Erfahrungen bekannter Wissenschaftler und Schriftsteller (Herderbücherei, Bd. 1021), Freiburg/Basel/Wien 1983, 84–93.
–: Art. Moralische Aufrüstung (MRA – Moral Re-Armament), in: Evangelisches Lexikon für Theologie und Gemeinde, Bd. 2, 1374.
–: Verbindliches Leben in Bruderschaften, Kommunitäten, Lebensgemeinschaften, Stuttgart 1986.
–: Verbindliches Leben in evangelischen Bruderschaften und kommunitären Gemeinschaften (Studienbücher der Stiftung Geistliches Leben), Gießen 1999.
Riesner, Rainer: Formen gemeinsamen Lebens im Neuen Testament und heute (Theologie und Dienst 11), 2. Auflage, Gießen 1984.

Reller, Horst/Seitz, Manfred (Hg.): Herausforderung: Religiöse Erfahrung. Vom Verhältnis evangelischer Frömmigkeit zu Meditation und Mystik, Göttingen 1980.
Renkewitz, Heinz: Die Losungen. Entstehung und Geschichte eines Andachtsbuches, Hamburg o. J.
Richter, Olaf: „Wie kann ich, wenn mich nicht jemand anleitet?" – Grundkurse des Glaubens als Chance für den Gemeindeaufbau in den neuen Bundesländern, in: Amtsblatt der Evangelisch-Lutherischen Landeskirche Sachsens, Nr. 20 (2000), B 57–63.
Robeck, Jr., Cecil M.: Pentecostals and the Apostolic Faith: Implications for Ecumenism, in: Pneuma 9 (1986), 61–84.
Robinson, John A. T.: Gott ist anders, München 1963.
Roloff, Jürgen: Der urchristliche Gottesdienst, in: Schmidt-Lauber/Bieritz, Handbuch der Liturgik, 43–71.
Rosenkranz, Maria: Die Communität Casteller Ring, in: Reimer, Ingrid (Hg.): Alternativ leben in verbindlicher Gemeinschaft, Stuttgart 1979, 35–39.
Rosenstock, Eugen: Luthers Volkstum und die Volksbildung, in: ders./Joseph Wittig, Das Alter der Kirche. Kapitel und Akten, Bd. 2, Berlin 1928, 675–728.
Rosenzweig, Franz: Stern der Erlösung, Heidelberg 1959.
Ruh, Kurt: Meister Eckhart. Theologe, Prediger, Mystiker, München 1985.
Ruhbach, Gerhard: Geistlich leben. Wege zu einer Spiritualität im Alltag (Geistlich leben 1), Gießen 1996.
– /Sudbrack, Josef (Hg.): Große Mystiker. Leben und Wirken, München 1984.
– u.a. (Hg.): Meditation und Gottesdienst (Meditative Zugänge zu Gottesdienst und Predigt. Einführungsband), Göttingen 1989.
–: Mysterium und Mysticum. Mystik – eine biblische Kategorie, in: Verwandeltes Leben. Von christlicher Mystik, hg. von Jürgen Spieß (Porta 47), Marburg 1990, 17–23.
–: Theologie und Spiritualität. Beiträge zur Gestaltwerdung des christlichen Glaubens, Göttingen 1987.
Ruppert, Fidelis/Grün, Anselm: Bete und arbeite. Eine christliche Lebensregel (Münsterschwarzacher Kleinschriften 17), Münsterschwarzach 1982.
Die Satzungen der Bayerischen Benediktinerkongregation, Metten o.J.
Scharrer, Siegfried: Integration des Gefühls in die Erfahrung des Glaubens, in: Volkhard Spitzer/Wilhelm Quenzer/Siegfried Scharrer, Jesus People – nur eine Episode?, EZW-Information Nr. 50, III/1972, 23–31.
– /Westphal, Hinrich C. G.: „Projektgruppe Glaubensinformation": Entstehung, Echo, Zukunftspläne, in: Wer glaubt, denkt weiter, 163–175.
Scheurlen, Paul (Hg.): Vom wahren Herzenstrost. Martin Luthers Trostbriefe, Stuttgart 1930.
Schick, Erich: Heiliges Schweigen, 4. Auflage, Gießen 1980.
Schilson, Arno: Neue Heilige in unserer Zeit? Ein Blick über die Grenzen der Kirche auf Leitfiguren in einer säkularen Gesellschaft und auf fundamentale Problemstellungen der Gegenwart, in: Willibrord Godel/Anselm Bilgri (Hg.), Wiederkehr der Heiligen, St. Ottilien 1999, 33–59.
Schimank, Uwe: Biographie als Autopoiesis. Eine systemtheoretische Rekonstruktion von Individualität, in: Hanns-Georg Brose/B. Hildenbrand (Hg.), Vom Ende des Individuums zur Individualität ohne Ende (Biographie und Gesellschaft 4), Opladen 1988.

Schindler, Regine: Verhaftet und verlobt. Zum Briefwechsel zwischen Dietrich Bonhoeffer und Maria von Wedemeyer, 1943-1945, in: Gremmels/Huber, Theologie und Freundschaft, 154-169.
Schleiermacher, Friedrich: Kleine Schriften und Predigten, hg. von Hayo Gerdes/ Emanuel Hirsch, Bd. 1, Berlin 1970.
Schleiermacher-Auswahl, besorgt von Heinz Bolli, mit einem Nachwort von Karl Barth (Gütersloher Taschenbücher Siebenstern 419), 3. Auflage, Gütersloh 1983.
Schlink, Edmund: Der Ertrag des Kirchenkampfes, 2. Auflage, Gütersloh 1947.
–: Ökumenische Dogmatik. Grundzüge, mit Geleitworten von Heinrich Fries und Nikos A. Nissiotis, Göttingen 1983.
–: Wandlungen im protestantischen Verständnis der Ostkirche, Sonderabdruck aus der Festschrift für Ham. Alivisatos, Athen 1958.
Schmidt, Dietrich: Grundriss der Kirchengeschichte, 4. Auflage, Göttingen 1963.
Schmidt, Martin: Pietismus (Urban-Taschenbücher, Bd. 145), 2. Auflage, Stuttgart/ Berlin/Köln/Mainz 1978.
Schmidt-Lauber, Hans-Christoph/Bieritz, Karl-Heinz (Hg.): Handbuch der Liturgik. Liturgiewissenschaft in Theologie und Praxis der Kirche, 2., korrigierte Auflage, Leipzig/Göttingen 1995.
Schmieder, Lucida: Lobpreis Gottes – gelebte Hoffnung. Auf dem Weg zur Erneuerung der Kirche, mit einem Vorwort von Heribert Mühlen (Topos-Taschenbücher 134), Mainz 1983.
Schneider, Reinhold: Theresia von Spanien, München o. J.
Schönemann, Friedrich: Loben und Danken öffnet dem Segen die Tür, in: Die Macht des Lobpreises, 2. Auflage, Konstanz/Kreuzlingen 1973.
Schöps, Hans Joachim: Dauerhaft ist nur die Trennung, in: Der Spiegel, Heft 2 (1991), 100-110.
Schröer, Henning: Kirchentag als evangelische Wallfahrt, in: EvErz 35 (1983), 88-90.
Schütz, Paul: Zur Kritik der reformatorischen Grundlagen. Entwurf einer Denkschrift (1951), in: ders., Freiheit, Hoffnung, Prophetie, 11-24.
–: Freiheit, Hoffnung, Prophetie. Von der Gegenwärtigkeit des Zukünftigen, (Gesammelte Werke, Bd. 3, hg. von Hans F. Bürki), Moers 1986.
Schulze, Gerhard: Die Erlebnis-Gesellschaft. Kultursoziologie der Gegenwart, 2. Auflage, Frankfurt a.M./New York 1992.
Schwarz, Reinhard: Luther (Die Kirche in ihrer Geschichte, Bd. 3, Lieferung I), Göttingen 1986.
–: Martin Luther, in: Ruhbach/Sudbrack, Große Mystiker. Leben und Wirken, München 1984, 185-202.
Schweitzer, Albert: Johann Sebastian Bach, Leipzig 1977.
Schweitzer, Birgit Kyrilla: Das Monastische und die Zukunft der Kirche, in: Halkenhäuser, Abenteuer mit Gott, 62-71.
Schweizer, Rolf: Bach und (k)ein Ende? Kirchenmusik zwischen Kontemplation und spaßigem „Event", in: Deutsches Pfarrerblatt 100 (2000), 348-350.
Seeberg, Reinhold: Lehrbuch der Dogmengeschichte, Bd. 2, 4. Auflage, Leipzig 1933.
Seim, Jürgen: Lobet Gott, in: Seim/Steiger, Lobet Gott, 22-33.
– /Steiger, Lothar: Lobet Gott. Beiträge zur theologischen Ästhetik. Festschrift Rudolf Bohren zum 70. Geburtstag, München 1990.
Seitz, Manfred u.a.: Die Freude der Beichte, Neukirchen-Vluyn 1985.
–: Erneuerung der Gemeinde. Gemeindeaufbau und Spiritualität, 2., durchgesehene Auflage, Göttingen 1991.

- /Müller-Schwefe, Hans-Rudolf: Evangelische Askese. Einübung in die Zeitlichkeit (Kirche zwischen Planen und Hoffen. Neue Folge 19), Kassel 1979.
–: Evangelische Askese, in: ders. u.a., Evangelische Askese, 7–29.
–: Praxis des Glaubens. Gottesdienst, Seelsorge, Spiritualität, 2., durchgesehene Auflage, Göttingen 1979.
–: Wüstenmönche, in: Christian Möller (Hg.), Geschichte der Seelsorge in Einzelporträts, Bd. 1 Von Hiob bis Thomas von Kempen, Göttingen/Zürich 1994, 81–111.
- /Thiele, Friedrich: Wir beten. Gebete für Menschen von heute, 9. Auflage, Neukirchen-Vluyn 1984.
Severus, Emmanuel von: Das Wort „Meditari" im Sprachgebrauch der Heiligen Schrift, in: Geist und Leben 26 (1953).
Smolík, Josef: Die Unfähigkeit zum Lob, in: Seim/Steiger, Lobet Gott, 16–21.
Smith, Ronald Gregor: Diesseitige Transzendenz, in: Die Mündige Welt, Bd. 2, München 1956, 104–115.
Sölle, Dorothee: Mystik und Widerstand: „Du stilles Geschrei", 3. Auflage, Hamburg 1997.
Sparn, Walter: Dichtung und Wahrheit. Einführende Bemerkungen zum Thema: Religion und Biographie, in: ders. (Hg.), Wer schreibt meine Lebensgeschichte? Biographie, Autobiographie, Hagiographie und ihre Entstehungszusammenhänge, Gütersloh 1990.
Spitta, Philipp: Johann Sebastian Bach, Bd. 1 und 2, 8. Auflage, Wiesbaden 1979.
Stählin, Wilhelm: Die ausgesonderten Tage, Kassel 1954.
Steffensky, Fulbert: Das Haus, das die Träume verwaltet, 3., unveränderte Auflage, Würzburg 1999.
–: Feier des Lebens. Spiritualität im Alltag, 5. Auflage, Stuttgart 1991.
–: Wo der Glaube wohnen kann, Stuttgart 1989.
Steiger, Lothar/Steiger, Renate: Sehet! Wir gehn hinauf gen Jerusalem. Johann Sebastian Bachs Kantaten auf den Sonntag Estomihi (Veröffentlichungen zur Liturgik, Hymnologie und theologischen Kirchenmusikforschung 24), Göttingen 1992.
Steinacker, Peter: Art. Kirchentage, in: TRE, Bd. 19, Berlin/New York 1990, 101–110.
Strauch, Peter: Entdeckungen in der Einsamkeit, 2. Auflage, Witten 1983.
Stuhlmacher, Peter: Vom Verstehen des Neuen Testamentes. Eine Hermeneutik (Grundrisse zum Neuen Testament, NTD, Ergänzungsreihe 6), Göttingen 1979.
Sudbrack, Josef: Neue Religiosität, Herausforderung für die Christen (Topos Taschenbücher 168), 3. Auflage, Mainz 1988.
–: Was heißt christlich meditieren? Wege zu sich selbst und zu Gottes Du (Topos-Taschenbücher, Bd. 263), Mainz 1996.
Taizé: Gemeinsame Gebete für das Jahr, 2. Auflage, Freiburg/Basel/Wien 1998.
Taufe, Eucharistie und Amt. Konvergenzerklärungen der Kommission für Glauben und Kirchenverfassung des ÖRK, Frankfurt a.M. 1982.
Tenbruck, Friedrich H.: Die Glaubensgeschichte der Moderne, in: Zeitschrift für Politik 23 (1976), 1–15.
Teresa von Avila: Freundschaft mit Gott, hg., eingeleitet und übersetzt von Ulrich Dobhan, München/Zürich 1987.
–: „Ich bin ein Weib und obendrein kein gutes". Ein Portrait der Heiligen in ihren Texten, ausgewählt übersetzt und eingeleitet von Erika Lorenz (Herderbücherei „Texte zum Nachdenken", Bd. 920), 7. Auflage, Freiburg/Basel/Wien 1990.
–: siehe auch unter Alkofer, Aloysius.

Tersteegen, Gerhard: Auserlesene Lebensbeschreibungen Heiliger Seelen, Bd. 1–3, 1733–1754.
Thiede, Werner: Esoterik – die postreligiöse Dauerwelle. Theologische Betrachtungen und Analysen (Reihe Apologetische Themen 6), Neukirchen-Vluyn 1995.
Tilmann, Klemens: Die Führung zur Meditation I, 4. Auflage, Zürich 1972.
Tournier, Paul: Technik und Glaube, mit einem Vorwort von A. Mäder, Basel 1945.
–: Vom Sinn unserer Krankheit, Bern/Freiburg 1979.
Trömel, Martha und Helmut (Hg.): Du bist Herr – Selection. Anbetungslieder, Wiesbaden 1995.
Uhle-Wettler, Martin: Bleibende Impulse Dietrich Bonhoeffers für das heutige Fragen nach Gott, in: Bonhoeffer-Studien. Beiträge zur Theologie und Wirkungsgeschichte Dietrich Bonhoeffers, hg. von Albrecht Schönherr und Wolf Krötke, München 1985, 61–72.
Uttendörfer, Otto: Alt = Herrnhut. Wirtschaftsgeschichte und Religionssoziologie Herrnhuts während seiner ersten 20 Jahre (1722–1742), Herrnhut 1925, wieder abgedruckt in: Nikolaus Ludwig von Zinzendorf, Materialien und Dokumente, Reihe 2, hg. von Erich Beyreuther u.a., Bd. 22 Schlesien und Herrnhut, Hildesheim 1984 (Uttendörfer, Alt-Herrnhut, 1. Teil).
– u.a. (Hg.): Die Brüder, Herrnhut/Gnadau 1914.
–: Zinzendorf und die Frauen. Kirchliche Frauenrechte vor 200 Jahren, Herrnhut 1919.
–: Zinzendorf und die Jugend. Die Erziehungsgrundsätze Zinzendorfs und der Brüdergemeine, Berlin 1923.
–: Zinzendorf und die Mystik, Berlin [1952], wieder abgedruckt in: Nikolaus Ludwig von Zinzendorf. Materialien und Dokumente, Reihe 2, hg. von Erich Beyreuther u.a., Bd. 29/2, Hildesheim u.a. 2001.
–: Zinzendorfs Gedanken über den Gottesdienst, Herrnhut 1931.
–: Zinzendorfs religiöse Grundgedanken, Herrnhut 1935.
–: Zinzendorfs Weltbetrachtung, Herrnhut 1929.
Utsch, Michael (Hg.): Wenn die Seele Sinn sucht. Herausforderung für Psychotherapie und Seelsorge, Neukirchen 2000.
Vanier, Jean: In Gemeinschaft leben. Meine Erfahrungen (Edition Aufatmen), Wuppertal/Witten 1999.
Wagner, C. Peter: Der gesunde Aufbruch. Wie Sie in Ihrer Gemeinde für Kranke beten können und trotzdem gesund bleiben, Lörrach 1989.
–: Die Gaben des Geistes für den Gemeindeaufbau. Wie Sie Ihre Gaben entdecken und einsetzen können, 4. Auflage, Neukirchen-Vluyn 1990.
Wallmann, Johannes: Der Pietismus (Die Kirche in ihrer Geschichte, Bd. 4, Lieferung O 1), Göttingen 1990.
Walter, Meinrad: Musik-Sprache des Glaubens. Zum geistlichen Vokalwerk Johann Sebastian Bachs, Frankfurt a.M. 1994.
Weber, Max: Die protestantische Ethik und der Geist des Kapitalismus, in: ders., Die protestantische Ethik, Bd. 1 Eine Aufsatzsammlung, 8., durchges. Auflage, Gütersloh 1991, 27–278.
Wedemeyer, Ruth von: In des Teufels Gasthaus. Eine preußische Familie 1918–1945, hg. von Peter von Wedemeyer und Peter Zimmerling, 2. Taschenbuchauflage, Moers 1999.
Wehr, Gerhard: Martin Luther – der Mystiker, München 1999.
–: Mystik im Protestantismus. Von Luther bis zur Gegenwart, München 2000.

Weisung der Väter. Apophthegmata Patrum, auch Gerontikon oder Alphabeticum genannt (Sophia. Quellen östlicher Theologie, Bd. 6), 3. unveränd. Auflage, Trier 1986.
Weizsäcker, Viktor von: Über medizinische Anthropologie, in: ders., Arzt und Kranker, Bd. 1, 3., vermehrte Auflage, Stuttgart 1949, 35–61.
Welker, Michael: Kirche im Pluralismus (Kaiser-Taschenbücher 136), Gütersloh 1995.
–: Theologie des Heiligen Geistes, 2. Auflage, Neukirchen-Vluyn 1993.
–: Was geht vor beim Abendmahl?, Stuttgart 1999.
Welsch, Wolfgang: Wege aus der Moderne, Schlüsseltexte zur Postmoderne-Diskussion, 2., durchgesehene Auflage, Berlin 1994.
–: Unsere postmoderne Moderne (Schriften zur Kunstgeschichte und Philosophie), 5. Auflage, Berlin 1997.
Wendland, Heinz-Dietrich: Bruderschaften in Kirche und Welt, in: Präger, Frei für Gott und die Menschen, 13–31.
Wenzelmann, Gottfried: Nachfolge und Gemeinschaft. Eine theologische Grundlegung des kommunitären Lebens (Calwer Theologische Monographien, Reihe C, Bd. 21), Stuttgart 1994.
Werthemann, Helene: Johann Sebastian Bach. Leben, Glaube, Werk, Berlin 1989.
Westermann, Claus: Das Loben Gottes in den Psalmen, 3. Auflage, Göttingen 1963.
–: Die Rolle der Klage in der Theologie des Alten Testaments. Gesammelte Studien, Bd. 2 (Theologische Bücherei, Bd. 55), München 1974.
–: Art. *hll* pi. loben, in: Ernst Jenni/Claus Westermann, Theologisches Handwörterbuch zum Alten Testament, Bd. 1, 3. Auflage, München/Zürich 1978, 495 f.
Wettach, Theodor: Kirche bei Zinzendorf, Wuppertal 1971.
Wiggermann, Karl-Friedrich, Spiritualität, in: TRE, Bd. 31, Berlin/New York 708–717.
Willers, Ulrich (Hg.): Beten: Sprache des Glaubens – Seele des Gottesdienstes. Fundamentaltheologische und liturgiewissenschaftliche Aspekte (Pietas Liturgica 15), Tübingen/Basel 2000.
Wittig, Joseph: Roman mit Gott. Tageblätter der Anfechtung, mit einem Vorwort von Eugen Drewermann und einem Nachwort von Horst-Klaus Hofmann (Reihe Apostroph), Moers 1990.
Wollstadt, Hanns-Joachim: Geordnetes Dienen in der christlichen Gemeinde, dargestellt an den Lebensformen der Herrnhuter Brüdergemeine in ihren Anfängen (Arbeiten zur Pastoraltheologie, Bd. 4), Göttingen 1966.
Wiehl, Reiner: Metaphysik und Erfahrung. Philosophische Essays, Frankfurt a.M. 1996.
Wimber, John/Springer, Kevin: Vollmächtige Evangelisation, Zeichen und Wunder heute, mit einem Vorwort von Wolfram Kopfermann, 2. Auflage, Hochheim 1987.
Wolff, Gottfried: Zeiten mit Gott. Evangelische Exerzitien (Calwer Theologische Monographien, Reihe C, Bd. 6), Stuttgart 1980.
Worte der sterbenden Theresia an ihre Nonnen, in: Sämtliche Schriften, Bd. 5.
Zeddies, Helmut (Hg.) im Auftrag des Kirchenamtes der EKD: Kirche mit Hoffnung. Leitlinien künftiger kirchlicher Arbeit in Ostdeutschland, Hannover 1998.
Zeller, Winfried: Luthertum und Mystik, in: Reller/Seitz, Herausforderung: Religiöse Erfahrung, 97–125.
Zimmermann, Wolf-Dieter: Wir nannten ihn Bruder Bonhoeffer. Einblicke in ein hoffnungsvolles Leben, Berlin 1995.

Zimmerling, Peter: Art. Bruder- und Schwesternschaften, in: Evangelisches Lexikon für Theologie und Gemeinde, Bd. 1, 310–312.
–: Art. Hören, in: Das große Bibellexikon, hg. von Helmut Burkhardt u.a., Bd. 2, Wuppertal/Gießen 1988, 600f.
–: Art. Stille Zeit, in: Evangelisches Lexikon für Theologie und Gemeinde, Bd. 3, 1909.
– (Hg.): Aufbruch zu den Vätern. Unterwegs zu neuer Vaterschaft in Familie, Kirche und Kultur, Moers 1994.
–: Auf dem Weg zum Erwachsenwerden, in: ders., Aufbruch zu den Vätern, 67–77.
–: Beten im Alltag. Zur Spiritualität der Offensive Junger Christen, in: Wort und Antwort 33 (1992), 52–55.
– (Hg.): Beichte – Ermutigung zum Neuanfang, Moers 1988.
–: Die charismatischen Bewegungen. Theologie, Spiritualität, Anstöße zum Gespräch (Kirche – Konfession – Religion 42), 2. Auflage, Göttingen 2002.
–: Die Frömmigkeit Dietrich Bonhoeffers in den Gefängnisjahren. Herausforderung an uns heute, in: Ev. Theologie 55 (1995), 558–574, wieder abgedruckt in: Mayer/Zimmerling, Dietrich Bonhoeffer aktuell, 212–244.
–: Die göttliche Dreieinigkeit als Erfahrung des Herzens. Eine überraschende Geistesverwandtschaft zwischen Nikolaus Ludwig von Zinzendorf und Leonardo Boff, in: Unitas Fratrum, Heft 42 (1997), 75–91.
–: Die Heiligen in evangelischer Sicht. Ein ökumenischer Versuch, in: Una Sancta 54 (1999), 346–359.
–: Die Spiritualität evangelischer Kommunitäten und ihre Bedeutung für die Gesamtkirche, in: Evangelische Theologie 61 (2001), 441–455.
–: Gebet und Salbung für Kranke. Überlegungen zu einem neuen liturgischen Angebot der evangelischen Kirche, in: Praktische Theologie 37 (2002), 218–228.
–: Gottesliebe und irdische Liebe. Religiosität und Erotik bei Dietrich Bonhoeffer, in: Una Sancta 51 (1996), 70–77, wieder abgedruckt in: Mayer/Zimmerling, Dietrich Bonhoeffer aktuell, 245–257.
–: Nikolaus Ludwig Graf von Zinzendorf und die Herrnhuter Brüdergemeine. Geschichte, Theologie und Spiritualität, Holzgerlingen 1999.
–: Nikolaus Ludwig und Erdmuth Dorothea von Zinzendorf: Christus im Herzen – Christus für die Welt, in: Theologische Beiträge 31 (2000), 310–321.
–: Protestantischer Fundamentalismus als gelebter Glaube, in: Hemminger, Fundamentalismus in der verweltlichten Kultur, 97–130.
–: Reise nach Pommern. Unterwegs auf den Spuren Dietrich Bonhoeffers, in: Aufatmen, Heft 2 (1998), 62–68.
–: Spirituelle Sehnsüchte heute – Die Wiederkehr der Religion, in: Utsch, Wenn die Seele Sinn sucht, 16–34.
–: Zinzendorfs Bild der Frau, in: Unitas Fratrum. Zeitschrift für Geschichte und Gegenwartsfragen der Brüdergemeine, Heft 45/46 (1999), 9–27
Zink, Jörg: Dornen können Rosen tragen. Mystik – die Zukunft des Christentums, 3. Auflage, Stuttgart 1997.
Zinzendorf, Nikolaus Ludwig von: Berthelsdorfer Reden, 2. Auflage, Barby 1766, abgedruckt, in: ders, Hauptschriften Bd. 6, hg. von Erich Beyreuther u.a., Hildesheim 1963 (Berth R, Hauptschriften).
–: Büdingische Sammlung, Bd. 1, Büdingen 1742, Vorrede, unpaginiert, abgedruckt in: ders., Hauptschriften Ergänzungsbände Bd. 7, hg. von Erich Beyreuther u.a., Hildesheim 1965 (Hauptschriften Erg).

–: Evangelische Gedanken. Gewissheit, Freude, Kraft, hg. von Otto Uttendörfer, Berlin 1948.
–: Gemeinreden, 2. Teil, 1749, abgedruckt in: Hauptschriften Bd. 4, Hildesheim 1963 (GR 2).
–: Londoner Predigten, Bd. 2, London und Barby 1757, abgedruckt in: Hauptschriften Bd. 5, Hildesheim 1963.
–: Naturelle Reflexionen, 1746, abgedruckt in: Hauptschriften Erg. Bd. 4, Hildesheim 1964.
–: Zeremonienbüchlein, 1757, abgedruckt in: Hauptschriften Erg Bd. 6, Hildesheim 1965 (Zeremonienbüchlein).
Zinzendorf-Gedenkbuch, hg. von Ernst Benz und Heinz Renkewitz, Stuttgart 1951.

Personenregister

Agricola, Elisabeth 54
Agricola, Johann 54
Alexander der Große 99
Althaus, Paul 25
Anton, schwarzer Sklave aus St. Thomas (Karibik) 105
Arnd, Johann 152, 251
Augustinus, Aurelius 19, 77, 199, 214

Bach, Anna Magdalena 247
Bach, Johann Sebastian 118, 199, 242–257, 266
Balthasar, Hans Urs von 21
Barth, Karl 17, 21, 23f., 39, 41, 47, 284
Beck, Ulrich 131f.
Beethoven, Ludwig van 256
Benedikt von Nursia 150
Bengel, Johann Albrecht 264
Bennet, Dennis 170
Berger, Klaus 204, 257, 261
Berger, Peter L. 136f.
Bernhard von Clairvaux 150
Bethge, Eberhard 109, 111, 114, 117–119, 202
Bethge, Renate 119
Bezzel, Hermann 200
Blankenburg, Walter 252
Blume, Friedrich 252f
Blumhardt, Christoph 265
Blumhardt, Johann Christoph 207, 265
Bohren, Rudolf 34
Bonhoeffer, Dietrich 20f., 35, 37, 41f., 45f., 47, 53, 91, 109–125, 148, 153, 157, 190, 192f., 200, 202, 205, 210, 214, 235, 257, 262f., 266
Bouman, Johan 254
Brecht, Bertolt 60
Brunner, Emil 23
Buchman, Frank 161, 214
Bugenhagen, Johannes 65
Bultmann, Rudolf 53, 284

Calov, Abraham 247
Cho, P. Yonggi 170
Christenson, Larry 170
Cicero, Marcus Tullius 210

David, Christian 106
Dilthey, Wilhelm 250f.
Dober, Leonhard 106
Dostojewski, Fjodor 231, 233
Dürckheim, Karlfried Graf 148

Ebertz, Michael 128
El Greco 87
Enomiya-Lasalle, Hugo M. 148f.

Fénelon, François 151
Feuerbach, Ludwig 136
Franck, Salomo 253
Francke, August Hermann 20, 26, 99, 152, 249, 264
Frey Hugo von St. Sabina 79
Fulde, Johann, Gottfried 249

Geck, Martin 253
Gerhard, Johann 20
Gerhardt, Paul 245f., 249, 251, 266
Ghandi, Mahatma 193
Gracián, Jerónimo 79
Großmann, Siegfried 174
Grotius, Hugo 17
Gutenberg, Johannes 58
Guyon, Jeanne-Marie 151

Hagemann, Ludwig 208
Halkenhäuser, Johannes 159f.
Händel, Georg Friedrich 252
Happich, Carl 147f.
Harnack, Adolf von 23
Heim, Karl 198f., 230
Heisenberg, Werner 141
Hemminger, Hansjörg 191
Herder, Johann Gottfried von 99
Hitler, Adolf 115, 117
Hofmann, Horst-Klaus 160f.
Hofmann, Irmela 160f.
Huber, Wolfgang 40, 208
Hutter, Leonhard 249

Ignatius von Loyola 151f., 193, 277, 280
Ihlenfeld, Kurt 206
Innozenz IV. 79

Joachim de Fiore 176

Johannes vom Kreuz 44, 79
Josuttis, Manfred 18 f., 204, 258
Jüngel, Eberhard 136

Karlstadt, Andreas Bodenstein von 22, 57
Kierkegaard, Sören 39, 199, 209
Kleist-Retzow, Konstantin von 110
Kleist-Retzow, Ruth von 110
Kopfermann, Wolfram 281

Leibniz, Gottfried Wilhelm 252
Leuner, Hanscarl 148
Lewis, Clive Staples 91
Löscher, Valentin Ernst 34
Lufft, Hans 60
Luther, Hans 72
Luther, Martin 20, 22–25, 27, 31, 35 f., 38–40, 43, 49–73, 115, 121 f., 147, 151, 172, 193, 196, 200, 202, 206, 209 f., 214, 221 f., 241, 244–246, 249–255, 260, 265

Mattheson, Johann 254
Melanchthon, Philipp 34, 54, 57, 60
Melzer, Friso 148
Mendelssohn-Bartholdy, Felix 197, 243
Möller, Christian 18, 42, 245
Mott, John R. 214
Mühlen, Heribert 281 f.
Müller, Beda 149
Müntzer, Thomas 22

Neumeister, Erdmann 249
Nicol, Martin 147
Nigg, Walter 77, 84
Nischmann, David 106
Nitschmann, Anna 102

Oetinger, Friedrich Christoph 26
Osterhuis, Huub 187
Osuna, Franzisco de 76

Palamas, Gregor 150
Paul VI. 74
Pfister, Maria 158
Philipp II. 79
Philipp von Makedonien 99
Picard, Max 213
Pieper, Josef 43

Rahner, Karl 21, 24
Rambach, Johann Jakob 249
Ritschl, Albrecht 23

Rosenzweig, Franz 234
Rothe, Johann Andreas 95
Ruhbach, Gerhard 19, 149

Savonarola, Girolamo 76
Schlatter, Adolf 17
Schleiermacher, Friedrich Daniel Ernst 23, 41, 44, 194
Schlink, Edmund 22, 203
Schmid, Christel 158
Schneider, Reinhold 74
Schultz, Johannes Heinrich 148
Schulze, Gerhard 133 f.
Schumacher, Joel 72
Schütz, Paul 70, 229
Schweitzer, Albert 250
Seitz, Manfred 19
Seuse, Heinrich 75, 151
Söderblom, Nathan 256
Sölle, Dorothee 18
Spenlein, Georg 52
Stählin, Wilhelm 278
Steffensky, Fulbert 18
Stein, Edith 83
Sudbrack, Josef 127, 149

Tauler, Johannes 75, 151, 251
Telemann, Georg Philipp 252
Teresa von Avila 74–92, 151
Tersteegen, Gerhard 26, 151 f., 265
Tetzel, Johannes 49 f.
Thadden-Trieglaff, Reinhold von 139 f.
Thiede, Werner 127
Thielicke, Helmut 281
Tholuck, August 205
Tournier, Paul 70
Troeltsch, Ernst 17

Vergil 210

Wagner, C. Peter 170
Weber, Max 176
Wedemeyer, Maria von 110–112, 114, 116 f., 119, 121, 123, 202
Weller, Matthias 65
Westermann, Claus 178–181, 201, 203
Wimber, John 170

Zink, Jörg 219
Zinzendorf, Nikolaus Ludwig Graf von 26, 93–109, 120, 212 f., 228, 266
Zwingli, Ulrich 63 f.

Spiritualität

Peter Zimmerling
Evangelische Spiritualität
Wurzeln und Zugänge
2003. Ca. 304 Seiten, kartoniert
ISBN 3-525-56700-6

Zunehmend werden Pfarrerinnen und Pfarrer, Religionslehrerinnen und Religionslehrer auf ihre Glaubenserfahrungen angesprochen. Dieses Buch leistet einen Beitrag zur Erneuerung der evangelischen Spiritualität. In Aufnahme und Weiterentwicklung von Erkenntnissen der Reformation werden Kriterien für eine zukunftsfähige evangelische Spiritualität entwickelt sowie die vielfältigen Erscheinungsbilder evangelischer Spiritualität in der Gegenwart behandelt: der Kirchentag, die christliche Meditationsbewegung, die evangelischen Kommunitäten, die charismatischen und die fundamentalistischen Bewegungen.

Exemplarisch für die reiche Tradition christlicher Spiritualität werden Martin Luther, Teresa von Avila, Nikolaus Ludwig von Zinzendorf und Dietrich Bonhoeffer behandelt. Impulse für die persönliche und für die gemeinschaftliche Gestaltung der Spiritualität schließen eine kritische Sichtung spiritueller Mittel aus den anderen Konfessionen ein, z.B. Fasten, Pilgerreisen, Exerzitien. Zentral ist dabei die Fragestellung, ob sie in die evangelische Spiritualität integriert werden können, um diese zu bereichern.

Hans-Martin Barth
Spiritualität
Wurzeln und Zugänge
Bensheimer Hefte 74 / Ökumenische Studienhefte 2
1993. 189 Seiten, kartoniert
ISBN 3-525-87162-7

Spiritualität ist ein ökumenisches Phänomen: Sie begegnet in den unterschiedlichsten Ausprägungen und ist doch auf das eine Wirken des Gottesgeistes bezogen. In einer Situation geistlicher Ermüdung und ökumenischer Stagnation lohnt es sich, auf spirituelle Erfahrungen außerhalb der eigenen Tradition zu achten und Neuaufbrüche zu studieren, die quer zu allen Konfessionen liegen. Darum werden im vorliegenden Band nicht nur orthodoxe, römisch-katholische und evangelische Frömmigkeit, sondern auch weibliche Spiritualität und Spiritualität der Befreiung untersucht.

Gelebter Glaube

Wilfried Ruff (Hg.)
Religiöses Erleben verstehen

Mit Beiträgen von Klaus-E. Bärsch, Brigitte Boothe, Alois Hahn, Manfred Josuttis, Wulf-Volker Lindner, Friedhelm Mennekes, Hartmut Raguse, Wilfried Ruff, Rüdiger Safranski und Anne M. Steinmeier.

2002. 184 Seiten, kartoniert
ISBN 3-525-61405-5

So vertraut uns die Suche nach Sinn und Bedeutung ist, so vergessen scheint oft die Frage nach Glauben und Religion. Wohlbefinden und Glück gelten als Erfüllung menschlichen Handelns. Erst in der Konfrontation mit Schicksalsschlägen und persönlichem Leid kommt die religiöse Dimension in Betracht.

„Religiöses Erleben verstehen" – unter diesem Motto lud die Deutsche Psychoanalytische Gesellschaft namhafte Theolog*innen*, Psychoanalytiker*innen* und Kulturwissenschaftler*innen* zur Standortbestimmung:

Wie passt religiöses Erleben in das moderne Menschenbild der Psychoanalyse, welchen Stellenwert hat Religion in der Gesellschaft der relativen Werte und Wahrheiten, welche Plausibilität in einer rational erklärten Welt?

Der Tagungsband dokumentiert die Antworten.

Anselm Grün / Reinhard Deichgräber
Freude an der Eucharistie

Meditative Zugänge zur Feier des Herrenmahles

2003. Ca. 96 Seiten, kartoniert
ISBN 3-525-60409-2

Große Erwartungen knüpfen sich an den ökumenischen Kirchentag 2003 in Berlin, der Begegnung evangelischer und katholischer Christen. Allerdings wird es in Berlin keine gemeinsamen Abendmahlsfeiern geben. Der Band möchte zeigen, dass es nicht gut ist, wenn wir angesichts dieser schmerzlichen Erfahrung resignieren. Wer sich der Eucharistie auf spirituelle Weise nähert, wird feststellen, dass die Kirchen einander hier viel näher sind als es die öffentliche Diskussion um Fragen der Lehre vermuten lässt.

So zeigen die verschiedenen Beiträge spirituelle Wege zur Feier des Herrenmahles auf: Wege des ökumenischen Lernens, Wege der Meditation, Wege der geistlichen Einübung, mit einem Wort: Wege zur gemeinsamen Freude an Gottes großer Gabe.

Vandenhoeck & Ruprecht